J. J. van Oosterzee

Die Theologie des neuen Testaments

Ein Handbuch für akademische Vorlesungen und zum Selbststudium

J. J. van Oosterzee

Die Theologie des neuen Testaments
Ein Handbuch für akademische Vorlesungen und zum Selbststudium

ISBN/EAN: 9783743498525

Hergestellt in Europa, USA, Kanada, Australien, Japan

Cover: Foto ©Lupo / pixelio.de

Manufactured and distributed by brebook publishing software (www.brebook.com)

J. J. van Oosterzee

Die Theologie des neuen Testaments

Die

Theologie des Neuen Testaments.

Einzige autorisirte deutsche Uebersetzung.

Von Fritz Coerper.

Vorwort.

~~

Das vorliegende Handbuch verdankt sein Entstehen dem persönlichen Bedürfniß des Verfassers. Da ich außer andern auch Vorlesungen über die biblische Theologie des N. T. zu halten hatte, so sah ich mich vergebens nach einem Handbuche um, welches in jeder Hinsicht meinen Wünschen genügte. Bei dem großen Reichthum des Stoffes und der beschränkten Zeit, welche dieser überaus wichtigen Disciplin gewidmet werden konnte — wöchentlich nur eine Stunde während zweier Studienjahre —, fühlte ich mich gedrungen, so bald wie möglich selbst Hand an's Werk zu legen und meinen Zuhörern ein Buch in die Hand zu geben, welches eine ausführlichere Auseinandersetzung der darin behandelten Materie keineswegs überflüssig machen, sondern vielmehr dazu anregen und also einigermaßen zur Grundlage dienen solle, auf welcher weiter fortgebaut werden könne. Es lag also in der Natur der Sache, daß Vieles nur angedeutet werden konnte, was mündliche Erläuterung und Erklärung fordert; daß aber zugleich so viel wie möglich alles abgeschnitten werden mußte, was ausschließlich auf das Gebiet verwandter theol. Disciplinen gehört. Auch bei der Wahl der anzuführenden Litteratur sah ich weniger auf Vollständigkeit als auf Zweckmäßigkeit und behalte mir das Recht und die Pflicht vor, dieselbe noch zu vervollständigen. Die „Punkte zur Erwägung" am Ende jedes Paragraphen sollen nicht zu einer beengen= den Fessel, sondern zu einer Anleitung für weitere Be= sprechung und freien Gedankenaustausch dienen. Ich hoffe auf diese Weise auch Etwas für das „Selbststudium" derer gethan zu haben, welche sich meiner Schrift mit einigem Nutzen bedienen zu können meinen. Indessen wünsche ich, daß man dieses Handbuch betrachte und beurtheile als be= stimmt und geschrieben zum Gebrauch meiner academischen Zuhörer und deshalb dasjenige Maaß der Entwicklung fordernd, welches man in der Regel von dem Studenten der Theologie erwarten darf. Daß mit dem Gebrauch des vorliegenden Handbuchs der Gebrauch der heil. Schrift un= zertrennlich verbunden sein muß, versteht sich von selbst. Nur auf diese Weise kann es eine gründliche Bibelkenntniß befördern und dem Studium der systematischen Theologie den Weg bahnen. Entspricht dieser Versuch seinem Zweck, dann hoffe ich später ein ähnliches Compendium der christ= lichen Dogmatik und möglicherweise auch der praktischen Theologie folgen zu lassen, welchen beiden ich berufen bin, meine besten Kräfte zu widmen.

Meinen frühern und gegenwärtigen Zuhörern, welche diesen Vorlesungen bishierher mit Erfolg und Interesse gefolgt sind, bringen diese Zeilen zugleich meinen aufrich= tigen und herzlichen Gruß.

Utrecht, im September 1867.

v. O.

Inhalt.

Erste Abtheilung.
Die Petrinische Theologie.

Zweite Abtheilung.
Die Paulinische Theologie.

Erste Unterabtheilung.
Die Menschheit und der Mensch vor und außer Christo.

Zweite Unterabtheilung.
Die Menschheit und der Mensch durch Christum und in Christo.

Dritte Abtheilung.
Die Johanneische Theologie.

Erste Unterabtheilung.
Das Evangelium und die Briefe.

Zweite Unterabtheilung.
Die Apokalypse.

Viertes Hauptstück.
Höhere Einheit.

Einleitung.

§. 1.

Begriff der Wissenschaft.

Die biblische Theologie des Neuen Testaments ist derjenige Theil der theologischen Wissenschaft, welcher die Lehre des N. T. von Gott und göttlichen Dingen übersichtlich darstellt und dieselbe in geordnetem Zusammenhang vorträgt. Nach ihrem Charakter, Umfang und Ziel ist sie von der christlichen Dogmatik verschieden und gehört in der Encyclopädie zum Gebiete der historischen Theologie.

1. Theologie ist im Allgemeinen Wissenschaft von Gott und göttlichen Dingen; nach einer neuern, darum nicht bessern Definition: Wissenschaft von der Religion. Im engern Sinn bedeutet dies Wort die Wissenschaft von Gott, im Gegensatz zu der vom Menschen, von der Sünde, von Christo u. s. w. (Theologie, der Name für den locus de Deo in der Dogmatik, zum Unterschied von Anthropo-Hamarto-Christologie u. s. w.). Es giebt keine einigermaßen bedeutende Religion, die nicht ihre mehr oder minder entwickelte Theologie hat (man denke an die Theologie des Mosaismus, des Islams, des Buddhaismus u. s. w.), ja auch die Philosophie hat ihre Theologie, wie sie ihre Anthropologie und Kosmologie hat. Von dieser rein philosophischen unterscheidet sich jedoch die christliche Theologie, insofern die erstere eine durch Ueberlegung und Erfahrung gereifte Frucht eigenen Nachdenkens ist, die andere dagegen aus einer besonderen Heilsoffenbarung geschöpft wird, deren authentische Urkunde die heil.

1

Schrift ist. Ganz besonders gilt von dieser letzteren das Wort des Thomas Aquinas: A Deo docetur, Deum docet et ad Deum ducit. Vergl. den Art. Theologie von L. Pelt in Herzog's Real-Encycl. XV. S. 748.

2. Die biblische Theologie des N. T. hat es mit den Ideen von Gott und göttlichen Dingen zu thun, welche im N. T. ausgesprochen werden. Sie untersucht mit andern Worten die Lehre des N. T., ohne übrigens damit behaupten zu wollen, das N. T. trage ein streng abgeschlossenes Lehrsystem vor; noch viel weniger, das Eigenthümliche der christlichen Heilsoffenbarung bestehe ausschließlich oder vorzüglich in ihrer Lehre. Wird auch dieses letztere mit Recht verneint, so läßt sich doch nicht leugnen, daß das N. T. wirklich eine Lehre von Gott und göttlichen Dingen enthalte. Diese Lehre stellt die bibl. Theologie des N. T. übersichtlich dar, betrachtet jeden ihrer Theile für sich und im Zusammenhang mit den andern und weist ihr als einem möglichst geschlossenen Ganzen ihre Stelle in der Geschichte an.

Im weitesten Sinne des Wortes umfaßt die bibl. Theologie die Lehre von Gott und göttlichen Dingen, des A. T. sowohl als des N. Es ist bekannt, wie eng beide zusammenhängen: novum testamentum in vetere latet, vetus e novo patet (Augustin). Ist also eine vollständige Trennung kaum denkbar, so ist doch eine bestimmte Unterscheidung möglich, wünschenswerth, in gewisser Hinsicht nothwendig und wurde denn auch mehrmals, besonders in der neueren Zeit mit gewünschtem Erfolge versucht.

3. Der Unterschied zwischen biblischer Theologie des N. T. und christlicher Dogmatik, welche nicht selten zu beiderseitigem Schaden verwirrt werden, fängt schon an uns deutlich zu werden. Beide Theile der theol. Wissenschaft tragen einen eigenthümlichen Charakter. Der der christlichen Dogmatik ist historisch-philosophisch; der der biblischen Theologie des N. T. dagegen rein historisch. Die erstere untersucht nicht nur, was die christliche Kirche im Allgemeinen, oder einer ihrer Theile als Wahrheit bekennt, sondern vor allem, was man auf dem Gebiete des christlichen Glaubens wirklich für Wahrheit halten muß oder nicht. Die andere dagegen fragt allein darnach, was von den neutestamentlichen Schriftstellern als Wahrheit vorgetragen wird. Sie hat es auf ihrem Standpunkte nicht mit der Richtigkeit, sondern nur mit dem Inhalt der Begriffe zu thun, welche sie in der Lehre

Jeſu und der Apoſtel antrifft. „Elle ne démontre pas, elle raconte"
(Reuß).*) — Sie hat dabei ein anderes Ziel, als das, welches ſich
der Bearbeiter der ſyſtematiſchen Theologie vorſetzt. Verſucht die
Dogmatik den Inhalt des chriſtlichen Glaubens zu entwickeln und in
ihrem apologetiſchen Theile ſeine feſte Grundlage darzulegen, ſo hat
die bibliſche Theologie ihre Aufgabe erfüllt, wenn ſie klar dargethan
hat, was das N. T. im Gegenſatz zu andern religiöſen Urkunden
als Wahrheit verkündet, obgleich ſie die Frage, mit welchem Rechte
dies geſchehe, der Schweſterwiſſenſchaft überläßt. Iſt ihr Ziel in ſo
fern niederer, ſo hat ſie dagegen einen um ſo größeren Umfang.
Sind — mit welchem Recht, bleibt hier unentſchieden — ſeit der
Zeit von Calixtus (1634) Dogmatik und Ethik getrennt, ſo iſt dagegen auf dem Gebiete der bibliſchen Theologie des N. T. dieſe
Trennung ebenſo wenig berechtigt, als wünſchenswerth. Scharfe Gegen-
überſtellung von Heilslehre und Lebenslehre wäre durchaus nicht im
Geiſte Jeſu und ſeiner Apoſtel. Auf dem Standpunkt der neuteſtamentlichen Schriftſteller iſt Glaube und Leben nicht blos vereinigt,
ſondern eins. Die bibliſche Theologie hat alſo nicht minder die praktiſche, als die theoretiſche Seite der neuteſtamentlichen Lehre in ihre
Unterſuchung zu ziehen. Dagegen kann ſie die Aufgabe nicht haben,
neben der Lehre auch zugleich das Leben des Herrn und ſeiner Apoſtel
beſonders zu behandeln, wie das unter andern von C. F. Schmid
(in einem bald anzuführenden Werke) verſucht wurde.

Hat die bibliſche Theologie des N. T. einen viel objectivern
Charakter, als die chriſtliche Dogmatik, ſo kann ſie auch die Hülfe der
letztern entbehren, obſchon dieſe die ihre unmöglich entbehren kann.
Sie fordert darum von ihrem Bearbeiter, nicht ſowohl, daß er ein
chriſtlicher Philoſoph, als daß er vor allen Dingen ein guter Exeget
und gründlicher Hiſtoriker ſei. Wie für den Hermeneuten, ſo iſt auch
für den bibliſchen Theologen des N. T. die Hauptfrage: was lieſeſt
Du?**) Es iſt darum auch beſſer, unſre Wiſſenſchaft mit dem

---

*) Undeutlich und unrichtig iſt die Unterſcheidung Schenkel's, Chriſtliche
Dogmatik I. S. 380. „Sie hat nicht die Aufgabe, die Wahrheit des Heils,
ſondern nur (!) die Wirklichkeit der bibliſchen Heilsgeſchichte (!!) in das Licht
zu ſtellen".

**) Vergl. J. J. Doedes, Hermeneutik voor de Schriften des N. V.
Utrecht. 1866. b. 8.

Namen: biblische Theologie, als biblische Dogmatik des N. T. zu be=
zeichnen. Bei biblischer Dogmatik des N. T. denkt man von selbst
an ein geschlossenes System von Begriffen, insofern dies aus dem
N. T. als einem Ganzen abgeleitet werden kann: die biblische Theo=
logie dagegen hat vor allen Dingen den Lehrbegriff jedes einzelnen
der heiligen Schriftsteller rein historisch zu untersuchen; überdieß er=
innert das Wort Dogma fast unwillkürlich an etwas durch die Kirche
Sanktionirtes. Die Aussprüche Jesu und der Apostel, mit denen die
biblische Theologie des N. T. sich beschäftigt, sind gerade die Elemente
gewesen, aus welchen die spätern kirchlichen Dogmen abgeleitet, und
wodurch sie befestigt worden sind.

4. Der angedeutete Charakter unsrer Wissenschaft bestimmt zu=
gleich ihre Stelle in dem organischen Ganzen der theologischen Ency=
clopädie. Unterscheiden wir zwischen exegetischer, historischer, systema=
tischer und praktischer Theologie, dann zeigt sich bald, daß die biblische
Theologie des N. T. an die Spitze der zweiten gehört, wo sie als
„ein Lichtpunkt des theologischen Studiums" (Hagenbach) glänzt.
Dankbar nimmt sie die durchaus unentbehrlichen Dienste an, welche
die Exegese ihr leistet, und erweist diese ihrerseits den folgenden Theilen
der historischen, wie auch der systematischen und praktischen Theologie,
besonders auch der christlichen Dogmengeschichte, deren Grundlage und
Ausgangspunkt sie ist. Dagegen darf sie die kritische Untersuchung
der Geschichte jener Quellen, aus welchen sie schöpft, ganz der soge=
nannten Einleitungswissenschaft (Isagogik des N. T.) überlassen. Ohne
Zweifel darf sie auch das durch die letztere angezündete Licht als
Hilfsmittel bei ihrer Untersuchung nicht unbenutzt lassen. Bei strei=
tigen, für sie wichtigen Fragen darf man von ihrem Bearbeiter ver=
langen, daß er seine Meinung ausspreche, begründe, vertheidige; aber
ausführliche, zu einem Resultat führende Behandlung dieser Fragen
darf von ihm als solchem keineswegs verlangt werden. Die unauf=
hörliche Anhäufung des Stoffes fordert vor allem in unsern Tagen
Vertheilung der Arbeit. Das Ideal der unsern ist erreicht, wenn sie
eine klare, wohlgeordnete und vollständige Uebersicht über die in den
neutestamentlichen Schriften enthaltene Lehre giebt, ohne daß sie sich
um all das Uebrige bekümmert, was über den Ursprung, die Zu=
sammenstellung und den Werth dieser Bücher von der Kritik, sei es
mit Recht oder ganz mit Unrecht, behauptet wird.

5. Die Wichtigkeit der Untersuchung, womit die biblische Theo=
logie sich beschäftigt, bedarf nach dem Gesagten kaum mehr der Er=
wähnung.   Schon von einem rein historischen Gesichtspunkt aus verdient
sie die Beachtung jedes Bearbeiters der Geschichte der Menschheit und
des Gottesreichs auf Erden. — Der geförderte Christ legt mit Recht
Werth auf eine genaue Kenntniß der von dem Herrn und seinen
Aposteln auf die höchsten Lebensfragen gegebenen Antwort. — Beson=
ders muß der christliche Theologe die Lehre Jesu und seiner Apostel
vor mancher andern kennen. — Als Protestant hat er überdies
noch ein Interesse an dieser Untersuchung, welches für den Römisch=
Katholischen nicht, oder nicht in dem Maaße vorhanden ist. — Und
weit entfernt, daß in unsrer Zeit durch die vielfach modificirte
Betrachtung der heiligen Schrift diese Untersuchung weniger bedeutsam
sei, fällt es vielmehr von selbst ins Auge, wie — ganz und gar ab=
gesehen von der Richtigkeit der angedeuteten Modificirung — gerade
die Zeichen der Zeit aufs dringendste zu ihrer unermüdlichen Fort=
setzung antreiben.

Ueber den Begriff und Charakter unsrer Wissenschaft vergleiche
man: **F. F. Fleck**, über bibl. Theologie als Wissenschaft
unsrer Zeit in **Röhr's Prediger=Bibliothek. Th. 86. Jahrg.
1834. Schmid,** über das Interesse und den Stand der
bibl. Theol. des N. T. in unsrer Zeit, in der Tüb. Zeit=
schrift für Theol. 1838. IV. S. 125 u. ff. **D. Schenkel,** Die
Aufgabe der bibl. Theol. u. s. w. Stud. u. Kritik. 1852.
I. S. 43 u. ff. **B. Weiß,** das Verhältniß der Exegese zur
bibl. Theol. in der Deutschen Zeitschr. 1852. Nr. 38, 39.
J. Köstlin, über die Einheit und Mannigfaltigkeit der
Apost. Lehre, in der Zeitschr. für deutsche Theol. 1857.
Die Einleitung zu dem theol. homil. Bibelwerk von **J. P. Lange.**
Und vor allem den Artikel von **C. J. Ritsch,** in **Herzogs Real=
Encyklopaedie, II. S. 219 ff.**

Punkte zur Erwägung: Der Charakter und die psychologische Basis der theologischen
Wissenschaften im Allgemeinen. — Warum wurde die Untersuchung der alt= und neutestamentlichen
Theologie zuerst vereinigt und darnach getrennt? — Kritik einiger andern, von der unseren mehr
oder weniger verschiedenen Definitionen unserer Wissenschaft. — Ansichten in Betreff ihrer Stelle in
der Encyklopaedie. — Warum gehört das Leben Jesu und seiner Apostel nicht zu ihrem Gebiet? —
Genauere Auseinandersetzung und Vertheidigung ihrer Wichtigkeit an sich und im Vergleich zu
andern Fächern. — Woraus ist die Geringschätzung derselben von mancher Seite zu erklären;
warum und wie ist dieselbe zu bestreiten?

§. 2.

Ihre Geschichte.

Das Alter der biblischen Theologie des N. T. als selbstständigen Theils der theologischen Wissenschaft reicht nicht weit über das gegenwärtige Jahrhundert hinaus. Auch sie hat einen langen Zeitraum der Vorbereitung durchlebt, aber sich in verhältnißmäßig kurzer Zeit in bedeutendem Grade entwickelt und befindet sich gegenwärtig in einem Zustande der Blüte und des Lebens, welcher kräftig zu ihrer fortgesetzten Bearbeitung anregt.

1. Nicht ohne Grund wird gewöhnlich in der Einleitung zu irgend einer wissenschaftlichen Untersuchung auf die Geschichte derselben hingewiesen. Auch hier bewährt sich die Geschichte als „das Licht der Wahrheit, die Zeugin der Zeiten, die Lehrerin des Lebens." Sie macht uns mit dem, was auf einem bestimmten Gebiet schon gethan ist, bekannt und eben dadurch mit dem, was noch zu thun übrig ist. Sie zeigt, wie die Wissenschaft nach und nach zur Selbstständigkeit kam, bietet den Schlüssel zur Erklärung ihres gegenwärtigen Zustandes und setzt uns also in Stand auf gut gelegter Grundlage weiter zu bauen.

2. Man hat irgendwo mit Recht die biblische Theologie des N. T. eine „vorzüglich protestantische" Wissenschaft genannt. Sie ist es wenigstens insofern, als sich diese Wissenschaft, obgleich ihre Keime schon früher vorhanden waren, doch nur auf dem Boden des Protestantismus ungehindert entwickeln konnte. Den Zeitraum vor der Reformation kann man nur als den der Vorbereitung bezeichnen. Dahin gehören ohne Zweifel die bedeutendsten Kirchenväter der ersten Jahrhunderte, welche mehr oder weniger biblische Theologen sind. Besonders kommt dieser Ehrentitel den Koryphäen der Alexandrinischen Schule zu. Einigermaßen kann als Beweis selbstständiger Untersuchung auf diesem Gebiete die Schrift de testimoniis gelten, welche

gewöhnlich dem Cyprian († 258) zugeschrieben wird, sowie auch die von dem afrikanischen Bischof Junilius de partibus legis aus dem sechsten Jahrhundert. Daß das Mittelalter der Bearbeitung der biblischen Theologie nicht günstig war, liegt in der Natur der Sache. Frug man doch damals in der Regel nicht: was lehrt die Schrift, sondern: was lehrt die Kirche? Man unterließ es jedoch nicht ganz, gegenüber Andersdenkenden sich auf die Schrift zu berufen, und die Vorbereitung der Reformation bahnte zugleich einer gesetzmäßigern und glücklichern Bearbeitung der biblischen Theologie, besonders des N. T. den Weg. Die Doctores ad Biblia wurden ausdrücklich zu ihrer Erklärung berufen, und Luthers Beispiel zeigt, mit welchem Eifer sich sofort einzelne dieser Verpflichtung unterzogen. Die dogmatischen Hauptwerke der Reformation sind zugleich Früchte eines ernsten Bibelstudiums, obgleich es noch keineswegs von einem historischen Standpunkt aus oder zu einem rein wissenschaftlichen Zwecke unternommen wurde. Leider trat im 17. Jahrhundert ein neuer Scholasticismus an die Stelle des alten und die Grenzlinie zwischen biblischer Theologie und kirchlicher Dogmatik wurde mehr und mehr verwischt. Die Exegese trat in den Hinter-, die Polemik in den Vordergrund. Indessen berief sich auch diese Polemik auf sogenannte dicta probantia, die mehr oder weniger mit einer gewissen Tendenz ausgelegt wurden. Das Streben, die Heilswahrheit so deutlich und vollständig wie möglich auch bei Personen des A. T. wieder zu finden, führte sogar zu sehr speciellen Untersuchungen. So wurde die Theologie Hiob's (1687), Jeremia's (1696), selbst die der Elisabeth (1706) mit kleinlicher Sorge dargestellt. In steigendem Maaße machte sich neben scholastisch-dogmatischer das Bedürfniß nach exegetisch- (noch nicht rein historisch-) biblischer Untersuchung geltend, und die Hilfsmittel dazu wurden von verschiedenen Seiten herbeigeschafft. In Straßburg gab Seb. Schmidt sein Collegium Biblicum (3. Ausgabe, 1689) heraus; in Holland beförderten Witsius und Vitringa eine rein-biblische Richtung. Auch die Reaction des Pietismus gegen den Orthodoxismus hat wohlthätig auf die Vorbereitung unserer Wissenschaft gewirkt; offenbart sich doch während des ganzen 18. Jahrhunderts immer mehr das Streben, das Schuljoch zu zerbrechen und bei Darstellung der christlichen Heils- und Lebenslehre zu der biblischen Einfachheit zurückzukehren. Als Typen dieser Richtung können genannt werden:

M. C. Heymann, Verſuch einer bibl. Theologie in Tabellen (4. Aufl. 1758); **A. F. Buſching,** Epitome Theologiae, e solis litteris sacris concinnatae (1757), und von derſelben Hand: Gedanken von der Beſchaffenheit und dem Vorzug der bibl. dogm. Theol. vor der ſcholaſtiſchen (1758); vor allem **D. G. F. Zachariae,** bibliſche Theologie, oder Unter= ſuchung des bibl. Grundes der vornehmſten theol. Lehren (3. Ausg. in 5 Thl., 1786) und **Storr,** Doctrinae Christia- nae e solis litt. SS. repetitae Pars Theol. Stuttg. 1793 u. 1807. Dieſen folgen am Ende des vorigen und am Anfang dieſes Jahrhunderts ehrwürdige bibliſche Theologen von ſupranatura- liſtiſcher Richtung.

3. Wie werthvoll indeſſen dies alles auch iſt, die rein hiſto= riſche Behandlung der bibl. Theologie des N. T. iſt durchaus eine Frucht der neuern Zeit, welche den Unterſchied zwiſchen ihr und der kirchlichen oder philoſophiſchen Dogmatik ſtets ſchärfer hervortreten ließ. Der Gedanke, daß die bibl. Theologie des N. T. als ſelbſtſtändiger Theil der hiſtoriſchen Wiſſenſchaft behandelt werden müſſe, iſt mit klarem Bewußtſein zuerſt von rationaliſtiſcher Seite ausgeſprochen worden. Es geſchah durch **J. Ph. Gabler,** Profeſſor zu Altorf, im Jahr 1787 in einer akademiſchen Rede: de justo discrimine Theol. Bibl. et Dogm. (ſpäter in ſeine „kleine Theol. Schriften" 1831. II. S. 79 u. ff. aufgenommen), worin er ausdrücklich darauf drang, man müſſe auf dem Gebiete der erſtgenannten Wiſſenſchaft die Lehrbegriffe der verſchiedenen Schriftſteller objectiv unterſuchen, von einander unterſcheiden und genau ordnen. Sein Grundgedanke wurde von ſeinem Amtsgenoſſen **G. L. Bauer** weiter entwickelt, welcher (1800—1802) eine bibliſche Theologie des N. T. in vier Theilen herausgab, denen noch ein fünfter hätte folgen ſollen. Gab der letztere ſeiner hiſtoriſchen Unterſuchung eine apologetiſch=praktiſche Richtung, ſo wurde von **C. F. Ammon** in ſeinem Entwurf einer rein bibl. Theol. (Erl. 1792) und ſeiner bibl. Theol. (3. Theil 2. Aufl. 1801 u. 1802) ein unabhängigerer Standpunkt einge- nommen. Nach ſeiner Auffaſſung ſollte die bibliſche Theologie nur „Materialien, Grundbegriffe und Reſultate der Bibel" liefern, „ohne ſich jedoch um den Zuſammenhang derſelben zu bekümmern oder ſie in ein künſtliches Syſtem zu winden". „Dies Geſchäft", ſagt er,

„bleibt allein dem Dogmatiker vorbehalten, der diese Resultate an-
einander kettet". Ob die Aufgabe des Dogmatikers so einfach ist,
wie sie aus diesen Worten sich zu ergeben scheint, kann uns hier
einerlei sein; es genügt, daß der historische Charakter unsrer Wissenschaft
von Ammon mit Bewußtsein ausgesprochen worden ist. Noch deutlicher geschieht dies von G. P. C. Kayser in seinem Werk: Bibl.
Theologie oder Judaismus und Christianismus u. s. w.
Erl. 1813—14, aber besonders von dem Baseler Professor W. M.
L. de Wette († 1850), der, weniger was die Resultate, als was
die Methode betrifft, ihr den bedeutendsten Dienst erwiesen hat. Er
stellte die biblische Dogmatik neben die der lutherischen Kirche, in gewisser Hinsicht ihr gegenüber, und unterschied in der erstern, besser
als es bisher geschehen war, zwischen den Vorstellungen des Hebraismus und denen des Judaismus, zwischen der Lehre Jesu und der der
Apostel. Er frug vor allen Dingen nicht, ob er seine Vorstellungen
mit denen der Schrift vereinigen könne, sondern, welche Vorstellungen
diese habe, wie sie sich aus und neben einander entwickelten und in
welchem Zusammenhang sie mit den eigenthümlichen Begriffen der
Zeit standen, in welcher sie zuerst ausgesprochen worden waren. Ohne
Zweifel hat auch dieses Werk seine schwächeren Seiten; die biblische
Theologie ist hier noch zu viel biblische Dogmatik im strengeren Sinne
des Worts, und der eigenthümliche philosophische Standpunkt des
Verfassers (er gehörte zur Schule von Fries) hatte auf die historische
Betrachtung allzu überwiegenden Einfluß. Dies schließt jedoch nicht
aus, daß er auf dem guten Weg in gewisser Hinsicht einen Riesen-
schritt machte, so daß andre mit erwünschtem Erfolg auf dem durch
ihn gelegten Grunde weiter bauen konnten. Dies geschah denn auch,
obwohl in weniger glücklicher Form, von L. F. O. Baumgarten-
Crusius, Prof. in Jena, in seinen Grundzügen der bibl. Theologie (1828), von L. D. Cramer, Vorlesungen über die bibl.
Theol. des N. T., herausgegeben von Näbe, Leipz. 1830, und
in viel größerm Maaßstab von D. v. Cölln, Prof. zu Breslau, dessen
bibl. Theol. in zwei Theilen nach seinem Tode im Jahre 1836 von
Dr. D. Schulz herausgegeben wurde.

Es war indessen nicht allein die ganz oder halb rationalistische
Richtung der Theologie, die sich mit offenbarer Vorliebe der Bearbeitung dieses Theiles der Wissenschaft weihte; auch von supranatu-

ralistischer Seite wurde ihr Gebiet von geschickten Händen bearbeitet. Seit dem zweiten Viertel unseres Jahrhunderts fing man an, der Theologie des A. T. besondere Aufmerksamkeit zu schenken. Die Schriften über letzteres von Steudel (1840), Oehler (1840) und insbesondere von Hävernick (1848) verdienen mit Ehren genannt zu werden. Was das N. T. betrifft, so hat unsre Wissenschaft insbesondere gegen den unvergeßlichen **Neander** († 1858) große Verpflichtungen. Im ersten Theil seines Lebens Jesu (Ausg. 1837) gab er eine historische Uebersicht über die Lehre des Erlösers nach Anleitung seiner Gleichnisse, worin die Meisterhand nicht zu verkennen ist, die schon in seiner Pflanzung und Leitung der apost. Kirche mit seltenem Takt den Lehrbegriff der verschiedenen apostolischen Schriftsteller klar auseinandersetzte. Er zeigte die feineren Nuançen in der Eigenthümlichkeit eines jeden, wies aber zugleich auf die höhere Einheit hin und suchte besonders dar zu thun „wie ungeachtet alles Unterschiedes im Wesentlichen die Einheit in der Tiefe ruhe, wenn man sich nicht durch die Form täuschen lasse, und wie auch die Form sich in ihrer Mannigfaltigkeit wieder von selbst erkläre." Die schwächeren Seiten der Darstellung Neanders sind in einer der besten Schriften, welche wir hier zu nennen haben, vermieden worden, in **C. F. Schmid's** Bibl. Theol. des N. T., die nach seinem Tode von Dr. K. Weizsäcker herausgegeben wurde (1853), wovon 1864 eine neue Auflage erschien. Er stellt die Theologie des N. T. objectiv und klar dar und vertieft sich mit nicht zu verkennender Sympathie in den Organismus der verschiedenen Lehrbegriffe; der Darstellung derselben geht eine besondere Lebensbeschreibung des Herrn und seiner Apostel vorher. Ist das letztere nicht zu empfehlen (vgl. §. 1, 3), so verdient doch sein Werk den Vorzug vor dem unvollendeten des Dr. **G. L. Hahn**, die Theol. des N. T. Leipzig 1854. I. Es behandelt nur die Grundbegriffe von Gott und der Welt, welche beide der Lehre des Herrn und seiner Apostel zur Grundlage dienen, ohne zwischen den verschiedenen Lehrtypen und Tropen selbst einen gehörigen Unterschied zu machen; es setzt wohl die Einheit der genannten Grundbegriffe klar auseinander, aber ohne der Verschiedenheit der Lehrentwicklung bei den Schriftstellern des N. T. genügend Recht widerfahren zu lassen. Was mehr im Besondern die Theologie der Apostel betrifft, so nennen wir mit Vorliebe: **H. Meßner**, die

Lehre der Apostel, Berl. 1856, ein Buch, hie und da etwas schwerfällig, aber reich an Inhalt und nach einer guten Methode bearbeitet; und besonders **G. V. Lechler,** das apost. und nachapost. Zeitalter mit Rücksicht auf Unterschied und Einheit in Lehre und Leben, im Jahre 1848 von Teyler gekrönt und 1857 zum zweitenmal so sehr vermehrt und verbessert herausgegeben, daß es beinahe ein neues Werk genannt werden kann. Die besondere Litteratur der petrinischen, paulinischen, johanneischen Theologie werden wir an der betreffenden Stelle anführen. Daß durch die Kritik von Strauß und der Tübinger Schule die Behandlung der Theologie Jesu bedeutend modificirt werden mußte, brachte der Geist der Zeit mit sich, und erhellt überdieß aus zahlreichen Beispielen.

Ueberhaupt muß man nicht meinen, daß da, wo der rein historische Charakter unserer Wissenschaft anerkannt und vertheidigt wird, der theol. und philos. Standpunkt ihrer Bearbeiter keinen großen Einfluß auf ihre Behandlung gehabt habe. Wie nachtheilig die Hegelsche Philosophie auf die bibl. Theologie des A. T. wirkte, können wir aus der von **Vatke** sehen (1835), dessen aprioristische Construction von Lehre und Geschichte durch **Bruno Bauer,** die Religion des A. T., Berlin 1838/39, bestritten aber nicht verbessert wird. Was das N. T. betrifft, so würden wir der in vieler Hinsicht vortrefflichen Histoire de la Theol. Chrét. du siècle Apostol. von **E. Reuß,** Straßburg 1852, noch ein höheres Lob spenden, wenn die strenge Objectivität der Darstellung ihrer Klarheit und Vollständigkeit gleichkäme. Aber in der Gruppirung, hie und da auch in der Behandlung und Beurtheilung des Stoffs, läßt sich des Verfassers bedeutende Sympathie für die Tübinger Construction der alten Kirchengeschichte in keiner Weise verkennen, während überdies seine Untersuchung sich auch noch über die Grenze des N. T. ausdehnt, was der Anerkennung des ganz besonderen Werthes seines Inhaltes nicht vortheilhaft ist. In weit größerem Maße gilt das Bedenken jedoch von dem Werk des Hauptes der Tübinger Schule, des Dr. **F. C. Baur,** Vorlesungen über neutestamentl. Theologie, welches nach dessen Tode von seinem Sohne herausgegeben wurde (1864), und worin die anerkannten Licht- und Schattenseiten dieser Richtung sich so zu sagen concentriren. Den ganzen reichen Stoff der neutestamentlichen Theologie vertheilt Baur in drei verschiedene Perioden, nachdem er zuerst bei der Lehre

Jesu besonders still gestanden. In die erste setzt er die vier von ihm als echt angenommenen paulinischen Briefe mit der Apokalypse und bespricht ihren dogmatischen Inhalt. In der zweiten folgen: der Brief an die Hebräer, die kleineren paul. Briefe (mit Ausnahme der=jenigen an Timoth. und Titus) und ferner die Briefe von Petrus und Jakobus, die Synoptiker und die Apostelgeschichte. In der dritten endlich der Lehrbegriff der Pastoralbriefe und der johanneischen Schriften, die nach Bauer bei weitem die jüngsten im ganzen Kanon sind. So ruht die ganze Auffassung und Methode auf einer Isagogik und Kritik, die wohl niemand vorurtheilsfrei nennen wird. Noch willkürlicher und mit viel weniger Talent ist diese Darstellung der Geschichte von demselben Standpunkt aus von **L. Road** versucht worden in seiner bibl. theol. Einl. in's A. u. N. T. u. s. w. Halle 1853. — Von römisch-katholischer Seite ist in Deutschland ein bedeutender Beitrag zu unserer Wissenschaft von Dr. **J. A. B. Lutterbeck** geliefert: Von dem neutestamentlichen Lehrbegriffe, oder Untersuchungen über das Zeitalter der Religionswende, die Vorstufen des Christenthums und die erste Gestal=tung desselben. 2 Th. Mainz 1852. Es enthält einen Schatz von Baumaterial; doch hat es der Verfasser selbst als ein Handbuch der ältesten dogmatischen und system. Exegese des N. T. gegeben; die Lehre Jesu hat er gar nicht behandelt, dagegen ziemlich viel aufgenommen, was nicht gerade zur Sache gehört.

Was endlich die holländische Theologie betrifft, so ist verhält=nißmäßig viel für biblische und evangelische Bearbeitung der Dogmatik (Muntinghe, Egeling, Heringa, Vinke), aber noch wenig für wissenschaftliche, rein-historische Behandlung der neutestament=lichen Theologie gethan worden. Vom Standpunkte der Gröninger Schule aus wurde mancher bedeutende Beitrag zur Kenntniß des paulinischen Lehrbegriffs und des der übrigen Apostel in den ersten Jahrgängen von Waaheid in Liefde aufgenommen. Ein stoffreiches Compendium gab der Leydener Professor J. H. Scholten seinen Schülern in die Hand in seiner Geschied. der Chr. Goodge-leerdheid gedurende het tydperk des N. V. 2. uitg. Leyden 1858, worin sich ebensowenig die bekannte Klarheit und Scharfsinnigkeit des Verfassers, als der Einfluß seines eigenen dog=matischen Systems verleugnet. Einen bedeutenden „Beitrag" em=

pfing die bibl. Theologie von Dr. **A. H. Blom** in seiner Schrift de leer van het Messiasryk by de eerste Christenen volgens de Handel d. App., Dordr. 1863), eine Studie, an welche man nicht vergebens die Forderung strenger Objectivität stellte. Auf populär-wissenschaftliche Weise versuchte der Verfasser dieses Handbuchs besonders die Christologie des N. V. darzustellen, Rott. 1857. In Betreff der Eschatologie, of leer der toekomende dingen volgens de geschriften des N. V. wurde eine genauere und gründliche historische und exegetische Untersuchung angestellt von J. P. Briët, 2. Th. Thiel 1857, 1858.

4. Wir sehen also, daß es keineswegs unmöglich ist, die bibl. Theologie als selbstständige Wissenschaft zu behandeln, und daß ebenso wenig ein neuer Versuch zur Entwicklung und Vollendung dieser Wissenschaft überflüssig ist. Es ist ferner klar, daß der Forderung der Wissenschaft um so mehr entsprochen wird, je fester man ihren objectiv-historischen Character im Auge behält, daß dagegen unzeitige Einmischung eigner dogmatischer und philosophischer Meinungen nur zu ihrem Schaden gereichen kann. Während einer Reihe von Jahren ist man an einer dieser Klippen der Reihe nach gescheitert; man brachte entweder die unverkennbare Verschiedenheit der Lehrbegriffe der Durchführung einer philosophischen Einheit oder die höhere Einheit der Durchführung einer allzustark gefärbten Verschiedenheit zum Opfer. Das erstere geschah besonders früher unter dem Einfluß des herrschenden Dogmatismus; das letztere mit Vorliebe in unserer Zeit unter dem Einfluß des tonangebenden Kriticismus. Die wahre Weisheit verlangt, daß man der Scylla entfliehe und der Charybdis fern bleibe. Doch das Eine und Andere führt uns zum folgenden §.

Vergl. über den in diesem §. abgehandelten Gegenstand **Reuß**, a. a. O. I. 13—28. **Baur** a. a. O. S. 1—44.

Punkte zur Erwägung: Woher kommt's, daß die bibl. Theologie des N. T. eine verhältnißmäßig junge Wissenschaft ist? — Welchen vortheilhaften und welchen nachtheiligen Einfluß hat die Tübinger Schule auf sie ausgeübt? — Ist es möglich und nothwendig, ihre Bearbeitung von dem Einfluß eines christlich-philosophischen Systems frei zu halten?

§. 3.

Ihre Methode, Haupteintheilung und Forderung.

Die Methode unserer Untersuchung kann der Art der Sache nach keine andere sein als die genetische, chrono= logisch=analytische. Die Haupteintheilung des Stoffes wird durch die Eigenthümlichkeit und den gegenseitigen Zusammenhang der verschiedenen Lehrbegriffe, welche in dem N. T. angetroffen werden, bestimmt. Soll die Be= handlung desselben ihrem Endzweck entsprechen, so muß sie auf wirklich wissenschaftliche Weise, zugleich aber in wahr= christlichem Geist betrieben werden.

1. Bei jeder Wissenschaft ist die Frage nach der Methode ihrer Bearbeitung von großer Bedeutung. Aller Werth eines Resultates steht und fällt mit der Gesetzmäßigkeit, nach welcher es erreicht ist. Offenbar wird ferner die Methode jeder Wissenschaft von ihrem eigen= thümlichen Character bestimmt. Als Theil der historischen Theologie ist die unsere keinen anderen Gesetzen Gehorsam schuldig, als denen, die für jede historische Untersuchung gelten. Die Methode muß also eine genetische sein, d. h. nicht allein auf den Inhalt, son= dern auch auf das Werden der verschiedenen Ideen Acht geben. Dabei wird besonders die historisch=psychologische Exegese ihr gute Dienste erweisen. Ferner muß sie chronologisch sein; finden wir doch in dem N. T. eine Reihe von Schriften und Gedanken, die, nach und nach entstanden, sich nicht selten unter gegenseitigem Einfluß des einen Schriftstellers auf den anderen entwickelten; auch der innere Entwicklungsproceß eines und desselben Schriftstellers, z. B. des Paulus, stand während einer Reihe von Jahren keineswegs unbeweg= lich still. „Geschichte ist Lebensentfaltung" (Schmid). Hier ist also die bekannte Vorschrift: distingue tempora mit allem Ernst zu be= herzigen. Endlich muß die Methode analytisch oder disjunctiv sein. Wir haben nicht sofort nach dem Lehrbegriff des apost. Zeit= alters, im Großen und Ganzen, sondern nach dem eines jeden der verschiedenen Zeugen, die im N. T. vor uns treten, zu fragen. Zwar

muß es uns gewiß auch hier um die höhere Einheit zu thun sein; doch tritt diese erst dann ans Licht, wenn zuerst die unverkennbare Verschiedenheit klar dargelegt worden ist. Die Synthese hat keinen Werth, wenn die Analyse nicht rein war.

„C'est à l'analyse, que nous demanderons la lumière, qui éclairera notre route; à l'analyse, qui apprend à l'historien, à s'effacer lui-même pour ne pas manquer son sujet, qui sait respecter le caractère particulier de chaque fait, de chaque idée qu'elle rencontre, qui reconnait à chaque epoque, à chaque groupe, à chaque individualité même, si mince qu'elle soit, son droit de paraître aujourd'hui encore dans le miroir de l'histoire, ce qu'elle à été autrefois dans la réalité de la vie." (Reuss).

2. Die Haupteintheilung des Gebietes, welches wir betreten, ist durch das Gesagte schon im Princip angedeutet. Zuerst müssen wir die Theologie des Herrn Jesu Christi und der apost. Schriftsteller von einander trennen und die erstere vor der letzteren behandeln. Bei der zuerst genannten fällt der Unterschied zwischen den Aussprüchen des Herrn bei den Synoptikern und denen im vierten Evangelium von selbst ins Auge. Der gegenwärtige Stand der Wissenschaft fordert, daß wir auf beide besonders achten und also zuerst dem synoptischen, dann dem johanneischen Christus das Ohr leihen, um endlich zu untersuchen, in welchem Verhältniß die beiderseitigen Worte zu einander stehen. — Auch die Untersuchung der Lehre der Apostel fordert eine ähnliche, wiederum dreifache Scheidung. Petrus, Paulus, Johannes legen — wohl auch in dieser Reihenfolge — nacheinander ihr Zeugniß ab. Um diese Hauptgestalten gruppiren sich andere, welche bald mehr, bald weniger deutlich eine Geistesverwandtschaft mit jenen oder ihren Gedanken verrathen. Zu der petrinischen Theologie gehört also der Lehrbegriff des Jakobus und Judas; auch das Evangelium des Matthäus und Markus muß hier besprochen werden. Um Paulus schaaren sich sein Vorläufer Stephanus, sein Mitarbeiter Lukas und sein Geistesverwandter, der Verfasser des Hebräerbriefes. Johannes steht allein; aber der Johannes des vierten Evangeliums und der Briefe auf der einen und der Johannes der Apokalypse auf der anderen Seite sind hinreichend verschieden, um den einen erst dann, wenn der andere gehört worden, reden zu lassen.

In diesen zwei Haupttheilen ist der Stoff für unsere Untersuchung zusammengefaßt, aber noch nicht vollständig bewältigt. Da
wir die Lehre des Herrn und seiner Apostel nicht verstehen können,
so lang wir nicht, wenn auch nur im Allgemeinen, den Grund kennen
lernten, aus welchem die Pflanze grünte, so muß der Untersuchung
beider ein vorbereitendes Kapitel vorhergehen, worin zwar nicht die
ganze Theologie des A. T. behandelt wird, wohl aber die Religion,
aus welcher das Christenthum hervorging, die Erwartungen, die es
verwirklichte, der Zustand endlich, die Gedanken und Bedürfnisse der
Zeit worin der Herr und seine Apostel auftraten, mit andern Worten
der Mosaismus, Prophetismus und der vom früheren Hebraismus
verschiedene Judaismus. Wir können den Inhalt dieses ersteren, blos
vorbereitenden, aber darum nicht entbehrlichen Hauptstückes am besten
unter dem Namen alttestamentliche Grundlagen zusammenfassen.
Darauf folgt dann als zweites die Theologie Jesu Christi; als drittes
die der Apostel nach dem oben angedeuteten Entwurf. Ist aber nun
hiermit unsere Untersuchung zu Ende? Sie gleicht bis dahin noch dem
Gebäude, dessen Fundamente gelegt und dessen Mauern bis zur gehörigen
Höhe aufgeführt sind, dem aber noch Dach und Giebel fehlt. In einem
vierten oder letzten Kapitel muß die Synthese der vollbrachten Analyse
versucht, mit anderen Worten die höhere Einheit der Lehre aller
Apostel unter sich und mit dem Herrn zur Sprache gebracht werden.
So erst steht das Gebäude der neutestamentlichen Theologie vor unseren
Augen als ein wohlgeschlossenes Ganze. „So wird die N.-T.-liche
Theologie die Aufgabe haben, den organischen Zusammenhang der
N.-T.-lichen Lehre zu entwickeln." (Schmidt). Erst hier kann man
stehen bleiben. Und zeigt es sich nun, daß keiner der angedeuteten
Haupttheile weder vermißt, noch anders gesetzt und geordnet werden
kann, ohne daß die Harmonie zerrissen wird, dann ist damit sowohl
das Recht als die Richtigkeit unserer Haupteintheilung erwiesen.

3. Die Forderung, daß die anzustellende Untersuchung zugleich
wissenschaftlich und christlich sei, wird in dieser Allgemeinheit wohl bei
niemand Widerspruch finden. Dessen ungeachtet dürfte ein Wort zur
näheren Erläuterung nicht überflüssig sein.

Wissenschaftlich ist eine Untersuchung, wenn sie der Forderung
der Wissenschaft im Allgemeinen und der besonderen Wissenschaft, bei
der sie angestellt wird, entspricht. Wissenschaft ist wohl begründete und

...eordnete Erkenntniß, die Frucht richtiger Beobachtung und ...osophischer Untersuchung. Theologische Wissenschaft ist also wohl...gründete und wohlgeordnete Erkenntniß Gottes und göttlicher Dinge, ...e aus den Quellen, aus welchen sie nothwendigerweise geschöpft werden ...muß, auch geschöpft ist. Diese Wissenschaft läßt sich bei ihrer Unter= ...suchung von dem Glauben an Gott und seine Offenbarung erleuchten; aber ...weit entfernt, daß dieser Glaube den Geist der Untersuchung binde oder ...verdunkle, weckt er ihn vielmehr und gibt seiner Arbeit die zweckmäßigste ...Richtung. Auch für diese Untersuchung gilt also die Forderung, daß ...sie gründlich, genau, vollständig, unparteiisch und wahrheitsliebend sei. ...Die Unparteilichkeit darf jedoch nicht als ein principielles Verleugnen ...und Vergessen aller Principien, wovon man anderwärts auszugehen ...pflegte (Voraussetzungslosigkeit), aufgefaßt werden; denn dies ist weder ...nöthig, noch möglich. Sie fordert vielmehr, daß man mit unbefangenem ...Geiste und Gemüthe für jeden Eindruck zugänglich sei und nichts als ...Wahrheit verlange, gleichviel ob sie mit unserer eigenen, uns lieben ...Meinung übereinkomme oder nicht. Mit einer solchen Wahrheitsliebe, die ...niemand mehr, als dem Bearbeiter der theol. Wissenschaft ziemt, vereinigt ...sich von selbst derjenige sittliche Ernst, der bei einer Untersuchung wie ...der unseren am allerwenigsten fehlen darf. Insofern kann man sagen, ...daß wahre Wissenschaftlichkeit nicht nur eine Richtung des Geistes, ...sondern des ganzen verständigen und sittlichen Lebens sei, so daß man ...sie wie die Beredtsamkeit nicht bloß eine Gabe, sondern auch eine Tugend ...nennen könnte.

Die wissenschaftliche Untersuchung wird zugleich ch r i s t l i ch sein ...wenn sie vor allem von einem christlichen Standpunkt aus begonnen ...und fortgesetzt wird. Auch bei der Untersuchung der Lehre Jesu und ...der Apostel darf man unmöglich vergessen, welche große Bedeutung ...das N. T. für das religiöse und christliche Leben hat. Der Theologe, ...der zugleich Christ ist, kann diesen Glauben unmöglich verleugnen, ...wenn er das Gebiet der Wissenschaft betritt. Dies wird denn auch ...durchaus nicht gefordert; der Glauben führt auch hier zum bessern ...Erkennen und Wissen, wie das letztere wieder in Stand setzt, besser ...zu glauben (1 Joh. 5, 13). Indessen darf christlicher und kirchlicher ...Standpunkt hier durchaus nicht verwirrt werden. Das N. T. wird ...hier ausschließlich als historische Urkunde betrachtet und zu Rathe ge= ...zogen; die Frage, ob sie noch mehr ist als dies und in welchem

Verhältniß sie zu dem Glauben und Leben des Christen steht und stehen muß, gehört ausschließlich auf das Gebiet der christlichen Dogmatik und wird deshalb hier nicht besprochen. Sodann muß unsre Untersuchung in christlichem Geiste begonnen werden, d. h. im Geiste christlicher Demuth, welche sich ihrer Grenze bewußt ist, im Geiste lebendigen Glaubens, der um so kräftiger antreibt, die Geheimnisse des Gottesreiches zu ergründen, vor allem im Geiste warmer Liebe für das Evangelium, die sich leicht und gern in den Geist der heiligen Schriftsteller versenkt. Auch hier ist die Sympathie die unabweisbare Bedingung zur tiefern Einsicht. Endlich muß die Untersuchung einen christlichen Zweck haben: persönliche Heiligung durch Erkenntniß der Wahrheit, Aufbau des Gottesreiches in und um uns, und dadurch überall Verherrlichung dessen, zu dem alle Dinge, auch auf dem Gebiet der Wissenschaft in Beziehung stehen.

Vergl. Schenkel, a. a. O. S. 61 ff. Nitsch, a. a. O. S. 225.

Punkte zur Erwägung: Die Wichtigkeit der Methode auf theologischem Gebiet. — Kritik einiger anderer Haupt- und Unterabtheilungen. — In wiefern ist vollständige Unparteilichkeit bei unsrer Untersuchung unentbehrlich, möglich, wünschenswerth? — Ist eine rein historische Untersuchung, wie sie hier versucht wird, wohl durchaus mit der Ehrerbietung zu vereinigen, die man der heiligen Schrift schuldig ist?

Erstes Hauptstück.

Alttestamentliche Grundlagen.

§. 4.

Der Mosaismus.

Der Mosaismus ist die religiös-politische Einrichtung, welche das israelitische Volk dem Moses verdankt, und infolge der es eine ganz einzige Stelle in der Entwicklungsgeschichte des religiösen Lebens der Menschheit eingenommen hat. Seine Hauptquelle ist die kanonische Schrift des A. T., seine Grundlage die besondere Offenbarung, sein Charakter monotheistisch, seine Form theokratisch, sein Cultus symbolisch-typisch, seine Tendenz rein sittlich, sein Standpunkt der der äußeren Autorität; zugleich ist er sich aber wohlbewußt, daß er die Vorbereitung zu höherer Entwicklung ist.

1. Das Gebäude der neutestamentlichen Theologie ruht ganz auf alttestamentlicher Grundlage. Das Evangelium ist nach Inhalt und Form ohne Kenntniß der prophetischen Schrift nicht zu verstehen, und diese führt wieder auf Moses und die von ihm gestiftete Religion zurück (vergl. Joh. 4, 22; 2 Tim. 3, 15).

2. Daß das israelitische Volk in der Religionsgeschichte an sich eine ganz einzige Stelle bekleidet, ist nicht zu verkennen. Im Handel und Luxus steht es den Phöniciern, in Kunst und Wissenschaft den Griechen, an Tapferkeit den Römern und andern nach. Auf religiösem Gebiet dagegen treffen wir unter Israel Ideen, Einrichtungen,

2*

Erwartungen an, die wir nirgends sonst finden; historische Gestalten, deren Gegenstück man vergebens sucht; vor allem ein Selbstgefühl, das nur die Frucht eines unbegrenzten Hochmuths oder eines unschätzbaren Vorrechtes sein kann, (Deut. 4, 7. 33. 29; Pf. 89, 16; 147, 19. 20). Die objective und subjective Höhe, auf welcher Israel steht, ist nur aus dem Mosaismus zu erklären.

3. Zur richtigen Kenntniß und Beurtheilung des Mosaismus ist die des Moses selbst nöthig. Sie wird theils aus profanen (aegyptischen, griechischen, römischen), theils aus heiligen Urkunden geschöpft (das A. T., vor allem der Pentateuch). Es ist indessen nicht alles rein mosaisch, wie auch nicht alles christlich ist, was mit dem Namen Christi verbunden wird. Es ist der ebenso unbestreitbare als wichtige Beruf einer gründlichen Kritik, die ursprünglich mosaischen Elemente von dem zu scheiden, was später, sei es durch Entwicklung, sei es durch Entartung hinzugefügt wurde.

4. Ungeachtet alles dessen, was Moses mit andern Religions- stiftern des Alterthums gemein hat, bliebe seine Persönlichkeit, sein Charakter und sein Werk doch durchaus unerklärlich, wenn er nicht der Dolmetscher und Träger einer besonderen göttlichen Offenbarung gewesen wäre. Begriff, Möglichkeit, Wirklichkeit, Kennzeichen dieser besonderen Offenbarung werden von der Dogmatik festgestellt. Die biblische Theologie constatirt nur die Thatsache, daß Moses als ein außergewöhnlicher Gesandte Gottes auftrat (Num. 12, 6—8), von Zeitgenossen und Nachkommen (Deut. 34, 10—12), ja auch von Jesus und den Aposteln (Matth. 15, 3—6; Röm. 3, 2) als solcher aner- kannt wurde und sich selbst nicht nur durch Zeichen und Weissagung, sondern insbesondere durch die innere Vortrefflichkeit seiner Religions- lehre, die bloß natürlich zu erklären noch niemals geglückt ist, als solcher legitimirte. Die dem Moses verliehene göttliche Offenbarung wurzelt jedoch in einer früher stattgehabten und ist die Fortsetzung eines goldenen Fadens von Verheißungen, dessen Anfang sich in dem tiefsten Alterthum verliert (Exod. 2, 24. 28). Nur auf supranatu- ralistisch-christlichem Standpunkt kann der Mosaismus verstanden werden.

5. Der Mosaismus zeigt von Anfang an einen streng mono- theistischen Charakter. Er erkennt Jehova nicht bloß als den obersten, sondern auch als den einzigen Gott (Deut. 6, 4) an, neben dem keinem andern Geschöpfe im Himmel und auf Erden religiöse Ver-

ehrung gezollt werden darf. Machte sich Israel in der Wüste und später der Abgötterei schuldig (Amos 5, 25—27), so geschah es durchaus im Streit mit dem mosaischen Princip, welches den Tod auf diese Uebertretung setzt. Man hat ebenso wenig Grund, zu behaupten, dieser Mosaismus sei auf dem Wege stufenmäßiger Entwicklung aus einem früheren Polytheismus entstanden, als ihn aus der Eigenthümlichkeit der semitischen Race zu erklären. „Ce qui domine dans l'histoire des Juifs, ce n'est pas la race, mais la religion; deux schoses distinctes, et qui ne s'expliquent pas mutuellement." (La Boulaye.) Alles nöthigt vielmehr, an eine, in welcher Form nun auch, dem Stammvater der Nation verliehene persönliche Gottesoffenbarung zu denken, welche, von seinen Nachkommen in Aegypten vergessen, dem Moses neu offenbart und im Mosaismus mit neuen Elementen bereichert wurde. In Folge dieser Offenbarung kennt Israel den Herrn, den allmächtigen Schöpfer Himmels und der Erde, in seiner Einheit, Majestät, geistigen Natur und fleckenlosen Heiligkeit, die sich mit Barmherzigkeit und Treue vereint. Diese Wahrheit ist hier die Achse, um welche sich alles bewegt: le dogme des dogmes. Ihre Anerkennung erhebt Israel über alle Völker der Erde und ist die unveränderliche Bedingung nationalen und persönlichen Glückes. Indeß reicht die Aussicht auf dieses letztere in der Regel nicht weiter, als diese Seite des Grabes (Exod. 20, 12). Wie fest auch die Hoffnung einzelner selbst bis in den Tod an dem Ewiglebenden festhielt — Leben und unvergängliches Wesen hat erst das Evangelium ans Licht gebracht.

6. Der Bund, welchen Gott nach seinen Verheißungen mit Israel durch Vermittlung des Moses aufrichtete, wird die Grundlage der Theokratie. Dies Wort ist von Josephus (contra Apion. II. 16); die Sache selbst kann weder als eine Nachahmung anderer, z. B. aegyptischer Religionsformen, noch als bloß natürliche Frucht eines beschränkten Partikularismus, noch als unwillkürliche Folge von Reaction gegen das Heidenthum aufgefaßt werden. Sie war das Werk der freien und gnädigen Erwählung dessen, der, ob er auch Herr der ganzen Schöpfung ist, besonders Israel zum Volk seines Eigenthums machte. Der Bundesakt der so gestifteten Theokratie war die sinaitische Gesetzgebung, ihr Sitz das Heiligthum, ihr Ende nicht das Entstehen des Königthums, wodurch sie nur modificirt wurde,

sondern der Untergang des israelitischen Staates, ihre höchste Wohlthat war endlich die Erscheinung dessen, der die Scheidewand zwischen Israel und den Völkern zum Fallen brachte. Erst wenn man diesen ihren theokratischen Charakter erkannt hat, wird die Geschichte Israels und im Zusammenhang mit ihr die beständig weiter schreitende Offenbarung der Allmacht Gottes glaubwürdig und in gewissem Grade begreiflich.

7. Als Bundesgott will Gott nicht nur von Israel erkannt, sondern auch auf eine ihm wohlgefällige Weise feierlich verehrt werden. Der von Moses angeordnete Cultus trägt einen symbolisch = typischen Charakter (Coll. 2, 17; Br. an d. Hebr.). Die äußern Formen sind der sichtbare Ausdruck höherer, religiöser Ideen; die zeitlichen religiösen Ceremonien sind zugleich Schatten der zukünftigen Personen und Sachen (Typi personales et reales). Typus und Symbol ist keineswegs dasselbe. Das Symbol steht der Idee gegenüber als ihr sinnlicher Ausdruck, der Typus dem Antitypus wie der Schatten der Wirklichkeit. Das Symbol ist Abbild des Unsichtbaren, der Typus Vorbild des noch Verborgenen. Beide sehen wir in der wichtigsten religiösen Handlung, wie jeder, so auch der mosaischen Religion, im Opfer vereinigt. Es ist Symbol der freien Hingabe an Gott, und besonders ist das Sühnopfer Typus vom vollkommenen Opfer des N. T. „Der Begriff des Typischen ist unzertrennlich vom Begriff einer theologischen Entwicklung, wo das Gegenwärtige mit dem Zukünftigen geschwängert ist" (Martensen). Regeln zur näheren Erklärung von Einzelnheiten giebt die Symbolik und Typik des A. T.

8. Ist also einerseits die Form des Mosaismus eine erhabene Accomodation an den unentwickelten Zustand des Volkes, so ist andrerseits seine Tendenz rein sittlich. Das religiöse und ethische Element ist hier auf das innigste verschmolzen. Die fleckenlose Heiligkeit des Königs von Israel wird zugleich das höchste Ideal des Unterthanen (Lev. 19, 2). Das lebhafte Gefühl eigner Unheiligkeit, das Bedürfniß nach Schuldvergebung, die Lust an dankbarer Verherrlichung Gottes wird durch den Opferdienst zugleich geweckt und befriedigt, und der Geist der Liebe, Barmherzigkeit, Menschlichkeit wird selbst bei dem strengsten Partikularismus von einer Gesetzgebung gepflegt, welche bis in die kleinsten Einzelnheiten die Absicht verräth, Religion und Leben aufs engste mit einander zu verbinden. Mit Unrecht behauptet

man, daß die mosaische Heilsökonomie nur auf Gesetzlichkeit, nicht auf eigentliche Sittlichkeit gegründet sei, da sie rein äußerliche Thaten, keine inneren Grundsätze fordere. Schon der Anfang des Dekalogs beweist das Gegentheil (Exodus 20, 2); wie oft auch der Herr droht, die Liebe zu ihm steht immer in dem Vordergrund (Deut. 6, 5); und als Jesus das ganze Gesetz auf dies eine Gebot zurückführt, da bezeugt das echt israelitische Gewissen, daß er vollkommen richtig interpretirte (Mark. 12, 28—34). Was für sich betrachtet mit diesem streng sittlichen Charakter des Mosaismus mehr oder weniger im Widerspruch zu stehen scheint (s. z. B. Exod. 3, 21. 22; 1 Sam. 15, 3), muß mit dem Auge auf das Ganze, im Licht der Zeit und in Verbindung mit der besondern Gottesregierung erklärt werden.

9. Dem Gesetze war es jedoch unmöglich, die Erfüllung seiner berechtigten Forderung bei dem sündigen Menschen zu bewirken. Sein Standpunkt war der der äußern Autorität, wie der des Pädagogen dem unmündigen und unbändigen Knaben gegenüber (Gal. 4, 1. 2). Im Mosaismus steht der Mensch zu Gott, nicht wie ein Kind zum Vater, sondern wie ein Unterthan zu seinem König, oder wie der Uebertreter gegenüber dem Richter. Bei weitem die meisten Gebote tragen darum auch einen verbietenden Charakter (Coll. 2, 21) und wie das Leben mit dem Gehorsam so ist der Tod mit der Uebertretung verbunden (Gal. 3, 10). Wohl ist hier die Liebe Gottes im Principe geoffenbaret und erkannt (Exod. 34, 6. 7; Ps. 103, 13; 1 Kön. 19, 11—13), aber für das erwachte Gewissen tritt sie immer hinter seine Heiligkeit und Gerechtigkeit zurück, welche stets von neuem Strafgerichte verhängen muß. So wird denn auch die Liebe zu ihm wohl gefordert, aber von dem Gesetze nicht gewirkt (Röm. 8, 15). Wohl kennt auch der Mosaismus die Verheißung einer Wiedergeburt des Herzens (Deut. 30, 6), aber der Buchstabe als solcher tödtet (2 Kor. 3, 6). In dieser Hinsicht ist der Geist und die Kraft des Mosaismus ausgezeichnet symbolisirt in der Haltung des Volkes bei der Gesetzgebung (Exod. 20, 18—21).

10. Betrachten wir den Mosaismus nur von dieser Seite, dann würde er weniger Vorbereitung des Christenthums als Gegensatz zu demselben sein; allein er trägt, — was hier am allerwenigsten übersehen werden darf — auch die Keime zur höheren Entwicklung in sich. Dieselbe Gottesoffenbarung, welche den Mosaismus stiftete, hat zugleich

seine Entwicklung durch den Prophetismus verbürgt. Der Mosaismus zeigt eine partikularistische Färbung, aber universalistisch sind die Erinnerungen alter Heilsverheißungen, die er ungeschmälert bewahrt (Gen. 3, 15; 49, 10), und die Erwartungen, welche seine Dolmetscher auf dem höchsten Standpunkte ihrer religiösen Entwicklung aussprechen (Num. 11, 29; 1 Kön. 8, 41—48). So zeigt er in sich selbst eine harmonische Einheit; jedoch nicht die des vollendeten Gebäudes, sondern des festen Fundamentes, auf welchem weiter fortgebaut werden muß.

Vergl. über die Theologie des A. T. im Allgemeinen die in §. 2 angeführten Schriften. — Ueber die Geschichte Israels und des A. T. die von **Heß, Kalkar, Kurz, Ewald.** — Ueber Mosen den Art. von **Vaihinger,** in Herzog's Real-Enc., nebst der daselbst angef. Litteratur; so wie auch den Art.: Aegypten von **Lipsius.** — Ueber die Offenb. des A. T. **Auberlen,** die göttl. Offenb. u. s. w. **A. Dillmann,** über den Ursprung der A. T.=lichen Relig. Gießen, 1865. — Ueber die Theokratie die Art. Könige, Volk Gottes u. and. in Herzogs Real=Enc. — Ueber den mos. Cultus **Bähr,** Symb. des mos. Cult. Heidelb. 1837. **Kurz,** das mos. Opfer, Mitau 1842, und über die Symb. Dignität der Zahlen und der Stiftshütte, Stud. u. Krit. 1844. II. — Ueber das Opfer mehr insbesondere den Art.: Opferkultus von Oehler in Herzog's Realenc. — Ueber Geschichte, Werth und Regeln der Typologie Tholuck's bedeutenden Art.: Vorbild, ebend., nebst der daselbst angef. Litt. — Ueber die mos. Gesetzgebung die bekannten Werke von Michaelis, Saalschütz u. and. — Ueber die im Mosaismus verborgenen Keime späterer Entwicklung, **Tholuck,** das A. T. im N. T., Zweite Beil. zu dem Commentar über den Hebräerbr. **Umbreit,** das Evang. im A. T., in den Stud. u. Krit. 1849. I. Vergl. **G. K. Meyer,** die Patr. Verheiß., u. s. w. Nördl. 1859.

Punkte zur Erwägung: Verschiedenheit und Zusammenhang des A. u. N. T. — Uebersicht und Kritik der verschiedenen Auffassungen des Mosaismus. — Kann man das Entstehen des Mosaismus in Israel auf bloß natürlichem Wege erklären? — Die Hypothese vom Steindienst. — Uebereinstimmung und Verschiedenheit der Theokratie und der späteren Hierarchie. — In wiefern ist der Mosaismus ganz ursprünglich? (Spencer und Wikius). — Die verschiedenen Formen der besonderen Offenbarung. — Der symbolische Charakter auch anderer alter Religionen. — Woraus ist die frühere Ueberschätzung und die spätere Mißachtung der Typologie zu erklären? — Speciellere Darlegung des symbolisch=typischen Elements in besonderen Arten der Opfer. — In wiefern kann die mosaische Gesetzgebung im Vergleich zu andern zum Beweis für den göttlichen Ursprung des Mosaismus dienen? — Der Mosaismus und die messianischen Erwartungen.

§. 5.

Der Prophetismus.

Der Prophetismus, welcher in seiner Art nicht weniger einzig dasteht als der ursprüngliche Mosaismus
und eben so wenig auf rationalistische als auf magische
Weise erklärt werden kann, ist zugleich die Handhabung
und die Erfüllung früherer Offenbarung gewesen und
insofern nicht bloß für Israel, sondern auch für die
heidnische Welt eine unschätzbare Wohlthat. Er hat dem
Evangelium des N. T. den Weg gebahnt, auf Inhalt
und Form seiner Verkündigung bedeutenden Einfluß
geübt und seinen hohen Werth über allen vernünftigen
Zweifel erhoben.

1. Wie Moses als Prophet weit über seinen Zeitgenossen gestanden hatte (Num. 12, 6—8), so traten auch nach ihm hie und da
außergewöhnliche Gottesmänner auf. Schon in der Zeit der Richter
sehn wir einzelne Propheten erscheinen (Richt. 4, 4; 6, 8), obgleich
erst mit Samuel die eigentliche Zeit der Prophetie beginnt. Er scheint
der Stifter der sogenannten Prophetenschulen gewesen zu sein, die sofort unter Elias und Elisa zu höherer Entwicklung kamen. Sein
eignes Verhalten gegen Saul und David stellt zugleich das seiner
Nachfolger gegenüber späteren Königen dar. Als Vertreter der Theokratie gehn sie, von Jehova selbst berufen, aus verschiedenen Stämmen
und Kreisen hervor. Sie stehn keineswegs über dem Gesetz, sondern
handhaben seine Autorität, preisen seine geistige Auffassung an und
verdolmetschen Gottes Thaten und Rathschlüsse, in welche sie tiefer
als andre hineinsehen. Drum tragen sie denn auch, indem sie sich
in mehr als einer Hinsicht von den Priestern unterscheiden, die Namen:
Knecht Gottes (כְּבָאךְ יָה), Sprecher (נָבִיא), Seher (רֹאֶה) und andre.
Sie lehren das Volk die Zeichen der Zeit verstehen und lassen sogar
nicht selten eigentliche Prophezeihungen hören, d. h. bestimmte Verkündi-
gungen auch solcher Ereignisse der Zukunft, die sich auf natürlichem
Wege unmöglich berechnen ließen. Ebensowenig als das Prophezeihen

der Zukunft für den vornehmsten Beruf der Propheten zu halten ist, ebensowenig wird eine unparteiische Kritik das Prophezeihen desjenigen Verborgenen, welches mit der organischen Entwicklung des Gottes= reiches in organischem Zusammenhang stand, a priori von ihrer Wirk= samkeit ausschließen. Die Behauptung, daß die Erkenntniß der Propheten in keinem Fall über die natürlichen Grenzen menschlichen Wissens hinausging, ist sowohl mit den Aussprüchen ihres Selbstbewußtseins, als mit den Thatsachen in unversöhnlichem Streit.

2. Daß der israelitische Prophetismus eine ganz einzige Er= scheinung ist, zeigt sich, wenn wir ihn theils für sich betrachten, theils mit der heidnischen Mantik vergleichen. Nur auf theistischem Boden kann eine Pflanze wie diese erblühen; nur als Glied in einer Kette besonderer Heilsabsichten läßt sich der Prophetismus erklären. Auch hier giebt es keine andre Wahl als die zwischen einer übernatürlichen Auffassung oder einer unnatürlichen Vorstellung. Wer den Prophe= tismus rationalistisch erklärt, der vergißt, daß die Aussprache des menschlichen Gefühls und des prophetischen Bewußtseins der Seher sich oft schnurstracks gegenüber steht (1 Sam. 15, 11; 16, 6. 7; 2 Sam. 7, 3—7), und macht die ganze Theokratie schließlich zu einem durch den Lauf der Umstände begünstigten Werk der Ueberle= gung und Berechnung. Der israelitische Prophet sieht mehr als andre, weil ihm mehr als andern von Gott mitgetheilt ist. Ohne Zweifel war das Vermögen diese Mittheilung zu fassen bei den Propheten in nicht gewöhnlichem Maaße vorhanden; aber die Quelle ihrer persön= lichen Gewißheit in Betreff der Gegenwart und Zukunft lag in einer besonderen, ihnen vor vielen andern auf verschiedne Weise verliehenen Offenbarung. Mit der unhaltbaren Theorie einer bloß magischen und mechanischen Inspiration fällt die Thatsache dieser Inspiration selbst noch nicht. Die Prophetie war nicht allein die reife Frucht einer Weissagung, sondern einer Offenbarung, deren Inhalt und Form sich der Individualität der Propheten und den augenblicklichen Verhält= nissen anschloß, ohne daß man sie jedoch daraus allein erklären dürfte. Die Geschichte ist die Anleitung zur Voraussagung, aber nicht ihr Maaß. Echte Prophetie kommt durch das Zusammenwirken des gött= lichen und menschlichen Faktors zu Stande und baut auf dem von der Vergangenheit und der Gegenwart Gegebenen fort, um von da den Blick auf die Geheimnisse der Zukunft zu richten.

3. Der Prophetismus steht in sehr enger Beziehung zu dem Mosaismus. Er handhabt die Vorschriften des letzteren, die sonst beständig vergessen werden (Mal. 4, 4. 5), entwickelt aber zugleich seinen dogmatischen Inhalt und fügt wesentlich neue Elemente hinzu. Hatte der Mosaismus Gottes Einheit verkündet, so priesen Israels Propheten zugleich seine Majestät auf unerreichbare Art und schwingen die Geißel der Satyre gegen die Thorheit der Abgötterei (Jes. 40 u. 44). Der Begriff des Bundesengels und des Geistes des Herrn tritt in dem prophetischen Wort viel stärker hervor als bei Moses (Jes. 63, 9. 10). Die Lehre von den Engeln wird ebenso wie die von den Dämonen, wovon der Mosaismus nur flüchtige Spuren hat, besonders von den späteren Propheten vielseitig und kräftig weiter gebildet. Auch die von Moses nicht ausgesprochene Erwartung der Auferstehung und des Gerichtes nach dem Tode wird von einigen derselben ausdrücklich erwähnt (Jes. 25, 6—9; 26, 19; Ezech. 37, 1—14. Dan. 12, 2. 3). War schon der Mosaismus im Princip rein sittlich, so richtet vor allem das prophetische Wort seine Aufmerksamkeit auf die geistige Art der Gebote Gottes und bringt im Gegensatz zu einem mechanischen Formalismus und Ceremoniendienst auf die innere Hingabe an Gott als dem Wesentlichen des Opferdienstes (1 Sam. 15, 22; Jes. 1, 11—18; Mich. 6, 6—8). — War endlich der Mosaismus partikularistisch, so stellen sich die Propheten auf die Scheidewand, die sie noch nicht wegnehmen können, und verkündigen ein Gottesreich, das, von Jerusalem ausgehend, alle Völker umfaßt (Jes. 2, 4), ein goldenes Zeitalter der Zukunft, schöner, als die Juden es sich je vorstellten (Jes. 11, 6—9).

4. Auch die messianische Prophetie im engern und weitern Sinn (in Betreff der Person und des Reiches des Messias) kann in gewissem Sinne als Entwicklung des Mosaismus betrachtet werden. Sie ist die Fortsetzung einer goldnen Schnur von Verheißungen, mit welchen der Pentateuch die Propheten und ihre Zeitgenossen schon bekannt gemacht hatte (s. §. 4. 10). Das Haus Davids, der, selbst ein Prophet, sich der erhabensten Verheißung erfreut (2 Sam. 23, 1—7; Matth. 22, 43; Apost. 2, 30), wird der Ausgangspunkt der schönsten, in stets helleren Umrissen gezeichneten Erwartungen. Bei den frühsten Propheten, Joel (2, 26—32), Amos (9, 11. 12), Hosea (3, 5), sprechen sie sich noch mehr in allgemeinen Formen aus, aber

schon bei Micha (4, 5) und insbesondere bei Jesaias wird das Bild der feurig gewünschten Davidsbraut mit stets kräftigeren Farben gezeichnet (Jes. 7, 14; 9, 1—6; 11, 1—10). An die Schilderung seiner königlichen Herrlichkeit schließt sich die seiner prophetischen und hohenpriesterlichen Wirksamkeit insbesondere in den letzten Kapiteln des Jesaias an (42, 49, 50, 4—11; 52, 13; 53, 12). Ist hier auch die Davidsbraut nicht vergessen (55, 3), so ist es doch besonders der Knecht des Herrn, der sein Heil nicht nur Israel, sondern auch den Heiden bringt, schuldlos leidend für Schuldige eintritt und als der wahre, geistige Israel zugleich die Quelle des zeitlichen und geistlichen Heils wird für alle Völker der Welt.*) — Was also schon vor der Gefangenschaft angedeutet worden ist, wird während dieses Zeitraumes bewahrt, wiederholt, mit neuen Zügen bereichert. Wie auf den Trümmern des zerstörten Jerusalems sieht Jeremias den Thron Davids in schönem Glanze emporsteigen (23, 5. 6) und hebt zugleich all' die geistliche Herrlichkeit hervor, welche die neue Heilsökonomie vor der alten voraus hat (31, 31—34). Hesekiel stellt den Davidssohn unter dem lieblichen Bild einer Ceder (17, 22—24) und eines Hirten (34, 23) dar, und sieht einen Strom lebendigen Wassers aus dem neuen Tempel fließen (47, 1—12). Daniel steht als Weltprophet auf einer Höhe, von wo er in der Stille der Nacht sieht, wie das irdische Herrscherbild vor seinen Augen zermalmt wird und das Königreich des Himmels unter der symbolischen Gestalt des Menschensohns auf den Wolken des Himmels herankommt (2, 7). — Und auch nach der Verbannung zeigt sich dieselbe Heilserwartung in vielfach modificirten Formen aber mit wesentlich gleichartigem Inhalt. Haggai (2, 7—10) erwartet auch unter den Heiden eine Offenbarung der Regierung Gottes, derzufolge die Herrlichkeit des zweiten Tempels die des ersten weit überstrahlt. Sacharja sieht die priesterliche und königliche Würde in der Davidsbraut vereinigt, welche sanftmüthig zu den Elenden kommt (6, 12. 13; 9, 9). Maleachi, der in ihm den Engel des Bundes sieht, kündet zugleich den zweiten Elias als seinen Vorläufer an (3, 1; 4, 5). Jeder Prophet steht auf den Schultern des Vorgängers; alle zusammen zeigen auf den einen, welcher der Endzweck des Gesetzes und der Weissagung ist.

---

*) Vergl. Oehler, der Knecht Jehova's im Deutero (?) Jesaiah. Stuttg. 1865.

5. Kein Wunder, daß solch' ein Prophetismus außerordentlich wohlthätig für Israel war. Er war fortwährend Träger der Offen= barung, Bollwerk der Religion und so zu sagen das unbestechliche Gewissen des theokratischen Staates. Durch den Prophetismus sah Israel zugleich seine Vergangenheit richtig gehandhabt, seine Gegen= wart erhellt, seine Zukunft verbürgt. Daher kommt's, daß der Besitz von Propheten als ein vorzügliches Vorrecht betrachtet (Neh. 9, 30; Amos 2, 11), das Fehlen derselben als ein nationales Unglück be= dauert wird (Psalm 74, 9). — Sogar für das Heidenthum hat der Prophetismus vorzüglich gewirkt. Hat doch die Wirksamkeit mancher Propheten auch außerhalb des Landes der Verheißung (Elisa, Jona, Daniel) die bestimmte Tendenz, die Gründung des Gottesreiches in weiterem Kreise vorzubereiten. Vor allem diente die griechische Ueber= setzung des prophetischen Wortes dazu.

6. Der Prophetismus hat also unter Israel und zugleich in der Heidenwelt dem Evangelium des N. T. den Weg gebahnt. Er hat ohne Zweifel den Monotheismus aufrecht erhalten, ohne welchen eine specielle Heilsoffenbarung nicht denkbar war. Er hat das Sünden= bewußtsein geweckt und geschärft, damit es sich um so feuriger nach Erlösung sehne. Er hat die Hoffnung, wo sie schien vergebens zu sein, lebendig erhalten und gegenüber dem Schrecken des Gesetzes den Trost der Verheißung gepredigt. Sogar die ganze Persönlichkeit, das Werk und das Loos der bedeutendsten Propheten mußte zu einem Abbild Dessen dienen, der Krone und Mittelpunkt aller Offenbarungen Gottes sein sollte (Jes. 61, 1; vgl. Luk. 4, 18—19; Matth. 12, 40; 23, 37).

7. Auch für den Bearbeiter der neutestamentlichen Theologie ist das Studium des prophetischen Wortes im A. T. von unverkenn= barer Wichtigkeit. Auf Inhalt und Form der ersten Verkündigung des Evangeliums übte es vielseitigen Einfluß. Das Evangelium tritt als Erfüllung der prophetischen Erwartungen auf und beruft sich zum Beweis seiner Göttlichkeit auf prophetische Aussprüche (Luk. 24, 27; Apost. 17, 3 und an vielen anderen Stellen).

Im Spiegel dieser Schrift sah der Herr sein eigenes Bild und haben Tausende ihn als Christus erkannt. Sowohl die Beschreibung seiner Person als die Darstellung seines Werkes in dem N. T. findet ihren Schlüssel in dem Sprachgebrauch und dem Cultus des A. T.

Ja, wie groß auch der Unterschied zwischen der Form der prophetischen und apostolischen Aussprüche ist, der Einfluß der ersteren auf die letzteren ist auch in diesem Punkte unbestreitbar. Die Eschatologie des N. T. z. B. ist zum großen Theil in das Kleid der prophetischen Sprache früherer Zeit gehüllt und alttestamentliche Stimmen klingen in derselben verstärkt wieder. Laß die prophetische Schrift unbeachtet, und die apostolische wird dir theils unverständlich theils unglaublich sein. Betrachte die letztere im Lichte der ersteren, und ihre Wahrheit und Göttlichkeit erscheint dir jedesmal schöner. Daß es indessen nöthig ist, Inhalt und Form der Prophetie bei ihrer Erklärung wohl zu unterscheiden und sich auf der einen Seite gegen realistischen Mißbrauch der orientalischen, bilderreichen Sprache, auf der andern Seite gegen spiritualistische Verflüchtigung der hier verkündeten Wirklichkeit behutsam zu waffnen, bedarf kaum der Erinnerung. Bestimmte Regeln für die Auslegung des prophetischen Wortes giebt die Hermeneutik des A. T.

Ueber den Prophetismus im Allgemeinen vergl. man außer den Monographien von K. Knobel (1838), F. B. Koster (1838) u. H. Ewald (1840), besonders **F. Delitzsch,** die bibl. proph. Theol. u. s. w. 1835. Vor allem den bedeutenden Artikel Oehler's, Prophetenthum und Weissagung d. A. B. in Herzog's Realenc. XII. u. XVII. **Tholuck,** die Propheten und ihre Weissagung u. s. w. Gotha 1860. — Ueber die mehr besonderen mess. Weissagungen den Art. **Messias** von dems. bei Herzog, IX. **Hoffmann,** Weissagung und Erfüllung, Nördl. 1841. **Hengstenberg,** Christol. des A. T. 2. Aufl. Berl. 1854. **J. J. van Oosterzee,** Christologie, I. bl. 39—74. II. bl. 543—554. Vergl. auch **Düsterdieck,** de rei profeticae in V. T. quam universae tam Messianae naturâ ethica. Gött. 1852.

Punkte zur Erwägung: Wie wird die Gabe der Prophetie von den Propheten selbst beschrieben? — Darf man mit Recht diesen Aussprüchen ihres Selbstbewußtseins Vertrauen schenken? — Geschichte und Kennzeichen des Pseudoprophetismus. — Die Prophetenschulen. — Die Beziehung des Prophetenamts zum Priester- und Königthum. — Organischer Zusammenhang und Entwicklung der messianischen Prophetie. — Grund und Bedeutung des Verschwindens der prophetischen Gabe in Israel. — Eigenthümlichkeit der Propheten des A. gegenüber denen des N. T.

§. 6.

Der Judaismus.

Der ursprüngliche, durch das Wort Mosis und der Propheten genährte und geläuterte Hebraismus kommt in dem spätern Judaismus keineswegs zu einem Zustand normaler Entwicklung, sondern vielmehr des Zurückganges und tiefer Entartung. In solchem Licht stellt er sich uns dar bei einem Blick auf den religiösen Zustand, die Ideen und Bedürfnisse der Zeitgenossen des Herrn, womit man genau bekannt sein muß, um Inhalt und Form der Aussprüche Jesu und der Apostel gut verstehen und genügend würdigen zu können.

1. Obgleich es fest steht, daß das Wort des Herrn und der Apostel sich an das des Moses und der Propheten anschließt, so ist doch klar, daß dieses Anschließen mit Rücksicht auf gegebene Zustände und bestimmte Bedürfnisse stattfindet. Unkenntniß desselben macht die Lehre des N. T. unverständlich; deswegen ist die Kenntniß des Judaismus ebenso nothwendig als die des Hebraismus.

2. Unter Judaismus versteht man die eigenthümliche Richtung der (nun Juden genannten) Israeliten nach der babylonischen Gefangenschaft auf sittlichem und religiösem Gebiet und in allem, was nothwendigerweise damit zusammenhängt. Nicht mit Unrecht wird er bezeichnet als „die verunglückte Wiederherstellung des Hebraismus, und die Mischung positiver Bestandtheile desselben mit fremden mythologisch-metaphisischen Lehren, worin ein reflectirender Verstand ohne lebendige Begeisterung waltet; ein Chaos, welches eine neue Schöpfung erwartet" (de Wette). Wir kennen ihn theils aus kanonischen Quellen (den jüngsten Bestandtheilen des A. T., den Evangelien, der Apostelgeschichte und manchen Briefen des N. T., einigermaßen auch aus der Septuaginta), theils aus unkanonischen (den Apokryphen und den Pseudepigraphen des A. T., den ältesten Targumims, dem Talmud, den jüdischen Bestandtheilen der sibyllinischen Bücher, den Schriften des Flavius Josephus, des Philo und anderer).

3. Der sittliche und religiöse Zustand der Juden nach der babylonischen Gefangenschaft verräth in mehr als einer Hinsicht einen verhältnißmäßig guten Charakter. Die Abgötterei ist verschwunden, der Tempel wieder hergestellt, eine Anzahl Synagogen und Bethäuser entstanden (Apost. 15, 21) und die Kenntniß der daselbst in regelmäßiger Ordnung verlesenen heiligen Schriften merklich erweitert. In einem Buche vereinigt und durch die Alexandrinische Uebersetzung in weitem Umkreis verbreitet, wird das A. T. von der apokryphischen Litteratur, die in demselben Zeitraum entsteht, scharf unterschieden und von den Männern rabbinischer Gelehrsamkeit sorgfältig erklärt und benutzt. Die Scheidewand zwischen Israel und der Heidenwelt ist merklich niederer geworden und eine ansehnliche Zahl Proselyten des Thores und der Gerechtigkeit schließt sich den vor Zeiten so verachteten Juden an. Die Formen sind in mancher Hinsicht vorzüglich und die makkabäische Heldenzeit zeigt, daß der alte Geist noch nicht ganz gewichen ist. Die Messiaserwartung endlich ist jetzt viel mehr als je zuvor bekannt, verbreitet und geschätzt.

4. Aber ungeachtet alles dessen trägt dieser Zeitraum doch den Charakter des Alterns. Das religiöse Leben ist auf der einen Seite Gesetzesheiligkeit, auf der anderen durch Werkheiligkeit in seiner normalen Wirkung gehemmt und offenbart einen mehr verständigen und furchtsamen als frommen und freudigen Charakter; geistlose Kleinigkeitskrämerei ist an die Stelle früherer Begeisterung getreten. Falsche Propheten treten in diesem Zeitraume nicht auf, aber auch die Stimme der wahren verstummte; man rühmt das Vergangene, aber die Gegenwart erhebt sich nicht zur früheren Höhe. Neben dem Gesetz kommt die Ueberlieferung in Schwung (Matth. 15, 1—14), neben den mosaischen Ideen beginnt der Einfluß der alexandrinischen, persischen und andrer Religionsbegriffe sichtbar zu werden, und während das Wissen aufgeblasen macht, wird die Liebe vergessen. Die Schulen von Hillel und Schammei trennen die Geister und die in diesem Zeitraum entstandenen Sekten tragen das Ihre zur Entartung des Judenthums bei.

5. Die Pharisäer, welche ungefähr drei Jahrhunderte vor Christo als eine Sekte auftraten, die unter dem Volk, besonders unter den Frauen (Mark. 12, 40) einen großen Anhang gewonnen und die meisten Schriftgelehrten unter ihrem Banner vereinigt hatte, repräsentiren das conservative Princip. Wie viele Parteien auch unter

ihnen waren, so fühlten sich ihre Leute doch ein s; sie hielten dafür, daß sie nicht nur als Israeliten abgesondert (פְּרוּשִׁים) wären von den Heiden, sondern auch als Fromme von den Sündern unter den Israeliten. Ihre Glaubenslehre zeichnet sich durch eine sehr entwickelte Pneumatologie, Christologie, Eschatologie aus; ihre Sittenlehre durch Formalismus, Rigorismus, Casuistik; ihre Praxis auf religiösem Gebiet durch Zelotismus (Matth. 23, 15), auf politischem Gebiet durch revolutionäre Bewegungen, die sie zu gefürchteten Gegnern der römischen Herrschaft machten. — Die Sadducäer, die sich ihnen als Gerechte (צַדִּיקִים) gegenüber stellten — man müßte denn ihren Namen von einem gewissen Zadok ableiten wollen — verhalten sich ungefähr so zu ihnen wie die Epikuräer zu den Stoikern. Weniger zahlreich, aber angesehener als ihre Gegner stimmen sie nicht selten mit der Hofpartei überein (Mark. 3, 6) und huldigen in der Politik einem sehr conservativen, in der Religion einem äußerst freisinnigen Princip. Bei vollständiger Verkennung aller höhern Vorausbestimmung stellten sie die Lehre von der sittlichen Freiheit mit solchem Nachdruck in den Vordergrund, die von der zukünftigen Vergeltung dagegen so vollständig in den Hintergrund, daß ihre ganze Lebensanschauung und Richtung von selbst der ihrer Gegner diametral gegenüber stehen mußte. Die Beschuldigung von großer Sittenlosigkeit ist indessen ebensowenig bewiesen als die Behauptung, sie hätten vom A. T. nur die Thora anerkannt. Unbestreitbar ist dagegen ihre Verwerfung der Angelologie, und vollkommen erklärlich ihre fortwährende Feindschaft gegen das Evangelium der Auferstehung (Apost. 4, 2; 23, 8). — Die Essener endlich, die uns nicht aus dem N. T., sondern nur aus Philo's Schrift: quod omnis probus liber (Ed. Mang. II. p. 457 ff.) und aus Josephus (d. B. J. II. 8, 2—13; A. J. XIII. 5, 9. XV. 10. 4. 5; XVIII. 1, 2—6) bekannt (vergl. auch Plinius, H. N. V. 17) und mit den Therapeuten nicht zu verwechseln sind, können als Repräsentanten des practisch-ascetischen Princips betrachtet werden. Sie sind so zu sagen die Anachoreten Israel's und unterscheiden sich von andern durch Verachtung irdischer Schätze, Verbot des Eides, Anpreisung des Cölibates, Mißbilligung blutiger Opfer und vollständiger Gütergemeinschaft. Der Unterschied zwischen ihrer Richtung und der Johannis des Täufers und vor allem der von Jesu selbst ist groß genug, um die Conjectur einer ursprünglichen Verwandtschaft

3

des Evangeliums vom Königreich mit dem Essenismus vollständig unhaltbar zu machen.

6. Inmitten des gegenseitigen Streites dieser Secten sehen wir das Volk verachtet und schlechter werden (Matth. 9, 36. vergl. Joh. 7, 49). Die religiöse Volksklasse bestand zum großen Theil aus solchen, welche arm (πτωχοί אֶבְיוֹנִים) waren sowohl an irdischen Gütern, als auch an vielem andern, was für Weisheit und Frömmigkeit galt (Matth. 5, 3; 11, 25). Zu diesen Geringen und Einfältigen gehörten nicht nur die Verwandten des Herrn, sondern auch die Mehrzahl seiner Freunde und Nachfolger; auch unter den verachteten Samaritern fehlte es keineswegs an Leuten ähnlicher Gesinnung (Joh. 4, 39—42). Die Feindschaft zwischen letzteren und den Juden konnte das sittliche Elend nur noch vermehren.

7. Die religiösen, inmitten solcher Verhältnisse entwickelten Ideen des Judaismus zeigen uns eine eigenthümliche Vereinigung von Licht und Schatten. War auch der Gottesbegriff vieler monotheistisch, so trug er doch in der Praxis zuerst einen mehr deistischen, dann einen theistischen Charakter; der Gottesdienst war weniger gemeinschaftliche Gottesverehrung, als Dienst im sklavischen Sinne des Wortes. Ohne Zweifel war auch unter dem Einflusse ausländischer Ideen die Dogmatik in manchen Punkten bereichert worden. Die Angelologie gelangt zu weiterer Entwicklung (siehe z. B. in der LXX. Deut. 33, 2; vergl. Apost. 7, 53; Gal. 3, 19; Hebr. 2, 2) und nicht minder die Dämonologie, in Verbindung mit welcher auch der Exorcismus zum Vorschein kommt (Matth. 12, 27). Je mehr sich die Eschatologie principiell einzelnen prophetischen Aussprüchen anschloß (Dan. 12, 1—3), in um so plastischeren Formen entwickelte sie sich. Und was endlich die Sittenlehre betrifft, so wurden die großen Principien des Mosaismus durch eine große Anzahl Ver= und Gebote zwar erläutert und auf die gegebenen Verhältnisse angewandt, aber auch allzuoft geschwächt, wenn ihnen nicht geradezu widersprochen wurde (Matth. 23, 16—22). In demselben Maaße verarmte also die jüdische Religion, in welchem sich die Glaubens= und Sittenlehre nach und nach aus= dehnte.

Eingehender haben wir hier von der Messiaserwartung während dieses Zeitraumes zu sprechen. Der Zweifel, ob solche Erwartung je bestanden habe (B. Bauer), gehört zu den Curiositäten auf theologischem

Gebiet. Weniger leicht als ihr Bestehen zu beweisen, ist es, ihren Inhalt richtig zu bestimmen. Josephus kennt sie, schweigt aber davon aus leicht erklärlichen Gründen. Philo hat nur eine einzige Anspielung (de praem. S. 924 de Execrat. c. 9), und auch die Apokryphen des A. T. enthalten nur wenige sporadische Winke (so z. B. 1 Makk. 2, 57; 4, 46; 14, 41). Mehr ist aus dem wahrscheinlich ein Jahrhundert vor Christus geschriebenen sogenannten Buch Henoch zu entnehmen; auch das Buch Esra, obwohl von jüngerem Ursprung, erschließt eine wichtige Quelle. Vor allem haben wir auf die Ideen zu achten, die sich hie und da im N. T. finden. Dies eine und andre zeigt, daß die Messiaserwartung zwar allgemein verbreitet, aber nach Inhalt und Werth sehr verschieden und nirgends als ein wohlgeschlossenes Ganze auftritt. Die ganze Weltgeschichte wird in zwei Perioden, die vormessianische und die messianische eingetheilt (der αἰὼν οὗτος und ὁ μέλλων, der עָלְמָא הָדֵין und עוֹלָם הַזֶּה). Die erste ist die Zeit des Streites und des Elendes, die andere die des Friedens und der Seligkeit, welche in der Ankunft des Messias ihren Grund hat. Der Uebergang aus dem einem Zeitraum in den andern wurde angedeutet als die letzten Tage (ἔσχαται ἡμέραι, ὕστεροι καιροί, ἐσχάτη ὥρα, κ. τ. λ.). Damit hängt der Anfang der Tage des Messias zusammen, dessen Offenbarung durch sinnreiche Vorzeichen angekündigt wird. Sie bestehn in Tagen großer Wehen (ὠδῖνες), in der Erscheinung eines besondern Sternes (Matth. 2, 2), im Auftreten des Elias oder eines andern Propheten als Wegbereiters des Herrn (Mark. 9, 12; Joh. 1, 21) und vor allem in der Erscheinung eines geheimnißvollen, bösen Wesens (des Antichristen, des Armillus); der Aufrichtung seiner Kirche geht der Kampf mit feindlichen Weltmächten voran (Gog und Magog). Nach allem dem kommt der Messias, oder besser: Er wird kommen, ohne daß jemand weiß von wo. So meint wenigstens ein Theil des Volkes (Joh. 7, 27), während die Schriftgelehrten erwarten, daß er aus Bethlehem kommen werde (Matth. 2, 4—6). Er wird ein Mensch unter und aus den Menschen sein (s. Just. M. Dial. c. Tryph. c. 49), aus dem auserlesenen Geschlechte Davids entsprossen und mit dem heiligen Geiste gesalbt werden. Es ist ebenso wenig zu beweisen, daß der Volksglaube eine wunderbare Empfängniß des Messias aus dem heiligen Geist erwartete, als daß er ihm eine übermenschliche Natur und Würde zuschrieb. Auch

3*

für den Begriff eines leidenden und sterbenden Messias war kaum Raum; im Gegentheil erwartete man, daß der Christus bis in Ewigkeit bleiben (Joh. 12, 34) und in Israel sein Königreich aufrichten werde (Apost. 1, 6). Ueber die Frage, ob mit Juda und Benjamin auch die zehn andern Stämme sich in dies Heil theilen würden, gingen die Meinungen auseinander. In jedem Falle hoffte man jedoch vom Messias Auflösung aller brennenden Streitfragen (Joh. 4, 25), Kenntniß des Verborgenen (Joh. 16, 30), insbesondere auch eine Anzahl staunenerregender Wunder (Matth. 11. 2—6; Joh. 7, 31) und in Folge alles dessen eine von dem einen mehr äußerliche, von dem andern mehr geistig aufgefaßte Erlösung (Luk. 1, 74. 75). Er wird bei seiner Ankunft die Todten erwecken, und wohl zuerst die Israeliten, über die Feindschaft der Hölle und der Heiden triumphiren und der Welt ein Heil bereiten, an welchem auch die nicht-israelitischen Nationen theilnehmen. Der Mittelpunkt dieses Heils wird Jerusalem sein, der Schauplatz die gereinigte Erde und die Wiederaufrichtung aller Dinge seine Krone (παλιγγενεσία, ἀποκατάστασις πάντων).

9. Das Bedürfniß der Nation, in deren Mitte wir solchen Ideen begegnen, nach höherem Licht und Leben wird, obgleich es unverkennbar ist, doch keineswegs allgemein erkannt, noch viel weniger durch das Bestehende befriedigt. Das Verlangen nach äußerer Erlösung übertrifft bei weitem das nach geistigem Heil. Jedoch auch das letztere fehlte nicht überall (Luk. 2, 38b) und konnte jedenfalls geweckt werden. Der Wegbereiter mußte deshalb dem Herrn vorangehen.

Vergl. über die Geschichte und die Quellen des Judaismus im allgemeinen de Wette, Bibl. Dogm. §. 76—82 und die das. angef. Litt. A. Gfrörer, das Jahrhundert des Heils, 1838, II. Lutterbeck, a. a. O. I. S. 99. E. de Pressensé, Geschichte der 3 ersten Jahrh. d. chr. K. übers. v. E. Fabricius. Lpz. 1862. — Ueber die versch. Secten in diesem Zeitraum: T. Trigland, Syntagma trium Scriptt. de tribus Jud. sectis. 1703. bes. die Art. bei Herzog, R.-E. — Ueber die Messiaserwartungen den Art.: Messias von Oehler bei Herzog, R.-E. IX. E. de Pressensé, Jesus-Christ, son Temps etc. Par. 1866, p. 81 sqq. Dr. Joseph Langen, Das Judenthum in Paläst. zur Zeit Christi. Freib. im Br. 1866. S. 391 u. ff. Vergl. auch unsre Christo-

logie d. O. V. bl. 494 en verv. und über die ganze Periode der
„Fülle der Zeit" unser Lev. v. J. I. bl. 265 en verv.

Punkte zur Erwägung: Woraus ist der Unterschied zwischen Judaismus und Hebraismus vor Allem zu erklären? — Nähere Kritik und gegenseitige Vergleichung der Quellen. — Die
jüdische Apokalyptik. — Die Alexandrinische Philosophie in Bezug auf den Judaismus. — Was läßt
sich mit genügender Sicherheit über Ursprung, Charakter und gegenseitiges Verhalten der verschiedenen Secten feststellen? — Die Beziehung zwischen dem Essenismus und Pythagoräismus. — Entstehung, Eigenthümlichkeit, Messiaserwartung der Samaritaner. — Das Proselytenthum und die
Diaspora. — Welches sind im Ganzen die Licht- und Schattenseiten der Messiaserwartung dieses
Zeitraums? — Welche Ueberbleibsel des echten Hebraismus sind in dem Judaismus noch zu finden?

§. 7.

Johannes der Täufer.

In dem Auftreten und der Wirksamkeit des Wegbereiters des Herrn naht der Mosaismus seinem Ziele,
erreicht der Prophetismus seinen Gipfelpunkt und empfängt der Judaismus einen heilsamen Zügel.

1. Die biblische Theologie des N. T. kann ebensowenig bei
der Lebensgeschichte des Täufers stillstehen als die Erhabenheit seines
Charakters darstellen. Sie begnügt sich damit im allgemeinen die
Stelle zu bezeichnen, welche ihm als unentbehrlichem Glied in der
Kette der Lehrentwicklung zukommt.

2. Hat der Mosaismus den Zweck, durch das Gesetz zur Erkenntniß der Sünde zu führen und also das Verlangen nach Erlösung
zu wecken, so erklingt die Stimme des zweiten Elias zu keinem andern Zweck. Da er auf den Schultern früherer Gottesgesandten und
Jesu am nächsten steht, verdient er den Namen des größten Propheten
(Luk. 7, 29). Ganz neue Offenbarungen verkündet er nicht, sondern
die alten faßt er noch einmal kräftig zusammen und bringt sie in
unmittelbare Verbindung mit einer bereits anwesenden Person (Luk.
16, 16). Seine ganze Erscheinung und Wirksamkeit ist eine S t i m m e,
sein Wort wie das kräftige Finale der prophetischen Symphonie; aber
eben dadurch wurde sie für den Judaismus ein heilsamer Zügel. Er
greift alle Selbstgerechtigkeit an ihrer Herzader an und bringt unter
der Nation eine scharfe, aber wohlthätige Krisis zu Stande.

3. Die Bedeutung des Johannes ist vor allem in seinem Zeugniß von der Person und dem Werk des Messias zu suchen. Bei der Untersuchung des Inhaltes dieses Zeugnisses muß zwischen dem Zeitraum vor und nach der Taufe des Herrn wohl unterschieden werden. Die am wenigsten doppelsinnigen und kräftigen Aussprüche vernehmen wir gegen das Ende seiner Laufbahn (Apost. 13, 25). Es ist besonders merkwürdig, wie die Form seiner Messiaserwartung sich an die seiner eigenen Wirksamkeit anschließt und zugleich einen streng alttestamentlichen Charakter trägt. Während er selbst tauft, verkündigt er einen andern Täufer, der aber mit den Gaben des h. Geistes ausgerüstet ist, einen Messias, der nicht nur als Retter, sondern als Richter in Israel auftreten wird. Er weist auf das Ungenügende der Abkunft von Abraham hin, ohne jedoch von der Berufung der Heiden zu reden. Nach dieser Ankündigung des Messias im Allgemeinen fängt er seit des Herrn Taufe an, bestimmt auf ihn als den verheißenen Messias hin zu weisen. Seine himmlische Abkunft (Joh. 1, 15) und seine schuldsühnende Wirksamkeit treten nun, im universellsten Sinne aufgefaßt (Joh. 1, 29), klar hervor, und noch in seinem letzten Zeugnisse spricht er ausdrücklich von der durchaus einzigen Größe Christi und seinem eigenen eigenthümlichen Verhältnisse zu dem Messias (Joh. 3, 27—36).

4. Dies Zeugniß Johannes des Täufers ist seiner Quelle wegen besonders wichtig. Es war die Frucht sorgfältiger Erziehung, genauer Schriftuntersuchung, besonderer Gottesoffenbarung und persönlicher Anschauung Jesu. Noch höher steigt sein Werth, wenn wir bemerken, wie hoch er über den Gedanken und Wünschen der Zeitgenossen steht, und wie hoch er vor allem von dem Herrn selbst geschätzt ist (Matth. 10, 7—15. Joh. 5, 35). Jedoch mit der Lehre des Herrn selbst und seiner Apostel verglichen ist das Zeugniß Johannes des Täufers verhältnißmäßig arm und überschreitet in keinem wesentlichen Punkte den Standpunkt des A. T.

Vergl. die versch. Bearbeitungen der ev. Geschichte; den Artikel von Güder in Herzog's R.-E. und die das. angef. Litt.

Punkte zur Erwägung: Die Zeit des Auftretens von Johannes dem Täufer, Luk. 3, 1. 2. — Inhalt und Werth des Zeugnisses bei Josephus über Johannes. — Zusammenhang der Lebensumstände des Täufers und seiner Lebensbestimmung. — Sein Verhältniß zum A. und N. T. — Verschiedenheit und Uebereinstimmung der evang. Berichte über sein messianisches Zeugniß. — Was ist der Sinn von Joh. 1, 15. 29? — Von Matth. 11, 3? — Die Johannisjünger. — Die ewige Bedeutung der Johannes-Erscheinung.

§. 8.

Resultat.

Der Mosaismus und Prophetismus enthält die
Keime und den Anknüpfungspunkt für das Zeugniß der
Wahrheit, welches von dem Herrn und seinen Aposteln
abgelegt und in den kanonischen Schriften des N. T.
niedergelegt ist. In dem Judaismus finden wir nichts,
wodurch sich die Persönlichkeit des Herrn und der Inhalt seines Evangeliums auf natürliche Weise erklären
ließe.

„L'opposition radicale, qui existait entre les deux mouve-
ments religieux, ressort avec evidence de leur resultat definitif.
L'enseignement du Christ aboutit à l'Evangile et celui des
Rabbins au Talmud. D'un côté, nous avons une vivante histoire,
qui est toute pénetrée d'un esprit nouveau, sans formules arrê-
tées et sans rituel; d'un autre côté un corps de traditions
inchevêtrées, une réglementation de toutes les formes de la
piété poussée jusqu' aux détails les plus minutieux".

E. de Pressensé.

Zweites Hauptstück.

Die Theologie Jesu Christi.

§. 9.
Allgemeine Uebersicht.

Die Untersuchung der Theologie Jesu Christi stellt sich die Aufgabe, den Hauptinhalt der von dem Herrn selbst während seiner irdischen Laufbahn gegebenen Lehre von Gott und göttlichen Dingen, wie sie uns besonders in den vier kanonischen Evangelien mitgetheilt ist, kennen zu lernen. Zu ihrer richtigen Würdigung ist es vor allem nöthig, den eigenthümlichen Charakter dieser Lehre, ihre Quelle, ihre Form und ihr Verhältniß sowohl zu der des alten Testaments als zu der der Apostel und ihrer Mitarbeiter recht ins Licht zu setzen.

1. Obgleich unser Herr Jesus Christus auf keinen Fall nur oder selbst vorzüglich deshalb auf Erden erschienen ist, eine neue Lehre den Menschen zu verkünden, und auch kein eigentliches Lehrsystem vorgetragen hat, so ist er doch nach seiner eigenen Erklärung in die Welt gekommen, um von der Wahrheit zu zeugen (Joh. 18, 37). Er hat dies gethan theils durch seine persönliche Erscheinung (Joh. 14, 6—9), theils durch sein Wort und das Licht, welches dadurch über Gott und göttliche Dinge verbreitet wurde. Die Untersuchung der Theologie des Herrn Jesus Christus hat es besonders mit den letzteren zu thun.

2. Die biblische Theologie Jeſ. Chr. unterſucht ausſchließlich, ohne irgend ein andres Gebiet zu berühren, was der Herr über Gott und göttliche Dinge lehrte. Sie ſtellt den Inhalt und Zuſammen= hang ſeiner Ideen von Gott, dem Menſchen und ihrer beiderſeitigen Beziehung dar; und zwar ſo, wie er ſie während ſeines irdiſchen Lebens vorgetragen hat, mag er ſie nun bloß angedeutet oder aus= drücklich ausgeſprochen haben. Wenn auch in gewiſſem Sinne das Wort der Propheten (1 Petri 1, 11) und das der Apoſtel (Luk. 10, 16) als das ſeine zu betrachten iſt, ſo ſtehen wir doch für jetzt beſonders bei letzterem ſtill.

3. Auch außer den vier Evangelien fehlt es nicht an Gelegen= heit, etwas von der Lehre des Herrn zu erfahren. Die Tradition macht uns mit einigen ſogenannten ungeſchriebenen Ausſprüchen be= kannt; auch die Apoſtelgeſchichte und die Briefe enthalten einzelne Beiträge (Apoſt. 20, 35; 1 Joh. 1, 5; 4, 21). Hauptquelle jedoch bleiben die vier Evangelien, und die neutaſtementliche Theologie hat das letzte Wort der Iſagogik auf die in Betreff derſelben noch ſchwe= benden Fragen nicht abzuwarten, um ihren Mittheilungen über die Lehre des Herrn den höchſten Werth beizulegen. Sie darf dies um ſo freimüthiger, als auch die Kritiker, welche z. B. die Echtheit des erſten Evangeliums in ſeiner gegenwärtigen Geſtalt beſtreiten, die darin enthaltenen Reden (Logia) des Herrn doch im Ganzen als getreuen Ausdruck ſeines Geiſtes betrachten. Bei dem gegenwärtigen Stand der Kritik fordert jedoch das vierte Evangelium eine beſondere Unter= ſuchung (vergl. §. 3, 2).

4. Um den rechten Standpunkt zu gewinnen, müſſen wir vor allem auf den eigenthümlichen Charakter der Lehre des Herrn, wie ſie in den Evangelien enthalten iſt, achten. Wie überhaupt das Ganze aus den Theilen erkannt wird, ſo empfangen die Theile wieder ihr Licht von dem richtig erfaßten Geiſt des Ganzen. Es genügt nicht zu ſagen, Jeſu Lehre zeige einen hohen religiöſen Charakter; das hat ſie mit mancher andern gemein und die Geſchichte auch unſrer Zeit zeigt deutlich genug, welch' ärgerliches Spiel hie und da mit dem Wort religiös getrieben wird. Der Lehre des Herrn muß man einen beſtimmt ſoteriologiſchen Charakter zuerkennen; mit anderen Worten: alles, was der Herr von Gott und von dem Menſchen, der Sünde und der Gnade, dem gegenwärtigen und zukünftigen Leben

verkündet, besonders alles, was er von sich selbst bezeugt, steht mehr
oder weniger in unmittelbarer Beziehung zu dem Heil, welches er
zu offenbaren und zu schenken gekommen ist. Es ist nicht sowohl die
religiöse Wahrheit im Allgemeinen, als ganz besonders die Heilswahrheit, die von ihm ans Licht gebracht wurde. Gerade darum ist
es möglich, die Lehre des Herrn bei all ihrem Reichthum als ein
Ganzes darzustellen, weil sie vom Anfang bis zum Ende den Charakter des Evangeliums offenbart (Luk. 4, 16—22; vgl. Joh. 6, 68).

5. Bei dem Forschen nach der Quelle, aus welcher Jesus selbst
die von ihm verkündigte Wahrheit geschöpft habe, darf das, was er
der Natur und der h. Schrift des A. T. zu verdanken hat, in keinem
Falle gering geachtet werden. Ebensowenig ist seine Erziehung durch
Maria, seine mannigfache Berührung mit dem Geiste seiner Zeit und
dessen bedeutendsten Repräsentanten und seine schmerzliche Lebenserfahrung auszuschließen. Die Persönlichkeit Jesu war jedoch mehr als
irgend etwas anderes die eigentliche Quelle seiner Lehre, die eben
darum im höchsten Sinne des Wortes die seine heißen kann und
vom Anfange bis zum Ende den Stempel der reichsten Ursprünglichkeit trägt. Nur scheinbar wird diesem Satz von des Herrn Wort,
(Joh. 7, 16) widersprochen. Zu allen Zeiten verkündet er, was er
selbst bei dem Vater gesehen hat (Joh. 12, 44—50), und bezeugt
die Wahrheit, weil und wie er sie in sich trägt. Seine Kenntniß
Gottes und des Menschen trägt keinen discursiven, sondern einen
intuitiven Charakter; sie ist nicht aus logischer Beweisführung oder
sporadischer Beobachtung, sondern aus innerer Anschauung geboren.

6. Wie der Inhalt, so wird auch die Form der Lehre des
Herrn durch seine Persönlichkeit bestimmt. Ohne Formalismus der
Schule oder Zurschaustellung rabbinischer Gelehrsamkeit (Joh. 7, 15)
trägt er sie vor, wie es die Gelegenheit mit sich bringt (occassionell),
in einer Form, die durchgängig populär, niemals plebeisch ist und
stets nach der Art des Stoffes, der Stimmung des Sprechers und
dem Bedürfniß des Hörers wechselt. Durch den Ausdruck hoher Autorität, in welchem er lehrt, unterscheidet er sich nicht bloß von den
Schriftgelehrten seiner Tage, sondern auch von den Propheten des
A. T. (Matth. 5—7); die Lieblichkeit seiner Worte aber trifft selbst
das unempfänglichste Gemüth (Luk. 4, 22; Joh. 7, 46). Obschon
hie und da die Ironie nicht fehlt (Mark. 7, 9; Luk. 11, 41), ist

doch der Grundton Liebe, Wehmuth und heiliger Ernst, und nirgends wird ein schneidender Sarkasmus vernommen. Sowohl das Parabolische der Darstellung in den drei ersten Evangelien, als das Praegnante und Paradoxe von manchem Wort im vierten Evangelium erhöht den Eindruck der Rede. Kurz, nirgends ist vollkommenere Harmonie zwischen Inhalt und Form zu finden, als in der Lehre des Herrn. Die höchste Wahrheit und Freiheit ist hier mit der höchsten Schönheit vereinigt, eine Schönheit indessen nicht sinnlicher, sondern sittlicher und heiliger Art. Jeder Stoff, den sie berühren, wird unter diesen Händen zu Gold.

7. Ist auch die Lehre des Herrn an Form und Inhalt höchst ursprünglich, so steht sie doch nicht allein, sondern in sehr bestimmter Beziehung zu dem, was vorangeht und nachfolgt. Sie ist wie das goldne Mittelglied in einer zusammenhängenden Kette sehr verschiedener und doch nicht widersprechender Lehrbegriffe. Das Wort Mosis und der Propheten wird von Jesus auf solche Art aufgefaßt, erfüllt, vollendet, daß auch das Alte unter seinen Händen ein ganz neues Aussehen bekommt, und das Neue eigentlich nichts anderes, als die reife Frucht des Alten zu sein scheint. Selbst wenn er auch das prophetische Wort nicht sofort anführt, ist es doch der helle Spiegel, in welchem er sich selbst und das Gottesreich wiederfindet. Nirgends macht er Gebrauch von den Apokryphen des A. T., aber als er schon auf dem Punkte steht zu scheiden, richtet er noch den Blick der Seinen auf das Gesetz, die Propheten und Psalmen (Luk. 24, 44; vergl. Matth. 23, 35). Nach den Synoptikern wie nach Johannes steht also sein Wort zum A. T. in einem Verhältniß selbstbewußter Abhängigkeit.

Für die apostolische Predigt bietet dagegen dieses Wort den kurzen, klaren, kräftigen Text, und es wird sich später zeigen, daß die wesentlichsten Bestandtheile der verschiedenen Lehrbegriffe in eigenen Aussprüchen des Herrn wurzeln oder damit wirklich zusammenhängen. So ist seine Lehre das Licht, welches sich in der ihrigen wie in verschiedenen Farben bricht. Wir gehen sofort daran, den Glanz dieses Lichtes zu betrachten.

Vergleiche über diese in dieser allgemeinen Uebersicht zur Sprache gebrachten Hauptpunkten: **F. A. Krummacher,** über den Geist und die Form der Ev. Geschichte u. s. w. Leipz. 1805 (ein altes aber keineswegs unbrauchbares Buch). **Reuß**, a. a. O. I. p. 171. **Schmidt**, a. a. O. I. 121 u. ff. **Baur**, a. a. O. S. 45—121. **F. Delitzsch**, Jesus und Hillel, 1865.

Punkte zur Erwägung: Welche theologischen Richtungen von früherer oder späterer Zeit haben auf die Lehre Jesu als solche allzu einseitigen Werth gelegt; welche haben ihren Werth zu sehr verkannt? — Verwandtschaft in dieser Hinsicht zwischen dem früheren Rationalismus und dem modernen Naturalismus. — Was gehört und was gehört nicht zu dem Gebiete der ἀλήθεια, von der Jesus zeugt? — Verschiedener Werth der dicta ἄγραφα. — Warum trägt die Predigt Jesu den Namen des Evangeliums vom Königreich? — Was ist in dem, was Jesus im Vergleich zu früheren Gottesmännern gepredigt, das eigentlich Neue? — Der typisch-symbolische Charakter der ersten Predigt Jesu zu Nazareth, Luk. 4, 16—22. — Was ist der Sinn und die Kraft von Joh. 7, 15. 16? — War Jesus Rabbi? — Persönlichkeit im Zusammenhang mit Subjectivität, Temperament und Charakter. — Vergleichung der Parabeln Jesu mit der der Rabbinen, besonders was die Form angeht. — Uebereinstimmung und Verschiedenheit der Lehre Jesu mit der von Moses und den Propheten. — Warum berufen sich die Apostel in der Apostelgeschichte und in den Briefen so selten auf die Worte des Herrn?

Erste Abtheilung.

Die synoptischen Evangelien.

§. 10.

Das Gottesreich.

Keine Idee tritt in der Lehre des Herrn nach den drei ersten Evangelien so stark in den Vordergrund als die vom Königreich Gottes oder vom Himmelreich, welches von Alters her von den Propheten verheißen und von den Zeitgenossen Jesu erwartet wurde. Das Evangelium, welches er predigt, ist ein Evangelium des Königreichs, und das Königreich selbst eine sittlich-religiöse Stiftung die unbegrenzt an Umfang und ewig von Dauer in ihrer Tendenz, die Menschheit zu vereinigen, zu heiligen und selig zu machen, Himmel und Erde umfaßt.

1. Bei der Betrachtung der Lehre des Herrn nach den Synoptikern müssen wir von dem Grundgedanken ausgehen, von welchem sie hauptsächlich beherrscht wird. Es ist der vom Königreich Gottes (bei Mark. und Lukas) oder des Himmels (gewöhnlich bei Matth.), welches auch das Königreich seines Vaters (Matth. 26, 29), des Vaters der Gerechten (Matth. 13, 43) oder des Menschensohnes (Matth. 16, 28) genannt wird. „L'idée fondamentale, qui se reproduit à chaque instant dans l'enseignement de Jésus, est celle du royaume de Dieu" (Reuss). Wie Johannes, so geht auch er schon bei seinem ersten Auftreten davon aus (Mark. 1, 15; vergl. Matth. 9, 35) und knüpft also mit seiner Predigt an die Erwartungen des A. T. an (Pf. 22, 29; Obadj. Vers 21; vgl. auch das Buch der Weisheit 10, 10). Diese Erwartung war in der That bei seinen Zeitgenossen so allgemein und so beliebt, daß er es ebensowenig als Johannes für nöthig hielt zu sagen, woran er bei dieser Benennung bestimmt gedacht haben wollte. Wir müssen aus seiner Lehre selbst den Begriff des Königreiches ableiten, welches nur ein paar Mal in den Worten der Apostel (vgl. jedoch 2 Petr. 1, 11; Offenb. 1, 9 und Apost. 1, 6), aber um so öfter in dem seinen gefunden wird. Er verkündigt das Evangelium vom Königreich als ein geoffenbartes Mysterium (Matth. 13, 11). Aus den verschiedenen einzelnen Zügen muß und kann sich nun das Bild des Ganzen vor unsern Augen entfalten.

2. Da wird uns denn schon sofort deutlich: das Königreich ist (a) etwas Neues. Da es erst mit der Fülle der Zeiten nahe herbeigekommen (Matth. 4, 17), befand es sich bisher nicht auf Erden. Es ist also nicht nur die Fortsetzung des alten Fadens, sondern der Anfang einer bisher noch nie gesehenen Ordnung der Dinge (Luk. 10, 23. 24; vgl. Matth. 26, 28). Es ist indessen zugleich (b) etwas wesentlich Gegenwärtiges. Wenn er kommt, dann erscheint es auch mit ihm; es ist schon mitten unter denen, die da fragen, wann es erscheinen soll (Luk. 17, 20. 21). Es ist keineswegs mit der ewigen Seligkeit zu identificiren: in dieser gelangt es zur Vollendung, befindet sich aber principiell schon hier; und ist's auch nicht von der Erde, so ist's dennoch, wenn auch nicht mit äußern Zeichen und Geberden, auf der Erde gegründet. Es ist zugleich (c) etwas Geistiges, das zu einem höheren Lebensgebiet als zu dieser sichtbaren Schöpfung gehört. Die Vorrechte, Pflichten und Erwartungen seiner

Unterthanen sind, wenn auch nicht ausschließlich, so doch überwiegend geistiger Art. Was hier statt finden soll, steht dem, was gewöhnlich in andern Reichen geschieht (Matth. 20, 25—28; vgl. Luk. 22, 24—27) schnurstracks gegenüber; der König weist alle unnütze Einmischung in das bürgerliche Rechtsgebiet ab (Luk. 12, 11. 12). Selbst mit dem Begriff der christl. Kirche oder Gemeinde darf der des Reiches Gottes nicht verwirrt werden. Die Gemeinde ist nur die äußere, inäquate Erscheinungsform des Gottesreiches (Matth. 13, 24—30. 47—50), das Gottesreich selbst eine geistige Genossenschaft, deren Mitglied zu werden ohne innere Gemüthsveränderung durchaus unmöglich ist (Matth. 18, 3). Als solches ist es denn auch, was seinen Umfang betrifft, (d) etwas Unbegrenztes. Noch viel mehr als die alten Propheten (vgl. Jes. 2, 2—4) ist der Herr über allen beschränkten Partikularismus erhaben und hat nicht bloß am Ende seiner Laufbahn, sondern von Anfang an den Universalismus des Gottesreiches gepredigt (Matth. 5, 13; 14, 8; 11, 12). Einzelne Aussprüche, die einen andern Geist zu athmen scheinen (Matth. 10 5; 15, 24), sind aus besondern Umständen zu erklären und werden von andern weit überwogen (Matth. 28, 19; Luk. 24, 47; Apost. 1, 8). Kein Wunder, wenn das Königreich Gottes (e) etwas Unendliches ist, das ebensowenig durch Zeit als durch Raum begrenzt wird. Moses und die Propheten weisen immerfort auf bessere Tage hin, aber Jesus kennt nichts Höheres, als das von ihm gestiftete Reich, prophezeit seiner Sache den vollständigen Triumph (Matth. 24, 14; 26, 13) und verheißt ewig bei den Seinen zu bleiben (Matth. 28, 20). Obgleich es jedoch für die Ewigkeit bestimmt ist, entwickelt es sich dennoch in der Zeit. Das Gottesreich ist deshalb etwas (f) Werdendes, das sich gemäß seiner geistigen Art stufenweise aus kleinen Anfängen und mit dem überraschendsten Erfolg von innen nach außen entwickelt (Matth. 13, 31—33; Mark. 4, 26—29). Darum müssen seine Diener beten (Matth. 6, 9) und arbeiten (9, 37. 38), kann es doch von dem, der es undankbar verschmäht, genommen werden (Matth. 21, 43). Wo es indessen gesucht und gefunden wird, da ist es (g) etwas unvergleichlich Herrliches und Seliges (Matth. 13, 44—46; 22, 2), ein Heil, dessen Verlust durch nichts zu ersetzen (Luk. 13, 25—30), dessen Besitz aber auch als Unterpfand jedes andern Segens über alles wünschenswerth ist (Matth. 6, 33).

3. Vereinigen wir alle diese Züge, dann zeigt sich die Richtig=
keit der (§) gegebenen Beschreibung des Gottesreiches. Es steht dann
auch als solches dem Reich der Finsterniß (Matth. 12, 26—28)
diametral gegenüber und ist richtig betrachtet nichts anderes als die
vollkommene Theokratie, die bereits im A. T. angedeutet, aber nun
von allen beengenden Fesseln befreit und weit über alle Ideale des
Alterthums erhaben ist. „Das Reich Gottes, als das Reich Christi,
als die Synthese der Verherrlichung Gottes und der Seligkeit der
Gotteskinder, unterscheidet sich bestimmt von allen religiösen Zukunfts=
bildern des Heidenthums, des Judenthums und des Muhamedanismus.
Es ist gegründet auf den ewigen Bund Gottes mit der Menschheit,
der sich im A. B. zum voraus darstellt und im N. B. erfüllt"
(Lange). Der Grundgedanke der Lehre Jesu wartet noch immer auf
seine vollständige Erfüllung; jedoch sie nahet; daß das Reich Gottes
kein eitles Traumbild bleibe, dafür bürgt die Persönlichkeit seines
Stifters.

Vergl. über die Idee vom Reiche Gottes die in unserm Lev.
v. J. I. bl. 461 en verv. angef. Litt. Schon Heß gab eine Ab=
handlung über die Lehre vom Reiche Gottes heraus, worin er
zeigt, wie sehr diese Idee in der h. Schr., besonders auch in der
Lehre des Herrn voran stehe Es ist darum befremdend, daß Schmid,
a. a. O. I. S. 324, derselben erst die dritte Stelle in seiner Be=
handlung der Lehre Jesu einräumt. Viel besser Neander, welcher
in seinem Leben Jesu aus den Gleichnissen vom Königreich Gottes
ein ganzes „System von Wahrheiten" ableitet.

Punkte zur Erwägung: Welcher Unterschied ist zwischen Johannes dem Täufer und Jesu
in Betreff der Predigt vom Königreich Gottes zu bemerken? — Warum nennt es der Herr ein
μυστήριον, Marl. 4, 11? — Hauptinhalt, Zweck und Zusammenhang der Gleichnisse Matth. 13. —
Die verschiedenen Nuancen, in welchen in diesen Parabeln derselbe Grundgedanke ausgedrückt wird? —
Was ist der Sinn von Luk. 17, 20. 21? — Und von Matth. 11, 12. 13? — Ist die Meinung, daß
der Begriff vom Himmelreich in der Lehre des Herrn nach und nach eine Modificirung erfahren
habe, begründet? — Warum tritt dieser Begriff in der Lehre der Apostel nicht stärker hervor?

§. 11.

Sein Stifter.

Stifter des Königreiches Gottes ist nach seinem Zeugniß überhaupt niemand anders, als er selbst, Jesus, der Christus, der Sohn des lebendigen Gottes, der als solcher nicht bloß wahrhaftiger und fleckenloser Mensch, sondern auch Theilhaber einer übermenschlichen Natur und Würde ist, auf welche kein Geschöpf Himmels und der Erde Anspruch machen kann.

1. Das Königreich Gottes, welches die Auserlesensten seiner Nation erwarten (Luk. 23, 51), wird von Jesus nicht bloß verkündigt, sondern zugleich auf Erden gestiftet. Er zeigt theils in bildlicher, theils in mehr concreter Sprache auf sich selbst als den, der da gekommen ist, um zu schenken, was man außer ihm fruchtlos suchte. Er ist der Erbe des Weinbergs (Matth. 21, 38), der Bräutigam, zu dessen Hochzeit die Gäste gerufen sind (22, 2), der König (25, 34), der allmächtig über Wohl und Weh seiner Unterthanen verfügt. Nirgends erklärt er: „Ich bin der Messias.“ Er ist besonders in der ersten Zeit seiner öffentlichen Wirksamkeit sogar gegen die unverhohlene Anerkennung seiner Messiaswürde (Mark. 1, 34); aber dennoch gibt er sich deutlich genug als Messias zu erkennen (Matth. 11, 4, 5), freut sich, wenn man von ihm in dieser Beziehung ein Bekenntniß ablegt (10, 13—17) und hält endlich das erzwungene Verschweigen dieser Wahrheit für undenkbar (Luk. 19, 38—40). So schließt er sich an die Messiaserwartung seiner Zeitgenossen an; will sie aber nicht im Geiste des Judaismus, sondern des Prophetismus, besonders im Geiste der Propheten erfüllen, die neben dem verherrlichten auch den leidenden Christus weissagten (Luk. 18, 31).

2. Auf eigenthümliche Weise wird das Messiasbewußtsein in dem Namen Menschensohn ausgedrückt, welchen Jesus ausschließlich von sich im Gegensatz zu jedem andern gebraucht. Er ist nichts anderes als die der prophetischen Vision (Dan. 7, 13. 14) entlehnte,

allegorische Andeutung des Messias in seiner niedrigen, irdischen Erscheinung. Wer sich selbst so nennt, deutet damit an, daß er sich
ursprünglich mehr weiß als Mensch, und, insofern er unter Menschen
als Mensch auftritt, in einem Zustand zeitlicher Erniedrigung lebt.
Deswegen gebrauchen seine Zeugen mit geringen Ausnahmen (Apost.
7, 55; Offenb. 1, 13; 14, 14) diesen Namen nicht mehr von ihrem
Meister, nachdem er aus dem Leben der Erniedrigung in das der
Erhöhung übergegangen ist. Aussprüche wie Matth. 12, 8; 13, 41;
16, 28 und andre sollten wohl sonderbar klingen, wenn derjenige,
welcher sie thut, den Namen Menschensohn nur gewählt hätte, um sich
darzustellen „comme pauvre enfant d'Adam et comme objet de
la prédilection divine" (Colani).

3. Die Frage, wie und wodurch sich dieses Messiasbewußtsein
entwickelt hat, gehört weniger auf das Gebiet der bibl. Theologie des
N. T. als auf das der Lebensbeschreibung. Die erstere constatirt nur
die Thatsache, daß dies Bewußtsein dem Herrn schon beim Beginn
seiner Wirksamkeit eigen war und dieser letzteren eine sehr bestimmte
Richtung gegeben hat. „Den Glauben seines Messiasthums hatte
Jesus frühzeitig, seit den Tagen Johannis" (Keim). Man mißdeutet
und mißbraucht den Bericht, Matth. 16, 13—17, sobald man daraus
ableitet, daß er vor diesem Gespräch seine Messiaswürde noch nie tief
gefühlt und kräftig angedeutet habe (Colani); Aussprüche, wie Matth. 5,
11. 12; 7, 21—23; 10, 32. 33. 37—42; 12, 6—8 beweisen bei
einem unparteiischen Urtheil entschieden das Gegentheil, und nicht minder
Erzählungen wie Luk. 4, 16—22; 7, 18—23. Die steigende Klarheit und Kraft, womit der Herr gegen das Ende seines Lebens von
seiner Messianität spricht, ist nicht die Folge eines innern Entwick-
lungsprocesses, sondern die Folge der im Zusammenhang mit dem
Plane seines Werkes sich entwickelnden Verhältnisse.

4. Obgleich er sich indessen von jedem Menschen unterscheidet,
ist er doch weit davon entfernt, sich nur scheinbar mit den Menschen
vereinigt zu fühlen; er legt vielmehr offenbar Nachdruck auf die Thatsache seines wahrhaftigen Mensch-seins. Er hält sich ohne Einschränkung an die Regel gebunden, daß der Mensch nicht vom Brode allein
leben solle (Matth. 4, 4), schreibt sich Leib (Luk. 24, 39), Seele
(Matth. 26, 38) und Geist zu (Luk. 23, 46) und vergleicht sich
mit andern Menschen (Matth. 12, 41. 42). Selbst als Sohn David's

schreibt er dieser seiner menschlichen Abkunft bestimmte Bedeutung zu
(Matth. 22, 42). Nur in einem Punkte fühlt und zeigt er sich als Mensch
verschieden von andern Menschen; denn er, der Niedrige, spricht nirgends
von irgend einer Unvollkommenheit, unterscheidet sich vielmehr deutlich
von solchen, die böse sind (Luk. 11, 13), nennt die gehorsamen Kinder
Gottes seine Verwandten (Matth. 12, 50) und stellt sich als Arzt
gegenüber sittlich Kranken (9, 12); obwohl er Sünden vergiebt (9, 2)
bekennt er doch nirgends welche, auch nicht bei seiner Taufe (3, 16).
Wohl weiß er, daß er versucht werden kann (16, 23; 26, 41; vgl.
Mark. 12, 15), aber niemals wird ihm die Schwachheit zum Falle
und die Versuchung zur Sünde. Gott allein nennt er gut (Matth.
19, 17), zeigt aber schon dadurch, daß er selbst gut ist, weil er sich
diesen Ehrennamen nicht anmaßt.

5. Der Inhalt des Selbstbewußtseins des synoptischen Christus
ist indessen mit all' dem Gesagten noch nicht erschöpft. Als wahrhaftiger und heiliger Mensch fühlt er sich zugleich über alle Geschöpfe
im Himmel und auf Erden erhaben. Nicht nur über Könige und
Propheten (Matth. 13, 17), sondern über die Engel selbst stellt er
sich (Matth. 13, 41; 26, 54; Mark. 13, 32) und spricht immer
von „seinem", niemals in Vereinigung mit andern von „unserm"
Vater. Schon in seinen Worten, er „sei gekommen" (Luk. 19, 10),
schimmert das Bewußtsein eines früheren Bestehens durch, aber noch
stärker tritt das Selbstgefühl göttlicher Würde hervor, wenn er Sünde
vergiebt (Matth. 9, 2) und manches andre erklärt und zusagt, was auf
den Lippen des religiösesten Menschen wie eine Gotteslästerung klingen
würde (s. z. B. Matth. 10, 32—38; vgl. 22, 37. 38), am allerdeut-
lichsten zeigt er dies in verschiedenen Parabeln (Matth. 21, 37; 22, 2;
Luk. 19, 12). Voll dieses Bewußtseins nennt er sich denn auch etwas
Größeres als den Tempel (Matth. 12, 6), die Weisheit Gottes (Luk. 11,
49), den Herrn David's (Matth. 22, 45), verspricht seinem Worte un-
vergängliche Dauer (Matth. 24, 35) und verheißt den Seinen einen
über alle Grenzen von Zeit und Raum erhabenen Genuß seiner Nähe
(18, 20; 28, 20). Dem Vater fühlt er sich jedoch an Macht (Matth.
20, 23; Apost. 1, 7) und an Wissen (Mark. 13, 32) untergeordnet.
Mit Ehrfurcht und Dankbarkeit sieht er bei Gebet und Danksagung
zu ihm empor. Die Beziehung selbst aber zwischen ihm und dem
Vater ist nichts desto weniger so ganz einzig, daß sie dem endlichen

Verstande vollständig unergründlich bleibt (Matth. 11, 27; vgl. Luk. 10, 22). Wer so spricht wie er, der weiß und fühlt sich nicht nur als Kind Gottes im sittlichen, sondern als Sohn Gottes im über=natürlichen Sinne des Wortes, der von himmlischer Abkunft und als Messias auf Erden erschienen ist, um Gottes Rath zu erfüllen. Nur wenn man mit einer grenzenlosen Willkür die Ursprünglichkeit aller genannten Aussprüche bestritten und den Sinn verwässert hat, wird man mit einem Schein von Recht behaupten können, daß der synop= tische Christus nach seinen eigenen Aussprüchen nichts ist, als ein vor= trefflicher Mensch, der mit dem heiligen Geiste gesalbt worden ist.

Vergl. was wir schrieben Lev. v. J. bl. 475—477. Christol. II. bl. 40—55 und die das. angef. Litt., wo man noch hinzufüge T. Colani, Jésus Christ et les croyances Messianiques de son temps, Par. 1864. Ueber den übermenschlichen Charakter des Herrn: Schneckenburger, über die Gottheit Christi nach den Syn. Ev. Stud. u. Krit. 1829. II.

Punkte zur Erwägung: Uebersicht und Kritik der vornehmsten Meinungen über die ur= sprüngliche Bedeutung und Bestimmung des Namens Menschensohn (Colani, Hoekstra, u. a.). — Inwiefern ist in den Aussprüchen des Herrn über seine Messiaswürde ein Fortschritt zu bemerken? — Historische und psychologische Bedeutung des zu Caesarea Philippi, Matth. 16, 13—17, Geschehenen? — Beziehung zwischen dem Namen Messias und Gottessohn. — Echtheit, Sinn und Kraft der Aus= sprüche, Matth. 11, 27; Luk. 10, 22. — Warum stellt der Herr seine übermenschliche Natur und Würde in den synopt. Evangelien noch nicht stärker in den Vordergrund?

§. 12.

Der König aller Könige.

Die Herrschaft, welche der Herr im Gottesreiche be= sitzt, hat er nicht von sich selbst, sondern vom Vater empfangen. Diesen Vater verkündet er als den einzig Wahrhaftigen, den persönlich lebenden und fortwährend wirkenden Gott, der sich besonders durch den Sohn den Menschen offenbaret und durch den heiligen Geist alles

4*

wirklich Gute in ihnen wirkt. Die Reinheit und Er=
habenheit dieses Gottesbegriffes beweist zugleich, daß
der, welcher ihn aussprach, nicht zu viel von sich selbst
aussagte.

1. Wie hoch sich der Herr auch selbst stellt, so fühlt er sich doch in
seinem tiefsten Wesen abhängig. Die Macht, die er besitzt, ist gegeben
(Matth. 28, 18) und die erste Stelle im Gottesreich kommt niemand
anderm zu, als dem, welchem sie vom Vater bereitet ist (Matth. 20, 23).
Der Vater steht also über dem Sohn (Mark. 14, 36), offenbart ihn
in den Herzen (Matth. 16, 17) und hört allzeit seine Gebote (36, 53).
Von seiner Seite wünscht dagegen der Sohn nichts feuriger, als daß
der Wille des Vaters geschehe (Matth. 26, 39), und offenbart diesen
Vater, welcher in Folge davon erkannt wird (Matth. 11, 27). Der
Herr geht nämlich überall von der Voraussetzung aus, daß der Mensch
wohl zu keiner vollkommenen, aber doch zu einer reinen und genü=
genden Erkenntniß Gottes geführt werden könne.

2. Nirgends bekommen wir von dem synoptischen Christus eine
scharf abgerundete Beschreibung des göttlichen Wesens. Stillschweigend
baut er auf den Ideen des A. T. weiter, wodurch er deren Richtig=
keit factisch anerkennt; am allerwenigsten will er das Bestehen Gottes
beweisen. Er sieht Gott in allem und zeigt ihn andern in jedem
Werk seiner Hände. Er setzt seine Einheit voraus (Matth. 4, 10;
19, 17) und ebenso sehr sein persönliches Bestehen, in Folge dessen
er nicht nur als die höchste Macht, sondern auch als der sich selbst=
bewußte und unabhängige Wille über die ganze Schöpfung und über
jeden einzelnen ihrer Theile erhaben ist.

3. Obschon der Herr mehrmals, besonders einer gemischten
Menge gegenüber, einfach Gott erwähnt, (Luk. 18, 7; vgl. Matth.
19, 17), ist er doch gewohnt, zu seinen Jüngern von diesem Gott
als von dem Vater zu reden. Hierin und keineswegs in der Aner=
kennung der Souveränität Gottes (obgleich Matth. 11, 25 anerkannt)
ist das Eigenthümliche seines Gottesbegriffes angedeutet. Wenn er
den Vaternamen nennt, beschreibt er vor allem seine eigne Beziehung
zu Gott, zugleich aber auch den Gesichtspunkt, von welchem aus seine
Jünger das höchste Wesen betrachten sollen. Daß Gott der Vater aller
Menschen ist, insofern er nämlich alle geschaffen hat, wird Jesus gewiß
durchaus nicht geleugnet haben, aber in so allgemeinem Sinn wird diese

Benennung auch nirgends von ihm gebraucht. Er deutet durch dieselbe nicht sowohl ein natürliches als ein sittliches und geistiges Verhältniß an, dessen unmittelbare Folge Gemeinschaft und Aehnlichkeit mit Gott ist. Wie väterlich denn auch Gott seinerseits gegen den verlornen Sünder gesinnet bleibt (Luk. 15, 11—32), so heißen doch nur die Kinder Gottes, welche in Liebe und Reinheit das Bild des Vaters an sich tragen (Matth. 5, 9; 45, 48) und als solche den Kindern des Bösen gegen= über stehen.

4. Jesus schreibt Gott keine andern als die ihm schon im A. T. zugeschriebenen Eigenschaften zu; aber während dort die Heilig= keit Gottes in den Vordergrund tritt, steht hier die Liebe voran, der Mittelpunkt aller göttlichen Vollkommenheiten, wegen der er ihn auch den Menschen zur Nachfolge darstellt (Matth. 5, 48, Luk. 6, 36). Die drei Hauptformen der Liebe: Barmherzigkeit (Luk. 6, 36), Lang= muth (18, 7) und Gnade (18, 14) werden in der Lehre des Herrn erwähnt; kein Wunder, daß dieser Gott die Quelle aller guten Gaben (11, 13) genannt wird.

5. Der Gott Jesu Christi ist ebensowenig der des Deismus, als der des Pantheismus; er hört nicht auf. zu dem Geschaffenen in unmittelbarer Beziehung zu stehen. Er kennt die Bedürfnisse aller genau und ist im Stande, sie zu befriedigen (Matth. 6, 8; 19, 26); sein Wissen und seine Macht umfassen das Geringste (Matth. 10, 29. 30; 18, 14). Seine Regierung ist so unbegrenzt und zu= gleich so untadelhaft, daß sie wohl bekrittelt, aber nicht verbessert werden kann (Matth. 20, 13—15). Während er auch das geringste Gute belohnt (Matth. 10, 41—42), bestraft er auch das Schlechte nach der billigsten Regel (Luk. 12, 47. 48) und zeigt durch die Offen= barung dieser gerechten Weltregierung zugleich an, daß er das anhal= tende Gebet des Glaubens erhört (Luk. 18, 1—8). Dieses Gebet jedoch ist nicht nur auf den Bittenden selbst von wohlthätigem Ein= fluß, sondern ist auch von Gott selbst angeordnet als ein Mittel in aller Noth (Luk. 11, 5—8), mit der er überdieß nicht mit vielen Worten bekannt gemacht (Matth. 6, 6—8) zu werden nöthig hat.

6. Wird Gott auf diese Weise als Vater erkannt, so geschieht es, weil es ihm gefallen hat, sich als solchen zu offenbaren. Er that und thut es auch in der Natur (Matth. 6, 25—34), in der Geschichte der Menschheit (19, 4—6) und besonders Israels (21, 33—44),

aber vor allem in der Sendung des Sohnes (21, 37). Diese Offenbarung, welche für alle bestimmt ist, wird jedoch nur bei einer sehr bestimmten Beschaffenheit des Geistes und Gemüthes (Matth. 5, 8; 11, 25; 16, 17) innerlich angeschaut und empfangen. Wo diese sich findet, gelangt man zu einer Erkenntniß Gottes und seines Willens, welche den Weisen dieser Welt versagt ist (Luk. 10, 21).

7. Wie der Vater sich im Sohne offenbaret, so wirkt er das Gute im Menschen durch den heil. Geist, der darum als der Inbegriff aller guten Gaben dargestellt wird (Matth. 7, 11; Luk. 11, 13). Nur wenige Winke giebt der Herr über das Wesen und die Wirkung dieses Geistes. Er erklärt, der Geist wohne in ihm (Matth. 12, 28), verspricht ihn aber zugleich seinen Aposteln, besonders zu ihrer Stärkung (10, 19. 20), ja auf ihr Gebet hin allen Heilsbegierigen (7, 11); dagegen wird die Sünde gegen ihn allein nicht vergeben (12, 32). Den göttlichen Charakter des heil. Geistes deutet er wahrlich deutlich genug an, wenn er die Taufe auf den Namen des Geistes mit der auf den Namen des Sohnes und des Vaters verbindet (28, 19).

8. Aus alle dem ersieht man, wie unendlich hoch der Gottesbegriff des Herrn über dem des profanen, ja sogar des jüdischen Alterthums steht. Weder bei den berühmtesten Philosophen des Alterthums, noch bei Moses und den Propheten begegnen wir solch' einer Vorstellung von Gottes väterlicher Liebe, wie in dem Evangelium vom Königreich. Wohl heißet Gott im A. T. der Vater des israelitischen Volkes (Deut. 32, 5; Jes. 63, 16; Mal. 1, 6); insbesondere wird sein Erbarmen über Gottesfürchtige (Ps. 103, 13) und Unglückliche (Ps. 68, 6) mit der eines Vaters für seine Nachkommen verglichen: aber niemals wird ihm dieser Name mit Bezug auf solche, die nicht aus Israel sind, gegeben, nirgends wird durch denselben eine solche Fülle der Liebe angedeutet, wie in des Herrn eigenen Worten. Die Vorstellung von väterlicher, besonders vergebender Liebe zu solchen, die selbst nicht gern vergeben, wird nirgends in dieser Reinheit angetroffen, wie in der Lehre des Herrn. Prächtigere Beschreibungen der Majestät Gottes als die, welche sich im A. T. finden, hat auch er nicht gegeben, aber eine tiefere, geistigere, erhabenere Vorstellung von Gottes Natur und Gesinnung als die seine sucht man überall vergebens. Und überdieß ist sie so ausnehmend praktisch, daß man

hier eigentlich ebensowenig von Lehre von Gott als von Theologie, sondern nur von Religions= und Lebenslehre sprechen kann.

9. Der Gottesbegriff Jesu beweist zugleich, mit welcher Wahr= heit er von seiner übermenschlichen Abkunft und Würde zeugte (s. §. 11, 5). Nur dem Sohn kann es gegeben sein, solche tiefe Blicke in das Herz des Vaters zu thun. Weder die semitische Raçe, noch die Natur= schönheit Nazareth's (Renan), noch der Unterricht irgend einer mensch= lichen Schule, sondern nur die Persönlichkeit des Herrn selbst erklärt uns das Geheimniß seines Gottesbegriffes. Nicht weil dieser Mensch das tiefste religiöse Gefühl hat, wird Gott in ihm und durch ihn am meisten offenbar, sondern weil Gott in ihm wie in keinem andern war, kann sein Gottesbegriff der höchste und reinste sein. Bleiben auch hier Räthsel übrig: „es gehört zur Demuth und Kraft der Wissenschaft, zu erkennen, daß auch Geheimnisse da sind, die sie nicht ergründet hat" (Tischendorf).

Vergl. **Schmid,** a. a. O. I. S. 126 u. ff. **Reuss,** a. w. I. p. 237. **J. Lassen,** a. a. O. S. 248 u. ff. **C. Wittichen,** die Idee Gottes als des Vaters, ein Beitrag zur bibl. Theo= logie, hauptsächlich der Synopt. Reden Jesu, Gött. 1865.

Punkte zur Erwägung: Uebereinstimmung und Verschiedenheit zwischen dem Gottesbegriff des Herrn und dem des A. T. — Seine Erhabenheit über den des Judaismus. — In wiefern wird das Recht der natürlichen Gotteserkenntniß von Jesu anerkannt? — In welcher Hinsicht geht sein Gottesbegriff über den der vornehmsten Weisen des Alterthums hinaus? — Läßt sich auch die Per= sönlichkeit des h. Geistes aus des Herrn Worten bei den Synoptikern ableiten? — Trägt sein Gottes= begriff einen unitarischen oder trinitarischen Charakter? — Kritik der naturalistischen Erklärungen vom Entstehen dieses Gottesbegriffes.

§. 13.

Die Unterthanen.

Wie die heiligen Engel Diener und die Geister der Finsterniß Gegner des Himmelreiches sind, so sind die Menschen berufen, Unterthanen desselben zu werden. Was der Herr von der Natur und Anlage der Menschen bezeugt, beweist, daß sie dafür faßbar sind; was er von der Sünde und dem Elend der Menschheit sagt, zeigt deutlich, daß sie das Heil des Königreiches Gottes bedarf.

1. Obgleich das Reich Gottes auf Erden gestiftet wurde, findet es doch daselbst durchaus nicht seine vorzüglichsten Diener. Schon die vom Herrn seinen Schülern vorgeschriebene Bitte (Matth. 6, 10) beweist, daß er auch in dieser Hinsicht die Erde nach dem Himmel formen will. Er setzt in der That voraus, daß die Engel zu diesem Gottesreich in sehr bestimmter Beziehung stehn. Wiederholt beschreibt er sie nicht als augenblickliche Personificationen blinder Naturkräfte, sondern als persönliche, stofflose, sündlose, unsterbliche Wesen (Luk. 20, 34—36), welche zusammen eine himmlische Familie bilden, vor deren Angesicht sich der Vater über die Rettung des Verlornen freut (Luk. 15, 7—10). Besonders für die Schwachen und Kleinen haben sie Interesse (Matth. 18, 10), stehn den Frommen im Sterben zur Seite (Luk. 16, 23) und dienen vor allem dem Menschensohn sowohl in seinem Leiden (Matth. 26, 54), als in der Offenbarung seiner Herrlichkeit (Matth. 13, 41). Wie groß jedoch ihre Erkenntniß und Heiligkeit (Matth. 24, 36; Luk. 9, 26) auch ist, so stehen sie zum Gottesreich doch in keiner andern Beziehung, als der ehrwürdiger Diener. Daß jeder der Bürger seinen persönlichen Schutzengel habe, wird Matth. 18, 10 nicht gelehrt; ebensowenig rechtfertigt Jesu Wort irgendwie abergläubische Verehrung der Engel. Seine Angelologie enthält keine magischen Elemente, wie die Apokryphen des A. T. (z. B. das Buch Tobias), sondern rein religiöse und ethische.

2. Auch über die bösen, d. h. gefallenen Engel erklärt sich der Herr durchaus nicht zweideutig. Nirgends spricht er von einem ewigen Princip des Bösen, sondern wiederholt von einer persönlichen Macht, die dem Gottesreich widerstrebt. Nicht das Böse, sondern der Böse ist der Feind, gegen welchen er seine Jünger beten lehrt (Matth. 6, 12). Er nennt ihn Beelzebub (Matth. 12, 27), den Satan (Luk. 22, 31), und im Allgemeinen den Feind (Luk. 10, 19), welcher den schlechten Samen säet (Matth. 13, 39). Er ist der eigentliche Verderber (Matth. 10, 28), dem denn auch seinerseits ein ewiges Verderben bereitet ist (25, 41). Seinen nutzlosen Anstrengungen wirkt der Herr, welcher ihn schon von ferne gedemüthigt sieht (Luk. 10, 18), durch sein schützendes Gebet entgegen (Luk. 22, 32). In der Gegenwart

ist er indessen der Urheber von allerlei, selbst von leiblichem Elend
(Luk. 13, 16), die Ursache zugleich der geheimnißvollen Krankheit,
welche dämonischer Wirkung zugeschrieben wird (Matth. 17, 21). Es
giebt keinen einzigen Beweis dafür, daß der Herr sich bei diesen und
dergleichen Aussprüchen gegen eigne Ueberzeugung dem beschränkten
Geist seines Jahrhunderts gefügt haben sollte; viel ist sogar mit dieser
Behauptung in unversöhnlichem Streit. Er betrachtet die Austrei=
bung der Dämonen als einen Hauptbestandtheil seiner eigenen Lebens=
aufgabe (Luk. 13, 32), welche er sofort seinen Jüngern überträgt
(Luk. 9, 1; 10, 19), und sieht noch in der Leidensnacht die Macht
der Finsterniß wie in geschlossenen Gliedern feindlich sich gegenüber=
stehn (Luk. 22, 51). Nur eine willkürliche Exegese kann dergleichen
Aussprüche in schwächerer Bedeutung auffassen, als es von dem Zu=
sammenhang der Rede und dem Geiste der Zeit gefordert wird. Aber
eine unparteiische Kritik entschlägt sich der Verpflichtung nicht, zwischen
dem in derartigen Erklärungen ausgesprochenen Hauptgedanken und der
eigenthümlichen Form wohl zu unterscheiden, in welcher dieselbe mit
Rücksicht auf die Denkart der Zeitgenossen ausgesprochen wird (s. z. B.
Luk. 11, 24—27).

3. Auf festerem Boden bewegen wir uns, wenn wir anfangen,
die Antwort des Herrn auf die oft wiederholte Frage: „Was ist der
Mensch?" zu untersuchen; soviel sehen wir sofort, daß er den Menschen
und die Menschheit durchaus nicht gering hält. Gerade das Gegen=
theil ist aus seiner Aufmerksamkeit auf das Kinderspiel (Matth. 11,
16. 17), seiner Benutzung des kindlichen Lobliedes (Matth. 21, 15;
vgl. Pf. 8, 5), seiner Würdigung des kindlichen Charakters (Matth. 18,
3. 4) ersichtlich. Nur einmal lesen wir, daß er etwas übel nahm,
nämlich das Abwehren der Kinder (Mark. 10, 14); und fast als
wollt er es wieder gut machen, sagt er ihnen sein Königreich zu.
Mit Unrecht hat man aus solchen Aussprüchen abgeleitet (Schenkel),
die Erlösung sei nicht für alle nöthig, da Kinder als solche schon
Bürger des Himmelreiches seien. Dann hätten die Mütter keinen
Segen, sondern eine Krone verlangen dürfen, und der Herr hätte dem
widersprochen, was er anderwärts (z. B. Matth. 15, 19) über das
allgemeine Verderben der Menschheit sagt. Aber klar ist es, daß er
bei Kindern eine Empfänglichkeit für sein Königreich findet, die er bei
Erwachsenen oft vergebens sucht, und ebenso, daß er von jener idealen,

weit über die Ansicht seiner Zeitgenossen hinausgehenden Auffassung der Ehe ausgeht (Matth. 19, 4—6).

4. Von des Menschen Natur und Anlage für das Gottesreich legt er denn auch das ehrenvollste Zeugniß ab. Der Mensch ist mehr als Lilie oder Blume des Grases (Matth. 6, 25. 32), als Sperling oder Schaf (Matth. 10, 29—31; 12, 12), als Ochs oder Esel (Luk. 14, 5). Wie alle diese ist er ein Geschöpf Gottes (Matth. 19, 4), aber zugleich über sie alle weit erhaben, zum Reiche Gottes berufen (Luk. 12, 32), bestimmt, Gott zu lieben und ihm ähnlich zu werden (Matth. 5, 48).

In diesem Menschen unterscheidet der Herr Leib und Seele, Fleisch und Geist (Matth. 10, 28; 26, 41); unsicher ist es, ob er auch zwischen Seele und Geist unterschied. Genug, der Mittelpunkt der menschlichen Persönlichkeit ist ihm das Herz, das nicht nur ge= fühllos, sondern auch unverständig sein kann (Luk. 24, 25); aus ihm kommen alle verkehrten Gedanken (Matth. 15, 19). Das Wort Gewissen kommt nirgends in seinen Worten vor; daß er aber die Sache nach ihrem vollen Werthe schätzte, geht aus seinem Ausspruche über das innere Auge des Menschen hervor, Matth. 6, 22. 23. Merkwürdig ist in dieser Beziehung das Gleichniß von dem Lande, welches, weil es nämlich Erde und kein Stein ist, von selbst (αὐτο-μάτη) die Frucht der Aussaat bringt (Mark. 4, 28). Es ist also Recepti= vität für das Göttliche im Menschen, und diese wird zur Spontaneität, wenn beim Gebrauch passender Mittel alles, was die Wirkung des Evange= liums hindert, aus seinem Herzen weggenommen wird. Auf Grund davon weckt der Herr die Menschen denn auch auf zum Nachdenken (Matth. 11, 15; 13, 14) und Beachten dessen, was sie hören und wie sie es hören (Mark. 4, 24; Luk. 8, 18). Er beruft sich auf ihren natürlichen Verstand und ihr natürliches Gefühl (Matth. 21, 31a; Luk. 11, 5—8) und verlangt, daß sie nach Billigkeit urtheilen (Luk. 12, 56. 57). Indessen stellt er das Gemüth im Menschen noch über den Geist (Matth. 5, 3. 8) und spricht deßhalb nachdrück= lich von dem guten Schatz des Herzens, aus welchem das Gute her= vorgebracht werden möchte (Luc. 6, 45). Nicht durch das, was der Mensch weiß, sondern durch das, was er eigentlich will, wird sein innerer Werth bestimmt. Ja, er hat das gefährliche Vermögen, wäh= len zu können zwischen Leben und Tod (Matth. 7, 13. 14), mit welcher ihm verliehenen Freiheit eine entsetzliche Verantwortlichkeit zusammenhängt (Matth. 23, 37).

Ohne Zweifel ist der Mensch für etwas Höheres geschaffen als für diese Welt. Seine Seele kann verderben, aber nie getödtet werden (Luk. 12, 4. 5; 16, 19—27); und der Sabbuccäismus ist eben darum eine ungeheure Thorheit (Matth, 22, 29). Das Verlieren des Lebens führt gerade zum Erhalten desselben im höhern Sinne des Wortes (10, 39; 16, 25), und dem Frommen ist die Bürgschaft seines ewigen Fortbestehens schon in seiner persönlichen Gemeinschaft mit dem ewig lebenden Gott gegeben (Matth. 22, 30; Luk. 20, 38).

5. Der Mensch ist aber wegen seiner hohen Stellung nicht allein für das Gottesreich empfänglich, sondern bedarf auch desselben im höchsten Maße. Vor Gott ist er Sünder und in seinen eignen Augen elend. Wer behauptet, der Synoptische Christus huldige einer Ansicht von Sünde, welche an Tiefe hinter der mancher Apostel zurückstehe, belauschte seine Aussprüche in Betreff dieses Punktes nur oberflächlich. Paulus betrachtet die Sünde im Lichte eigner Erfahrung; Christus im Lichte des Gesetzes und seiner eigenen unbefleckten Vollkommenheit.

6. Die Allgemeinheit der Sünde wird von dem Herrn mehr vorausgesetzt als gelehrt. Er unterscheidet zwar zwischen dem sittlichen Zustande der verschiedenen Menschen (Matth. 5, 45; Luk. 8, 4—15), aber nirgends findet sich ein Beweis dafür, daß er einen von ihnen für sündlos gehalten habe. Das ehrliche und gute Herz (Luk. 8, 15) ist kein absolut reines, sondern ein aufrichtiges und gutgesinntes, welches eben dadurch geschickt ist, den Samen des Wortes aufzunehmen. Er redet seine Zeitgenossen als böse an im Gegensatze zu dem heiligen Vater (Luk. 11, 13) und betrachtet sie als Kranke, die des Arztes bedürfen (Matth. 9, 13). Die Gesunden, welche er ihnen gegenüber stellt, sind nach seiner Ansicht ebenso wenig zu diesem Namen berechtigt, als jene neun und neunzig Gerechten (Luk. 15, 7), die der Bekehrung nicht bedürfen, vollkommene Gerechte sind. Selbst seine aufrichtigen Jünger müssen stets um Schuldvergebung bitten (Matth. 6, 12), und dem verlornen Sohne im Gleichniß steht kein vollkommen gehorsamer, sondern ein liebloser gegenüber, dessen Selbstgerechtigkeit noch abstoßender ist als die Ungerechtigkeit des andern. Kein Mensch ist unbedingt gut (Matth. 19, 17); darum wird von allen ohne Ausnahme gefordert, daß sie sich bekehren (Mark. 1; 15).

7. Der Ursprung der Sünde ist psychologisch im Herzen zu suchen (Matth. 15, 19), genauer in der Schwachheit des Fleisches, welches darum auch für den Jünger des Herrn eine gefährliche Seite hat (26, 41). Metaphysisch ist sie von dem Bösen abzuleiten, dem schlauen Vollbringer des Bösen (13, 39), welcher den Menschen beständig zum Verderben führen ·will (Luk. 22, 31). Jeder steht der Versuchung bloß und fällt in ihre Stricke, wenn er nicht wachet und betet. Versuchung (πειρασμός) und Aergerniß (σκάνδαλον) sind in dieser Lehre Correlatbegriffe, und deuten das an, was den Menschen zu sündigen Thaten bringt und ihn bei hartnäckigem Beharren im Bösen zu einem Kind des Bösen macht (Matth. 13, 38).

8. Wohl wird das Wesen der Sünde von Jesus nirgends ausdrücklich bestimmt; das Wort ἁμαρτία bedeutet in den synoptischen Evangelien die sündige That, nirgends das sündige Princip. Daß jedoch das Bestehen auch dieses letzteren in seiner ganzen Wichtigkeit anerkannt wird, ist schon aus Matth. 15, 19, vgl. 5, 28, ersichtlich. Das Treiben, in welchem sie sich offenbart, ist an sich Ungerechtigkeit und Gesetzlosigkeit (ἀνομία, Matth. 7, 23; 13, 41; vgl. 1 Joh. 3, 4), während ihre verschiedenen Formen den Namen von Uebertretungen (παραπτώματα) tragen. Auf treffende Weise beschreibt der Herr den Entwicklungsgang des sündigen Princips im Bild des verlorenen Sohnes; zuerst ist er innerlich dem Vater entfremdet, sofort auch äußerlich von ihm geschieden, und durch falsche Freiheitssucht wird er von einem Bösen zum andern verführt und in Folge davon ins tiefste Elend gestürzt.

9. Daß die Sünde den Menschen elend macht, liegt in der Natur der Sache. Unter ihrer Herrschaft wird er ein Sünder (ἁμαρτωλός), der als solcher nicht höher steht, als der verachtete Zöllner. Die Einheit seines innern Lebens weicht dem traurigsten Zwiespalt (Matth. 6, 24), ja dieses Leben selbst ist ein andrer Tod (Luk. 15, 24; vgl. 9, 60). In diesem Zustande sinkt der Sünder, sich selbst überlassen, in immer tieferes Elend. Er kommt zu einer Verblendung, die wohl zur Entschuldigung angeführt werden kann (Luk. 33, 34), aber nichts destoweniger an sich strafbar ist. Sie führt trotz der kräftigsten Warnungen zur Verhärtung (Luk. 8, 8; 10, 18), und diese erreicht ihren äußersten Grad in der hartnäckigen, selbst gegen erkannte Wahrheit gerichteten Feindschaft, welche Christus als die einzige Sünde, die nie vergeben wird, bezeichnet (Matth. 12, 31. 32).

10. Kein Wunder, daß darum auch die Sünde mit einer um
so furchtbarern Strafe bedroht wird, je bevorzugter der Uebertreter
war (Matth. 11, 20—24; Luk. 12, 47. 48). Die Sünde nämlich
involvirt nothwendigerweise Schuld, deren Bezahlung auf dem Stand=
punkt des Gesetzes mit vollkommenem Recht gefordert werden kann,
dem Schuldigen selbst aber so vollständig unmöglich ist, daß ihm nichts
anderes übrig bleibt, als um Vergebung zu bitten (Matth. 18, 28;
Luk. 7, 42; 12, 59; 18, 13). Die Vergebung ist also wesentlich
als gnädige Freisprechung von verdienter Strafe aufzufassen, und wo
sie nicht verliehen wird, hat der Uebertreter das Aergste zu fürchten.
Unter verschiedenen bildlichen Ausdrücken stellt der Herr dar, wie sie
in der Ewigkeit vergolten (Mark. 9, 43—50) und bei aller Verschie=
denheit untadelich gerecht sein wird (Luk. 16, 19—25); nichts berech=
tigt dagegen zur Erwartung, diese Strafen selbst könnten noch einmal
ihr Ende finden. Die Erwähnung der tiefen Kluft (Luk. 16, 26)
und der geschlossenen Thür (Matth. 25, 10) läßt vielmehr das Gegen=
theil befürchten, und mag man auch, was nicht ohne Grund bezweifelt
wird, aus Matth. 12, 32 auf die Möglichkeit der Vergebung mancher
Sünden in der zukünftigen Zeit schließen, so behält doch das entsetz=
liche Urtheil über die eine Sünde in jedem Fall seine unveränderte Kraft.

11. So ist der Sünder, soviel an ihm ist, rettungslos (Luk. 19,*
10), aber doch nicht unwiederbringlich verloren (Matth. 19, 25. 26).
Der verlorene Groschen kann aufgehoben, das verirrte Schaf zurück=
gebracht werden, aber — nie aus eigner Kraft. Das objectiv so
durchaus unverkennbare Bedürfniß nach Erlösung muß subjectiv ver=
standen und gefühlt werden (Luk. 18, 14). Die Selbstgerechtigkeit,
in welcher der Mensch dasselbe verleugnet, macht sie um so verwerf=
licher, und Heuchelei ist gerade die einzige Sünde, gegen welche der
sanftmüthige Jesus sich unerbittlich zeigt.

Vergl. über die Dämonologie unser Lev. v. J. II. n. u. bl.
140 en verv. und die das. angef. Litt. Ueber die Sünde gegen
den heil. Geist, ebend. II. bl. 330 en verv. Ueber die Anthropo=
logie und Hamartologie des Herrn im allgem. Reuß a. a. O. I.
p. 195 etc. Schmid, a. a. O. I. S. 230 u. ff.

Punkte zur Erwägung: Die Spuren der Dämonologie im Judaismus. — Sind die Aus=
sprüche Jesu über das Reich und die Macht der Finsterniß die Frucht von Accomodation, von per=
sönlichem Irrthum oder von einer Kenntniß einer geheimnißvollen Wirklichkeit? — In welcher
Hinsicht steht die Anthropologie Jesu über der Mosis und der Propheten? — In wiefern läßt es

sich mit der Vorstellung von einem allgemeinen Verderben durch die Sünde reimen, daß er die Kind-heit so hoch stellt? — Was lehrt Luf. 15, 11—16 über die Entwicklungsgeschichte der Sünde? — Enthält die Lehre des Herrn bei den Synoptikern nicht die geringsten Spuren von der Lehre der *ἀποκατάστασις*? — Kann seine Andeutung über die Sünde gegen den heil. Geist auch aus andern Stellen des N. T. näher beleuchtet werden?

§. 14.

Das Heil.

Obgleich das Heil des Gottesreiches durch die Heils-ökonomie des A. T., zu welchem der Herr in sehr bestimm-ter Beziehung steht, vorbereitet worden ist, so wurde es doch erst in und durch ihn geoffenbaret und zur Erschei-nung gebracht. Es besteht in dem Genuß zeitlicher und geistlicher Segnungen, die hier beginnen und in der Zu-kunft vollendet werden. Die irdische Erscheinung, das thätige Leben, das erlösende Sterben und die himm-lische Herrlichkeit Jesu Christi haben zusammen die be-stimmte Aufgabe, allen dieses Heil zu bringen.

1. Um der Herrschaft der Sünde und des Elends (§. 13) für immer ein Ende zu machen, ist Christus mit dem Evangelium des Königreiches aufgetreten (Mark. 1, 15). Obgleich er aber das Evan-gelium als etwas beziehungsweise Neues verkündigt, besteht dieses Neue auch nach seiner Ansicht durchaus nicht rein für sich. Wir hatten schon Gelegenheit (§. 9. 7), das Gegentheil zu erwähnen; nun aber müssen wir dem Verhältniß, in welches der Herr sein Wort und Werk zum A. T., besonders zum Mosaismus und Prophetismus setzt, unsre Aufmerksamkeit schenken.

2. Die heiligen Schriften Israels bilden in seinem Auge über-haupt eine Sammlung von unschätzbarem Werthe. Er beruft sich beständig und ausschließlich auf die Aussprüche des Gesetzes, der Propheten und der Psalmen, ja dem ganzen Kanon des A. T. giebt er ein keineswegs zweideutiges Zeugniß (Matth. 23, 35, Luf. 24, 44). Das „es steht geschrieben" ist die Regel für seinen eigenen Glauben und sein eigenes Verhalten, und dreimal bietet ihm das 5. Buch

Mosis eine Waffe gegen das Reich der Finsterniß (Matth. 4, 4—10).
Er sagt aber auch, daß dieselbe Regel für seine Zeitgenossen bindend
sei (Luk. 10, 26; 16, 29—31; Matth. 29, 8) und hält es überhaupt für ganz undenkbar, daß die Schrift nicht erfüllt werde (Matth.
26, 54; Luk. 22, 37). Das Schriftwort hat sicher teleologische Bedeutung (Luk. 16, 16) und sein eigenes Verhältniß zu demselben drückt
er in dem Spruche aus (Matth. 5, 17) „nicht auflösen, sondern
erfüllen."

3. Es ist nicht schwer das Verhältniß zu bestimmen, in welches
sich der Herr zu dem prophetischen Theil der Schrift stellt. Die ganze
alte Heilsökonomie betrachtet er als eine fortlaufende Vorbereitung
seines Kommens (Matth. 21, 33—37), aber besonders in dem Wort
der Propheten sieht er directe Hinweisungen auf seine Person und
sein Werk (Luk. 4, 18. 19; 18, 31), sogar auf seinen Vorläufer
(Mark. 9, 13), und findet dieselbe auch an solchen Stellen, wo wir
sie ohne seine Hinweisung nicht würden erwartet haben (z. B. Matth.
21, 42). Offenbar betrachtet er das prophetische Wort von typisch-
symbolischem Standpunkte aus und verlangt, daß die Seinen es mit
ihm thun (Luk. 24, 25—27).

4. Weniger leicht ist das Verhältniß zu bestimmen, in welches
der Herr zum Gesetz tritt. Soviel ist alsbald deutlich, daß er sich
innerlich über seinen Buchstaben erhaben fühlt und sich freiwillig zur
Unterwerfung unter seine verschiedenen Vorschriften beugt (Matth. 12, 6;
17, 27). Daß Noth auch das Gesetz brechen kann, wird von ihm
keineswegs übersehen (Mark. 2, 21—28). Am allerwenigsten zeigt
er Ehrfurcht vor menschlicher Tradition, die er vielmehr von den
Vorschriften des göttlichen Gesetzes streng unterscheidet (Matth. 15, 9).
Diese letzteren sind für ihn selbst und die Seinen bindend; jedoch
zeigte er nirgends, daß er den ceremoniellen Forderungen Mosis geringere Bedeutung zuschreibe als den moralischen Vorschriften (s. Luk. 2,
41—43; Mark. 1, 41; Matth. 26, 18). Da findet sich nirgends,
daß er irgend eine ursprüngliche Vorschrift des Gesetzes selbst über-
trat oder von seinen Jüngern habe übertreten lassen. In den großen
Antithesen der Bergrede (Matth. 5, 21—44) bestreitet er wohl die
späteren Zusätze, aber nicht die ursprünglichen Forderungen des Gesetzes. Er tadelt es ausdrücklich, wenn das Schwierigste vernachlässigt
wird, fordert aber, daß neben dem letzteren auch das Leichteste befolgt

werde (Matth. 23, 23). Von denjenigen seiner Zeitgenossen, die innerlich noch auf dem Standpunkte des Gesetzes stehen, verlangt er fortwährend strenge Beobachtung desselben (Matth. 19, 18; vgl. auch das zu Luk. 6, 5 im Codex D. hinzugefügte. Siehe Tischendorf); die Menge soll nach den Worten der Schriftgelehrten handeln (Matth. 23, 3), und seine Jünger sollen wenigstens für die nächste Zukunft das Sabbathgebot beachten (Matth. 24, 20). So bestätigt er auch gegen das Ende seines öffentlichen Lebens, was er schon im Anfang (Matth. 5, 18) von der Unverletzlichkeit des Gesetzes gesagt hatte.

Andrerseits zeigt es sich jedoch, daß Jesus die Vereinigung des Alten und Neuen auf die Dauer für unmöglich ja für verderblich hielt (Matth. 9, 15—17). Er sah und prophezeite eine Zeit, in welcher die alte Form vom neuen Geist zerbrochen werden sollte; konnte er doch auch, wenn es für ihn sicher war, daß Stadt und Tempel fallen würde, nicht erwarten, daß nach diesem Zeitraum der israelitische Cultus aufrecht erhalten, und ebensowenig, daß der Buch= stabe des mosaischen Gesetzes fortwährend seine Herrschaft behaupten werde. Aber mit großer Weisheit läßt er den Buchstaben unberührt, so lang der Geist, den er lebendig in sich fühlt, noch nicht in die Seinen übergegangen ist, und wartet in dem vollen Bewußtsein, daß ein neuer Bund durch ihn errichtet werde (Matth. 26, 28), ruhig auf die höchste Wohlthat der alten Bundesverheißung (Jerem. 31, 31—34). So vereinigt sich in höherer Einheit in dem Bewußtsein des Herrn die Erfüllung des Gesetzes mit dem Ende der Herrschaft seines Buchstabens. Gesetz und Propheten mußten beide dazu dienen, das Heil, welches er brachte, zu verkündigen und vorzubereiten.

5. Das in ihm den Unterthanen des Gottesreiches zugesicherte Heil ist keineswegs ausschließlich geistiger Art. Der Sanftmüthige ererbt das Erdreich, der treue Diener ausgedehnte Herrschaft und Belohnung (Matth. 5, 6; 19, 28; 25, 21). Doch kommt dieses äußere Heil erst dann, wenn das innere, um das es hier vor allem zu thun ist, erlangt ist. Sowohl negativ als positiv wird es von dem Herrn in den herrlichsten Farben geschildert. Sie, die das Reich Gottes ererben, entgehn dadurch all' dem Unheil, welches aus dem Verlorensein entsteht; sie werden für alle Zeit bewahrt (Luk. 19, 10). Ihre Sünden werden ihnen vergeben (Luk. 7, 50; 18, 14), und in Folge davon genießen sie eine überall vergebens gesuchte Ruhe (Matth.

11, 28). Dieser Genuß wird nach dem verschiedenen Zustand Derer, welchen er zugedacht ist, modificirt. Den Blinden wird das Gesicht, den Gefangenen Freiheit, den Traurigen Trost, den Hungrigen Sättigung, den Bedrückten eine reiche Vergütung für das hier um Christi willen Erlittene zugesagt. Jedoch ist nicht zu verkennen, daß der Schwerpunkt der vom Synoptischen Christus erschlossenen Heilserweckung nicht im gegenwärtigen, sondern im zukünftigen Leben liegt. Auf das ewige Leben ist überall sein, wie seiner Zeitgenossen Blick gerichtet, und dieses Leben wird als ein Zustand gedacht jenseits des Grabes. Es wird bei der Wiederkunft des Herrn in seiner Herrlichkeit dem zu Theil, welcher den festgesetzten Bedingungen nachkommt, und macht aller irdischen Noth für immer ein Ende; zugleich macht es die Seligen des N. T. zu Genossen der Freude, welche zuvor schon der Stammvater des alten Bundes geschmeckt hatte (Matth. 8, 11. 12).

6. Es bleibt die Frage übrig, was der Herr zufolge seiner eigenen Aussprüche gethan hat, thut oder thun wird, um der Welt dies unschätzbare Heil zu verleihen. Schon sein Kommen in die Welt, in welcher er ursprünglich nicht zu Hause ist, hat den Zweck, ein Königreich zu empfangen und Verlorne für dasselbe zu suchen (Luk. 19, 10. 12). Er ist deshalb besonders zu den verlornen Schafen aus dem Hause Israel (Matth. 15, 24) gegangen (Mark. 1, 38), und die ganze Wirksamkeit seines Lebens ist diesem großen Zweck geweiht. Als Sämann tritt er auf den Acker der Welt (Matth. 13, 3) und nennt sich selbst Meister der Seinen (Matth. 23, 8; vgl. 26, 55). Auch seine Wunder müssen dazu dienen, ihn als Christum zu offenbaren (Matth. 11, 4. 5), und zu zeigen, daß das Reich Gottes nahe herbeigekommen ist (Matth. 12, 28). Er begünstigt zwar die Wundersucht nicht, hält falsche Wunder für möglich und verbietet die unzeitige Offenbarung der seinen (Matth. 8, 4; 16, 1—4; 24, 24); aber andrerseits ruft er seinen Jüngern auch seine Wunder ins Gedächtniß zurück (Mark. 8, 19—21) und nennt Verwerfung eines durch solche Thaten bekräftigten Wortes unverantwortlich (Matth. 11, 20—24); wohl ein Beweis, daß das Wunderthun nach seiner Meinung kein so untergeordneter Bestandtheil seiner irdischen Wirksamkeit war, wie der Unglaube später behauptete.

7. Es ist jedoch besonders sein Leiden und Sterben, welches er mit der Mittheilung des Heiles des Reiches Gottes in unmittelbare

5

Beziehung bringt. Keine rein historische Kritik wird bestreiten, daß der Herr das Leiden und Sterben zuvor geweissagt habe. Wohl giebt es nach dem einstimmigen Bericht der Synoptiker in seiner Geschichte einen Zeitpunkt (Matth. 16, 21—23), nach welchem diese Vorstel= lungen bestimmter in den Vordergrund treten; aber auch zuvor fehlte es keineswegs an bildlichen, aber nichtsdestoweniger merkwürdigen An= deutungen (Matth. 9, 15; 16, 24. 25). Jemehr das irdische Leben Jesu seinem Ende naht (Luk. 12, 49; 13, 33; vgl. Matth. 17, 22. 23; 20, 18. 19), desto klarer werden sie und laufen endlich in bestimmte Ankündigung der Zeit und Art und Weise seines Todes aus (Matth. 26, 2), sind aber schon ziemlich früh (Matth. 16, 21) mit der seiner Auferstehung vereint. Daß die Jünger dieses Wort durchaus nicht verstanden (Mark. 9, 9. 10), erklärt das spätere Ver= gessen desselben um so leichter. Zugleich beweist dieser Bericht, daß diese Weissagung selbst später keineswegs ex eventu erdichtet wurde. Der Gesichtspunkt, aus welchem der Herr dies Leiden und Sterben betrachtet, ist von Anfang bis zu Ende derselbe. Es gehört zu dem, was göttlich ist (Matth. 16, 23). Er muß getödtet werden, damit die Schrift in Erfüllung gehe (Luk. 22, 37). Man darf hier ebenso= wenig an eine rein sittliche Nothwendigkeit denken, als aus dem be= kannten Gleichniß von den undankbaren Weingärtnern (Matth. 21, 37) ableiten, daß Gott wirklich erwartet habe, die Welt werde sich vor seinem Sohne scheuen. Der Zweck, wozu das Sterben so durchaus nöthig war, wird mehrmals ausdrücklich angedeutet. Ist er gekommen zum Dienen (Matth. 20, 28; Mark. 9, 45), so erreicht dies Dienen seinen höchsten Punkt in der freiwilligen Hingabe seiner Seele zur Erlösung für viele. Nicht bloß einzelne, sondern viele werden da= durch vom Verderben errettet, dessen Beute sie sonst geblieben wären. Sein Blut wird zur Vergebung der Sünden für viele vergossen (Matth. 26, 28), eben weil er für sie eine Vergebung der Sünden sein soll. — Obgleich nur Matthäus diese Worte anführt, ist man doch nicht dazu berechtigt, sie für unhistorisch zu halten (Bauer), weil auch abgesehen von diesem Zusatz die hierin ausgesprochene Idee schon wesentlich in der Erwähnung des Blutes des N. T. (vgl. Exod. 24, 8) angedeutet ist. Daß der Herr in seinem Tode zugleich den eines Sühnopfers sah, ist aus Luk. 22, 37, verglichen mit dem allgemeinen Inhalt von Jesaias 53, welcher ihm hier bestimmt vor dem Geiste schwebt, ersichtlich, vgl. auch Luk. 23, 31. Die bei all diesen Aus-sprüchen wiederholte Frage: „ob nicht erst in der Folge mehr in sie hineingelegt worden sei, als sie ursprünglich enthielten" (Bauer), läßt sich von einem gewissen, wohlbekannten Standpunkte aus erwarten, veranlaßt auf der entgegengesetzten Seite aber auch die Erwähnung eines parti pris. So viel ist wenigstens sicher, daß Jesu eigne Worte durchaus nichts enthalten, was im Widerspruch steht mit seinen Aussprüchen über Zweck und Frucht seines Todes. Daß Matth. 9, 2; 18, 35 von Schuldvergebung ohne sofortige Erwähnung seines Sterbens gesprochen wird, läßt sich in jenem Zeitpunkt und in jenem Zusammenhang genügend begreifen. Ebenso kann man zugeben, daß das Gleichniß vom verlornen Sohn reine und herrliche Wahrheit ent-halte, ohne darin noch die volle Wahrheit in Betreff der Versöhnung zu finden, welche erst später enthüllt werden konnte. Im Ganzen darf nicht vergessen werden, daß Jesus aus weisen Gründen nur ziemlich wenig von seinem Tode gesprochen hat.

8. Weit entfernt davon, daß die Wirksamkeit des Herrn, durch welche er der Welt das höchste Heil bereitet, mit seinem Tode zu Ende sei, steht vielmehr seine himmlische Herrlichkeit, wie mit seiner eigenen Erniedrigung, so auch mit der Vollendung seines Planes in unmittel-barer Beziehung (Luk. 24, 26). Er nennt sich darum König (Matth. 25, 40) und hört nach seinem Hingang nicht auf, zu den Seinen in persönlicher Beziehung zu stehen (Matth. 18, 20; 28, 20).

Daß dabei noch an eine andere als bloß sittliche Macht gedacht werden muß, folgt aus seiner Versicherung, daß sie ihm auch im Himmel gegeben sei (Matth. 28, 18). Diese Macht offenbart er in immer größerem Maaße, und diese Offenbarung nennt er sein Kommen in der Herrlichkeit. Dies Kommen beginnt schon mit seinem Leben auf Erden (Matth. 16, 23), schreitet noch bei Lebzeiten einiger Apostel, besonders bei Jerusalems Zerstörung, vor aller Augen (16, 26; 26, 63. 64) weiter und wird im vollsten Sinn erst bei Vollendung der Zeiten geschaut, deren Zeichnung (Kap. 24 u. 25) mit der des Unterganges Jerusalems zusammenfällt. Es ist, wie wenn ein Stein ins Wasser geworfen wird und immer größere Kreise beschreibt, deren letzter sich endlich in dem weiten Raume verliert.

Ueber das Verhältniß des Herrn zum alten Testament im All-gemeinen und dem mos. Ges. insbesondere vgl. Lechler, Das A. T.

5*

in den Reden Jesu, Stud. u. Krit. 1854. I. — E. J. Meyer, über das Verhältniß Jesu und seiner Jünger zum Mos. Ges. J. E. R. Käuffer, de bibl. ζωῆς αἰωνίου notione, Dresd. 1838. **C. A. Hasert,** Ueber die Vorhersagungen J. von seinem Tode und seiner Auferst. Berl. 1839. **A. Ritschl,** Die Neutestament. Aussagen über den Heilswerth des Todes Jesu, in den Jahrb. für deutsche Theol. 1863. II.

Punkte zur Erwägung: Inwiefern stellt er sich auf dieselbe Linie mit den Gottesmännern des A. T. und inwiefern über dieselben? — Ist die Muthmaßung, daß die Weissagung seines Todes und seiner Auferstehung ex eventu modificirt worden sei, kritisch begründet? — Darf man annehmen, daß er darüber mehr gesagt habe, als die Evangelien mittheilen? — Kann man all seine Aussprüche in Betreff seines „Kommens" in gleichem Sinn verstehn?

§. 15.

Der Heilsweg.

Obgleich alle zu dem Heil des Reiches Gottes geladen werden, so wird es dem Sünder doch nur durch Buße, Glauben und Erneuerung des Herzens, die sich in der Richtung des ganzen Lebens offenbart, zu Theil. Alle, die diesen Weg betreten, bilden zusammen eine geistliche Gemeinschaft, welche wegen ihrer eigenthümlichen Einrichtung, vor allem aber wegen ihres Charakters und ihrer Tendenz hoch über jeder andern steht und bestimmt ist, sich auszubreiten und zu bestehen bis an das Ende der Welt.

1. Da das Reich Gottes ursprünglich für alle bestimmt ist (§. 10, 2), müssen auch alle nach der Lehre des Herrn geladen werden. Erstreckte sich seine persönliche Wirksamkeit auch ausschließlich auf Israel (Matth. 15, 24), und wurde sein Evangelium zuerst dieser Nation gebracht (Luk. 24, 47), so sah, wollte und beförderte er doch schon frühzeitig das Fallen der Scheidewand. Der christliche Universalismus hat nicht erst in Paulus (Tübinger Schule), sondern in

Jesus selbst, so wie wir ihn aus den Synoptischen Evangelien kennen, seinen Ursprung. Je mehr sich Israel ablehrt, umsomehr bringt er auf die Berufung der Heiden (Luk. 14, 16—24). Berufen sind schon viele und alle müssen es werden; alle tragen diesen Namen, zu welchen wirklich die Einladung des Reiches Gottes gekommen ist, gleichviel ob sie dieselben angenommen haben oder nicht. Die das erstere thun, sind die bei weitem wenigsten und tragen den Namen von Auserwählten (Matth. 22, 14). Gott selbst gestattet ihnen den Genuß dieses Vorrechtes (11, 25. 26; 16, 17); wer die Arbeit der dienenden Liebe an sich erfuhr und dieses Vorrecht doch nicht genießt, hat es sich selber zuzuschreiben (23, 37).

2. Solch' ein erwählter Genosse des Heils wird man aber nur dann, wenn es zu einer großen Veränderung kam, und diese ist nach des Herrn Ansicht allen, selbst seinen Aposteln nöthig (Matth. 18, 3). Ebensowenig wie bei seinem Vorläufer (Luk. 3, 8) genügt bei ihm die äußere Abstammung von Abraham, um Bürger des Reiches Gottes zu werden. Er verlangt innere Sinnesänderung ($\mu\epsilon\tau\acute{a}\nu o\iota a$) mit äußerer Rückkehr ($\dot{\epsilon}\pi\iota\sigma\tau\rho o\varphi\acute{\eta}$) auf den Weg des Lebens (Luk. 17, 4). Während sich aber die Forderung des Johannes insbesondere auf das äußere sittliche Leben richtet (Luk. 3, 10—14), richtet Jesus das Auge besonders auf das innere Leben. Den eigentlichen Anfangspunkt der Bekehrung zeichnet er mit unübertrefflicher Richtigkeit im Bilde des verlorenen Sohnes, der anfängt zu sich selbst zu kommen (Luk. 15, 17a). Anstatt des pharisäischen Princips: von Außen nach Innen, ist das von Jesu: von Innen nach Außen (Luk. 11, 39—41). Auf die innere Beschaffenheit des Herzens kommt bei ihm nicht nur viel, sondern alles an (Matth. 12, 33—35). Erst wo diese sich als die rechte zeigt, da erst hat auch äußerer Ersatz des begangenen Unrechts bei ihm Bedeutung (Luk. 19, 8. 9). So hoch steht bei ihm die Forderung der Bekehrung, daß sie überall unmittelbar mit der Verheißung der Sündenvergebung verkündigt werden muß (Luk. 24, 47), weil sie zum Genuß dieser letzteren zwar niemals berechtigt, aber nichtsdestoweniger die unabweisbare Bedingung derselben ist.

3. Mit ebenso großem Nachdruck fordert Jesus den Glauben ($\pi\acute{\iota}\sigma\tau\iota\varsigma$), der mit der Bekehrung aufs engste verbunden ist. Er versteht darunter nicht nur eine Zustimmung des Verstandes, sondern ein vertrauensvolles Annehmen dessen, was man mit gutem Grund

für Wahrheit halten darf. Während er eines Glaubens an Johannes
den Täufer erwähnt (αὐτῷ Matth. 21, 32), spricht er von einem
Glauben in ihn (εἰς ἐμὲ, Matth. 18, 6; Mark. 9, 42), was noch
etwas Innigeres ausdrückt. Object des von ihm geforderten Glaubens
ist im Allgemeinen das Evangelium (Mark. 1, 15), oder im weitern
Sinne alles, was die Propheten (Luk. 24, 25) und in seiner höchsten
Potenz Gott (Mark. 11, 21) gesprochen hat. Da er sich aber selbst
als Mittelpunkt des Evangeliums Gottes fühlt, verlangt er nicht nur
Glauben an sein Wort, sondern auch an seine eigene Person (Matth.
18, 6). Von diesem Glauben macht er nicht nur die mögliche oder
unmögliche Verrichtung seiner Wunderthaten (Matth. 9, 29), sondern
die Theilnahme am Gottesreich abhängig (Mark. 16, 16). Nach
seiner Ansicht ist der Glaube sicher das höchste in des Menschen sittlichem Leben, das einzige, wovon wir lesen, daß es entweder durch
seine hohe Entwicklung oder durch seine vollständige Abwesenheit des
Herrn Verwunderung erregte (Mark. 6, 5; Luk. 7, 10). Kein Wunder,
daß der Glaube hier die größte Verheißung hat (Matth. 17, 20), ja,
daß er überall bei seiner Wiederkunft auf Erden Glauben zu finden
verlangt (Luk. 18, 8).

4. Wie dieser Glaube ein Kommen zu Christo ist (Matth. 11,
28), so offenbart er sich in einer fortgesetzten Nachfolge. Diese Nachfolge ist indessen ohne vollständige Selbstverleugnung unmöglich, und
soll diese etwas bedeuten, so muß sie eine freiwillige, täglich geübte
und beständige sein (Luk. 9, 23). Diese ihrer Form nach eigenthümliche und ursprüngliche Forderung hat keinen geringeren Zweck als
geistige Tödtung alles dessen, was uns verhindert, uns ganz der
Sache des Herrn zu weihen, ohne dabei selbst vor dem Schwierigsten
zurückzubeben (Mark. 9, 43—50; Luk. 14, 26. 27). Der Herr fordert deshalb, bevor man ihm folgt, bedachtsame und ernste Ueberlegung (Luk. 14, 28—31), aber nachdem man einmal den entschei-
denden Schritt gethan hat, dann auch eine Hingabe und standhafte
Treue, die selbst das Höchste trägt, um das Beste zu gewinnen
(Matth. 19, 29. 30; 24, 13).

5. Wer also zuerst zu Christo kommt, darnach Christo nachfolgt, wandelt natürlich fortan einen ganz andern Weg als den bis-
herigen. Im Allgemeinen wird dem Unterthan des Gottesreiches die
Verpflichtung zur Arbeitsamkeit auferlegt; nicht um zu ruhen, sondern

um zu wirken und zu gewinnen, ist er zum Dienste seines Herrn berufen (Matth. 7, 21; 21, 28; 25, 14). Bei dieser Wirksamkeit
muß wegen einer allzeit unsichern Zukunft (Luk. 12, 35. 46) gewissenhafte Treue verbunden mit fortdauernder Wirksamkeit seine Loo-
sung sein. Damit hängt eng zusammen, daß er ihm das beharrliche
Gebet fortwährend nachdrücklich empfiehlt (Matth. 26, 41; Luk. 18,
1—18), eine heilige Sorgfalt, die ihm in der Folge eine geziemende
Sorglosigkeit (Matth 6, 25—34) möglich und leicht macht. Aber
die Gesinnung der Kinder des Königreiches muß sich besonders in
ihrem Verhalten zu andern und zu einander zeigen. Während sie
unter sich soviel wie möglich Frieden halten (Mark. 9, 50), ja ihre
wahre Größe in der Erweisung dienender Liebe suchen (Matth. 20,
25—28), sind sie berufen, die Liebe allen (Luk. 10, 25—37), selbst
dem Feinde zu erweisen (Matth. 5, 44) und zu zeigen, daß sie in
dieser Hinsicht von einem andern Geiste, als dem der Welt, selbst des
A. T. geleitet werden (Luk. 9, 55). So erst nahen sie der sittlichen
Vollkommenheit, welche der Zweck ihres Strebens sein muß (Matth. 5, 48).

6. Es ist unmöglich, daß die, welche von einer solchen Gesinnung regiert werden, auf die Dauer bei sich selbst stehen bleiben. Sie
bilden eine geistige Gemeinschaft, von der man keinen Augenblick zweifeln kann, ob sie wohl nach dem Geiste des Herrn sei. Zwar sagen
uns seine Aussprüche nicht, daß er eine Kirche in dem Sinne gewollt
habe, der später diesem Worte gegeben worden ist. Das Wort selbst
(ἐκκλησία) kommt nur zweimal bei den Synoptikern vor (Matth. 16,
18; 18, 17); doch scheint es an dieser letzten Stelle nur im allgemeinen die Vereinigung seiner Jünger anzudeuten (convocata societas,
קָהָל, auch von der Synagoge gebraucht); ohne daß wir die historische
Treue der erstern bezweifeln (Reuß), zeigt sich doch alsbald, daß dem
Herrn hier ein Ideal vor dem Geiste schwebte, welches erst in der
Zukunft verwirklicht wird. Ueberläßt er es also dem Geiste, der
später die Seinen leitet, die Form, welche sie und alle Gläubigen zusammen vereinigen soll, ins Leben zu rufen; so bekümmert sich doch
der König des Gottesreiches um die Gemeinschaft seiner Unterthanen
offenbar wie um eine Sache von der höchsten Wichtigkeit. Er wollte
gewiß nicht nur einer größeren oder kleineren Anzahl, sondern all den
Seinen das höchste Heil bereiten. Dies ist schon aus dem Gleichnisse
von der Mahlzeit mit vielen Gästen, dem Weingarten mit verschiedenen

Arbeitern, dem Hauswesen mit verschiedenen Dienstknechten ersichtlich. Deshalb bildet er seine Jünger nicht einzeln, sondern zusammen, vereinigt zu einer kleinen Gemeinde. Selbst in Bezug auf den Geist, in welchem sie fortan verbunden sein müssen, spricht er unveränderliche Principien aus. Fasten kann ihnen nicht auferlegt werden (Matth. 9, 14. 15), der Eid muß unter ihnen überflüssig sein (5, 33. 37), gemeinsames Beten ist eine wichtige Pflicht (18, 18—20) und ebenso die gegenseitige Aufsicht der Liebe, auch irrthümlichem Geschrei gegenüber (V. 15—17). Selbstüberhebung ist ebenso bestimmt verboten als Rangstreit (23, 8—12), und mit der Unermüdlichkeit im Vergeben (18, 23—35) muß sich die größte Behutsamkeit (7, 1—6) in der Beurtheilung Anderer paaren.

7. Mit Rücksicht auf die fortwährende Gemeinschaft der Seinen ordnet der Herr zwei heilige Handlungen an, die für sein Reich von großer Bedeutung sind. Durch die immer neue Verkündigung seines Todes beim Abendmahl (Matth. 26, 26—28) will er sie auf die Dauer mit sich und unter einander verbinden. Durch die Taufe will er alle Gläubigen von der Juden= und Heidenwelt absondern und im Bekenntniß vom Vater, Sohn und heiligen Geiste vereinigen (Matth. 28, 19; Mark. 16, 16). Ist, wie behauptet wird (Strauß), die neueste Evangelienkritik wirklich „ziemlich damit einverstanden", daß die Taufformel erst bei der letzten Ueberarbeitung des ersten Evangeliums entstanden sei, dann wird besagte Kritik sich zu eilen haben, ein so unbedachtes Resultat zu revidiren. Wer keine dogmatischen Gründe dafür hat, findet ebensowenig einen Grund, an dem historischen Charakter der Taufformel zu zweifeln, als an dem der Abendmahls=einsetzung.

8. Die auf diese Weise nach dem Willen des Herrn abgesonderte und vereinigte Gemeinde breitet sich aus und besteht bis zum Ende. Schon lernten wir das Grundgesetz dieser zunehmenden Entwicklung kennen (§. 10, 2); hier muß nur noch bemerkt werden, daß sie in Uebereinstimmung mit dem Willen Jesu ausschließlich durch geistige Mittel, besonders durch die Verkündigung des Evangeliums geschieht (Matth. 24, 14). Der Sieg seines Reiches und das nicht ohne den heftigsten Kampf mögliche Bestehen seiner Gemeinde (10, 34—36; Luk. 12, 49—51) wurde vom Herrn nicht nur als möglich oder wahrscheinlich, sondern als unzweifelhaft sicher verkündigt

(Matth. 16, 18). Sie hat ihren Grund in der Unerschütterlichkeit des Fundamentes, welches das emporsteigende Gebäude Gottes trägt (16, 18), und ihre Bürgschaft in der beständigen Nähe des Heilandes (28, 20), welcher hinging um zu bleiben, aber auch — um wieder zu kommen.

Vergl. **Reuß,** a. a. O. I. S. 192. **Schmid,** a. a. O. I. S. 299 u. ff. **G. C. N. Matthaei,** Jesu Christi doctrina de jure jurando, Hal. 1847. — Ueber den Glauben Dr. **J. P. Köstlin,** Der Glaube, sein Wesen, Grund und Gegenstand, u. s. w. Gotha 1859. Ueber den synopt. Bericht der Abendmahlseinsetzung Dr. **J. J. Doedes,** De leer van het Avm., Utr. 1847. bl. 50 en verv.

Punkte zur Erwägung: Ist die Vorstellung der κλῆσις bei dem synoptischen Christus vollkommen dieselbe wie die, welche bei Paulus angetroffen wird? — Was läßt sich über das eigentliche Wesen der μετάνοια aus Luk. 15, 17 u. ff. ableiten? — Verschiedenheit und höhere Einheit des Glaubensobjectes. — Die eigenthümliche Darstellung der Selbstverleugnung, Luk. 9, 23. — Das Verhalten der Unterthanen des Gottesreiches zu einander und zu der bürgerlichen Gesellschaft. — In wiefern kann Christus nach seinen eigenen Aussprüchen als Stifter der christlichen Kirche angesehen werden? — Vergleichung der Einsetzung der Taufe des Herrn mit der Taufe des Johannes. — Form und Bedeutung der Abendmahlseinsetzung.

§. 16.
Die Vollendung.

Das Heil der Unterthanen des Gottesreiches überdauert ihren Tod, erreicht aber seinen Gipfelpunkt erst bei der Zukunft des Herrn, wobei die Herrlichkeit des Königs offenbart und die erprobte Treue seiner Unterthanen mit dem vollen Lohne der Gnade belohnt wird. Die Zukunft wird durch Eindruck machende Zeichen vorbereitet, von großartigen Umwandlungen auf kosmischem und ethischem Gebiet begleitet und hat die schließliche Scheidung von Guten und Bösen, welche dem gegenwärtigen Zustande ein unwiderrufliches Ende macht, zur Folge.

1. Wenn auch fest steht, daß der aufrichtige Unterthan des Gottesreiches schon hier unbeschreiblich selig ist, (Matth. 5, 3—10, Luk. 10, 23. 24), so läßt sich doch nicht leugnen, daß dies Glück beständig gestört oder getrübt wird. Der Eingang kostet Streit, die Nachfolge fordert Opfer (13, 24; 14, 26). Von selbst richtet sich also das Auge nach der andern Seite des Grabes, und ein sehr wesentliches Bedürfniß würde unerfüllt geblieben sein, hätte der Herr die Frage nach der Vollendung des Gottesreiches unbeantwortet gelassen.

2. Ist der Mensch schon als solcher unsterblich, so wird der Fromme nach dem Tode in einen höchst glücklichen Zustand hinüber= geführt. Vergleicht der Herr den Tod ein einziges Mal mit dem Schlaf (Luk. 8, 52 b), so beweist dies noch nicht, daß er an einen eigentlichen Seelenschlaf denkt. Er beschreibt im Gegentheil die Selig= gewordenen des A. T. als solche, die Gott loben im vollsten Sinne des Wortes (Luk. 20, 38b vergl. Matth. 8, 11), und deutet an, daß nicht bloß die Persönlichkeit, sondern auch das Selbstbewußtsein und die Erinnerung den zeitlichen Tod überlebt. Das Reich der Ab= geschiedenen (ᾅδης, שְׁאוֹל) ist ihm kein Ort unbeweglicher Stille und vollständiger Gleichheit (Hiob 3, 17—19), sondern Schauplatz eines entsetzlichen Gegensatzes, welcher sich sofort nach dem Tode offenbart. — Der Uebertreter wird in die Hölle (Gehenna) geworfen, der Fromme unmittelbar in Abrahams Schooß gebracht, (Luk. 16, 22), erquickt und getröstet. Dieselbe locale Vorstellung liegt der Erwähnung der ewigen Hütten zu Grunde (Luk. 16, 9), in welchen die Vorausgereisten ihre wohlthätigen Freunde empfangen, und in der Vorstellung vom Paradiese (Luk. 23, 43), welches er dem Schächer verspricht. Beide müssen im Reich der Abgeschiedenen gesucht und als der Ort einer Seligkeit betrachtet werden, welche sofort nach dem Sterben beginnt, aber erst bei der Wiederkunft des Herrn zur Vollendung kommt.

Die Idee der Wiederkunft des Herrn (παρουσία) tritt in seinen Reden bei den Synoptikern so unzweideutig und kräftig hervor, daß der Versuch, all seine darauf bezüglichen Aussprüche mit einem Feder= strich für unecht zu erklären (Colani) nicht nur höchst willkürlich, sondern beinahe verzweifelt heißen kann. Die allgemeine Erwartung des apostolischen Jahrhunderts in diesem Punkt würde durchaus unbe= greiflich sein, wenn sie in seinen eigenen Aussprüchen nicht den geringsten

Anknüpfungspunkt hätte. Ebenso wenig ist anzunehmen, daß die eschatologischen Reden des Herrn in Folge der Zerstörung Jerusalems bedeutend modificirt und ausgemalt worden seien; nur vor diesem Ereigniß konnte der Untergang des jüdischen Staates und das Ende der Welt so eng verbunden werden, wie es hier in der Regel geschieht. Und höchst gewagt dürfte die Behauptung heißen, Jesus habe sich, wofern er wirklich diese Gespräche gehalten hätte, in Betreff der zukünftigen Ereignisse einmal getäuscht. Es ist noch nicht aller Tage Abend; und wir müssen ernstlich bezweifeln, daß sich der Herr, wenn er in der Erwartung seiner Jünger nur die Frucht eines nationalen Vorurtheiles gesehen hätte, in diesem Punkte so ausführlich und nach= drücklich ausgesprochen haben würde. Die exegetische Untersuchung seiner Worte muß ausmachen, in wiefern und warum er die letzten Zeiten mit Jerusalems Verwüstung in Verbindung bringt. Soviel steht aber fest, daß er auf die zuverlässigste Weise zusagt, er werde nach seiner niedern irdischen Erscheinung nochmals erscheinen zur Offenbarung seiner Herrlichkeit und dadurch werde der gegenwärtigen Ordnung der Dinge ein Ende gemacht.

3. Diese Wiederkunft findet unerwartet (Luk. 12, 39. 40), aber keineswegs unvorbereitet statt. Sie wird durch Vorzeichen theils beängstigender, theils erfreulicher Art angekündigt. Zu den letztern gehört die allgemeine Verkündigung des Evangeliums, zu den ersteren das Auftreten falscher Propheten und die damit verbundene Verführung, Krieg und Pest, Hungersnoth und Erdbeben, Bedrückung, Uneinigkeit und Versunkenheit auf sittlichem Gebiet (Matth. 24, 4—14). Es sind mit einem Wort die Geburtswehen jener messianischen Zeit, welche auch die Zeitgenossen des Herrn erwarten.

4. Nun folgt die Erscheinung des Menschensohnes selbst, ange= kündigt durch das Erscheinen seines Zeichens am Himmel (Matth. 24, 30) und begleitet von entsetzlichen Ereignissen in der natürlichen und sittlichen Welt (V. 29). Die Kräfte des Himmels werden bewegt, die Gestalt dieser Welt wird verändert. Man ist ebenso wenig berechtigt, die Aussprüche des Herrn in Betreff dieses großen Endes im buchstäblichen Sinne zu verstehen, als sie im Namen der Resultate einer sogenannten modernen Weltanschauung zu verneinen. Die Form der Vorstellung nähert sich offenbar derjenigen der alten Propheten, ihr Hauptinhalt hat seinen Grund in der großen Idee, daß auch die

Natur und Menschenwelt, jede auf ihre Weise, sich in die Offenbarung der zukünftigen Herrlichkeit theile.

5. Erst bei dieser großen Schlußentscheidung ist die Auferstehung der Todten zu erwarten, die der Herr in den synoptischen Evangelien nur wenig und wie im Vorbeigehen erwähnt, die er aber nichtsdestoweniger als ein collectives und über das ewige Loos eines jeden entscheidendes Ereigniß darstellt. Man hat freilich sein Gespräch mit den Sadducäern (Matth. 22, 23—33) so verstanden, als ob er eine individuelle Auferstehung sofort nach dem Sterben verheiße; allein wie dies schon im Zusammenhang mit den Ideen seiner Tage an sich weniger wahrscheinlich ist, so zeigt sich bei genauer Einsicht von Luk. 20, 33—38 (vergl. Mark. 12, 23), daß er die Auferstehung darstellt, als gehöre sie zum Gebiet eines noch zukünftigen Zeitraumes, welcher mit dem Ende der Welt zusammenfällt; überdies spricht er noch im Besondern (Luk. 14, 14) von einer Auferstehung der Gerechten als von einer gleichzeitigen (simultanen) Katastrophe. Was er deßhalb von dem Zustande der Seligen sagt, sie seien gleich wie Engel (Matth. 22, 30), scheint besonders von ihrem vollkommenen Glückszustande nach der Vollendung aller Dinge aufgefaßt werden zu müssen. Der Wunsch, bei dem Herrn eine Vorstellung anzutreffen, welche uns annehmbarer scheint, darf uns nicht verleiten den ursprünglichen Sinn oder die deutliche Absicht seines prophetischen Wortes zu verdrehen.

6. Zugleich mit der Parusie ist das messianische Gericht zu erwarten, von welchem er bei den Synoptikern viel mehr als von der Auferstehung spricht. Nirgends spricht er von sich, als sei er dabei nur Zeuge, noch viel weniger, als gehöre er selbst zu den Geladenen; sondern überall stellt er sich dar als den Richter der Zukunft, dem gegenüber, wenn er einmal gerichtet, keine Appellation an einen Höheren mehr denkbar ist. Als solcher erscheint er in seiner himmlischen Majestät, läd alle Geschlechter der Welt zum Gericht, urtheilt nach dem Maaßstab der Glaubensliebe und beschließt über ein Wohl und Weh, welches nie ein Ende finden wird (Matth. 25, 31—46). Die Engel bereiten die Ausführung des besonders über seine Feinde ausgesprochenen Urtheils vor und befördern dieselbe (13, 39—42). Ist es vollzogen, dann ist die Wiedergeburt, d. h. die ganze Erneuerung der natürlichen und geistigen Schöpfung da (19, 28).

7. Es ist hier der Ort, im allgemeinen des Lohnes zu gedenken, welchen der Herr seinem getreuen Diener bereitet. Man hat häufig danach getrachtet, jeden Gedanken an Lohn aus seinen Worten zu verbannen, oder aus dem, was man in Bezug darauf in der Sittenlehre des Evangeliums antraf, eine Waffe gegen die Reinheit seiner Sittenlehre zu schmieden; aber das eine wie das andere mit Unrecht. Ohne die Lohnsucht zu rechtfertigen oder zu reizen, verheißt der Herr dem, der ihm etwas zum Opfer gebracht oder für ihn gewirkt hat (Matth. 19, 29—20, 16), wirklichen Lohn d. h. verhältnißmäßige Vergeltung. Dieser Lohn wird nach ganz anderen, als menschlichen, nach tadellosen Gesetzen geregelt und ein Blick auf denselben darf zur Ermuthigung bei der Arbeit der Liebe dienen (10, 40—42). Aber der Lohn des Werkes ist darum noch keineswegs die Krone des Verdienstes. Der Herr verkündigt im Gegentheil ebenso nachdrücklich, daß alles aus Gnaden geschenkt, als daß nichts vergebens gethan wird; daß also der Arbeiter niemals das Recht hat eine besondere Belohnung zu fordern. Luk. 17, 7—10 spricht hier stärker als jeder andere Beweis. Die Lehre vom Lohn wird mit einem Worte hier nicht vom gesetzlichen, sondern vom evangelischen Standpunkt aus verkündigt, und nicht sowohl die Frage beantwortet, was wirklich verdient, als die, was aus Gnaden geschenkt wird. Das Princip der Arbeit darf nur Liebe und Gehorsam sein, aber der Blick auf die Belohnung muß den Seinen zu einem Gegengewicht dienen gegen so Vieles, was darnieder drückt (Matth. 5, 11. 12).

8. Nach dem Gesagten fällt es nicht schwer, zu zeigen, worin eigentlich nach der allgemeinen Lehre des Herrn in den synoptischen Evangelien die zukünftige Belohnung bestehe. Der getreue Knecht empfängt eine Ehre, welche alle Schmach und allen Streit der Erde vergütet, wird von dem Herrn selbst bedient, mit großem Lob geehrt und zu der Stellung empor geführt, welche er einzunehmen fähig ist; er genießt eine Freude, welche, unter den trefflichsten Bildern geschildert, ebenso reichlich als unvergänglich ist, und sieht sich zu einem Werk berufen, das ihm von neuem Gelegenheit giebt, dem nun vollendeten Gottesreiche zum Schmuck und Segen zu dienen (Luk. 12, 36. 37; 19, 15—19. Vergl. Matth. 25, 14—30). Besonderer Glanz und Herrschaft ist denen verheißen, welche in diesem Gottesreiche voran gestanden und gestritten haben; aber auch der geringsten Arbeit der

Liebe (10, 22; 19, 28) entgeht ihr verhältnißmäßiger Lohn nicht; und all' dies Heil wird in Ewigkeit ungetrübt in gegenseitiger Gemeinschaft genossen. Wer sich recht in die Zukunft versetzt und dabei mit geistigem Tact Bild von Sache scheidet, wird sich zweimal bedenken, ehe er die Eschatologie des synoptischen Christus als „grossièrement matérialiste" charakterisirt (Reuß).

9. Kommen also einerseits die Kinder' des Königreichs zu ihrem vollendeten Heilszustand, so nahet andererseits auch die Entscheidung für die Kinder der Finsterniß; sie werden als solche offenbar, werden geschieden und finden eine gerechte Vergeltung. Mag es auch wahr sein, daß das Wort ewig an sich noch keineswegs den Begriff der Unendlichkeit umfaßt, so gestattet doch die große Gegenüberstellung, mit welcher der Herr seine Unterweisung beschließt (Matth. 25, 46), durchaus nicht anzunehmen, daß am Ende auch noch das gereifte Unkraut zur guten Garbe und also das vollendete Gottesreich alle ohne Unterschied umfassen werde. Auch das furchtbare Wort über Judas (Matth. 26, 24) veranlaßt eine entgegengesetzte Vorstellung, ebenso wie die entsetzliche Bedrohung (18, 6) dessen, der Aergerniß giebt. Meint man das Gegentheil durch das Gleichniß vom Sauerteig (13, 33) rechtfertigen zu können, dann verliert man den Unterschied zwischen dem Gebiet der Naturnothwendigkeit und der sittlichen Freiheit ganz aus dem Auge; und hält man solch' eine Vorstellung für hart, dann vergißt man, daß laut anderer Aussprüche (s. z. B. Luk. 12, 47. 48) das Gesetz der Gegenseitigkeit bei der zukünftigen Vergeltung am allerwenigsten aus dem Auge verloren wird.

10. Es läßt sich nicht verkennen, daß der Herr seine Zukunft durchgängig und auch in seinen letzten eschatologischen Reden als eine sehr nahe bevorstehende darstellte. Dies war die natürliche Folge der prophetischen Anschauung, bei welcher der Abstand von Zeit und Raum zurücktritt, und war zugleich praktisch nothwendig, da die Ermahnung zur Wachsamkeit und Arbeitsamkeit gerade durch die Hinweisung auf die nahe, unerwartete und entscheidende Zukunft größeren Nachdruck erhielt. Doch fehlt es keineswegs an leisen Winken, daß für ihn selbst die Zerstörung Jerusalems und das jüngste Gericht nichts weniger als identisch waren, und daß das letztere wohl länger ausbleiben könne, als die eifrige Ungeduld erwartete. (Man beachte

das: „Bald aber nach der Trübfal derselben Zeit," Matth. 24, 29; die „lange Zeit", 25, 19; die Voraussetzung, Luk. 12, 45; so wie auch den Wink, 21, 24). Aber es ist sehr die Frage, ob die Em- pfänglichkeit der Apostel in diesem Punkte eine ausführlichere Erklärung erlaubte. In jedem Falle war weniger die genaue Feststellung der Zeit, als die lebendige Vorstellung der Thatsache seiner bevorstehenden Offenbarung nach der Meinung des Herrn, die Hauptsache. Die wiederholte Hinweisung auf diese Thatsache stand in unmittelbarem Zusammenhang mit der Vertröstung und Heiligung der Seinen, warum es ihm ja von Anfang bis zu Ende zu thun war; sollte diese Thatsache sie doch an die Vorschrift erinnern, welche er laut einer alten Ueberlieferung ihnen einmal gegeben haben soll, und welche auch uns bei der Untersuchung dieser und all seiner Worte zu statten kommt: *Γίνεσθε δόκιμοι τραπεζῖται.*

Ueber die Reden des Herrn in Betreff seiner Parusie vergl. man die reiche Litt. bei **Hase,** L. J. 5. Aufl. § 101. Unser Lev. v. J. III. Bl. 104 en verv. Ueber die Lehre von dem Lohne eine Abhandlung von B. Weiß: in der **deutsch. Zeitschr.** von 1853. Nr. 42.

Puncte zur Erwägung: Aus welchem Grunde hat der Herr seine Darstellung der letzten Zeiten so eng mit der von Jerusalems Zerstörung verbunden? — In welcher Hinsicht kommt diese Darstellung mit der Eschatologie des Judaismus seiner Tage überein, in welcher weicht sie davon ab? — Die Schwierigkeiten, welche uns sowohl bei der buchstäblichen als allegorischen Erklärung dieser seiner Weissagungen aufstoßen. — Ist die Behauptung begründet, daß, wenn Matth. 24 u. 25 für ächt zu halten sind, Jesus sich getäuscht habe? — Sind in den Aussprüchen des synoptischen Christus Spuren von der Idee einer zwiefachen Auferstehung zu finden? — Kritik der gegen die Erklärung von Matth. 25, 31—40 als Beschreibung des jüngsten Gerichtes eingebrachten Bedenken. — Die Lehre vom tausendjährigen Reich vor dem Forum des synoptischen Christus.

Zweite Abtheilung.

Das Evangelium Johannis.

---

§. 17.

Einleitung.

Die Worte Jesu im vierten Evangelium tragen einen so ganz eigenthümlichen Charakter, daß getrennte Behandlung vor allem in unserer Zeit nicht bloß wünschenswerth, sondern nothwendig ist. Es ist dabei von Wichtigkeit, die Aussprüche des Johanneischen Christus und die des christlichen Johannes soviel wie möglich von einander zu unterscheiden. Bei der Betrachtung der erstgenannten muß die neutestamentliche Theologie von dem Hauptgedanken ausgehn, von welchem die Reden des Herrn in diesem Evangelium beherrscht werden.

1. Zu der Betrachtung der Lehre des Herrn im vierten Evangelium können wir nicht übergehen, ohne ein Wort der Einleitung vorherzuschicken. Es soll vor allen Dingen die dieser Untersuchung angewiesene besondere Stelle rechtfertigen durch Hinweisung auf den eigenthümlichen Charakter der hier verewigten Aussprüche. Auch ohne im Allgemeinen Betrachtungen anzustellen über den Unterschied des vierten Evangeliums und der drei andern, zeigt sich uns doch sofort daß wir uns hier, auch wo wir den Herrn sprechen hören, in einem ganz anderen Gedankenkreis bewegen. Nicht nur der Schauplatz, auf welchem wir ihm hier begegnen, die Form seiner Reden und der Eindruck, welcher dadurch zu Wege gebracht wird, ist ein anderer, sondern auch der Inhalt bietet, verglichen mit dem der synoptischen Evangelien wichtige Unterscheidungspunkte dar. Dort steht das Königreich des Himmels, hier der König selbst; dort die menschliche, hier

die göttliche Seite der Person des Erlösers; dort das Heil der Er= lösung jenseits, hier diesseits des Grabes in dem Vordergrund. Gleich= zeitige Behandlung des einen wie des andern hat aus diesem Grunde seine eigenthümliche Schwierigkeit; denn mag man auch die Harmonie zwischen den drei ersten und dem vierten Evangelium nachweisen, so bekommt doch dieser Nachweis erst durch die aufrichtige Anerkennung der beiderseitigen Verschiedenheit einen Werth.

2. Die an sich schon wünschenswerthe Trennung ist aber bei dem gegenwärtigen Stand der Johanneischen Frage doppelt nothwendig. Niemals wurde die Echtheit und Glaubwürdigkeit so heftig bestritten als jetzt. Die biblische Theologie des N. T. kann sich nicht geradezu in eine Untersuchung mischen, welche auf das Gebiet der Isagogik und Kritik gehört; allein insofern kann sie nebenbei einiges Gewicht in die Waagschale legen, als sie untersucht, ob die Lehre des Herrn, welche im Evangelium Johannis niedergelegt ist, mit seinen andern Aussprüchen in Uebereinstimmung stehe oder nicht. Zeigen sich in diesem Punkte — um von jedem andern zu schweigen — die Berichte in unversöhnlichem Widerspruch, so sieht man sich zu einer Wahl gezwungen. Läßt sich hingegen der Unterschied vollständig erklären und auflösen, dann folgt daraus, daß wenigstens aus diesem Zeug= haus keine Waffen gegen das vierte Evangelium herbeigeführt werden können.

3. Es zeigt sich indessen dann noch eine bedeutende Schwie= rigkeit, wenn man die Echtheit des vierten Evangeliums und seine historische Treue im Allgemeinen annimmt. Es bleibt die Frage übrig, ob wir hier Jesum hören, wie er wirklich gesprochen hat, oder nicht etwa so, wie ihn Johannes, indem er nicht selten mit großer Freiheit berichtet, sprechen läßt. Das letztere wird von vielen behauptet, und es läßt sich nicht verkennen, daß wir, wenn wir das Evangelium und die Briefe neben einander legen, bei dem Täufer, dem Herrn selbst und den Aposteln oft dieselben in gleichen oder doch wenigstens ähnlichen Formen ausgesprochenen Ideen antreffen. In= dessen muß man sich in Acht nehmen, daß man aus dem, was richtig betrachtet zum Beweise der Echtheit des Johannes=Evangeliums dient, keine Waffen gegen seine Glaubwürdigkeit schmiedet. War Johannes wirklich der Busenfreund Jesu und mehr als andere von dem Geist des Messias durchdrungen, dann ist es begreiflich, daß er seinen

6

Sprachgebrauch immermehr nach dem des Herrn bildete, und dagegen durchaus undenkbar, daß er ihm Worte auf die Lippen gelegt habe, von welchen er nur zu gut wußte, daß sie niemals gesprochen worden waren. Auch wenn man zugibt, daß er die Worte des Worts (die überdieß in einer andern Sprache gesprochen waren) unter höherer Leitung mit apostolischer Freiheit aufzeichnete, so darf man diese um so freimüthiger als eigene Worte Jesu betrachten, da aus verschiedenen Beispielen ersichtlich ist, daß sich zwischen dem Sprachgebrauch des Johannes selbst und dem Jesu bei Johannes ein zwar nicht großer, aber doch deutlicher Unterschied finden läßt. So spricht Johannes im Prolog vom Logos, aber der Johanneische Christus giebt sich selbst nie diesen Namen. Bezeichnet der letztere sich selbst hier als den Sohn des Menschen, der Apostel gebraucht bei seinem Zeugniß von dem Meister niemals diesen Titel. Jesus nennt hier seine Jünger Brüder und Freunde, Johannes vermeidet es. Jesus spricht von seinem Königreich und dem von Gott; aber Johannes erwähnt, wo er selbstredend auftritt, dasselbe nicht. Als Parallel wird von Jesus der heilige Geist (Joh. 14, 16. 17), von Johannes (2, 2) der verherrlichte Christus selbst bezeichnet; und spricht Jesus hier von Gott als einem Geist (4, 24), Johannes verkündet ihn nur als Licht und Liebe (1, 5; 4, 16). Solche Eigenthümlichkeiten wären noch mehr anzugeben; sie würden nicht zu erklären sein, hätte Johannes ohne irgend welche Bedenklichkeit seine eigenen Ideen auf des Meisters Lippen gelegt. Kann es hie und da zweifelhaft scheinen, ob er spricht, oder ob er Reden des Herrn mittheilt (z. B. 3, 16—21, vergl. 3, 31—36), so ist doch die Grenzlinie meistens sichtbar genug; und setzt man auch die Form des Referates zum Theil auf seine Rechnung, so läßt sich die Treue des Hauptinhaltes doch mit Erfolg vertheidigen. Aus den angegebenen Gründen halten wir es nun für möglich und nöthig, den Johanneischen Lehrbegriff und die Lehre Christi, wie sie sich bei Johannes findet, gehörig von einander zu trennen und hier ausschließlich von der letzteren zu sprechen.

4. Wie bei Betrachtung der Synoptischen Aussprüche, so ist es auch hier vor allem wichtig, auf den Grundgedanken zu achten, von welchem des Herrn Worte bei Johannes beherrscht werden, um dadurch die besondern Theile zu beleuchten. Nur muß man zusehen, daß man hier die Hauptidee des Evangeliums selbst nicht mit der

Hauptidee der Aussprüche Christi, welche uns in diesem Evangelium aufbewahrt werden, verwirrt. Die Isagogik untersucht die erstere auf analytischem Weg; die andere wird von der biblischen Theologie aus dem Totaleindruck, welchen die hier erwähnten Worte des Herrn im Gegensatz zu andern machen, abgeleitet. Da ist denn gar nicht zu verkennen, daß diese Worte im vollsten Sinne einen christocentrischen Charakter tragen, daß mit anderen Worten seine eigene Person und sein eigenes Werk hier der große Mittelpunkt ist, um welchen sich alles bewegt. In gewissem Grade war dies auch bei den synoptischen Reden zu bemerken, aber was dort Bestandtheil des Evangeliums vom König-reich war, ist hier offenbar zur Hauptsache geworden. Wir müssen deshalb nicht mit der Frage beginnen, was der Herr hier von seinem Reich im Allgemeinen, vom Vater oder vom Menschen, sondern was er von sich selbst verkündigt in allen diesen und ähnlichen Beziehungen, und kommen erst dann zu dem Punkte, von wo aus wir die Frage, in wiefern solche Aussprüche sich mit den im Vorhergehenden ver-nommenen wirklich vereinigen lassen oder nicht, beantworten können.

Vergl. über die Johanneische Frage im Allg. außer der Einl. zum N. T. von Guericke u. Bleek und dem trefflichen Commentar von F. Godet I. 1864, I. 1865 unsre Schrift: das Johannes-Evangelium, Gütersl. 1867 und die daselbst angef. Litter. Dr. **K. J. Riggenbach**, Die Zeugnisse für das Evang. Joh. Bas. 1866. Ueber die Glaubwürdigkeit der Johanneischen Angaben der Reden des Herrn mehr im Besonderen **Godet, Examen des prin-cipales questions critiques soulevées de nos jours au sujet du 4de Evang. Paris 1865.**

Punkte zur Erwägung: Seit wann hat man damit begonnen, die Untersuchung der Lehre Jesu bei Johannes bestimmt von der bei den Synoptikern zu unterscheiden? — Läßt sich die Unter-scheidung zwischen der Lehre des Johanneischen Christus und der des christlichen Johannes voll-ständig rechtfertigen? — In wiefern und aus welchem Grunde kann man von einer wortgetreuen Mit-theilung der Aussprüche des Herrn durch den Apostel Johannes reden? — Die eigenen Bemerkungen des Verfassers verglichen mit seinem Referat der Worte des Herrn. — Kann hier eigentlich von einem Lehrbegriff die Sprache sein?

§. 18.

Der Sohn Gottes im Fleisch.

Das Selbstbewußtsein, welches sich im vierten Evangelium ausspricht, ist das von Gottes eigenem Sohn, der als wahrhaftiger und heiliger Mensch unter Menschen erschien, um Israel's Messias und Retter der Welt zu sein, der jedoch auch während seines Weilens auf Erden zu dem Himmel persönlich in einer ganz eigenen Beziehung steht.

1. Für die richtige Kenntniß und Würdigung des Lehrbegriffs des Johanneischen Christus ist vor allem die Frage von Bedeutung: Welches Selbstbewußtsein sich eigentlich in dem Ich ausspricht, das so unerhörte Dinge von sich selbst aussagt. Diese Frage wurde zum Theil unter dem Einfluß eigener dogmatischer Begriffe oder Wünsche auf verschiedene Weise beantwortet. Wer indessen unbefangen und aufmerksam lauscht und das, was der Herr von sich selbst in der dritten Person sagt, mit dem vergleicht, was er in der ersten Person spricht, kann nicht lange im Ungewissen bleiben. Wie das vierte Evangelium mit der göttlichen Abkunft des Herrn, das erste und dritte dagegen mit seiner menschlichen Geburt beginnt, so verhält es sich auch mit den Worten und Reden Jesu in diesen Evangelien. Bei den Synoptikern steigen sie zur Enthüllung seiner göttlichen Würde empor, bei Johannes gehen sie von einer Voraussetzung dieser Wahrheit aus. Ebensowenig als das Ich, welches sich hier ausspricht, das bloß menschliche ist, ebensowenig wird hier das Messiasbewußtsein des Herrn, auch nicht das des Sohnes Gottes, so gedacht, als stehe es außer aller Beziehung zur Menschheit; durchgängig ist es der Ausdruck des Selbstgefühls, wie es der menschgewordene Sohn Gottes als solcher besitzt.

2. Daß der Herr besonders im vierten Evangelium sich selbst sehr oft den Sohn, den Sohn Gottes, einmal auch den eingebornen Sohn (Vers 16) nennt, ist allgemein bekannt. Von welcher Art diese

seine Beziehung nach seinen eigenen Worten ist, soll sofort untersucht werden. Es genügt, vorläufig zu bemerken, daß in jedem Falle eine übermenschliche Beziehung, eine Persönlichkeit überirdischer Abkunft durch diese Benennung angedeutet wird. Dies ist nicht bloß daraus ersichtlich, daß der Herr bei Johannes diesen Namen keinem andern giebt als sich allein, sondern auch daraus, daß er als solcher sich ein persönliches Vorherbestehen schon vor seinem Kommen in die Welt zuschreibt, wie dies niemand anderm zuerkannt wird. Man sehe u. a Kap. 6, 62; 8, 58; 16, 28; 17, 5. 24. Die Willkür, mit welcher man einzelne dieser Aussprüche als interpellirt zu entfernen sucht, läßt sich ebensowenig rechtfertigen, als daß man ihrem Inhalt Gewalt anthat, um sie nur von idealer (unpersönlicher) Präexistenz erklären zu können. Will man den Aussprüchen des Selbstbewußtseins des Herrn nicht glauben, dann verstümmle man dieselben wenigstens nicht, indem man ihn etwas anderes sagen läßt, als das, was er wirklich nach einer unparteiischen, exegetischen und urtheilsfähigen Untersuchung gesagt hat. Dasselbe Bewußtsein liegt überdies auch jenen Worten zu Grunde, in welchen er erklärt, zu einem bestimmten Zweck geboren, gekommen, ausgegangen und gesandt zu sein (10, 10; 18, 37). Es läßt sich zugleich ernstlich bezweifeln, ob der Herr sich je von einem der Seinen als sein „Herr und sein Gott" (20, 28) habe begrüßen lassen, wenn er nicht das unveränderliche Bewußtsein übermenschlicher Abkunft und Würde in sich gehabt hätte.

3. Aber weit entfernt, daß der, welcher wußte, wie viel mehr er sei als Mensch, nach seiner eigenen Ansicht nur scheinbar Mensch gewesen wäre, nannte er sich vielmehr einen Menschen, der die Wahrheit spricht (8, 40), und gebraucht den Namen des Menschensohnes wiederholt (1, 52; 3, 14; 5, 27) von sich. Er spricht von seinem Kommen in die Welt (18, 37), zeigt die zärtlichste Sorge für seine Mutter (19, 26), erwähnt seines Fleisches und Blutes ausdrücklich (6, 54), hält eine Frage zu seiner Aufklärung für nöthig (11, 34) und erklärt, daß seine Seele betrübt sei (12, 27). Noch am Kreuze klagt er über Durst (19, 28), und nach seiner Auferstehung nöthigt er den Thomas, die Hand in seine Seite und Nägelmale zu legen (20, 27). Die Kritik, welche nach solchen starken Zeugnissen, den Johanneischen Christus, weil er daneben auch höhere Dinge von sich verkündigt, doketisch nennt, setzt voraus, was sie noch erst beweisen

muß, daß es an sich selbst unmöglich sei, mehr als Mensch und zugleich wahrhaftiger Mensch zu sein.

4. Ebensowenig darf man daran zweifeln, daß der Herr nach diesem Evangelium sich selbst für vollkommen rein und sündlos hält. Wohl kann er versucht werden (6, 15; 12, 27), aber der Oberste dieser Welt hat nichts an ihm (14, 30). Negativ spricht sich dies Bewußtsein schon in der Frage aus (8, 46 b), die, sofern sie nicht die Frucht von Hochmuth oder Selbstbetrug ist, der Ausdruck der objectiven Wahrheit sein muß; positiv zeigt es sich in so manchem Wort, in welchem er, der eigne Ehre nicht sucht (7, 18), von einem sittlich-normalen, keinen Augenblick gestörten oder getrübten Verhältniß zum Vater Zeugniß ablegt (4, 34; 8, 29; 11, 9; 15, 9; 17, 4). Er sucht und findet also nicht nur seine Stelle „unter den Fortbildnern des Menschheitsideals" (Strauß), sondern stellt sich ohne irgend eine Anmaßung und doch ohne irgend eine Zweideutigkeit über alle, welche vor ihm gelebt haben oder noch nach ihm leben werden (3, 6).

5. Als wahrhaftiger und fleckenloser Mensch erklärt der Herr ausdrücklich, als Israels Messias und Retter auf Erden erschienen zu sein. Ueber seine Beziehungen zur Welt später. Was Israel betrifft, so stellt sich Jesus offenbar schon früh als Messias dar, und läßt sich als solchem huldigen (s. 1, 52; 3, 14; 4, 26 u. a. a. O.), ja er macht von seiner Anerkennung oder Verwerfung die Seligkeit abhängig (8, 24). Weit entfernt der Menge zu widersprechen, wenn sie den Namen des Menschensohnes im Sinne von Messias versteht (12, 34. 35), heißt er dies vielmehr gut und verneint zwar vor Pilatus, daß sein Königreich von dieser Welt, verneint aber nicht, daß er ein König sei. Wiederholt beruft er sich auf das, was die Schrift über ihn selbst bezeugt (13, 18; 15, 26), und stellt sich noch am letzten Abend seines Lebens dem Vater dar als den Gesandten aller Gesandten (17, 3. 4). Er fühlt und offenbart sich also mit einem Worte als historische Person, auf welche schon Moses hingewiesen hat (5, 46) und welche zur Erfüllung einer bestimmten Aufgabe eine Zeitlang auf Erden erschienen ist.

6. Obwohl er persönlich als Mensch auf Erden verkehrt, weiß er sich nichts desto weniger im Himmel (3, 13). Er war nicht nur vor, er blieb und bleibt vermöge seiner höheren Natur auch nach seiner Geburt daselbst. Was er spricht, hat er in der innigsten Gemein-

schaft mit dem Vater von ihm selbst gehört und gesehn (8, 38; 12, 49. 50). Er ist sich selbst nicht nur seines vorweltlichen Lebens bewußt, sondern er setzt es mit der Modificirung, welche das Erscheinen in einer wahrhaftigen und heiligen Menschennatur nothwendigerweise mit sich bringt, fort. Vom Vater ging er aus, kehrte aber sofort zu seiner unmittelbaren Gemeinschaft zurück (16, 28); hört jedoch auch während dieser Zwischenzeit nicht auf, im Vater zu sein, von ihm zu hören und zu lernen und von ihm geliebt zu werden. In seinem Bewußtsein ist also ein menschlicher und göttlicher Faktor ursprünglich getrennt, dann zu einer höheren Einheit verschmolzen, wobei die Wirklichkeit des einen durchaus nichts der des andern vergiebt. Die Kritik hat ihr Recht, das Bestehen eines solchen Bewußtseins a priori für undenkbar zu erklären, noch immer zu beweisen. Daß sich nichts Geringeres als dies in dem vierten Evangeliums ausspricht, steht dem bibl. Theologen als Resultat exegetischer Untersuchung fest.

Vergl. über das hier behandelte im allgemeinen unsre Christologie II. bl. 72 en verv. **F. W. Geß**, die Lehre von der Person Christi, u. s. w. Basel, 1856. S. 134 u. ff. Weizsäcker, über das Johann. Selbstzeugniß Christi, in den Jahrb. für deutsche Theol., 1857, 1862 (Exegetische Bestreitung der hypostatischen Praeexistenz). **Astié,** Explication de l'Evang. selon St. Jean, etc. Gen. 1864 passim. W. Beischlag, die Christologie des N. T. Berl. 1866 S. 65—108. Zur Bestreitung der rationalistischen Interpretation der betreff. Aussprüche des Herrn werden von dem Prof. Scholten, het Evang. von Joh., Leiden 1864, vorzügliche Waffen geliefert. Zur Vertheidigung der wahrhaftigen Menschheit des Herrn, zufolge seines eigenen Zeugnisses, verdient **J. Bonifos,** sur l'humanité de J. Ch. d'après l'Ev. de St. Jean, in dem Bulletin Theol. der Revue Chrét. verglichen zu werden.

Punkte zur Erwägung: Ist es von großer Wichtigkeit, den Inhalt des Selbstbewußtseins der Hauptperson im vierten Evangelium zu untersuchen? — Die verschiedenen Phasen der modernen Kritik, wie sie sich in ihrer Behandlung von Joh. 6, 62; 8, 58; 17, 5 u. dergl. St. abspiegeln. — Welche Eigenthümlichkeiten zeigen des Herrn Aussprüche in Betreff seiner Messiaswürde im vierten Evangelium? — Wird auch der Name Gottessohn von Jesus nicht auch hie und da in rein theokratischem Sinne gebraucht? (Joh. 10, 33—38.) — Darf auch Joh. 17, 3 als eigenes Wort Jesu betrachtet werden? —

§. 19.

Der Sohn Gottes in seinem Verhältniß zum Vater.

Als Gottes Sohn erklärt der Herr, daß er immer gewesen sei, stets der Gegenstand der Liebe des Vaters und der Genosse seiner Natur, Majestät und Wirksamkeit bleiben werde, der im Vater den Grund und das Ziel seines Lebens habe, seinen Namen auf die vollkommenste Weise offenbare und in Folge davon auf eine Huldigung und Ehre Anspruch machen dürfe, wie sie ohne Gotteslästerung keinem Geschöpfe gezollt werden kann.

1. Obschon im vierten Evangelium der Name Sohn Gottes einigemal in theokratischem Sinn als Synonym des Namens Messias gebraucht wird (1, 50 u. a.), so bedient sich doch der Herr selbst desselben in der Regel im metaphysischen Sinn, um anzudeuten, in welcher Beziehung er vermöge seiner Natur und seines Wesens zum Vater stehe. Durch dieses sein Verhältniß zum Vater unterscheidet sich der Eingeborene des Vaters von jedem andern (3, 16). Die Aussprüche seines Selbstbewußtseins sind in diesem Punkte um so wichtiger, je erhabener und mannigfaltiger sie sind. Sobald ist sofort ersichtlich, daß sie eine Beziehung andeuten, in welche er nicht erst durch seine menschliche Geburt eintritt, sondern die sich von früher her datirt, „ehe denn die Welt gegründet ward" (17, 5. 24). Ohne Zweifel sucht man in diesem Ausdruck vergebens unsere philosophische Idee von Ewigkeit; aber ebenso sicher ist, daß jeder Anfang des Bestehens in und mit der Zeit dadurch auf das entschiedenste ausgeschlossen ist (vergl. Ps. 90, 2). Das Sein des Sohnes ist eine ewige Existenz. Nirgends erwähnt er eines Zeitraumes, in welchem er nicht war oder geworden wäre. Und was er immer war und ist, das bleibt er auch während seines Lebens auf Erden. Die Wirklichkeit des Menschseins hat das Wesenhafte des Sohnseins nicht verändert.

2. Als Sohn erklärt sich der Herr für den Gegenstand der höchsten Liebe des Vaters (5, 20), in Folge dessen dieser ihm, wie in einer ewigen Gegenwart alles zeigt, was er thut. Die Liebe ist ebenso unveränderlich wie er selbst und wird vom Sohne mit der innigsten Liebe erwiedert (14, 31; 17, 24). Wiewohl also der Vater ein anderer ist und bleibt als der Sohn, so sind beide doch wegen ihrer vollkommenen Lebensgemeinschaft wesentlich eins; hier findet sich eine Einheit der Macht, die wiederum nicht denkbar ist ohne Einheit der Natur und des Wesens (10, 30).*) Wenn ihn die Juden auf Grund dergleicher Aussprüche beschuldigen, daß er sich Gott gleichmache (5, 18), leugnet er dies denn auch nicht, sondern giebt nähere Erläuterungen (Vers 19—23), wodurch er frühere Aussprüche, ohne sie zu schwächen, beleuchtet.

3. In Folge dieser Einheit von Natur und Majestät findet auch zwischen dem Vater und Sohne eine vereinte Wirksamkeit statt. Der Herr sagt dies nachdrücklich, wo er sich gegen die Beschuldigung der Sabbathsschändung vertheidigt (5, 17).**) Leben=Wecken und Richten gehört bestimmt zur göttlichen Wirksamkeit und ist vom Vater dem Sohne übergeben worden (Vers 21—29). Geht alles Leben vom Vater aus (1. Sam. 2, 6; Deut. 32, 39), so weckt und schenkt er es durch den Sohn, beides im natürlichen und geistigen Sinne des Wortes. Ist Gott Richter (Pf. 75, 8), so richtet er ohne den Sohn niemanden und nichts. Die göttlichen Eigenschaften, welche nöthig sind, um eine solche Aufgabe zu erfüllen, erkennt sich der Herr denn auch ohne irgend einen Vorbehalt zu. Er hat Macht über alles Fleisch (17, 2) und zeigt in all seinen Worten ein über alle menschliche Erkenntniß weit erhabenes Wissen (12, 50 u. a.), ja er kann freimüthig sagen: „Vater, ich will." (17, 24).

---

*) Schon Calvin sagt zu dieser Stelle: „non disputat h. l. de unitate substantiae," drückt sich aber zu schwach aus, wenn er hinzufügt: „sed de consensu, quem cum Patre habet." Daß hier an Einheit der Natur gedacht werden muß, und daß aus dieser die Einheit des Wesens schließlich nothwendig hervorgeht, bemerkten wir Christologie. II. S. 76. Vergl. I. v. J. II. S. 681.

**) „Quae conclusio stare non potest, nisi aequalitas personarum Patris et Filii statuatur, ut recte Patres adversus Arianos hoc loco docuerunt." Beza.

4. Der Wille des Sohnes wird indessen auch nie nur einen Augenblick ohne den des Vaters wirken. Im Vater hat er vielmehr den Grund und das Ziel seines Lebens. Als Sohn hat er vom Vater das Leben empfangen und lebt durch ihn (5, 26; 6, 57). Gerade weil er Sohn ist, wird es ihm unmöglich sein, etwas für sich selbst, d. h. außerhalb der Gemeinschaft mit dem Vater zu thun (5, 19); aber weil er als Sohn der Natur des Vaters theilhaftig ist, thut er dann auch ohne Ausnahme, was er den Vater thun sieht. Als Sohn erklärt er sich als vom Vater abhängig, nennt diesen nicht bloß nach seiner menschlichen, sondern auch nach seiner gottmenschlichen Natur größer als sich selbst (14, 28) und hat das Suchen nicht der eigenen, sondern der Ehre des Vaters zum Zweck seines Strebens (7, 18); er erwartet jedoch wiederum vom Vater, daß dieser die Ehre des Sohnes handhaben und ihn verherrlichen werde (17, 1).

5. Auf Erden verherrlicht der Sohn den Vater, indem er seinen Namen so vollkommen, wie das v o r ihm noch nie geschehen war, offenbart. Er ist dazu vom Vater schon vor seiner Menschwerdung geheiligt (10, 36), d. h. abgesondert, und später von ihm versiegelt (6, 27), d. h. mit den unzweideutigen Merkmalen seiner Beistimmung ausgerüstet. Auf welche Weise er sich dieses Auftrags entledigte, wird sich später zeigen. Hier ist der Ort, auf den Gottesbegriff zu achten, welcher durch die Reden des Johanneischen Christus hindurch strahlt. Hindurch strahlt; denn es zeigt sich sofort, daß der Herr ebensowenig hier, als bei den Synoptikern auf die Frage, was Gott eigentlich sei, eine ausdrückliche Antwort giebt. Der Vatername ist gewiß keine wirkliche Beschreibung des göttlichen Wesens, sondern der Beziehung, in welcher Gott zu ihm und durch ihn zu seinen Jüngern steht. Und wie erhaben selbst das Wort ist: Gott ist ein G e i s t (4, 24), so ist es doch nur der klare, kernige Ausdruck einer Wahrheit, welche unter dem alten Bunde wenigstens schon vorgefühlt und angedeutet worden war (Ex. 33, 18—23). Auch die Erwähnung Gottes als (im Gegensatz zu den Abgöttern) des allein wahren Gottes (17, 3), welcher das Leben hat in sich selbst (5, 26), ist ein Wiederhall dessen, was daselbst gelehrt wird, und die Eigenschaften des göttlichen Wesens, z. B. Heiligkeit, Ewigkeit und Gerechtigkeit, welche er hier namentlich anführt (17, 11; 24, 25), werden auch anderswo

schon gerühmt. Wo er jedoch von seiner vollbrachten Lebensaufgabe
(17, 6) spricht, da erklärt er mit deutlichem Nachdruck, daß er den
Namen des Vaters den Menschen geoffenbaret habe, und dieses Wort
giebt uns einen bedeutsamen Wink. Er deutet an, daß nach seiner
Meinung dieser Name (der Ausdruck des eigentlichen Wesens Gottes)
verborgen, d. h. wohl nicht ganz unbekannt, aber doch noch nicht in
seinem vollen Glanze erkannt war, nun aber an's Licht getreten ist,
besonders weil Er erschienen ist, der ohne Rühmen sagen konnte: „wer
mich gesehen hat, hat den Vater gesehen" (14, 9). Der Sohn offenbart
also den Vater nicht sowohl durch das Wort, welches er in Uebereinstimmung mit andern Gottesmännern ausspricht, als vielmehr durch
seine Person, deren Erscheinung im Fleisch die Befriedigung jenes
Verlangens ist: „Zeig uns den Vater." Als Sohn Gottes ist er
zugleich die höchste Offenbarung Gottes.

6. Als höchste Offenbarung des Vaters, an dessen Natur,
Majestät und Wirksamkeit er von Ewigkeit her Theil hatte, machte
dann auch der Sohn Gottes Anspruch auf eine Huldigung und Ehre,
die ohne Abgötterei keinem Geschöpf zuerkannt werden darf (5, 23).
Ohne Zweifel ist ehren (τιμᾶν) noch kein anbeten (προσκυνεῖν), sondern
der erstere Ausdruck schließt als der allgemeinste auch den andern als
die mehr besondere Huldigung in sich, welche der Sohn unmöglich
abweisen konnte, wollte er wirklich wie (καθώς) der Vater geehrt
werden (vergl. Joh. 20, 28). Deswegen wird denn auch die Forderung des Glaubens an ihn und an Gott auf's engste verbunden
(14, 1) und ausdrücklich erklärt, daß es unmöglich sei, dem Vater
zu huldigen und den Sohn zu verwerfen (Joh. 15, 23; 16, 3);
die ihm von dem Blindgebornen dargebrachte Anbetung nimmt er
dagegen mit Wohlgefallen auf (9, 38).

7. Nach all dem Gesagten ist nicht daran zu zweifeln, daß
der Herr bei Johannes jede wesentliche Unterscheidung zwischen sich
und der Gottheit leugnet, mit Ausnahme derjenigen, welche von dem
persönlichen Verhältniß zwischen dem Vater und dem Sohn nun
einmal untrennbar ist. Nicht bildlich drückt er sich in diesem Punkt
aus, wie der Evangelist (1, 18), wenn dieser von dem Sohn im
„Schooße des Vaters" spricht, sondern so eigentlich wie möglich. Er
ist im Vater und der Vater in ihm. Alles was des Vaters ist, ist
darum auch sein (17, 10). Er ist von oben (8, 24), ein Ausdruck,

wie ihn sonst niemand, nicht einmal Johannes der Täufer von sich
selbst gebraucht (3, 31); er, und er allein hat den Vater gesehen
(6, 46). Er ist vom Himmel herniedergestiegen (6, 33. 38), das
heißt nicht: von himmlischer Art und in sofern aus dem Himmel
stammend, sondern umgekehrt: aus dem Himmel stammend und in
Folge davon von himmlischer Art. Mit einem Wort, obschon er sich
nirgends Gott nennt, will er doch auch nicht geringer geachtet werden
als Gott, und der einzige Unterschied zwischen ihm und dem, welchen
er zugleich bittend anruft, ist schließlich der, daß dieser Vater ist und
er der Sohn seines Wohlgefallens; ein anderer als der Vater, aber
zugleich von derselben Natur. Vergebens sucht man diesem Resultat
zu widersprechen, indem man auf einzelne Aussprüche hinweist, welche
scheinbar zu einer matteren Vorstellung berechtigen, z. B. Joh. 10, 34—36;
17, 3; 17, 20. 21. Sie dürfen nicht isolirt, sondern müssen mit
seinen andern Aussprüchen in Verbindung gebracht werden. Und auch
für sich betrachtet, beweisen sie nicht, was man daraus ableiten wollte.
Dadurch, daß er an erstgenannter Stelle mit einer erhabenen Accomodation an den niedern Standpunkt seiner Zuhörer bemerkt, daß selbst
theokratisch hochgestellte Personen manchmal den Namen von Göttern
empfingen, will er keineswegs andeuten, daß er allein in diesem uneigentlichen Sinne sich Gottes Sohn genannt habe, sondern steigt
offenbar vom Niedern zum Höhern empor. In Joh. 17, 3 heißt
der Vater der einzig wahre Gott, nicht um den Sohn von allem
Recht auf diesen Titel (Vers 5 u. 10) auszuschließen, sondern um
den Vater vom Sohn zu unterscheiden, welcher hier in dem bestimmten
Charakter eines Abgesandten des Vaters spricht. Erklärt er, daß auch
in der Erkenntniß seiner selbst das ewige Leben sei, so muß er sich
für etwas mehr als ein bloßes Geschöpf gehalten haben. — Aus
Joh. 17, 21. 22 endlich folgt am allerwenigsten, daß der Herr von
einer rein sittlichen, nicht metaphysischen Einheit zwischen sich und dem
Vater spricht: Diese ganze Gegenüberstellung gehört nicht zu diesem
Kreis von Begriffen; er will nur, daß die Seinen unter sich eben so
innig verbunden seien wie er mit dem Vater. Letztere Beziehung ist
ihm das Urbild, wovon er will, daß die ihre das Abbild werde.
„Illa unitas est ex natura, haec ex gratia, igitur illi haec similis
est, non aequalis". Bengel. Die empiristische Kritik, welche die
Aussprüche des erhabensten Selbstbewußtseins in keinem schwächeren

als in dem von Anfang beabsichtigten Sinne auffaßt, sie aber eben
darum durchaus für unhistorisch und unglaublich hält, steht principiell
noch immer auf dem niedern Standpunkte der Juden (Joh. 5, 18; 10, 33).
Vergl. unsere Christol. II bl. 72 en verv. Reuss. t. a. p. II.
p. 360. Schmid, a. a. O. I. S. 160 u. ff. Frommann, Joh.
Lehrbegriff. S. 386 u. ff.

Punkte zur Erwägung: Haben die Juden den Herrn wirklich mißverstanden oder nicht,
wenn sie behaupten, daß er sich selbst Gott gleich achte? — Findet die Christologie des Arianismus
irgend eine Stütze in den Aussprüchen des Johanneischen Christus? — Begünstigen diese Aussprüche die subordinatianische Auffassung? — Was ist der Sinn von Joh. 8, 38? — Und von
17, 21—23?

§. 20.
Der Sohn Gottes in seinem Verhältniß zur Welt.

Der Name des Vaters wird von dem Sohn in einer
Welt geoffenbaret, welche durch die Sünde und ihren
Obersten unter der Herrschaft der Finsterniß steht, aber
von Gott in Christo neues Licht und Leben empfängt.
Sowohl durch sein Erscheinen und seine ganze Wirksamkeit,
als insbesondere durch sein Leiden und Sterben theilt er
ihr dieses Licht und Leben mit. Um jedoch diese Wohlthat
persönlich zu genießen, ist ein Glaube des Herzens, welcher
auf genügende Gründe hin gefordert, jedoch aus sittlichen
Ursachen keineswegs bei allen gefunden wird, unentbehrlich.

1. Wie der Sohn von aller Ewigkeit her in Beziehung zum
Vater steht, so hat seine Beziehung zur Welt in einem bestimmten
Zeitraum ihren Anfang genommen. Ueber die Beziehung, in welcher
er schon vor seiner Menschwerdung zur Welt stand, spricht der Herr
selbst bei Johannes nicht. Aber um so kräftiger spricht er sich über
das aus, was er, einmal in der Welt erschienen, beabsichtigt und
wirkt. Ehe wir jedoch auf diese Wirksamkeit unsere Aufmerksamkeit

richten, ist es nöthig, an seiner Hand ihren Schauplatz kennen
lernen.

2. Hören wir den Herrn auch mehrmals bei Johannes
„der Welt" sprechen, so kann dieses Wort doch nicht immer in
selben Sinne aufgefaßt werden. Der dadurch angedeutete Be
hat sowohl eine physische, als eine ethische Seite. Im ersteren S
muß es z. B. verstanden werden, wenn er sagt, daß er in die
gekommen sei und sie nun wieder verlasse (16, 28); im and
wenn er von seinen Jüngern bezeugt, daß sie ebenso wenig al
selbst von der Welt seien (17, 14). Im ersteren Falle ist
dasselbe wie Erde, diese (sublunarische, sichtbare) Welt, wie sie
Nachdruck der unsichtbaren und höheren entgegengestellt wird,
Menschenwelt mit einem Wort (8, 12), noch abgesehen von
Verhältniß ihrer Bewohner zu Gott. Eine ethische Seite beko
dieser Weltbegriff erst dann, wenn dieses Wort nach dem Zusam
hange der Rede die von Gott abtrünnige, nicht bloß ungött
sondern antigöttliche Menschenmasse andeuten soll. So ist es
Joh. 3, 17; 14, 19; 15, 19 zu verstehen. Da indessen der
sich bewußt ist, nicht nur als der Himmlische, gegenüber
Irdischen, sondern auch als der Heilige, gegenüber dem Unreine
stehen, und alles, was aus Fleisch geboren ist, Fleisch nennt;
es kein Wunder, daß der Begriff Welt hier durchgängig in
günstigem Sinne gebraucht wird.

3. Herrscht doch in dieser Welt die Sünde ($\dot{\alpha}\mu\alpha\rho\tau\iota\alpha$).
diese Sünde ist nicht bloß eine Schwachheit, sondern eine entse
Macht, welche sich die Welt unterwirft und sie des ewigen Ge
würdig macht (3, 17). Die Allgemeinheit der Sünde, welche ü
von dem Herrn, wo er von seinem Kommen zu und seiner U
behrlichkeit für die Welt spricht, vorausgesetzt wird, ist überdie
dem Gespräch über die Wiedergeburt (3, 5—8) nachdrücklich in
Vordergrund gestellt. Die Geburt aus dem Fleisch, an welcher
Theil haben, ist nicht nur ungenügend, sie in das Gottesreich
bringen, sondern macht sie sogar für dieses Reich geradezu unge
es sei denn, daß sie aus dem Geiste wiedergeboren werden.
Hier (eben wie Matth. 26, 41) hat das Wort Fleisch in s
Gegensatze zum Geist nicht nur einen physischen, sondern einen eth
Sinn. Dies Fleisch ist nun in dem natürlichen Menschen die lei

und gebietende Macht. Das Richten nach dem Fleisch (8, 15) führt darum nothwendig zum Irrthum und ist eben darum so unheilvoll, weil die durch diese Macht Verblendeten noch immer zu sehen wähnen (9, 41). Die Sünde macht, wo sie einmal den Menschen beherrscht, ihn zugleich zu ihrem Sclaven (8, 34), und dieser Sclave wandelt in einer Finsterniß, welche nach dem allgemeinen Sprachgebrauch des vierten Evangeliums das Symbol des tiefsten Elendes ist (12, 35). Der Sünder vermißt das wahre Licht, weil ihm das wahre Leben fehlt; er befindet sich in einem Zustande des geistigen Todes, aus welchem er erst durch das Machtwort des Sohnes Gottes erweckt werden kann, aber auch wohl nothwendiger Weise erweckt werden muß (5, 24). Wohl hat die Sünde verschiedene Stufen oder Grade (19, 11), aber niemals kann sie entschuldigt werden. Ihren Höhepunkt erreicht sie in der Missethat der Verwerfung Christi, in Vergleich zu welcher Schuld jede andere fast zu nichts wird (15, 22—25), und welche nichts geringeres ist als die entsetzliche Offenbarung eines blinden Hasses gegen Gott (15, 23). Kein Wunder, daß sie auf die entsetzlichste Weise gestraft wird. Ist auch der Johanneische Christus nicht geneigt, in bestimmten Unglücksfällen die Strafe für bestimmte Sünden zu sehen (9, 3); so steht es doch im Allgemeinen bei ihm fest, daß die sündige Welt schon hier unter einem Gericht steht, welches, wenn es nicht abgewendet wird, unvermeidlich in Verdammniß endigt (5, 24. 29).

4. Woher aber diese Herrschaft der Sünde und des Todes in der Welt? Der Herr spricht von dem Obersten der Welt (ὁ ἄρχων τ. κόσμου) als einem Feinde Gottes und seines Reiches, von besonderen Besessenen spricht er hier nicht — Wunder, welche auf diese Kranken Beziehung haben, kommen im vierten Evangelium nicht vor —, aber die von Gott abtrünnige Welt zeigt sich in seinem Auge als die große Besessene, welche von diesem Machthaber beherrscht wird und durch ihn gesunden muß, (Joh. 12, 32. Vergl. Luk. 10, 18). Sein Leben und besonders sein Leiden ist ein Kampf gegen diesen Feind, aus welchem er triumphirend hervorgeht (14, 30). Selbst seinen Jüngern wird von dieser Macht heimtückisch nachgestellt (17, 15), aber besonders zeigen die feindlichen Juden durch ihre Thaten, daß sie dem Teufel verwandt sind (8, 44), dem Menschenmörder von Anfang an. Deutlich spielt der Herr hier nicht auf den

erften Brudermord (1. Joh. 3, 12), fondern auf die Gefchichte vom
Fall an (Gen. 3), und auf die Frage: woher denn die Sünde in
dem Böfen, antwortet er einfach, daß diefer nicht in der Wahrheit
ftehe (οὐχ ἕστηκεν), weil in ihm keine Wahrheit fei. Nicht diefe,
fondern das Lügen ift fein Element; darum ift er auch Lügner und
Menfchenmörder von Anfang an, d. h. vom Anfang der Gefchichte
der Sünde in der Menfchheit. Daß der Teufel böfe gefchaffen fei,
fagt der Herr eben fo wenig, als daß er ein gefallener Engel heißen
könne, was feinen einfachen Grund darin hat, daß er hier nur von
dem Urfprung der Sünde in der Menfchheit, nicht in dem Geifterreich
fpricht. Wer aus diefem Stillfchweigen ableitet, daß er dem Dualismus gehuldigt habe, mit anderen Worten den Böfen als ewiges
felbftftändiges Princip des Uebels dargeftellt habe, geht weiter als
der Buchftabe oder der Geift diefes geheimnißvollen Wortes es ihm
erlaubt.

5. Obgleich indeffen jeder, welcher der Sünde dient, auch
diefem Reich der Finfterniß dient, fo ftehen doch durchaus nicht alle
Menfchen zu demfelben in gleicher Beziehung. Der Herr kennt im
Gegentheil, auch abgefehen von dem Verhältniß, in welchem fie zu
ihm ftehen, zwei verfchiedene Arten von Menfchen. Solche, die da
natürlich fehen und blind werden; heilsbegierige Blinde, die fehend
werden (9, 39—41); folche, die kraft des in ihnen herrfchenden
Principes das Böfe thun, und folche, welche die Wahrheit thun,
(3, 20. 21) und Gottes Wort hören, weil fie aus Gott find (8, 45),
feinen Willen thun wollen (7, 17) und innerlich von ihm gehört und
gelernt haben (6, 45). Solchen lichtfuchenden Naturen hat das Licht
fich nur zu offenbaren, und fie werden es fofort erkennen und ihm
folgen. Andern dagegen ift es unmöglich, die Wahrheit zu unter-
fcheiden, weil es ihnen in Folge der Herrfchaft des verkehrten Princips
an der Empfänglichkeit dazu fehlt. Sie können nicht glauben (5, 40—44)
und wollen darum auch nicht zu Chrifto kommen; fie gehören nicht
zu feinen Schafen (10, 26). Sie haben Chriftum nicht lieb, weil
im fittlichen Sinn des Worts nicht Gott, fondern der Teufel ihr
Vater ift (8, 42).

6. Die Urfache diefer durchgängigen Verfchiedenheit liegt nach
der Lehre des Herrn nicht in Gott, denn feine Abficht ift, die Welt, zu
welcher und für welche er feinen Sohn gefandt hat, zu erlöfen (3, 16—17);

auch nicht in einer unüberwindlichen Naturnothwendigkeit, denn nirgends huldigt er einer principiell-dualistischen Anschauung und unmöglich würde er den Unglauben so stark bestrafen können, wie er es thut, wenn er nur Loos, nicht Schuld wäre. Wie hätte er z. B. sagen können, (15, 22): „nun aber können sie nichts vorwenden, ihre Sünde zu entschuldigen," wenn sie für die Sünde nicht persönlich verantwortlich gewesen wären? Es wird also wohl in seinem Geist geschehen, wenn wir ihm die Ueberzeugung zuschreiben, welche wir bei ihm in den Synoptikern fanden, daß das Nichtwollen ein Werk der Freiheit und das Nichtkönnen eine Folge des Mißbrauchs der Freiheit ist, und daß dagegen, wo der Glaube in dem Herzen entsteht, die Ehre davon dem Zug des Vaters zukommt (6, 44). Ueber den richtigen Zusammenhang von Gnade und Freiheit spricht er sich hier ebensowenig ausdrücklich aus wie dort; genug, er unterscheidet und verbindet die beiden Faktoren.

7. In dieser also verblendeten und zertheilten Welt erscheint Christus als die höchste Offenbarung des Vaters. Daß er erscheint, ist die Frucht der Liebe Gottes, welche Licht und Leben schenken will. Die Universalität des göttlichen Heilsplanes wird von dem Herrn so nachdrücklich ausgesprochen (Joh. 3, 16. 17; 12, 32; 17, 21), daß nur eine im Dienst eines selbstgebildeten Systems stehende sophistische Interpretation das Gegentheil aus seinen Worten ableiten kann. Dem Willen des Vaters gehorchend, ist der Herr als das lebendige Brod vom Himmel herniedergekommen, um der Welt das Leben zu geben (6, 33. 38). Daß dieser Wille des Vaters jedoch zugleich der seine ist, zeigt sich darin, daß er nicht nur gesandt, sondern auch ausgegangen ist (16, 28), sodaß Loos und That für ihn in höherer Einheit verschmilzt (10, 17. 18; 14, 31).

8. Das Licht der Welt wird Christus besonders durch sein Erscheinen und durch seine Wirksamkeit auf Erden. Aber er ist es auch durch sein Wort. Um der religiösen Wahrheit ($\dot{\alpha}\lambda\dot{\eta}\vartheta\epsilon\iota\alpha$) Zeug-niß zu geben, ist er aufgetreten (18, 37), billigt deswegen, daß sein Jünger ihn Meister nennt (13, 14), und schärft ihm in der Form eines neuen Gebotes (13, 34) die Hauptforderung seines Evangeliums ein (13, 34). Ebenso wie bei den Synoptikern schließt er sich auch bei Johannes so nah wie möglich an die Schrift des A. T. an, welches in keinem Fall gebrochen werden darf (10, 35; 13, 18;

7

15, 25; vergl. 5, 39; 6, 45; 7, 38). Doch ist die schon damals verkündigte Wahrheit nun erst in vollem Licht vor der Welt erschienen. In seiner Person concentrirt sie sich und offenbart sich dem verschlossenen Auge (8, 12; 12, 35; 14, 6). Und diese Offenbarung der Wahrheit ist eins mit der Mittheilung des Lebens. Er nennt sich die Auferstehung und das Leben (4, 35), nicht weil er selbst aufersteht, sondern weil er, „die persönliche Potenz von Beiden, der Auferwecker und der lebendig Machende" (Meyer), andere auferweckt (vergl. 5, 25. 26). Dies Leben schenkt er denn auch im geistigen (5, 25. 26), und einmal auch (Vers 28. 29) im natürlichen Sinne allen Gestorbenen.

9. Zu diesem Leben und dieser Auferstehung kommt es jedoch nicht ohne Gericht. Christus ist zum Gericht in die Welt gekommen (9, 39); sein Erscheinen und seine Wirksamkeit bringt eine Scheidung zwischen Menschen und Menschen zu weg. Der innere Unterschied ihrer verschiedenen Lebensrichtung zeigt sich in ihrem Verhalten zu ihm. So ist er hier schon der That nach Richter, obschon er ursprünglich als Retter erschien (3, 17; 12, 47; vergl. 5, 45; 8, 11).*) Sein Gericht besteht darin, daß die Finsterniß als Finsterniß offenbar wird (3, 18), und dieses Urtheil offenbart sich, je mehr sein Leben seinem Ende zueilt. Gerade in seinem Tode wird der Oberste dieser Welt gerichtet (12, 31. 32; 16, 11), und einmal am Ende der Zeiten kommt die große, innere Scheidung auch vor aller Augen zum Vorschein (5, 27—29; 12, 48 b). Es liegt in der Natur der Sache, daß das Messianische Gericht über alle ergeht; aber der Gläubige kommt nicht ins Gericht (3, 18; 5, 24), insofern er schon im Besitz des ewigen Lebens ist und vom Gericht des Todes und der Verdammniß frei ist.

10. Eine Wirksamkeit wie die Jesu Christi muß nothwendiger Weise Widerstand hervorrufen. Sie läuft aus in Leiden und Tod, aber auch diese müssen, anstatt dem Zwecke seines Erscheinens entgegen zu wirken, nach seiner eigenen Erklärung das Gegentheil befördern; sein Tod ist die Ueberwindung der Welt (16, 33). Auch im vierten Evangelium weissagt der Herr sein Leiden und Sterben; an-

---

*) Vergl. über die Echtheit von Joh. 7, 53—8, 11 eine Abhandlung von E. Graf in der Vierteljahrsschrift für deutsche und engl. Theol. von Dr. M. Heidenheim. Zür. 1866, III. 2, S. 152—179.

fangs in gelegentlicher und bildlicher Weise (2, 19; 3, 14; 4, 37), später nachdrücklicher und unzweideutig (8, 40; 10, 17. 18). Auch hier sind wir Zeugen der natürlichen Betrübniß (12, 27), mit welcher er der nahenden Stunde entgegensieht, zugleich aber auch seines frei= willigen Entschlusses, aus Gehorsam (14, 31) und Liebe (15, 13) den bittern Kelch zu trinken. Auch hier gehört sicher das Leiden zu dem bestimmten Rath und Willen des Vaters (10, 18; 19, 11) und hat dieselbe Ursache wie anderswo, aber auch denselben herrlichen Zweck und dieselbe herrliche Frucht. Es ist von seiner Seite ganz unverschuldet (15, 28) und wird ihm durch die Bosheit der Menschen angethan (8, 37—40; 15, 20); hat aber zugleich den Zweck ihnen das höchste Heil zu bereiten. Himmlisches Brot nennt er sein Fleisch, welches er geben wird für das Leben der Welt (6, 51).*) Als der gute Hirte giebt er sein Leben für die Schafe, um sie dem sonst un= vermeidlichen Verderben zu entreißen (10, 11—13). Seine Erhöhung an das Kreuz hat denselben Zweck wie die der ehernen Schlange in der Wüste (3, 14. 15). Diesem Zwecke entspricht die Frucht seines Leidens; diese ist nicht bloß für seine ersten Jünger, wegen deren Heiligung er sich freiwillig Gott zum Opfer darbringt (17, 19), son= dern auch noch für einen größeren Kreis; für sein Reich: Das er= storbene Weizenkorn entsteht wieder in anderen Halmen (12, 24); für die Welt: sie wird gerichtet und ihr Oberster hinausgestoßen (vergl. 8, 28; 12, 31); für ihn selbst: er wird gerade durch Leiden verherrlicht (17, 1), denn er wird, wie er auch bei Johannes wieder= holt deutlich vorausgesagt, auferstehen von dem Tode (10, 17; 2, 19; vergl. Matth. 27, 63). So wird sein Sterben im vollsten Sinne nicht zum Ende, sondern zur Krone seiner Wirksamkeit.

11. Das von ihm gebrachte Heil wird jedoch nicht ohne Unter= schied Allen zu Theil; der Herr macht vielmehr auch bei Johannes die Theilnahme an demselben durchaus von dem Glauben an ihn ab= hängig, welcher auch hier ein Kommen zu dem Sohne, zugleich aber ein Sehen desselben mit geistigem Auge genannt wird (6, 35. 40). Wird auch der Ausdruck: Glaube (πίστις) an seine Worte bei Jo= hannes nicht angetroffen, so doch um so mehr die Forderung des

---

*) Die Worte ἣν ἐγὼ δώσω glauben wir beibehalten zu müssen. Vergl. L. v. J. II. S. 453.

Glaubens; und worin eigentlich das Wesen desselben besteht, läßt sich aus seinen Aussprüchen leicht ableiten. Obschon auch hier der Begriff des Fürwahrhaltens nicht ausgeschlossen zu werden braucht, (besonders wo πιστεύειν mit ὅτι oder dem Acc. construirt wird), ist doch das tiefste Wesen des Glaubens Vertrauen des Herzens, welches sich auf das Innigste an ihn anschließt und ihn annimmt (13, 20). Er selbst ist Object des Glaubens (3, 16 u. a. a. O.) und dieser ist von solchem Werth in den Augen Gottes, daß eigentlich er allein als das ihm vor allem wohlgefällige Werk gefordert wird (6, 29). Und das mit Recht. Christus hat wahrlich Beglaubigungsschreiben wie Niemand vor ihm und nach ihm.

12. Die Gründe, auf welche hin der Herr Glauben für sich fordert und seine himmlische Würde handhabt, sind von dreierlei Art. Sie sind bald der Vergangenheit, bald der Gegenwart, bald wieder der Zukunft entlehnt. In der Vergangenheit hat der Vater von ihm ge= zeugt (5, 33—39), theils durch prophetische Schriften, welche den Unglauben vollständig unverantwortlich machen, theils durch die Sen= dung des Johannes, zu welchem die Juden selbst hinausgegangen waren. Für die Gegenwart beruft sich der Herr theils auf das Zeugniß seiner Werke, wobei er weder ausschließlich noch hauptsächlich an seine Wunder, sondern im Allgemeinen an alle Offenbarungen seiner göttlichen Herrlichkeit, die Wunder mit gerechnet (5, 36; 10, 38; 14, 11), denkt, theils auf das inwendige Zeugniß des Herzens und Gewissens, welches sah, daß durch das Wort Jesu seinem eignen innersten Bedürfnisse Genüge geschah (7, 17). Er erwartet in der Zukunft durch den Beweis, welcher für die Wahrheit seiner Worte durch deren Erfüllung geliefert wird, die Rechtfertigung seiner Sache (14, 29). Besonders sein Kreuzestod soll dazu dienen, auch den Feinden die Augen zu öffnen (8, 28), und der h. Geist wird gegen die ungläubige Welt einen siegreichen Rechtsstreit für seine Sache führen (16, 8—11).

13. Da es also einen genügenden Grund für den Glauben an den Herrn giebt, so ist der Unglaube nicht zu entschuldigen und doch nicht unerklärbar. Es sind sittliche Ursachen für diesen Unglauben anzuführen, welche nur durch höhere Kraft überwunden werden (6, 44). Die verkehrte Richtung des Gemüthes verdunkelt das Auge des Ver= standes und macht vom Evangelium abwendig. Die Wahrheit ist

weſentlich ein Gegenſtand, nicht nur des Verſtandes, ſondern des Lebens; wer die Wahrheit nicht thun will, kann ſie nicht ſehn (3, 21). Läßt ſich doch die verkehrte Richtung ſo wenig beſchönigen, daß ſchon eine Berufung auf Moſes genügt, um ſie als unbegründet darzuſtellen (5, 45—47). Klagt er ſie auch nicht an, ſo hätte er ſie doch bei dem Vater anklagen können, in dem Vater kann alſo keinenfalls die Urſache des Böſen geſucht werden, obgleich es ihm allein zu danken iſt, wenn bei Manchem die Macht des böſen Princips wirklich über=wunden wird; denn welche das Eigenthum des Sohnes wurden, die hat ihm der Vater gegeben (17, 2).

Vergl. im allgem. unſre Chriſtol. II. bl. 89. Reuſs, V. a. p. II. 387 etc. Schmid, a. a. O. 1. S. 246 ff. und ferner, was beſ. Punkte betrifft C. C. E. Schmid, Doctrina de Diabolo in libris Joh. praeposita, Jena 1800.

Punkte zur Erwägung: Berechtigen die Ausſprüche des Herrn im vierten Evangelium zu der Behauptung, er habe auf ſittlichem Gebiete dem Dualismus gehuldigt? — Wird Joh. 8, 44 allein von dem Teufel oder auch von des Teufels Vater geſprochen? (Hilgenfeld.) — Laſſen die anthropologiſchen Ausſprüche des Johanneiſchen Chriſtus noch Raum für die Begriffe: freier Wille und Schuld? — Wie läßt ſich Joh. 3, 17 mit 12, 48 übereinbringen? — Giebt es einen genügenden Grund auch Kap. 5, 28, 29 und die letzten Worte von Kap. 6, 40. 54 u. 12, 48 als echt zu be=trachten? — Hat der Herr Kap. 3, 14, 15, vergl. 12, 32. 33 wirklich von ſeiner Erhöhung an das „Kreuzesholz“ geſprochen? — Hat Johannes 2, 21 u. 7, 39 die Worte des Meiſters gut erklärt?

§. 21.

Der Sohn Gottes in ſeinem Verhältniß zu ſeinen Jüngern.

Welche von dem Vater dem Sohne gegeben und in Folge davon durch den Sohn zum Vater gekommen ſind, die ſind mit dieſem Sohn und durch ihn zu einander in eine lebendige Gemeinſchaft getreten, deren eigenthüm=licher Charakter nur auf dem Wege geiſtiger Erfahrung erkannt wird und deren wohlthätige Wirkung ſich in der ganzen Richtung ihres innern und äußern Lebens offen=baret. Durch die Sendung des heil. Geiſtes nach des Herrn Heimgang von der Erde wird dieſe Gemeinſchaft modificirt, aber keineswegs aufgehoben.

1. Einerseits steht es nach der Lehre des Herrn bei Johannes fest, daß der Vater zum Sohne ziehe (6, 44. 45), andrerseits, daß es ohne den Sohn unmöglich ist, zu dem Vater zu kommen (14, 6). Diese beiden Vorstellungen schließen sich nun durchaus nicht aus, sondern ergänzen sich vielmehr. Der göttliche Zug (ἑλκύειν), welcher sich von der äußern Berufung (καλεῖν) bei den Synoptikern wohl unterscheidet, ist ein psychologischer Drang (6, 45), aber durchaus kein mechanischer Zwang; er schließt des Menschen eigene Wirksamkeit so wenig aus, daß er sie vielmehr voraussetzt und befördert.

2. Diejenigen, welche sich also zu dem Sohne und durch ihn zum Vater ziehen lassen, bleiben keinesweges für sich allein, sondern werden aufs engste mit dem Herrn und unter einander vereinigt. Nur ein einziges Mal spricht Jesus bei Johannes vom Königreiche Gottes (3, 3. 5; vergl. 18, 36. 37); aber das Ideal, welches durch dieses Reich verwirklicht wird, steht noch am letzten Abend seines Lebens in vollem Glanze vor seinem Auge (17, 21—23). Auch hier zeigt sich, daß er eine Gemeinschaft Aller will, bei welchen dasselbe geistige Leben sich findet. In Betreff der äußern Formen, in welchen diese Gemeinschaft gestiftet und unterhalten wird, treffen wir hier noch weniger an, als bei den Synoptikern. Eine Geburt aus Wasser und Geist wird gefordert (3, 5), ein Essen und Trinken seines Fleisches und Blutes wird als durchaus nothwendig dargestellt (6, 53), aber die Taufe und das Abendmahl als äußere Ceremonien weiter gar nicht mehr erwähnt. Auch die Fußwaschung (13, 14) wird nicht als Sakrament vorgeschrieben, sondern dient zum Vorbild und Sinnbild. Größeren Nachdruck legt der Herr aber auf das Wesen der Gemeinschaft, welche ihn mit den Seinen verbindet.

3. Es ist bekannt, daß wir im vierten Evangelium keine eigentlichen Parabeln finden, wie die drei ersten sie in so großer Anzahl enthalten. Dagegen treffen wir hier eine Anzahl so weit ausgeführter Vergleichungen an, daß sie hie und da der Form eines Gleichnisses nahe kommen (s. z. B. 10, 11—16; 15, 1—6). Wie die Parabeln sich auf das Königreich Gottes, so beziehen sich alle diese Metaphern auf die Gemeinschaft zwischen ihm und den Seinen, und stellen in verschiedener Form anschaulich dar, was sie ohne ihn sein würden, in ihm finden können und für ihn werden müssen. Er ist das Brod des Lebens (6, 48), das Licht der Welt (8, 12), der gute Hirte

(10, 11), der wahre Weinstock (15, 1). In Betreff dieser Vergleichungen muß bemerkt werden, daß sie nicht sowohl den Werth der Lehre, als vielmehr der ganzen Persönlichkeit Jesu andeuten, und zwar den Werth, welchen dieselbe für all die Seinen hat; daß sie ferner nicht nur auf das Unentbehrliche, sondern auf das Unschätzbare eines Heils hinweisen, welches nur durch Erfahrung genügend erkannt und gewürdigt werden kann; und daß sie sich endlich auf eine gegenseitige Gemeinschaft beziehen, welche von seiner Seite durchaus nicht aufgenöthigt (15, 16), von ihrer Seite nur durch treues Beharren im Glauben und in der Liebe bewahrt und ohne dies nothwendig gebrochen wird (15, 6; vergl. 17, 12).

4. Zu dieser geistigen Gemeinschaft mit dem Herrn kommt es nicht ohne Wiedergeburt (Joh. 3, 5—8). Wie er bei den Synoptikern eine vollständige Sinnesänderung fordert (Matth. 18, 3), so hier eine Geburt aus Gott, ohne welche es sogar unmöglich ist, das Gottesreich zu sehn. Die Nothwendigkeit dieser Wiedergeburt hat ihren Grund darin, daß dem fleischlichen, d. h. dem natürlichen Menschen, alle Anlage für ein geistiges Gottesreich abgeht. Ihr Entstehen ist ebenso geheimnißvoll, aber auch ebenso leicht zu erkennen, wie die Wirkung des Windes in der Schöpfung, und möglich ist sie, weil Gott durch Christum der Welt neues Leben verliehen hat und verleiht.

5. Die auf solche Weise zu Stande gekommene Gemeinschaft mit Christo offenbart sich von selbst in reichen und herrlichen Früchten (15, 5). Wer sein Jünger ist, lernt die Wahrheit verstehen und wird durch sie frei von der Sünde (8, 32—36). Aber er wird zugleich eines Lebens theilhaftig, welches in allem von seinem früheren verschieden ist. Es ist ein Leben reich an Freude (15, 11; 16, 22), aber zugleich voll geistlicher, Gott verherrlichender Früchte (15, 8). Die edelste dieser Früchte ist die gegenseitige Bruderliebe, welche in dieser Form das neue Gebot des Christenthums und das unveränderliche Kennzeichen des Jüngers des Herrn ist (13, 34—35); vor allem aber ist sie mitten in einer Welt nöthig, welche nach ihrer Art nicht anders kann, als den rechten Jünger hassen (15, 9—16). Die Liebe steht zugleich in der engsten Verbindung mit ihrer persönlichen Heiligung, welche der Zweck der Hingabe des Herrn in den Tod ist (17, 17—19), und offenbart sich vor allem in treuer Erfüllung des

Gebotes (15, 14) und genauer Nachfolge des Beispiels dienender Liebe, welches er selbst vor seinem Heimgang ihnen hinterließ (13, 13—17). Eine solche sittliche Höhe würde unerreichbar sein, wenn die Gemeinschaft mit Christo durch sein Sterben gestört wäre. Sie wurde bei seinem Weggang von der Erde wohl modificirt, aber keineswegs vernichtet. Er verheißt vielmehr den Seinen vor seinem Tod den heil. Geist (14, 16. 17) und wiederholt diese Verheißung auf sinnbildliche Weise nach seiner Auferstehung (20, 22). Was das Wesen des heil. Geistes betrifft, so unterscheidet der Herr ihn ausdrücklich sowohl von sich selbst als vom Vater (14, 16). Er nennt ihn den Geist der Wahrheit, des Vaters (15, 26), den Parakleten, welcher bei und in den Seinen bleibt bis in Ewigkeit (14, 16). In diesem Geiste kommt er selbst unsichtbar wieder zu den Seinen, obschon er sie dem Leibe nach verläßt (14, 18).

7. Die Wirksamkeit des heil. Geistes steht in Beziehung theils zu seinen Jüngern, theils zu der Welt, theils zu ihm selbst (16, 7—15). Die Jünger werden durch seinen Einfluß an früher Gesprochenes erinnert, in der Gegenwart zur Erkenntniß der Wahrheit geleitet und über die Zukunft des Gottesreiches nach Bedürfniß aufgeklärt. Die Welt wird durch seine Sendung über die Sünde der Christusverwerfung, über die Gerechtigkeit seiner Sache und das an ihrem Obersten vollzogene Gericht vergewissert (16, 8—11). Er selbst wird dadurch verherrlicht (Vers 14a) und in seiner hohen Würde offenbart. Ist aber einerseits diese Sendung und Wirksamkeit des heil. Geistes dadurch bedingt, daß er selbst die Erde verläßt, so ist andrerseits sein Hingang denn auch kein Verlust, sondern vielmehr ein unschätzbarer Gewinn für die Seinen (14, 28; 16, 7).

8. Diese Wirkung des heil. Geistes ersetzt wohl die irdische Wirksamkeit des Herrn, schließt aber seine eigene himmlische keineswegs aus. Mit Unrecht hat man manchmal behauptet, daß nach dem vierten Evangelium die Herrschaft Christi allein in der Herrschaft des Geistes der Wahrheit bestehe, so daß eigentlich von keiner weitern persönlichen Wirksamkeit oder Herrschaft des Erhöhten gesprochen werden könne. Der heil. Geist wird freilich erst auf das Gebet des Sohnes hin (14, 16) gesandt. Er selbst ist es, welcher thun wird, was die Seinen in seinem Namen von ihm verlangen (14, 14). Er sendet den Geist vom Vater (15, 26) und bringt auch die Schafe herzu,

welche zu einem andern Stalle gehören (10, 16). Solche Aussprüche wären die Verkehrtheit selbst, wenn der, welcher sich ihrer bediente, sich nicht vollständig bewußt gewesen wäre, daß er fortwährend für die Seinen leben und auf sie wirken werde; es darf jedoch nicht verkannt werden, daß diese Wirksamkeit selbst hier mehr vorausgesetzt, als weitläufig beschrieben wird. Auch der bildlichen Darstellung seines Hingehens, um eine Stätte zu bereiten, liegt derselbe Gedanke zu Grunde (14, 2). In dem heil. Geist kommt und bleibt er selbst bis in Ewigkeit bei den Seinen, bis er sich in noch höherm Glanze in der Vollendung der Zeiten offenbaret.

Vergl. **Reuss**, II. p. 415, **Schmid**, a. a. O. II. S. 293 u. ff. **C. Tischendorf**, de Christo, pane vitae. Joh. 6, 41—59. Leipz. 1839. **C. Wörner**, das Verhältniß des Geistes zum Sohne Gottes, aus dem Joh. Ev. dargestellt.

Punkte zur Erwägung: Was ist der Sinn von Joh. 6. 44? — Warum kommen im vierten Evangelium keine eigentlichen Parabeln vor? — Verbreitet Joh. 6, 41—59 einiges Licht über das heil. Abendmahl? — Ist auch die Fußwaschung Joh. 13, 13. 14 von dem Herrn zu einem bleibenden Sakrament für die Seinen bestimmt? — In welchem Sinne wird Kap. 13, 34 von einem neuen Gebot gesprochen? — Uebersicht und Kritik der bedeutendsten Erklärungen der Abschiedsverheißung des Herrn in Betreff seines Kommens und Wiederkommens. — Zusammenhang und Verschiedenheit der Wirksamkeit des erhöhten Christus und des Parakleten nach den Worten des Johanneischen Christus. — Darf man mit Recht bezweifeln, daß die Vorstellungen einer mystischen Vereinigung des verherrlichten Jesus mit den Seinen von ihm selbst herkommt? — Was ist die Meinung von Kap. 16, 26?

§. 22.

Der Sohn Gottes in seiner Zukunft.

Das ewige Leben, welches schon hier eine Frucht der persönlichen, fortdauernden Gemeinschaft mit Christo ist, überdauert das Sterben der Seinen und geht nach ihrem Tode in unendliche Seligkeit über. Auch nach dem Johanneischen Christus müssen wir eine Auferstehung der Todten, ein allgemeines Gericht und eine unwiderrufliche Entscheidung am jüngsten Tage erwarten.

1. Nach der allgemeinen Vorstellung des vierten Evangeliums hat der Gläubige schon hier in Christo das ewige Leben (5, 24). Es besteht in der rechten Erkenntniß Gottes und Christi (17, 3) und in der daraus hervorgehenden Befriedigung aller Bedürfnisse der Seele (6, 35). Wohl fehlt es auch nicht an Aussprüchen, aus welchen hervorgeht, daß dies ewige Leben keineswegs hier unten allein genossen wird. In Stellen wie Joh. 4, 14; 6, 27; 12, 25 ist es unverkennbar, daß der Herr auch an das „Jenseits" gedacht hat. Aber er versteht doch im Allgemeinen bei Johannes unter dem ewigen Leben den Inbegriff alles Heiles, welches der Jünger sofort nach Hinzutritt zur Gemeinschaft mit ihm empfängt und welches dem Verlorengehn in Ewigkeit diametral entgegen steht (10, 28).

2. Dies Leben ist nun seinem Wesen nach etwas durchaus Unvertilgbares. Wer es besitzt lebt unvergänglich und glücklich schon vor, aber noch viel mehr nach seinem Tode. Anstatt vernichtet zu werden, entwickelt es sich jenseits des Grabes zu ungetrübter Seligkeit. Auch bei dem Johanneischen Christus findet sich keine Spur von Seelenschlaf bis zum Morgen der Auferstehung. Im Gegentheil, als Martha die Wiederbelebung des gestorbenen Bruders erst am jüngsten Tage erwartet, versichert sie der Herr, daß der Gläubige, welcher starb, dadurch noch nicht aufgehört habe zu leben (11, 25—26). Und fragt man ihn nach der Art des Glückes der Seinen jenseits des Grabes, so läßt er es auch in dieser Hinsicht nicht an sinnreichen Winken fehlen. Das höhere Leben wird gerade durch die Aufopferung des natürlichen Lebens bewahrt und verbürgt (12, 25). Wer ihm dient, wird vom Vater geehrt und soll sein, wo er selbst ist, und wird in Gemeinschaft mit allen Erlösten seine Herrlichkeit sehen (12, 26; 17, 24). Als Freund eilt er selbst voraus, um den Seinen eine Stätte zu bereiten, und kommt in der Sterbestunde, um sie dann für immer zu sich zu nehmen (14, 1—3).

3. Die Fortdauer des Lebens, wobei der Tod in Ewigkeit nicht gesehen wird (8, 51), ist indessen noch nicht die Vollendung der Seligkeit. Auch im vierten Evangelium spricht der Herr von einer Auferweckung und einem Gericht am jüngsten Tage (τῇ ἐσχάτῃ ἡμέρᾳ, 5, 27—29; 6, 39. 40. 44. 54; 12, 48b), von einer durchaus allgemeinen Auferstehung, einem Gericht, welches ihm vom Vater übertragen ist und wobei sein eignes Wort die Richtschnur sein wird.

Bei der Kürze und dem Sporadischen dieser Winke ist nicht zu ver=
kennen, daß sie nicht leicht vollkommen mit den eben vernommenen
Aussprüchen überein zu bringen sind. Gleichwohl berechtigt dies noch
nicht dazu, sie entweder als Interpellation einer späteren Hand aus
dem Evangelium zu entfernen (Scholten), oder sie mit Abschwächung
des deutlichen Sinnes der Worte von einer rein geistigen Auferstehung
oder von einem individuellen Gericht zu erklären, um so weniger, da
der Herr wiederholt (6, 40. 54) das Haben des ewigen Lebens und
die Auferweckung am letzten Tage in einem Athem verheißt, so daß
nach seiner Meinung das eine nicht das andre ausschließt, sondern
vielmehr das zweite die Krone des ersteren ist. Die Frage, wie noch
bei denen, welche schon hier an dem ewigen Leben theilnehmen, von
einer Auferstehung gesprochen werden könne, ist nicht unauflösbar,
wofern man nur zwischen einer geistigen Wiederbelebung und einer
Auferweckung des gestorbenen Leibes unterscheidet, welche nach der all=
gemeinen Lehre des Herrn erst bei seiner letzten Wiederkunft statt=
findet.

4. Obgleich er gewiß auch bei Johannes sein Kommen durch=
gängig als ein geistiges Kommen beschreibt, hören wir ihn doch
einigemal (21, 22) von diesem Kommen auf eine Weise reden, daß
wir dabei unmöglich an etwas anderes denken dürfen als an sein
letztes Erscheinen, und zwar in dem Sinne, in welchem diese Wieder=
kunft bei den Synoptikern immer erwähnt wird; wohl ein Beweis,
daß selbst auf eschatologischem Gebiet der vielbesprochene Gegensatz
zwischen den Aussprüchen des synoptischen und des Johanneischen
Christus nicht absolut, wohl aber bedeutend ist. Die Bilderpracht
der ersteren wird im vierten Evangelium umsonst gesucht, aber nicht
ihr Hauptgedanke, welcher alles beherrscht.

5. Auch der Johanneische Christus lehrt keine Wiederherstellung
aller Dinge in dem Sinne, welchen man später diesem Worte gab.
Verheißt er auch, an das Kreuz erhöht, Alle zu sich zu ziehen
(12, 32), so ist dabei doch durchaus an keinen so unwiderstehlichen
Zwang zu denken, daß durch denselben zuletzt Alle nothwendigerweise
erlöst werden müßten. Der Oberste der Welt wird gerichtet (12, 31),
d. i. ebenso wenig vernichtet als erlöst, sondern hinausgestoßen, sodaß
er ferner nicht mehr im Stande ist, die Harmonie des vollendeten
Gottesreiches zu stören. Der Ungläubige stirbt in seinen Sünden

(8, 24), ohne daß ihm ferner noch irgend eine Lebensaussicht erschlossen wird. Unter einem Hirten wird alles zu einer Heerde (10, 16) jedoch nur derjenigen Schafe, welche freiwillig auf seine Liebesstimme hören. In unversöhnlichem Gegensatz steht die Auferstehung zum Leben mit der zur Verdammniß (5, 28. 29), und wird im vierten Evangelium auch von keinem Hades oder keiner Gehenna gesprochen, so läßt es sich doch nur schwer denken, daß nach der Ansicht des Sprechers oder Schreibers die Unglücklichen, welche zur Verdammniß auferstanden sind, anderswo zu suchen seien, als eben dort.

Vergl. **Reuß** a. a. O. II. S. 453 u. ff. **Schmid,** a. a. O. I. S. 321 u. ff. Ueber Joh. 5, 28. 29 u. verwandte Stellen **Scholten,** Jaarb. voor wetensch. Th. D. VIII. bl. 341 en verv.

Punkte zur Erwägung: Der Zusammenhang von ewigem Leben und Erkenntniß, von Lebenverlieren und Lebenerhalten, von zeitlichem Tod und geistigem Leben. — Der Begriff von $\vartheta\acute{a}\nu\alpha\tau o\varsigma$ im vierten Evangelium. — Ist die Vorstellung begründet, die hier genannte $K\varrho\acute{\iota}\sigma\iota\varsigma$ finde ausschließlich diesseits des Grabes statt? — Einheit und Verschiedenheit der beiden Ideen: ewiges Leben und Auferstehung am jüngsten Tage. — Stellt der Johanneische Christus eine totale Vernichtung oder eine unendliche Vergeltung der hartnäckigen Sünder in Aussicht?

Dritte Abtheilung.

Höhere Einheit.

§. 23.

Verschiedenheit und Uebereinstimmung.

Der Unterschied zwischen den Aussprüchen des synoptischen und des Johanneischen Christus ist durchaus nicht von der Art, daß der unparteiische Untersucher nur die eine oder andere Reihe derselben für echt oder glaubwürdig halten kann. Im Gegentheil fällt bei jeder aufmerkfamen Vergleichung die höhere Uebereinſtimmung faſt auf jedem Punkte ins Auge, und die ziemlich große Verſchiedenheit iſt nicht nur vollſtändig erklärlich, ſondern ſogar in mehr als einer Hinſicht für aus= nehmend wichtig zu halten.

1. Daß der Lehrbegriff des Johanneiſchen Chriſtus abgeſondert behandelt wurde (§. 17, 1), iſt durch den Erfolg gerechtfertigt. Soviel zeigte ſich alsbald, daß der Herr im vierten Evangelium ganz anders, als in den drei erſten Evangelien ſprach. Daraus folgt jedoch durchaus noch nicht, daß wir bei Johannes einen ganz andern Chriſtus, als bei ſeinen Vorgängern finden. Dies würde nur dann der Fall ſein, wenn wir ihn auf der einen Seite leugnen hörten, was er auf der andern Seite behauptet, oder auch umgekehrt. Es fiel uns vielmehr ſtets aufs neue ins Auge, daß hier kein Unterſchied wie zwiſchen ja und nein, ſondern nur wie zwiſchen mehr oder weniger beſteht; und es iſt vollſtändig unmöglich, den Worten des ſynoptiſchen Chriſtus mit Berufung auf die des Johanneiſchen zu widerſprechen, wofern man nur beide ins rechte Licht der Geſchichte bringt. Auf ſein richtiges Maaß wird der Unterſchied in einem Wort von Godet zurückgebracht: „quant au côté religieux du contraste, il est remarquable que la conscience de l'Église n'en est jamais été offusquée, et qui ce soient uniquement des savants, qui le déclarent insoluble. Ce fait prouve en tout cas, que pour le coeur croyant et pieux le Jésus des Synoptiques n'a jamais été et ne sera jamais autre chose, que celui de Jean. La différence n'atteint donc point les profondeurs de la vie religieuse et morale." (S. ſein Examen des princip. Quest. etc. p. 48). Die Richtigkeit dieſer Bemerkung trifft uns, ſelbſt wenn wir auf die Form, aber noch mehr, wenn wir auf den Inhalt der Worte des Herrn bei Johannes im Vergleich zu dem in den ſynoptiſchen Evangelien acht= geben. In beider Hinſicht iſt der Unterſchied nur beziehungsweiſe groß und vollſtändig erklärlich.

2. Was die Form betrifft, ſo läßt ſich die große Ueberein= ſtimmung, welche zwiſchen dem Sprachgebrauche des Jüngers ſelbſt und dem Jeſu bei Johannes herrſcht (vergl. §. 17, 3), theils aus der großen Geiſtesverwandtſchaft zwiſchen dem Meiſter und Jünger erklären, welcher ſeine Schreibweiſe nach der Redeweiſe des Meiſters

gebildet hat, theils aus der apostolischen Freiheit, mit welcher er unter höherer Leitung die Reden des Herrn niederschrieb. Das Fehlen der Parabeln im vierten Evangelium befremdet uns weniger, wenn wir bemerken, daß wir hier dem Herrn meistens nicht der galiläischen Menge, sondern den Jerusalemitischen Juden gegenüber finden, während überdies die hier gebrauchten Metaphern (παροιμίαι) so ausführlich behandelt werden, daß sie hie und da sich der Form der Parabeln nähern. Uebrigens werden Metaphern und Parabeln beide dem Gebiet der Natur und des täglichen Lebens entlehnt, und die Behauptung, der Johanneische Christus habe gar nichts aus der Natur entlehnt, ist wenigstens vollständig unbewiesen. Dabei wird das Kernhafte, Praegnante, scheinbar Paradoxe, welches seine Worte hier manchmal kennzeichnet, auch bei den Synoptikern keineswegs vermißt. Mißverständniß seiner Worte, welches auch hier oft Anleitung giebt zu näherer Erklärung, wird auch in den drei ersten Evangelien angetroffen (s. z. B. Matth. 16, 6, 7; 19, 10. 11. Vergl. 22, 45). Die geringere Mannigfaltigkeit der Reden des Herrn bei Johannes ist Folge des strengen Planes, nach welchem dies Evangelium bearbeitet ist, und welcher den Verfasser von selbst zu einer bestimmten Auswahl aus dem reichen Vorrath führen mußte (vergl. 20, 31; 21, 25). Zum Theil wenigstens sind diese Reden nicht weniger occasionell und mannigfaltig, als die seiner Vorgänger, und daß der jüdische (lieber: israelitische) Charakter auch hier von dem erhabenen Sprecher keineswegs abgelegt ist, wird uns theilweise schon aus dem Buchstaben (4, 22; 5, 45. 46; 7, 37. 38) und noch viel mehr aus dem Geiste und der Tendenz seiner hier verewigten Aussprüche deutlich.

3. Was den Inhalt betrifft, so ist es durchaus nicht bewiesen, daß der Gottesbegriff, von welchem Jesus im vierten Evangelium ausgeht, ein wesentlich anderer sei, als der, welchem er bei den Synoptikern huldigt. Hier und dort stellt er seinen Jüngern Gott deutlich als seinen und ihren Vater dar (20, 17), und bezeichnet allein die als Kinder Gottes, welche in sittlicher Hinsicht sein Bild und seine Beschaffenheit (Matth. 5, 9, vergl. Joh. 8, 42) an sich tragen. Aber hie und da stellt er diesen Gott zugleich dar wie beseelt mit väterlichem Erbarmen gegen die Sünder (Joh. 3, 16, vergl. Matth. 18, 10—14) und die Menschen als an sich unrettbar, aber doch noch

immer vermittelſt höherer Kraft rettungsfähig. Auf beiden Seiten
verheißt und bereitet er dieſe Rettung in einem Gottesreiche, welches,
ſeiner Tendenz nach zwar univerſell, doch zuerſt zu Iſrael kommt und
inmitten deſſelben beſonders durch die alttestamentliche Oekonomie
ſorgfältig vorbereitet worden iſt. Auch das Verhalten dieſes Reiches
zu dem Reiche der Finſterniß und das Weſen des Letztern iſt auf
beiden Seiten dasſelbe (Luk. 10, 18, vergl. Joh. 12, 31); auch der
Herr ſelbſt bleibt ſich, wenn er den Weg, Genoſſe ſeines Reiches zu
werden, angiebt, immerfort gleich (vergl. z. B. Matth. 5, 6; 7, 21;
11, 28; 18, 3 mit Joh. 6, 35; 7, 37; 13, 14. 17).

4. Vergleicht man das, was der ſynoptiſche, mit dem, was
der Johanneiſche Chriſtus in Betreff ſeiner Perſon und ſeines Werkes
bezeugt, ſo kommt man zu keinen andern Ergebniſſen. Auch der erſt=
genannte beſitzt übermenſchlichen Charakter und Würde (§. 11, 5),
während der letztere im wahren Sinne des Wortes (§. 18, 3)
Menſch wird und ſich als Menſch offenbart. Nach beiden Quellen
zeigt er als ſolcher höhere Erkenntniß, aber keine unbegrenzte All=
wiſſenheit (vergl. Mark. 11, 13 mit Joh. 11, 34); unbefleckte Rein=
heit, welche ſich aber mit der menſchlichen Fähigkeit, verſucht werden
zu können, vereinigt (Matth. 16, 23; vergl. Joh. 6, 15; 12, 27);
mit einem Worte göttliche Majeſtät, aber in niederer Knechtsgeſtalt
(Luk. 22, 27 vergl. Joh. 13, 14). Aufgetreten als Lehrer
(Matth. 23, 8, vergl. Joh. 13, 14) verkündigt er zu Jeruſalem und
in Galiläa ein Evangelium und beruft ſich auf dieſelben Bekräftigungen
ſeiner Autorität; hier und dort hören wir, wie er ſeinen Wundern
eine ſehr weſentliche und doch nicht die allerhöchſte Beweiskraft für
ſeine göttliche Sendung und Würde zuerkennt und den Unglauben,
welcher ihn verwirft, als durchaus unverantwortlich verurtheilt
(Matth. 11, 20—24, vergl. Joh. 8, 24). Nicht ſeine eigene Ehre,
ſondern die des Vaters (Mark. 5, 19, vergl. Joh. 7, 18) und die
Rettung alles Verlorenen (Luk. 19, 10, vergl. Joh. 6, 37) iſt das
höchſte Ziel ſeines Strebens. Dafür lebt und lehrt er und will dazu
auch nach Gottes Willen und Rath (Matth. 26, 54, vergl. Joh.
10, 17. 18) leiden und ſterben. Sein Leiden und Tod iſt auf der
einen Seite ein Loos, welchem er ſich, nicht ohne es tief zu fühlen
(Matth. 26, 38, vergl. Joh. 12, 27. 28), gehorſam unterwirft, auf
der andern Seite eine That, welche er mit der größten Freiheit

verrichtet (Joh. 14, 31, vergl. Matth. 26, 46). In Betreff der Ursachen, des Zweckes und der Früchte dieses Leidens und Sterbens, behauptet der Johanneische Christus dem Wesen nach nichts anderes, als was schon der synoptische aussprach (§. 14, 7, vergl. §. 20, 6). Auch das Wenige, was er nach dem vierten Evangelium von seiner Auferstehung sagt, kann ohne großen Zwang nicht anders als von einer leiblichen Wiederbelebung erklärt werden; und dort sowohl wie bei den Synoptikern ist seine fortdauernde persönliche Beziehung zu den Seinen auch nach seinem Weggang von der Erde aufs sicherste verbürgt (§. 11, 5, vergl. §. 21, 8).

5. Die größte Verschiedenheit findet sich ohne Zweifel auf eschatologischem Gebiet. Während aber dieselbe auf der Hand liegt, sucht man doch auch die bedeutende, tiefere Uebereinstimmung nicht umsonst. Nirgends wird geleugnet, daß der Fromme sofort nach dem Tode fortlebt und selig ist (Luk. 16, 23; 20, 38, vergl. Joh. 11, 25); auf beiden Seiten wird jedoch eine leibliche Auferstehung am jüngsten Tage vorausgesetzt und verheißen, ja selbst denen, welche schon hier des höheren Lebens theilhaftig wurden (§. 16, 5, vergl. 22, 3). Auf dem Berge in Galiläa (Matth. 7, 21—23, vergl. 25, 31 u. ff.) und bei dem Fest zu Jerusalem (Joh. 5, 24—29) kündigt sich der Herr selbst an als Richter der Zukunft, der über allen Geschöpfen erhaben, sich aber zugleich seiner vollständigen Abhängigkeit vom Vater bewußt ist (Matth. 24, 36, vergl. Joh. 14, 28). Nach beiden Quellen verheißt er dasselbe zukünftige Heil (Luk. 12, 37, vergl. Joh. 12, 26), welches auf dem Weg der Selbstverleugnung und des Leidens (Matth. 16, 25, vergl. Joh. 12, 25) für jeden der Seinen zu erreichen ist. In keiner von beiden giebt er dem unbekehrten Sünder eine Aussicht auf schließliche Vernichtung oder auf Verminderung oder Aufhebung der zukünftigen Strafe. Seine dort im Allgemeinen, aber nicht ausschließlich mehr sinnlich, hier mehr geistig dargestellte Parusie ist und offenbart das glanzreiche Ende aller Dinge.

5. Ohne Zweifel giebt es einzelne Grundgedanken in der Lehre des Herrn, welche theils nur bei Johannes, theils ausschließlich bei den Synoptikern mitgetheilt werden. Wie kann es denn anders sein, da keiner der Evangelisten in dieser Hinsicht nach systematischer Einheit, vielweniger nach Vollständigkeit strebte? Was Johannes mehr giebt, dient nur zur Ergänzung, und ist die Krone dessen, was

schon seine Vorgänger aufzeichneten, und bei dem, was er verschweigt, darf niemals vergessen werden, daß er nicht zu wiederholen brauchte, was er aus dem Werk seiner Vorgänger als hinreichend bekannt voraus setzen konnte. Manche Eigenthümlichkeit der Lehre des Herrn bei Johannes wird durch ihren historischen Zusammenhang ganz genügend erklärt. Heißt hier z. B. das Gebot der Liebe ein neu Gebot (13, 34), während es anderswo als alt und bekannt bezeichnet wird (Matth. 22, 37), so geschieht es, weil der Herr hier nicht von der allgemeinen Nächsten= sondern von der christlichen Bruderliebe spricht, welche die Seinen fortan, wenn sie ihm nachfolgen, zu üben haben. Spricht Jesus nur bei Johannes von den Bitten in seinem Namen (16, 23), so thut er es auch hier nur am letzten Abend in Abschieds= reden, welche von sonst niemand aufgezeichnet worden sind. Tritt dagegen hier die Idee der Sündenvergebung fast gänzlich zurück, (vergl. jedoch Joh. 20, 23), so findet sich auch der historische Zu= sammenhang, in welchem der Herr bei den Synoptikern darüber spricht, bei Johannes nicht; gleichwohl wird gewiß auch hier die Liebe Gottes zu den schuldigen und strafwürdigen Menschen nicht mit geringerem Nachdruck gepredigt. Der Herr spricht bei Johannes ohne Zweifel ausführlicher als anderswo von der Verheißung und Wirkung des h. Geistes, aber hier wie bei den Synoptikern verheißt er diesen Geist doch den Seinen sowohl vor als auch nach seinem Tode, (Joh. 20, 22, vergl. Luk. 24, 49) und die den Aposteln zugesagte Hülfe trägt im Grund der Sache hier und dort denselben Charakter (Joh. 14—16, vergl. Matth. 10, 19. 20). So zeigt sich wieder aufs neue die Wahrheit der Bemerkung: „les discours profonds, que rapporte St. Jean, ne sont que le développement des paroles énergiques et concises, que les trois premiers Évangelistes ont récueilli de préférence" (de Pressensé). Oder um mit einem andern Kritiker, seiner Ueberzeugung nach einem bekehrten Tübinger, zu sprechen, „daß die Darstellung der Verkündigung Jesu nach den drei ersten Evangelien ihre Ergänzung durch die Reden bei Johannes fordert" (A. Ritschl).

7. Wie die unverkennbare Verschiedenheit der Lehre des synop= tischen und Johanneischen Christus ebenso wenig absolut als uner= klärlich ist, so ist sie auch aus mehr als einem Grunde wichtig. Sie ist ein ebenso wohl unabsichtlicher als unbestreitbarer Beweis

8

dieses unerforschlichen Reichthums Christi (Eph. 3, 8), welcher von keinem der Evangelisten ganz erschöpft werden konnte. Sie dient überdieß dazu, die Glaubwürdigkeit von Erzählern zu bestätigen, welche auch da, wo sie mit der Arbeit von andern nicht unbekannt waren, doch jeder auf seinem Standpunkt mit so viel Selbstständigkeit und Genauigkeit zu Werke gegangen sind. Sie erklärt uns endlich, wie aus der bei aller ihrer Tiefe so einfachen Lehre Jesu eine so reiche Verschiedenheit apostolischer Lehrbegriffe zum Vorschein kommen konnte. Gerade weil die Lehre des Herrn so vielseitig war, konnte sie mehr als einer Art der Verkündigung zum Ausgangspunkte dienen, in welcher bald diese, bald jene Seite seines Evangeliums in den Vordergrund tritt, ohne daß der Verkündiger dem Geiste oder der Absicht seines Meisters untreu wird. Der Boden ist hier fruchtbar genug, um verschiedene Pflanzen zu tragen, welche verschiedene Höhen erreichen, aber offenbar zu derselben Klasse gehören und gleichartige Früchte tragen.

Vergl. unser Lev. v. J. I. bl. 147. Christologie, II. Bl. 113—121. J. J. v. Oosterzee: Das Johannes=Evang., Gütersl. 1867. E. de Pressensé a. a. O. p. 354—372. F. de Rougemont, Christ et ses temoins. Par. 1856. I. pag. 137 u. ff. W. Beischlag, a. a. O. S. 65 u. ff., wo mit Recht bemerkt wird: „Alle Hauptthemata der Johanneischen Reden kommen auch in den synoptischen vor, nur als zerstreute, halbverlorene Spuren; so gewiß aber Christus sie unendlich reicher ausgeführt haben muß, als aus den Synoptikern erhellt, so gewiß bestätigt auch in diesem Stücke die Vergleichung der Synoptiker und des Johannes doch immer zuletzt wieder die Authentie des letzteren."

Punkte zur Erwägung: In welcher Hinsicht wird die Lehre des synoptischen Christus durch das Wort des Johanneischen erläutert und bestätigt? — Worin besteht der Unterschied der παραβολή bei den Synoptikern und der παροιμία bei Johannes? — Wird die Benennung Menschensohn hier und dort in demselben Sinne von Jesus gebraucht? — Woher kommt es, daß der Herr im vierten Evangelium so viel früher als in den drei ersten von seiner Messiaswürde, seinem Tode und seiner Auferstehung spricht? — Von welchen Punkten schweigt er bei Johannes, welche er bei den Synoptikern mehr oder weniger ausführlich bespricht, und was läßt sich aus diesem Schweigen ableiten? — Kritik der verschiedenen Anschauungen und Erklärungen (Lange, Godet) der eigenthümlichen, nur von Johannes bewahrten Aussprüche Jesu? — Nachweis der Harmonie zwischen den von ihm und den Synoptikern mitgetheilten Aussprüche des Herrn in der Geschichte des Leidens, Sterbens und der Auferweckung Jesu? — Apologetische Bedeutung des gewonnenen Resultates. — Die sorgfältige Vergleichung des didaktischen Inhalts der vier Evangelien ist fortwährend der Beruf der bibl. Theologen unserer Tage, und ein Feld, auf welchem noch manch' Unkraut auszujäten, aber auch noch manche kostbare Frucht aufzulesen ist.

§. 24.

Resultat.

In ihrer harmonischen Mannigfaltigkeit ist die von den vier Evangelisten mitgetheilte Lehre des Herrn einerseits die Erklärung, Ausführung und Erfüllung des von Moses und den Propheten geredeten Wortes Gottes, andererseits zugleich die Grundlage und der Ausgangspunkt einer Reihe apostolischer Zeugnisse in Betreff des Weges der Erlösung, welche, ihrerseits wiederum verschieden modificirt, das seine in sich enthalten, verdolmetschen und verstärken.

1. Am Ende dieses unseres zweiten Hauptstück's sehen wir von selbst auf jene im ersten gelegten alttestamentlichen Grundlagen zurück. Da läßt sich dann der Eindruck, den die Betrachtung der Lehre des Herrn, gleichviel ob wir den Synoptikern oder dem Johannes das Ohr liehen, auf uns machte, kaum besser aussprechen, als in einem ehrfurchtsvollen Amen auf die Erklärung der Bergrede: Ich bin nicht gekommen, das Gesetz und die Propheten aufzulösen, sondern zu erfüllen (Matth. 5, 17). Ist der Gegensatz zwischen A. u. N. T. nicht zu verkennen, so fällt der Zusammenhang der Worte des Herrn mit denen Mosis und der Propheten vergleichungsweise noch mehr ins Auge. Wir empfangen hier theils von manchem geheimnißvollen Wort des A. T. eine Erklärung, deren hohe Wichtigkeit nicht zu verkennen ist, wenn wir den Herrn in dem Lichte betrachten, in welchem er sich nach allen Evangelisten so oft dargestellt hat; theils ist hier die Lehre früherer Tage in den wichtigsten Punkten der Glaubens- und Sittenlehre derart erläutert und erfüllt, daß auf manche dort nur ausgesprochenen Fragen hier die befriedigendste Antwort gegeben wird; theils erblicken wir in den Worten Jesu eine Erfüllung früherer Verheißungen und Erwartungen, welche sich unmöglich allein aus einem bloß natürlichen und zufälligen Lauf der Dinge erklären läßt. Sind also die Worte des Worts in gewisser Hinsicht unerhört, so

8*

sind sie doch auch andererseits das Echo der kräftigsten prophetischen Stimme; und das A. T. bestätigt wieder sein Recht auf den Ehrentitel einer großen Weissagung, einer Type von Ihm, welcher kommen soll und gekommen ist.

2. Eben weil die Lehre des Herrn eine lebendige Einheit ist, ist sie nichts weniger als todte Einförmigkeit. A priori läßt sich also schon erwarten, daß das Wort der Apostel etwas anderes als eine mechanische Wiederholung sein werde, und a posteriori wird sich zeigen, daß sich hier nichts Geringeres als eine neue (jedoch keine fremde!) Gedankenwelt vor unseren Augen erschließt: „In den Lehrreden Jesu haben wir den praegnanten Keim und Kern, die Wurzel, die einfache, aber feste Grundlage; in der apostolischen Lehre, wie die übrigen neutestamentlichen Schriften sie geben, haben wir die Sprossen und Zweige, die aus dem Keime erwachsene Pflanze; wir haben das aufgeführte Gebäude, das auf jener einfachen, aber festen Grundlage ruht. So lebendig und lebenskräftig die apostolische Lehre erscheint, so originell, so praegnant, so die Ausprägung in der allerersten Form darstellend, erscheinen die Lehrreden des Herrn in den Evangelien und beide, die apostolische Lehre ebenso sehr ihren weiter entwickelten Verhältnissen angemessen, als die Lehrreden des Herrn den Verhältnissen seines persönlichen Lebens entsprechend" (Schmid). Die nun folgende Untersuchung wird ein fortlaufender Beweis für die Wahrheit dieser Bemerkung sein.

Vergl. unsere Christologie, I. S. 33 u. ff. II. S. 130 u. ff. Lutterbeck, a. a. O. II. P. 161 u. ff. Schmid, a. a. O. II. P. 7. Baur, a. a. O. S. 122—126.

Puncte zur Erwägung: In wiefern sind durch die Resultate unserer Untersuchung Jesu eigene Aussprüche in Betreff seines Verhältnisses zur alten Heilsökonomie bestätigt? — Jesus als Ausleger des Wortes von Moses und den Propheten. — Die Schriftinterpretation Jesu und die spätere Hermeneutik. — Was ist im Evangelium vom Königreich des synoptischen und im Selbstzeugniß des Johanneischen Christus das eigentlich Neue? — Was auf dem Gebiet der Glaubenslehre? — Was auf dem Gebiet der Sittenlehre und des Cultus? — Steht die Lehre Jesu in ein und derselben Beziehung zu der aller Apostel und ihrer Mitarbeiter? — Uebergang zur Behandlung der Theologie der Apostel.

Drittes Hauptstück.

Die Theologie der Apostel.

§. 25.

Allgemeine Uebersicht.

Die Untersuchung der Theologie der Apostel er=
streckt sich, insofern davon die Rede sein kann, auf den
Lehrbegriff aller derjenigen Männer, deren Zeugniß
über den Herrn Jesus Christus im N. T. niedergelegt
und schon aus historischen Gründen für uns von un=
schätzbarem Werthe ist. Auch bei Untersuchung dieses
Zeugnisses darf man ebensowenig die unverkennbare
Verschiedenheit als die höhere Einheit der verschiedenen
Zeugen übersehn; dabei muß man so verfahren, daß
man nach und nach von dem einfachsten zu dem mehr
complicirten und entwickelten Lehrbegriff emporsteigt.

1. Im strengen Sinne des Wortes kann der Apostelname nur
den Zwölfen gegeben werden, welche von dem Herrn selbst zum Apostel=
amte berufen (Luk. 6, 13) und nach dem Tode des Judas durch
Matthias ergänzt wurden (Apost. 1, 26). Indessen macht neben
diesen auch schon Paulus Anspruch auf diesen Ehrentitel (Gal. 1, 1),
welcher denn auch den Mitarbeitern und Freunden der ersten Zeugen
des Herrn (Apost. 14, 14; Gal. 1, 19), ja einmal sogar Jesus selbst
gegeben wird (Hebr. 3, 1). Wir folgen diesem Beispiel um so lieber,
als die meisten der eigentlichen Apostel uns nichts Schriftliches hinter-

laſſen haben. Wir unterſuchen hier alſo den Lehrbegriff aller, aber
auch nur aller Schriftſteller des N. T. Ihre Geiſtesverwandten,
deren ſchriftlicher Nachlaß nicht in den Kanon aufgenommen iſt, bleiben
deshalb außerhalb des Kreiſes unſrer Unterſuchung (vergl. §. 2. 3).

2. Die Unterſcheidung zwiſchen der Theologie Jeſu Chriſti und
derjenigen der Apoſtel iſt die Frucht einer beſſern Vorſtellung von der
Inſpiration der heiligen Schriftſteller. Auf dem Standpunkt der me=
chaniſchen Inſpirationstheorie war es ſehr gleichgültig, ob ein Schrift=
wort im A. oder N. T. zu finden war, vom Herrn ſelbſt oder von
einem ſeiner Zeugen herrührte; genug, es ſtand in der Bibel. Eine
mehr hiſtoriſche Schriftbetrachtung bahnte einer richtigen Unterſcheidung,
welche ohne Zweifel im Geiſt des Herrn und ſeiner Apoſtel iſt, den Weg:

3. Die Frage wegen der für Glauben und Leben des Chriſten
bindenden Autorität des apoſtoliſchen Zeugniſſes gehört nicht auf das
Gebiet der hiſtoriſchen, ſondern der ſyſtematiſchen Theologie. Jedoch
auch auf dem Standpunkte der erſteren iſt leicht einzuſehen, daß das
Wort ſolcher Zeugen, welche von allen Chriſto am nächſten ſtanden,
nicht ſcharf genug belauſcht werden kann (vergl. Joh. 19, 35; Apoſt.
1, 21; 2 Petr. 1, 16). Man kann zugeben, daß nicht alle Apoſtel
an ſich reichbegabte, außerordentliche Männer waren; aber ſchon die
Priorität ihres Zeugniſſes, der Frucht des erſten Eindrucks, welchen
die Chriſtuserſcheinung auf ein empfängliches Gemüth machte, ſichert
ihnen eine ganz beſondere Stelle, und man läßt der Bedeutung ihrer
Schriften kein Recht wiederfahren, wenn man ſie nur für ſchwache
Verſuche anſieht, die chriſtliche Wahrheit ſo gut wie möglich auszu=
drücken, Verſuche, die ſofort von andern zum Theil beſſern erſetzt und
ergänzt wurden (Reuß). Nahe bei der Quelle iſt das Waſſer gewiß
am reinſten, und wo es ſich um Zeugen hiſtoriſch=religiöſer Thatſachen
handelt, da hat ſelbſt der Einfältige, welcher den erſten Eindruck gut
in ſich aufnahm, den Vorrang vor dem mehr Entwickelten, welcher
ſpäter ausgezeichnet philoſophirt, aber — bei einem Abſtand von
Jahrhunderten. Gleichwohl kann das apoſtoliſche Zeugniß von Chriſto
mit ſeinem Selbſtzeugniß nicht unbedingt auf eine Linie geſtellt werden.
Es findet ſich hier ein ähnlicher Unterſchied wie zwiſchen dem ganzen
meſſianiſchen und apoſtoliſchen Zeitraum. Ihr Wort muß an dem
des Meiſters geprüft werden, nicht umgekehrt. Aber wenn ihre Lehre
auch inſofern der ſeinen untergeordnet iſt, ſo ſteht ſie doch hoch über

derjenigen späterer Schriftsteller. Welch' ein Abstand zwischen der christlichen Litteratur schon des zweiten und der des ersten Jahrhunderts!

4. Die Quelle, aus welcher die Kenntniß der apostolischen Theologie geschöpft wird, ist das N. T. „Was wir sonst noch aus anderweitigen Nachrichten über die Lehre der einzelnen Apostel wissen, kann jedenfalls nur vergleichungsweise herbeigezogen werden" (Meßner). Ueber das Verhältniß, in welchem unsre Untersuchung zur Isagogit des N. T. steht, haben wir uns schon früher ausgesprochen (§. 1, 4). Der biblische Theologe des N. T., welcher auf supranaturalistischem Standpunkte steht, hat nur dann auf Bedenken gegen die Treue seiner Quellen zu achten, wenn sie einen bessern Ursprung als den Parteistandpunkt eines befangenen, naturalistischen Kriticismus verrathen. Er darf dagegen dem Lichte nicht wehren, welches durch die Untersuchung des Inhaltes der neutestamentlichen Schriften sich auch über die ihrer Echtheit verbreiten kann.

5. Auf die Frage, in wiefern die aus diesen Quellen geschöpfte Theologie der Apostel als ein Ganzes betrachtet werden könne, kann nicht ohne eine nähere Erörterung geantwortet werden. Es ist bekannt, daß die Lehre der Apostel uns in einer Menge von Lehrtypen ($\tau\acute{\upsilon}\pi\omicron\iota$ $\delta\iota\delta\alpha\chi\tilde{\eta}\varsigma$), aber nirgends in einem strenggeschlossenen System überliefert ist. Wenn wir also von einem Lehrbegriff sprechen, denken wir allein an „die Summe einzelner Lehraussprüche, zu einem geordneten, systematischen Ganzen vereinigt". Ein solcher Lehrbegriff läßt sich um so leichter zusammenstellen, je größer die Anzahl der Ideen ist, welche wir von einem apostolischen Schriftsteller aus einem reichen Schatz von Aussprüchen kennen. Niemand wird zum Beispiel daran denken, die Schriften des Jakobus oder Judas in dieser Hinsicht denen des Paulus gleichzustellen. Die Einheit der apostolischen Lehre ist wahrlich nichts weniger als bloße Einförmigkeit, und es darf zu den Verdiensten des modernen Supranaturalismus gerechnet werden, daß er viel mehr als der alte Aug und Herz hat für die reiche Mannigfaltigkeit der Ideen, welche bei verschiedenen Schriftstellen des N. T. angetroffen werden. Indessen giebt diese Mannigfaltigkeit noch kein Recht zu der Behauptung, „daß richtig betrachtet bei den Aposteln sich sehr wenig Einheit von Glaubensüberzeugung fände" (Pierson), als ob wir hier verschiedene Glieder, aber keinen Leib betrachteten,

lose Steine, die aber zu verschieden an Umfang und Form wären, um davon ein Gebäude zu errichten. Gewiß ist nichts leichter, als eine Anzahl isolirter apostolischer Aussprüche einander gegenüber zu stellen und dann vom Streit der verschiedenen Schriftsteller des N. T. zu reden. Aber solch ein anatomischer Kriticismus, welcher wohl zu trennen, aber nicht zu verbinden gelernt hat und vor lauter Aufmerksamkeit auf jeden besondern Baum den ganzen Wald nicht sieht, hat sich schon wiederholt ebenso machtlos als parteiisch gezeigt; und das divide et impera läßt sich leichter auf das Banner der Bestreiter des Christenthums, als über die Schule der gläubigen Theologie schreiben. Was sich schon a priori erwarten läßt, wird auch exegetisch und historisch gerechtfertigt: es besteht unter den apostolischen Schriftstellern Verschiedenheit der Gaben, aber Einheit des Geistes; sie sind verschieden in Betreff des Ausgangspunktes, der Methode, der Tiefe ihrer Lehre, stimmen aber in Glaubensüberzeugung, Principien, Erwartungen überein; ihre Farbe ist verschieden, aber nicht das ursprüngliche Licht; sie wechseln im Ton, aber dadurch wird die Harmonie viel mehr erhöht als gestört. Der jüdisch=christliche Lehrbegriff des einen Schriftstellers steht keineswegs unversöhnlich dem mehr hellenistisch gefärbten des andern gegenüber, und fortgesetzte Untersuchung führt beständig auch da auf Uebereinstimmung, wo man sie früher bezweifelte, vielleicht gänzlich übersah. Wahrer, als er selbst wußte, sang Göthe:

"Vom Himmel steigend Jesus bracht
"Des Evangeliums ewige Schrift,
"Den Jüngern las er sie Tag und Nacht;
"Ein göttlich Wort, es wirkt und trifft.

"Er stieg zurück, nahm's wieder mit,
"Sie aber hatten's gut gefühlt,
"Und Jeder schrieb so Schritt für Schritt,
"Wie er's in seinem Sinn behielt.

"Verschieden: Es hat nichts zu bedeuten.
"Sie hatten nicht gleiche Fähigkeiten;
"Doch damit können sich die Christen
"Bis zu dem jüngsten Tage fristen."

6. Die Haupteintheilung unsrer Untersuchung wurde schon früher angedeutet (§. 3, 2) und muß sich durch ihren Gang rechtfertigen. Was ihre Einrichtung betrifft, so handelt es sich hier ebensowenig um Beurtheilung als Vertheidigung, sondern allein um objectiv = richtige Darstellung der Lehre der apostolischen Schriftsteller. Diese letztere indessen muß in dem Geist der Schriftsteller und mit Rücksicht auf die Eigenthümlichkeit, den Hauptgedanken und die bestimmte Methode eines jeden geschehen. Anstatt also den Inhalt der verschiedenen Lehrbegriffe in denselben Rahmen zu bannen (z. B. Theologie, Anthropo=, Christo=, Eschatologie), wird die Klassification und Analyse der Ideen z. B. des Paulus einen ganz andern Weg einschlagen müssen als die des Johannes und Petrus. Unmöglich ist es, einen Zeugen der Wahrheit zu verstehn, so lange man sich nicht von seinem Standpunkt und seiner Grundanschauung bestimmte Rechenschaft gab. Zugleich ist es wichtig, bei jedem besondern Lehrbegriff auf die genetische und psychologische Entwickelung der Gedanken des Schriftstellers und also auch, so viel wie möglich und wo es nöthig ist, auf die chronologische Ordnung seiner Schriften zu achten. Auch hier würde jede scharfe Trennung der dogmatischen und ethischen Seite ihrer Lehre nutzlos und schädlich sein. Man kann sich erst dann, wenn jeder Lehrbegriff nach seinen Theilen und als Ganzes betrachtet worden ist, von der gegenseitigen Vergleichung aller unter einander gute Früchte versprechen.

7. In Betreff der Hilfsmittel auch zu diesem Theil der Untersuchung und des Geistes, in welchem sie angestellt werden muß, können wir auf das früher Gesagte verweisen (§. 2, 3; 3, 3). Nur ist wiederholt nöthig, daran zu erinnern, daß, wer die Lehre der Apostel von einem Standpunkt aus betrachtet, welcher mit dem ihren in unversöhnlichem Streit ist, ihr Zeugniß ebensowenig verstehn als würdigen kann. Auch die apostolische Schrift kann nur beim Licht desselben Geistes, von welchem sie einst eingegeben wurde, verstanden werden.

Vergl. über die Theologie der Apostel im allgemeinen außer den schon §. 2, 3 angeführten Schriften G. E. R. Matthäi, der Religionsglaube der Apost. Jesu, nach seinem Inhalt, Ursprung und Werth, 2 Bände, Gött. 1826. E. v. Pressensé, Gesch. d. 3 ersten Jahrh. d. chr. K., übers. von E. Fabarius. Lpz. 1862. Derselbe, l'École critique et les Apôtres. Par. 1866 (gegen Renan), und vor allem F. Bonifas, Essai sur l'unité de l'enseignement Apostolique. Par. 1866. Ueber die Einheit der apost. Lehre: Schleiermacher Hermeneutik, S. 82 (herausgegeben von Lücke). Ph. Schaff, Geschichte der alten Kirche. Lpzg. 1867. I. S. 81—86.

Punkte zur Erwägung: Ursprung, Sinn und verschiedener Gebrauch der Apostelnamen. — Was bedeutet Luk. 10, 16, vergl. Joh. 20, 21? — Was läßt sich aus der Litteratur der nachapostolischen Zeit bezüglich der Lehre der Apostel ableiten? — Welcher apostolische Lehrbegriff scheint nach einer vorläufigen Betrachtung der tiefste, der vollkommenste und reichste zu sein? — Was ist nöthig, um in einen apostolischen Lehrbegriff so tief wie möglich einzudringen? — Charakteristik der apost. Lehre, verglichen mit der ältesten petrinischen Litteratur.

Erste Abtheilung.

Die petrinische Theologie.

§. 26.

Uebersicht.

Daß die petrinische Theologie zuerst behandelt wird, rechtfertigt sowohl die besondere Stelle, welche dieser Apostel in der Geschichte des ersten christlichen Jahrhunderts einnimmt, als auch der eigenthümliche Charakter seines Lehrbegriffes selbst. Soll sie aus den reinsten Quellen geschöpft werden, dann steht wohl der erste Brief Petri und die Apostelgeschichte voran, aber auch einzelne paulinische Briefe enthalten in dieser Hinsicht wichtige Winke. Der zweite Brief Petri darf bei dieser Untersuchung ebensowenig stillschweigend zur Seite geschoben, als unbedingt dem ersten gleichgestellt werden, sondern muß für sich besonders betrachtet und verglichen werden. Die ganze im N. T.

enthaltene Lehre des Apostels zeigt uns zugleich das Schauspiel einer harmonischen Entwicklung und die Spuren einer stark ausgesprochenen, aber geheiligten Individualität.

1. Es ist keine Willkür, wenn wir unsre Untersuchung mit der petrinischen Theologie beginnen. Sollen wir (§. 25) von dem einfachsten zu dem mehr complicirten und entwickelten Lehrbegriff emporsteigen, dann dürfen wir in keinem Falle' mit Paulus oder Johannes beginnen. Ebensowenig können wir uns entschließen, dem Jakobus die erste Stelle einzuräumen (Schmid), da sein Anspruch auf den wirklichen Apostelnamen mehr als unsicher ist, und sein Brief beinahe ausschließlich einen praktischen Charakter trägt; überdieß hat Petrus viel kräftiger als Jakobus auf den Geist des ganzen apost. Zeitalters eingewirkt. Petrus war es, welcher auf die früheste Auffassung des Evangeliums einen Einfluß ausübte, welcher von der heutigen, romantischen Darstellung der Geschichte der Apostel (Renan) gänzlich verkannt wird. Selbst Paulus hat später nur auf dem von Kephas in der jüdischen und heidnischen Welt gelegten Fundamente fortgebaut. Mochte Rom ihn einseitig erhoben haben, so war es eine ultraprotestantische Unbilligkeit, wenn man die besondere Bedeutung seiner Person und seines Wortes übersehen konnte. Im Verein mit Matthäus, Markus, Jakobus und Judas hat er uns das ursprüngliche Glaubensbewußtsein der palästinensischen Gemeinden am reinsten überliefert.

2. Die Quelle, aus welcher die apost. Schriftsteller ihr Heilszeugniß schöpfen, ist bei allen der Hauptsache nach dasselbe gewesen, ist aber zugleich bei jedem von ihnen mehr oder weniger modificirt worden. Alle sind erleuchtet von dem heiligen Geiste, welcher sie in das Heiligthum der Wahrheit führt, aber nicht alle erreichen dieselbe Höhe der Entwicklung und des geistigen Lebens. Gesandt von diesem Geiste spricht Petrus bestimmt als Augenzeuge der Thaten und Schicksale des Herrn (Apost. 5, 31; 1 Petr. 5, 1). Zugleich schöpft er mehr als manche andre aus den Schriften des A. T., die er offenbar nach dem Pfingstfest besser versteht als je zuvor. Auch auf besondere, ihm selbst geschenkte Offenbarung beruft er sich (Apost. 10, 28; vgl. 2 Petr. 1, 14). Vor allem giebt seine eigne gereifte christliche Lebenserfahrung seinem Zeugniß eine eigenthümliche Richtung und einen unbestreitbaren Werth.

3. Bei oberflächlicher Betrachtung könnte es scheinen, als ob unter den Quellen, woraus unsere Kenntniß der petrinischen Lehre geschöpft wird, die Apostelgeschichte zu allererst genannt werden müsse. Wenn man aber auch die Glaubwürdigkeit des letzteren Buches anerkennt, ist doch selbstverständlich, daß eine eigene Schrift des Apostels für unsern Zweck von viel größerer Bedeutung ist als einige seiner Reden, welche nach Jahren erst von einem andern mitgetheilt worden sind. Aus diesem Grund stellen wir unter den Quellen, aus welchen wir seine Theologie kennen lernen, den ersten Brief Petri um so lieber voran, als seine Echtheit über allen vernünftigen Zweifel erhaben ist, und er überdies einen durchaus subjectiven Character offenbart. — Neben diesen stellen wir jedoch die Apostelgeschichte und vertrauen dieser Quelle um so mehr, je mehr wir immer von neuem bemerken, daß der Petrus, welchen wir hier kennen lernen, in so mancher Hinsicht mit dem des ersten Briefes übereinstimmt. Die Theile, welche besonders hierher gehören, sind Kap. 2, 14—38; 3, 12—26; 4, 9—12; 5, 29—32; 10, 34—43; 11, 4—17; 12, 11; 15, 7—11. — Auch der Apostel Paulus kann uns zur richtigen Erkenntniß der Richtung und Gesinnung des Petrus ausgezeichnete Dienste leisten. Um nicht von der Uebereinstimmung zwischen einigen paulinischen und petrinischen Vorstellungen zu sprechen, (welche von der Tübinger Schule übertrieben wird), denke man nur an 1. Kor. 1, 12; 9, 5; 15, 5; an den Bericht, Gal. 2, 7—9, daß Petrus Apostel der Beschneidung war, eine der Säulen der Kirche, u. s. w.

Was den zweiten Brief betrifft, so dient die bescheidene Behauptung (Loman) „daß sich Keiner, der in diesen Dingen erfahren sei, mehr finde, welcher die Echtheit dieses Briefes vertheidigen dürfe," nur zur Probe, auf welche eigenthümliche Weise eine gewisse Schule nur ihren eigenen Schülern die wohlbekannte „Redefreiheit" gestattet. Verschiedene Stimmen haben sich in unserer Zeit zur Vertheidigung der schon früh bestrittenen Echtheit erhoben. Doch werden auch die Vorsteher dieser letzteren gerne anerkennen, daß die gegen diesen Brief vorgebrachten Bedenken keineswegs aus der Luft gegriffen sind. Es ist, wie die Sachen jetzt stehen, ebensowenig anzurathen, ihn stillschweigend bei Seite zu schieben, als ihn ohne Vorbehalt auf eine Linie mit dem ersten zu stellen. Verräth das eine Vorurtheil, so ist das andere nicht wissenschaftlich; ihn auszuschließen, wäre voreilig, aber zu unterſcheiden iſt Pflicht. Nur die Einleitungswiſſenſchaft kann die Bedenken gegen dieſen Brief in ihrem ganzen Umfange beſprechen; die Theologie des N. T. hat ihre Aufgabe erfüllt, wenn ſie ſeinen Lehrbegriff entwickelt und mit dem des erſten Briefes in jeder Hinſicht verglichen hat.

4. Die petriniſche Theologie bietet, wie ſie aus dieſen verſchiedenen Quellen erkannt wird, das reizende Schauſpiel einer harmoniſchen Entwicklung dar. Auch für die Apoſtel des Herrn, beſonders für unſern Apoſtel war das Leben zugleich ein unaufhörliches Werden. Während eines Zeitraumes von ungefähr dreißig Jahren hören wir, wie ſich das Glaubensbewußtſein des Petrus immer voller, kräftiger, klarer ausſpricht. Nirgends finden wir Widerſpruch mit ſich ſelbſt, welcher Widerruf nöthig machte; überall Fortſchritt, welcher an das Wort, Sprichw. 4, 18. 19, erinnert. Die Chriſtologie z. B. von Apoſt. 2, 22 bis 2. Petr. 3, 18b — die Echtheit dieſer letzten Schrift vorausgeſetzt — zeigt eine herrliche Klimax. Die auch in ſeinen früheſten Reden mit Nachdruck erwähnten Heilsthatſachen werden gelegentlich auch in ſeinem erſten Briefe in all ihrer Kraft dogmatiſch gewürdigt. Aus allem iſt die buchſtäbliche Erfüllung der Verheißung des Herrn Joh. 16, 13 erſichtlich, und die gegenſeitige Vergleichung der Zeugniſſe des Apoſtels aus den verſchiedenen Lebensperioden iſt zugleich ein ungeſuchter Beweis für die Glaubwürdigkeit ſeiner Berichte.

5. Nicht minder zeigen ſich in dem Lehrbegriffe dieſes Apoſtels die Spuren einer ſtark ausgeſprochenen, aber geheiligten Individualität. Schon in der evangeliſchen Geſchichte tritt er, wie bekannt, kräftig in den Vordergrund und zeigt eine geiſtige Phyſiognomie, welche man nicht leicht mit der eines andern verwechſelt. Petrus iſt der leichtbewegliche Jünger, der Mann des Gefühls, der nicht abſtract denkt, ſondern ſich am liebſten im Concreten bewegt und durchgängig „in der Sphäre der Unmittelbarkeit" lebt. Von einem ſolchen Manne läßt ſich nicht erwarten, daß er viel ſchreiben, ausführlich bezeugen und ein und dieſelbe Idee nach allen Seiten hin entwickeln werde. Er wird ſich leichter in einem Kreis hiſtoriſcher, als ſpeculativer Ideen bewegen, ſich ohne Mühe dem Gedankengange und der Form anderer anſchließen und in mancher Hinſicht vorzüglichern Arbeitern nachſtehen. Dies alles finden wir denn auch in gewiſſem Grade

wirklich in den Reden und Briefen Petri; auch nach seiner Bekehrung ist er einer dieser ungelehrten und schlichten Menschen (Apost. 4, 13), durch welche die Gestalt der sittlichen Welt verändert worden ist. Sein Zeugniß ist gerade so, wie wir es von dem schon von früher bekannten Simon Petrus erwarten können. Diese scharf gezeichnete Individualität ist von dem Feuer eines Eifers und einer Liebe durchglüht, welches ihn allein dazu befähigen konnte, von Christo gerade auf solche Art zu zeugen.

6. Noch etwas näher lernen wir diese Individualität aus der wichtigen Ansprache kennen, mit welcher Petrus noch vor dem Pfingstfeste, aber doch schon berührt von dem heil. Geiste (Joh. 20, 22), die Wahl des Matthias einleitete (Apost. 1, 15—22). Sofort zeigt er, wie er sich seines apostolischen Berufes bewußt ist, ein Zeuge zu sein des Herrn Jesu und besonders seiner Auferstehung (V. 22). Dabei beruft er sich bei dieser kurzen Ansprache wiederholt auf die prophetische Schrift (V. 16. 20) und zeigt also, daß er auf rein israelitischem Standpunkte stehe. Endlich ist er der Mann, welcher so früh als möglich das Auge aufschlägt und für die Zukunft sorgt (V. 22), als wollte er schon bei seinem ersten Auftreten sein Recht auf den Ehrennamen eines Apostels der Hoffnung geltend machen. Wie der Grundgedanke einer Symphonie schon in ihrer Ouverture durchschimmert, so lernen wir schon in diesen Zügen den Apostel vorläufig kennen, wie er sich sofort aufs neue in seinen Reden und Schriften zeigen wird. Simon Petrus tritt nach einander vor uns als Apostel Jesu Christi, als Apostel der Beschneidung, als Apostel der Hoffnung.

Vergl. über die Person des Petrus und seiner Theologie im Allgemeinen einen Art. von J. P. Lange in Herzogs R. E.; die Commentare von Huther, Wiesinger, Besser, Fronmüller (Langes Bibelwerk) zu den Petr. Br.; besonders aber **B. Weiß,** der Petrin. Lehrbegriff. Berl. 1855. — Wegen der Echtheit des zweiten Briefes vergl. B. Weiß, zur Petrin. Frage, Stud. u. Kritik. 1865. IV. 1866, II. — Ueber die Glaubwürdigkeit der Apostelgesch. s. G. V. Lechler, a. a. O., S. 7. ff. und Meyer, Com. zur Apostelgesch.

Punkte zur Erwägung: Die Persönlichkeit und der Charakter des Petrus, wie sie uns auch außer seinen eigenen Worten und Schriften bekannt sind. — Die Bedeutung seiner Wirksamkeit für die Lehrentwicklung des apostolischen Zeitalters. — Inhalt und Werth späterer Berichte über seine Lehre (die Clementinen). — Der richtige Begriff von Entwicklung in seiner Anwendung auf den apostolischen Lehrbegriff. — In wiefern kann die Persönlichkeit Petri als Quelle seiner Lehre angesehen werden? — Ist der Vorschlag Petri (Apost. 1, 16—22) zu verurtheilen, gut zu heißen oder zu preisen?

§. 27.
Petrus, ein Apostel Jesu Christi.

Als Apostel Jesu Christi legt Petrus in Wort und Schrift mit steigender Klarheit Zeugniß ab, von der ganz einzigen Würde und Größe des Herrn. Die großen Ereignisse seines irdischen und himmlischen Lebens werden von ihm mit Nachdruck in den Vordergrund gestellt; auch solche, welche von den andern Aposteln in ihren Reden und Schriften gar nicht oder kaum angedeutet werden. Mit der historischen Behandlung dieser Thatsachen ist bei ihm wiederum in steigendem Maaße deren dogmatische Auffassung und praktische Würdigung vereint.

1. Bei der Behandlung des petrinischen Lehrbegriffs geht man füglich von dem aus, was Petrus mit allen Aposteln gemein hat, um von da zu dem emporzusteigen, was bei ihm Eigenthümliches gefunden wird. Gleich allen ist er Zeuge (μάρτυς) Christi, obgleich er der einzige ist, welcher sich so nennt (1. Petr. 5, 1); und man kann sagen, daß der Text des Zeugnisses, welches er als solcher ablegt, in seinen eigenen Worten, Apost. 4, 12, zu finden sei. Die unendlich reiche und erhabene Christuserscheinung wird aber nicht von allen von derselben Seite her betrachtet. Von Petrus kann gelten, daß er besondern Nachdruck auf ihren historischen Charakter legt. Ohne sich in abstrakte Betrachtungen über die Natur des Herrn zu vertiefen, stellt er seine Person sofort ins Licht der Geschichte und läßt ihn, wie er war, in seiner Verkündigung fortleben.

2. Schon am Pfingstfeste geht er von Jesus aus, als dem unter seinen Zeitgenossen aufgetretenen Nazarener, einem Manne,

welchen Gott durch Kräfte und allgemein bekannte Wunder (Apost. 2, 22) legitimirt hat. Er beginnt also damit, ihn auf eine Linie mit den vorzüglichsten Gesandten Gottes zu stellen, um ihn aber sofort über alle als denjenigen zu erheben, welchen Gott zum Herrn und besonders zum Christus gemacht hat (V. 36). Der große Beweis für diese Behauptung wird in seiner Auferstehung und in der Ausgießung des heil. Geistes gefunden und sein Kreuzestod keineswegs verschwiegen, sondern den Juden als Missethat vorgeworfen. Eben weil er Messias ist, hat auch die historische Thatsache der Davidischen Abkunft des Herrn für Petrus ihre besondere Bedeutung (2, 33). Da er vom Vater verheißen wurde, heißt er Heiliger Gottes (2, 27), der Prophet (3, 22), Gottes heiliges Kind (παῖς) Jesus (3, 13. 26; 4, 27), ein Name, der zwar dem gewöhnlichern „Sohn Gottes" (υἱός), welche Benennung bei Petrus gar nicht gefunden wird, nicht gleichsteht, die aber doch weit über den Titel eines Dienstknechtes (δοῦλος) erhaben ist, welchen die Apostel sich gewöhnlich selbst beilegen und der prophetischen Vorstellung des vollkommenen Knechtes Jehova's entlehnen (עֶבֶד יָהּ).

Neben dieser theokratischen preist Petrus die sittliche Würde und Größe des Herrn. Christus ist ihm der Heilige und Gerechte (3, 13. 14), dessen Mord die ganze Nation richtet. Diesen Eindruck machte die ganze Erscheinung Christi auf den Mann, welcher einst mit dem Bekenntniß der eignen Unreinheit zu seinen Füßen niedergesunken war (Luk. 5, 8). Besonders im Leiden des Herrn weist er mit Bewunderung hin auf seine Sündlosigkeit (1, 1. 19; 2, 22. 23), wie sie sich besonders in Selbstbeherrschung und nie ermüdender Sanftmuth offenbarte. Daher kommt es auch, daß er dieses Leiden nicht nur wie alle als ein versöhnendes, sondern auch ausdrücklich als ein vorbildliches Leiden preist (1, 2. 21).

Aber nichts liegt unserm Apostel mehr fern, als der Gedanke, der Herr sei nichts, als der beste und größte Mensch gewesen; er zeigt uns vielmehr in der historischen Christuserscheinung die Spuren übermenschlicher Größe. Schon in der Pfingstrede wird (2, 33) mit deutlicher Zurückbeziehung auf Jesu eigne Worte gesagt, daß er die Verheißung des heil. Geistes vom Vater empfangen habe, und wird auch sein Verhältniß zu diesem Vater für den Augenblick noch nicht näher bestimmt, so wird doch gleich bei der ersten Verkündigung des Evangeliums vor den Heiden (10, 38) mit Nachdruck voran gestellt, daß Gott mit ihm in ganz besonderem Sinne gewesen sei. Dies höhere christologische Element tritt im ersten Brief noch stärker in den Vordergrund. Schon die gleich im Anfange gemachte trinitarische Unterscheidung (1, 1. 2) wäre ebenso unpassend gewesen, als die freudige Verkündigung Gottes als des Vaters unseres Herrn Jesu Christi; wäre der Herr nach der Ansicht des Apostels nichts, als ein von messianischer Glorie umgebener Mensch gewesen. Aber auch die Erwähnung des Geistes Christi, als sei er schon früher in den Propheten gewesen (1, 11), würde zum wenigsten sonderbar klingen, hätte Petrus damit nur sagen wollen, daß der Geist, welcher die Propheten beseelte, derselbe war wie der, welcher später auch Christum erfüllte. Der Ausdruck läßt vielmehr ein Sein und eine Wirksamkeit in früheren Tagen vermuthen, und diese Vermuthung wird noch verstärkt, wenn wir hören, daß das Lamm Gottes „zwar zuvor versehn ist, ehe der Welt Grund gelegt ward, aber offenbaret zu den letzten Zeiten" (1, 20); was kaum einen Sinn hätte, würde es nicht schon früher bestanden haben. Fügt man noch hinzu, daß einzelne alttestamentliche Aussprüche über Gott ohne Einschränkung auf Christum übertragen werden (s. K. 2, 3, vergl. Pf. 34, 9; Kap. 3, 15, vergl. Jef. 8, 13), und daß nach der einfachsten Erklärung Jesus Christus (Kap. 4, 12) der Gegenstand einer ehrfurchtsvollen Doxologie ist: dann sind offenbar die Zeugnisse Petri in Betreff des übermenschlichen Charakters des Herrn, wenn es auch beziehungsweise nur wenige sind, doch keineswegs zweideutig oder unwichtig.

3. Es muß jedoch anerkannt werden, daß die metaphysische Seite der Sache bei ihm nicht so sehr voran steht, als die historische; und fragen wir nach den Thatsachen, auf welche der Apostel besonderen Nachdruck legt, dann steht allen andern die Auferstehung des Herrn voran. In allen von Lukas bewahrten Petrinischen Reden wird sie von ihm mit Begeisterung vertheidigt; und, was er von jedem Apostel verlangt (Apost. 1, 22), ist er selbst im vollsten Sinne des Worts: Zeuge der Auferstehung. Fürst des Lebens ist ihm der Herr (3, 15), besonders als Auferstandener, ja der Gedanke, er sei nicht auferstanden (2, 24), ist ihm durchaus ungereimt. Er hält vielmehr dem jüdischen Rathe gegenüber daran fest (4, 10), und anstatt sich an das Bedenken, der Auferstandene habe sich doch nicht der ganzen Welt offenbart,

irgendwie zu stören, spricht er diese Thatsache vielmehr aus und bemerkt, daß er und seine Mitzeugen mit dem Auferstandenen gegessen und getrunken hätten. Im Beginn seines Briefes spricht er von dem Segen der Wiedergeburt in unmittelbarem Zusammenhange mit der Auferstehung (1, 1—3), eine durchaus erklärliche Thatsache, wenn man bedenkt, was die frohe Botschaft der Auferstehung für den gefallenen Petrus selbst gewesen ist (Luk. 24, 34). Wie er selbst durch dieselbe zu einem neuen Leben wieder geboren war, so wurde auch gerade durch diese Auferstehung die Hoffnung erst zu einer lebendigen, kräftigen Hoffnung. Die Auferweckung und Verherrlichung Christi steht in unmittelbarem Zusammenhange mit dem Glauben und der auf Gott gerichteten Hoffnung (1, 21), und selbst die Taufe bekam erst durch diese Auferstehung eine den Täufling erlösende Kraft (3, 21). Da also erst ein auferweckter Christus für Petrus der wirkliche Christus ist, so kann es uns nicht befremden, daß er ihn sogar einmal in seiner kräftigen, orientalischen, bildlichen Ausdrucksweise als den „lebendigen Stein" bezeichnet (2, 4). Der Apostel lenkt indessen die Aufmerksamkeit seiner Zuhörer und Leser nicht allein auf diese vornehmste Thatsache der Wundergeschichte. Er verschweigt nicht, daß Gott seinen vollkommenen Dienstknecht erweckt habe (3, 36), und ebenso wenig — was bei keinem andern Apostel vorkommt —, daß Gott ihn mit dem heil. Geiste und mit Kraft gesalbt habe (10, 38). Er denkt dabei wahrscheinlich an das, was bei der Taufe des Messias geschah (vergl. Jes. 42, 1; 61, 1), unterläßt nicht, wiederholt (2, 22; 10, 38) ein Wunder, auch die Heilung des Besessenen, zu erwähnen, und preist das ganze öffentliche Leben des Herrn als eine Wohlthat (10, 38). Er kann sichtlich nicht von dem schweigen, was er gesehen und gehört hat (4, 20). Besonders da, wo er vom Leiden und Sterben Jesu spricht, zeigt er sich sofort als Augenzeuge. Während er es in der Apostelgeschichte Feinden gegenüber als grausame Missethat der Juden betrachtet (jedoch nicht ohne zu entschuldigen, s. 3, 17, vergl. Luk. 23, 34), preist er es in seinem Brief, in welchem er zu Christen spricht, als Offenbarung der Größe Christi und als Quelle der herrlichsten Wohlthat. Vom Kreuz spricht er oft als vom Holz (τὸ ξύλον, Apost. 5, 30; 10, 39; 1. Petri. 2, 24), vielleicht mit Anspielung auf Deut. 21, 13; was aber am Kreuz geschehen ist, das — und dies war für Petrus selbst gewiß der erste

Lichtpunkt in der Finsterniß — das fand selbst nach dem bestimmten Rath und der Vorsehung Gottes (2, 24) statt. Bei diesem Zeugniß von dem Leiden Christi (1. Petr. 5, 1) kommen auch bestimmte Einzelnheiten der Leidensgeschichte ungesucht zum Vorschein (3, 13. 14; 1. Petr. 2, 22. 23), und er zeigt deutlich durch die ganze Art und Weise, wie er dieselbe erwähnt, daß er dies Leiden im Lichte der prophetischen Schrift, besonders von Jes. 53, betrachtet. Auf diese Weise ist nun aber auch für ihn das Aergerniß des Kreuzes gewichen. Christus, der Gerechte (vergl. Jes. 53, 11), hat für die Sünden (1. Petr. 3, 18) und zwar im Gegensatz zu den Opfern, welche öfter dargebracht werden mußten, nur einmal gelitten und that auch dies nicht nur, um das ausgezeichnete Vorbild zu geben, sondern um auch dadurch die Sündenschuld wegzunehmen (1. Petr. 2, 21—24). Er leidet also für (ὑπέρ) die Ungerechten; und obgleich der Ausdruck an sich noch keine Stellvertretung andeutet, denkt doch Petrus offenbar (1. Petr. 3, 18; 2, 24) an ein Leiden, durch welches andere von dem selbstverschuldeten Leiden befreit werden, mit andern Worten an ein stellvertretendes Tragen der Strafe (vergl. Klagel. 5, 7). Infolge dieses Leidens waren denn auch die Christen geheilt und um den Preis dieses Blutes von ihrem früheren eiteln Wandel freigekauft mit dem bestimmten Zweck, den Sünden abzusterben und der Gerechtigkeit zu leben; wurden sie zuerst von der Schuld und Strafe, so wurden sie nun auch von der Herrschaft der Sünden erlöst (1. Petr. 2, 24).*)

5. Da Christus einmal für die Sünde gelitten hat, steht er fortan außer aller Beziehung zu den Sünden; wer am Fleisch leidet, der macht sich los von Sünde und Welt (1. Petr. 4, 1). Kein Wunder, daß der, welcher dem Fleische nach getödtet worden ist, gerade dadurch dem Geiste nach (d. h. was den Geist betrifft) lebendig gemacht wurde. Der Tod zerbricht die Bande, welche das höhere Leben gefesselt hielten und führt ihn hinüber zu einer ganz ungetrübten, segensreichen Wirksamkeit. Von dieser Wirksamkeit des abgeschiedenen

---

*) 1. Petr. 4. 1 gehört nicht hierher, da die Worte: für uns in den besten Handschriften nicht angetroffen werden. Auch nicht direct 1. Petr. 1, 2, wenn wahr ist, was wir mit Weiß und andern annehmen, daß das Blut Christi, mit welchem die Gläubigen besprengt wurden, hier bestimmt als Bundesblut gedacht wird.

Geistes des Herrn legt Petrus wiederholt Zeugniß ab (1. Petr. 3, 19—21; 4, 6, vergl. Apoft. 2, 31). Unsere Aufgabe erlaubt uns nicht, die verschiedenen Ansichten, welche in allen Jahrhunderten über diese räthselhaften Worte vorgebracht wurden, vollständig anzuführen, noch viel weniger, sie zu beurtheilen. Genug, daß wir hier die Meinung, als müsse an eine Wirksamkeit des Geistes des Herrn zur Zeit des Noah gedacht werden, so wie die Ansicht (Baur), daß die hier gemeinten Geister gefallene Engel gewesen wären (2. Petr. 2, 4), als durchaus willkürlich verwerfen. Offenbar spricht der Apostel von einer Wirksamkeit des Geistes des Herrn selbst, welche zwischen der Lebendigmachung nach dem Geiste und seiner Erhöhung zum Himmel (Vers 19 u. 22) liegt, und durch die das Evangelium der Versöhnung auch den Todten und zwar unglücklichen Todten, von welchen ein Geschlecht namentlich genannt worden ist, verkündigt wurde. Ob diese Wirksamkeit sich wirklich auf dies e i n e Geschlecht erstreckte oder nicht, in welcher Form er sie verrichtete, welches Resultat sie hatte — auf alle diese Fragen giebt der Apostel keine Antwort. Es ist ihm offenbar nur um die Versicherung zu thun, daß der für die Sünden gestorbene Christus sogar nach dem Tode nicht unthätig blieb, um dadurch den weiten Umfang des in ihm geoffenbarten Heiles um so mehr ins Licht zu setzen. Er erwähnt sogar dieses geheimnißvolle Ereigniß nicht als etwas Verborgenes, welches ihm durch Offenbarung mitgetheilt wurde, sondern wie im Vorbeigehen als eine Sache, welche seinen Lesern ebenso bekannt ist, als das Sterben und Auferstehen des Herrn. Man könnte es wohl einen eigenthümlichen Bestandtheil des Evangeliums Petri nennen.

6. Das Leiden und der Tod Christi, welche mit dieser Wirksamkeit seines abgeschiedenen Geistes beendet sind, bahnen den Weg zu einer Herrlichkeit, welche nicht weniger, als das vorangegangene Leiden, ein Gegenstand ist, nach welchem auch die Engel gelüstet zu schauen (1. Petr. 1, 12). Eben wie bei dem Herrn (Luk. 24, 26) sind auch bei Petrus Leiden und Herrlichkeit aufs engste verbunden. Diese letztere offenbart sich schon bei der Auferstehung, von welchen Petrus ausdrücklich sagt, daß sie am dritten Tage geschehen sei (Apoft. 10, 40), und welche sich deshalb als leiblicher Vorgang von der Verherrlichung des Herrn im Himmel bestimmt unterscheidet (1. Petr. 3, 21. 22). Der Apostel war nach seinem Worten ebenso-

wohl Zeuge dieser durch die rechte Hand Gottes bewirkten Erhöhung (2, 33), als der ihr vorhergehenden Auferstehung (5, 31. 32); wir müssen sie deshalb, wenn wir ihm folgen, als sichtbaren Vorgang auffassen. Aus dem, was er über ihren Glanz und ihre Folgen meldet (1. Petr. 3, 32), ist sonnenklar, daß er hier keineswegs ausschließlich an eine geistige Herrschaft im uneigentlichen Sinne gedacht haben wolle. Auch der verherrlichte Christus wirkt persönlich weiter zur Beförderung der höchsten Interessen der Seinen. Er ist und bleibt der Hirte und Wächter ihrer Seelen (1. Petr. 2, 25); obgleich unsichtbar, ist er doch Gegenstand ihrer fortdauernden Liebe und Freude (1. Petr. 1, 8), und nur durch ihn allein, können ihre geistlichen Opfer Gott angenehm sein (1. Petr. 2, 5).

7. Auch wenn wir hier stehen bleiben, zeigt sich's doch deutlich genug, daß, wenn auch die Christologie des Petrus nicht die reichste ist, sie doch keine einzige Seite der Person und des Werkes des Herrn unerwähnt läßt und dabei gerade denjenigen Charakter offenbart, welchen man, wenn man die Kürze seines ersten Briefes in Rechnung bringt, von einer Individualität wie der seinen erwarten konnte. Seine ganze Vorstellung berechtigt ihn zu dem Ehrennamen eines Zeugen und Apostels Jesu Christi, zeigt aber auch, daß er ein Jünger Johannes des Täufers (Joh. 1, 2) war. Diese Bemerkung bahnt den Weg zu einer neuen Eigenthümlichkeit.

Vergl. außer den im vor. §. genannten Schriftstellern über die Benennung: Knecht des Herrn, C. J. Nitzsch, in den Stud. u. Kritik. 1828, II. S. 331 u. ff. Ueber 1. Petr. 3, 19—21; 4, 16 unsere Christologie II. bl. 192—202. Meyer's N. T. zu d. St. Eine bedeutende Geschichte der Interpretation dieser Stelle findet man bei Weiß, a. a. O. S. 216—227.

Punkte zur Erwägung: Was ist der Sinn von Apost. 4, 12? — Woher kommt es, daß in den ersten Reden des Petrus noch mehr Gewicht auf die Auferstehung, als auf den Tod des Herrn gelegt wird? — Die petrinische Vorstellung von der Erscheinung Christi in der Geisterwelt, verglichen mit der im Evangelium des Nikodemus. — Vermuthliche Quelle und bleibender Werth dieser Vorstellung. — Welche eigenthümliche Bedeutung wird 1. Petr. 1, 21; 3, 21 der Auferstehung des Herrn beigelegt? — Giebt Petrus auch Winke über die Art der Beziehung zwischen dem verherrlichten Herrn und den Seinen?

28

Petrus der Apostel der Beschneidung.

Obgleich Petrus als Apostel Jesu Christi verkün=
digt, daß das Heil in ihm für alle unentbehrlich und
vollkommen erreichbar sei, so berechtigt ihn doch der
Inhalt und die Form seiner Lehre zu dem Namen eines
Apostels der Beschneidung (Gal. 2, 7); dieser Name darf
jedoch nicht in einseitig=partikularistischem Sinne auf=
gefaßt werden.

1. Die Behauptung, daß das Heil in Christo für alle gleich
unentbehrlich sei, wird von Petrus (Apost. 4, 12) kräftig ausge=
sprochen. Der von ihm besonders in seinen ersten Reden mit Wärme
erwähnte Name Christi (2, 38; 3, 6. 16; 4, 10. 12, vergl. Luk. 24, 47)
ist für ihn im vollsten Sinne das Panier der Erlösung. Ohne
Grund meinte man eine entgegengesetzte Gesinnung in dem milden,
an Cornelius gerichteten Worte zu finden (Apost. 10, 34. 35). Er
behauptet dort keineswegs, daß gottesfürchtige Menschen ohne Unter=
schied Gott angenehm (δεκτός) wären, um ohne Christus selig, sondern
nur, um in das Reich Gottes aufgenommen und also erlöst zu werden.
Verhielt es sich anders, wozu sollte die Predigt und Taufe dem
ganzen heidnischen Hause dienen? „Non indifferentismus, sed in-
differentia religionum hic asseritur" (Bengel).

2. Diese vollständige Unentbehrlichkeit hat ihren Grund in der
Allgemeinheit der Sünde. An sich ist die Lehre von der Sünde bei
Petrus wenig entwickelt. Ueber ihren Ursprung läßt er sich nicht
ausdrücklich aus; während Paulus emporklimmt bis zur Quelle, weist
er nur auf den trüben Strom. Die Sünde des jüdischen Volkes
culminirt für ihn in der Verwerfung des Messias (2, 36), die der
Heiden ist die Frucht der Unwissenheit, welche sie in ihrem vorchrist-
lichen Zustande verblendete (1. Petr. 1, 14). Sind die fleischlichen
Begierden an sich schon sündig (1. Petr. 4, 2), so ist besonders ihre
Offenbarung in vielerlei Verkehrtheit direct im Streit mit Gottes

Willen und führt den Bekenner des Evangeliums zu einem früheren heidnischen Standpunkt zurück (1. Petr. 4, 3. 4). Sogar der Christ ist noch fortwährend der Gefahr zu sündigen blosgestellt (I. 5, 8) und wird insofern nicht ohne große Mühe selig (I. 4, 18). Nach alle dem giebt es sowohl für Juden als Heiden nur einen Weg zur Erlösung, die Gnade des Herrn Jesu Christi, auch ohne das drückende Joch der Gesetzeswerke (Apost. 15, 10. 11).

3. Was für alle nöthig ist, ist ebensowohl auch für alle erreichbar. Schon in der Pfingstrede wird auf diese universelle Bestimmung des Heiles in Christo hingewiesen. Auch dem größten Sünder unter den Juden wird Gnade gepredigt und deutlich auf die Berufung der Heiden angespielt (Apost. 2, 39). Denkt Petrus anfangs, daß diese letztern wie über die Brücke des Judenthums zum Reiche Gottes gebracht werden müssen, so sehen wir nach der Offenbarung, Apost. 10, in seiner Vorstellung auch diese beschränkende Bedingung wegfallen. Er legt sogar offenbar 15, 8. 9 Nachdruck darauf, daß Gott die Scheidewand zerbrochen habe, da er sowohl Juden als Heiden den heil. Geist verleihe und beider Herzen reinige durch den Glauben. Es ist also kein Grund vorhanden, den Petrus eines engherzigen Particularismus zu beschuldigen, welcher ihn getrieben haben sollte in den Juden, wenn nicht ausschließlich, so doch vorzüglich die Erben des Reiches Gottes zu sehen. Schon das merkwürdige Wort (Apost. 3, 26), daß Gott sein Kind Jesus zuerst zu den Juden gesandt habe (vergl. Joh. 4, 22), ist ein Beweis für das Gegentheil.

4. Die Bedingungen der Theilnahme am Heil in Christo sind nach Petrus äußerst einfach. In seinen Reden an die ungläubigen Juden hören wir ihn ganz im Geiste des Täufers und des Messias wiederholt zur Bekehrung auffordern (2, 38; 3, 19). In diese Bekehrung ist der Glaube schon eingeschlossen, welchen er in seiner Predigt bei Cornelius als Hauptforderung voranstellt (Apost. 10, 47), und welcher sich dadurch offenbart, daß man sich freiwillig der Taufe unterzieht, mit welcher das Empfangen der Vergebung der Sünden und der Gabe des heiligen Geistes verbunden ist (Apost. 2, 38), jedoch nicht so, als ob das Taufwasser an sich übernatürliche Kraft dazu besitzen sollte. Nur der Taufe wird Werth zugeschrieben, welche mit dem Versprechen vereinigt ist, ein gutes Gewissen vor Gott zu bewahren (1 Petr. 3, 21). Eine solche Taufe erlöst denn auch, ebenso

wie das Wasser der Sündfluth die Familie Noah's in der Arche er=
rettete, und wer sich ihr unterzieht, der beginnt schon hier des Heiles
(der σωτηρία) in Christo theilhaftig zu werden; und gleich viel, wer
er früher war, keiner hat einen Vorzug vor dem andern, denn Christus
ist Herr über alles (10, 36), und der heil. Geist hat alle Gläubigen
zu derselben Freiheit und Gleichheit erhoben (15, 8. 9).

5. Wie rein christlich indessen dies alles auch sein mag, so ist
die Form, in welcher der Apostel diese Ideen ausspricht und noch
viel mehr der Inhalt dieser Ideen selbst der Art, daß wir in ihm
vor andern den Apostel der Beschneidung erkennen. Sowohl in der
Apostelgeschichte als in den Briefen tritt er vor uns als ein Mann,
welcher ganz von dem Geiste des A. T. durchdrungen ist und sich am
liebsten in dem Sprachgebrauch desselben bewegt. Keine Schrift des
N. T. enthält mehr Anführungen aus dem A. T., mehr Anspielungen
auf dasselbe, als der erste Brief Petri. Auch in der Pfingstrede hören
wir, wie er sich wegen der Auferstehung und Erhöhung des Herrn
auf den 16. und 110. Psalm beruft. Apost. 3 dient ihm sofort die
Ankündigung des „Propheten", darnach, Apost. 4, der Psalm von
dem „Eckstein" zu seinem Zwecke. Alle Propheten von Samuel an
(Apost. 3, 24) ruft er als Zeugen auf; das Christenthum ist ihm
die Erfüllung der Prophetie. Schon den Propheten war es offen=
bart, daß die Dinge, welche sie verkündigten, nicht ihnen selbst, son=
dern den Christen zu Theil werden sollten (1 Petr. 1, 12), und der
Apostel, welcher dies versichert, hat selbst zu ihren Füßen gesessen.
Mit ihren Worten, wenn er sie auch nicht immer gerade nennt, äußert
und vertheidigt er seine Meinung, s. z. B. I. 1—24. 25. vgl. mit
Jes. 40, 6—8; I. 2, 3. vgl. Ps. 34, 9; I. 3, 10—12. vgl. Ps.
34, 13—17; I. 4, 18. vgl. Spr. 11, 31; I. 5, 7. vgl. Ps. 55,
23. Die Hauptforderung des Gesetzes (I. 1, 16) und die Verheißung
der Prophetie (I. 2, 6) werden ausdrücklich angeführt und Hauptpersonen
aus der Geschichte des A. T., z. B. ein Noah mit seiner Familie,
eine Sara in ihrem Verhältniß zu Abraham, ja die heiligen Frauen
der alten Zeit überhaupt als Vorbilder für die Gläubigen dargestellt
(I. 3, 5. 6. 20. 21). Die, welche nach diesen Vorbildern wandeln
werden mit alttestamentlichen, sonst Israel beigelegten Ehrentiteln ge=
schmückt. Sie heißen Auserwählte, ein königliches Priesterthum (I. 1, 1;
2, 9) und bilden zusammen das Haus Gottes (I. 4, 17). Der Name:

Kirche oder Gemeinde (ἐκκλησία) kommt hier nicht vor; wohl aber der: Volk Gottes (I. 2, 9. 10) und Heerde des Herrn (5, 2. 8), welcher so oft in den Propheten und Psalmen von Israel gebraucht wird und für Petrus ohne Zweifel seinen besondern Werth hatte (vgl. Joh. 21, 15—17). Die alttestamentliche Idee der Erwählung (vgl. Deut. 7, 6) schimmert in seinen Reden und Briefen unaufhörlich durch. Ja unser Apostel steht so fest auf dem Standpunkte einer teleologischen Welt= anschauung, daß er auch dann die Erfüllung des Rathes Gottes ehrt, wenn sich die Ungehorsamen an dem Wort der Gnade stoßen (2, 8).

6. Auch in dem Gottesbegriff, von welchem Petrus ausgeht, herrscht der alttestamentliche Grundton vor. Ohne Zweifel ist es ein Vorrecht der Christen, Gott als Vater anrufen zu dürfen (I. 1, 17) — es ist, als schwebe ihm bei diesem Wort das „unser Vater" vor —; aber dieser Vater urtheilt zugleich als Richter ohne Ansehn der Person. Er ist der treue Schöpfer (4, 19), und nächst diesem Attribut seiner von Israel's Propheten so hoch gerühmten Treue treten besonders seine Macht, Heiligkeit, Allwissenheit und Gerechtigkeit hervor. Auch Christus, der Sohn Gottes, wird hier weniger von der metaphysischen, als der theokratischen Seite betrachtet, und Petrus ist der einzige Apostel, bei welchem er den Namen: Lamm (ἀμνὸς) empfängt, der auch dem Jesaias entlehnt ist (Jes. 53, 7). Der heil. Geist endlich wird ohne Zweifel von Petrus erwähnt (Apost. 5, 32; I. 4, 14) und in den engsten Zusammenhang mit dem göttlichen Wesen gebracht (Apost. 5, 3. 4); aber ebenso wie im A. T. ist die Pneumatologie hier beziehungsweise noch wenig entwickelt.

7. Keinen anderen Charakter trägt die bei unserm Apostel herrschende Auffassung des christlichen Lebens. Auf die Furcht Gottes, verbunden mit den Werken der Gerechtigkeit, kommt es bei ihm vor allem an (I. 2, 17; vgl. Apost. 10, 35). Wohl werden die Erlösten Kinder (I. 1, 14), ja kleine Kinder (I. 2, 2) genannt — auch Israel erhielt in der alten Zeit ähnliche zärtliche Namen — aber noch immer sind und bleiben sie Knechte Gottes (I. 2, 16. δοῦλοι), die berufen sind, mit Furcht zu wandeln (I. 1, 17). Glauben und Gehorchen sind bei Petrus correlate Begriffe (I. 1, 2; 2, 7), und nicht sowohl kindliche Liebe, als kindliche Ehrfurcht ist der Grundton des hier ge= zeichneten geistigen Lebens. Ist auch das Joch des Gesetzes zerbrochen (Apost. 15, 10), so bleibt doch die Vorschrift des Gesetzes noch immer

die Richtschnur für das Verhalten und Handeln des Jüngers des Herrn (I. 3, 8—15). Indem sie also zusammen Gott dienen, erfüllen sie die Aufgabe, welche in der alten Zeit vorzüglich einem Stamme gestellt war. Man kann sagen, daß die Lehre von dem allgemeinen Priesterthum der Gläubigen (I. 2, 4—9) vorzüglich petrinisch ist; wird sie doch in keinen andern Briefen so nachdrücklich ausgesprochen; nur noch in der Apokalypse, 1, 5. 6; 5, 8. 9. Aber auch diese Idee ist im Princip ebenso alttestamentlich, wie die Beschreibung der Christen als Fremdlinge und Pilgrimme (I. 2, 1; vgl. Pf. 119, 19a u. a. St.). Solche Eigenthümlichkeiten sind um so bemerkenswerther, wenn wahr ist (wie aus 1, 14; 2, 10; 4, 3. 4 hervorzugehen scheint), daß die ersten Leser des Briefes vornehmlich, wenn auch nicht ausschließlich Juden waren. Auch zu solchen, welche früher in der Finsterniß des Heidenthums saßen, wird hier gesprochen, als ob sie Theil am Segen Israels hätten, aber zugleich auch berufen wären zur Verwirklichung des Ideals der alten Heilsökonomie.

8. Das über die alttestamentliche Färbung der petrinischen Theologie Bemerkte bestimmt ihren Charakter, vermindert aber ihre Wichtigkeit nicht. Es ist beides wahr; das N. T. ist die Erfüllung des A. T. und sein Gegensatz. Paulus legt das Hauptgewicht auf die letzte, Petrus dagegen auf die erste Seite der Sache. Gerade wegen dieser Eigenthümlichkeit war er um so geeigneter, Israel das Evangelium zu bringen; und wie dieses Israel selbst im vollsten Sinne des Wortes ein Volk der Hoffnung war, so wurde sein erster Apostel zugleich Apostel der Hoffnung.

Vergl. Weiß, a. a. O. S. 98—107 und die daselbst angeführte Litteratur; man füge noch hinzu Fronmüller a. a. O. Einl. §. 4.

Punkte zur Erwägung: Was ist der Sinn von Apost. 2, 40b? — In welches Verhältniß setzt Petrus sich selbst und seine Glaubensgenossen zur alten Heilsökonomie, Apost. 15, 7—11? — Wie läßt sich Gal. 2, 11—13 damit vereinigen? — Was lehrt Petrus von der Taufe? — Was über die Berufung der Heiden? — Welche Stelle bekleidet der Prädestinationsbegriff in der Theologie des Petrus? — Worin stimmen Petrus und der Herr beim Gebrauch des A. T. überein, und worin unterscheiden sie sich? —

29

Petrus, der Apostel der Hoffnung.

Petrus zeigt sich uns in seinen Reden und in sei=
nem ersten Briefe als Apostel der Hoffnung und zwar
vor allem deswegen, weil die Erwartung der Wieder=
kunft des Herrn ebenso seine ganze Darstellung der
christlichen Wahrheit, wie seine Anschauung des christ=
lichen Lebens beherrscht. Läßt sich diese seine Eigen=
thümlichkeit aus seiner Individualität vollständig er=
klären, so bietet sie uns auch zugleich den Schlüssel, den
Gang seiner Ideen zu verstehen, und den Maaßstab, den
Werth seines Lehrbegriffs zu bestimmen.

1. Die Benennung „Apostel der Hoffnung“ weist keineswegs
auf einen Charakterzug hin, welcher dem Petrus ausschließlich eigen
ist, sondern nur auf eine Eigenthümlichkeit, welche in seinem Lehr=
begriff stärker als bei andern hervortritt. Bei keinem Apostel fehlt
die Erwähnung und Würdigung der christlichen Hoffnung (ἐλπίς);
aber die petrinische Theologie trägt mehr als andre einen elpistischen
Charakter. Die christliche Hoffnung bildet nicht bloß den Schluß,
sondern macht den Mittelpunkt seiner ganzen Vorstellung aus. Das
Evangelium ist nach seiner Meinung auf der einen Seite die schönste
Erfüllung, auf der andern zugleich die reichste Verheißung. Jederzeit
spricht er von derselben und kehrt stets mit Vorliebe zu derselben zurück.
Mögen wir unsre Aufmerksamkeit auf seine Reden oder auf seinen
ersten Brief richten, immer ist es die Erwartung der Zukunft, welche
seiner ganzen Darstellung Gluth und Leben einhaucht.

2. Schon im Eingang seiner Pfingstrede weist Petrus mit Be=
nutzung der Prophetie Joëls nicht nur auf das hin, was in der
Gegenwart verliehen worden ist, sondern auch auf das, was in der
Zukunft zu erwarten ist (2, 16—21); und obgleich er sich in seiner
Ansprache ausschließlich an das Haus Israel richtet, kann er es doch
nicht unterlassen, seinen Blick weit hinaus auf alle zu richten, die ferne
sind (2, 39). In seiner darauf folgenden Rede bringt er auf Beleh=

rung (3, 19—21), „auf daß da komme die Zeit der Erquickung" durch die Erscheinung Christi, welcher nun zeitlich den Himmel eingenommen hat, aber bereit ist, in Israel sein Königreich aufzurichten und alles wiederzubringen. Auch die Rede bei Cornelius eilt so zu sagen fort zu der Erwähnung Christi als des von Gott verordneten Richters der Lebendigen und der Todten (10, 42), und selbst in der kurzen Rede bei dem Apostelconcil zu Jerusalem schimmert die Erwartung einer theilweise noch zukünftigen Seligkeit durch (15, 11).

3. Noch stärker kommt diese Eigenthümlichkeit in dem ersten Brief des Apostels zum Vorschein. Er beginnt mit einer Doxologie (1, 3), welche uns unwillkürlich an die im Briefe Pauli an die Epheser erinnert. Während aber Paulus im Allgemeinen die geistlichen Segnungen in Christo preist, dankt Petrus vor allem für den Segen der Wiedergeburt zu einer lebendigen Hoffnung durch die Auferstehung des Herrn. Einen bestimmten Grund zur Erwähnung gerade dieser Wohlthat läßt sich kaum nachweisen; aber gerade sie liegt ihm am meisten am Herzen. Der Gegenstand der Hoffnung, dies himmlische Erbe, wird in einer Reihe von Ausdrücken gepriesen, welche engverwandte und doch verschiedene Ideen bezeichnen. „Es ist unvergänglich", weil es zum Reich der ewigen Dinge gehört, „unbefleckt", denn es ist der Verunreinigung durch die Sünde nicht blosgestellt, „unverwelklich", nicht nur dauerhaft, sondern immer gleich schön. Dieses ewige, heilige, herrliche Erbtheil ist den Gläubigen vollständig verbürgt; es wird für sie behalten und sie werden bewahrt zur Seligkeit, welche schon auf dem Punkte steht, offenbar zu werden (V. 5). Das gegenwärtige Leiden (V. 6) dauert nur kurz (vgl. Joh. 16, 16) und erhöht sofort ihre Freude (V. 7). Ihre Glaubensfreude ist jetzt schon eine herrliche (V. 8); sie selbst ist schon da, wo ihr Gegenstand ist, und wo sie das Ende ihres Glaubens, der Seelen Seligkeit, erwarten (V. 9). Das christliche Leben ist aus diesem Grunde ein vollkommenes Hoffen auf die Gnade (1, 13); weil nicht nur ihr Glaube, sondern auch ihre Hoffnung sich auf Gott richten soll, wurde Christus auferweckt und verherrlicht (1, 21). Der Charakter der gottesfürchtigen Frauen des A. T. wird mit einem Zuge gezeichnet: sie hoffen auf Gott (3, 5); ebenso müssen auch die Christen besonders von ihrer Hoffnung Rechenschaft geben können (3, 15). Sicher ist die Zeit, welche man im Fleische lebt, nur kurz; Christus ist bereit zu richten

(4, 3—7); schon beginnt das Gericht über die Gemeinde (4, 17), und auch das über die Welt wird nicht umsonst auf sich warten lassen. Was den Apostel selbst betrifft, so giebt es für ihn nichts Begehrenswertheres, als nächst dem Namen eines Zeugen des Leidens den eines Genossen der zukünftigen Herrlichkeit (5, 1); die Hindeutung auf die Vergeltung der Zukunft dient ihm zur kräftigsten Ermahnung (V. 4), und die christliche Berufung zur ewigen Herrlichkeit nach kurzem Leid ist der Stoff seiner Doxologie (V. 10). Ohne Zweifel ist dies alles ganz im Geiste des Herrn (vgl. Luk. 24, 26), ist aber auch Aeußerung und Frucht des persönlich gefühlten Bedürfnisses, das Dunkel der Gegenwart mit dem Lichte der Zukunft zu erhellen. Ihre Erwartung ist gleichsam die Achse, um welche sich des Apostels Lehre dreht. Nirgends findet sich eine Aeußerung, daß er noch ein langes Ringen der Glieder der Gemeinde erwartet; ihr Haupt ist bereit, zu kommen. Der Zustand der Christen nach dem Tode, die Auferstehung der Gerechten, die endlose Strafe der Bösen werden hier nicht oder kaum berührt. Weit hinaus über das alles richtet sich der Blick des Apostels auf das glanzreiche Ende, die persönliche Parusie des Herrn.

4. Als Beweis für die Richtigkeit unserer Charakteristik folgt hier von dem schon genannten Gesichtspunkte aus ein Schema des ersten petrinischen Briefes. Zuerst preist er in erhabenem Tone den Ruhm der Hoffnung (1, 3—12), und zwar dadurch, daß er auf ihre Sicherheit (V. 3—5), auf ihre Freude (V. 6—9) und ihre Erha= benheit (V. 10—12) hinweist. Dann macht er aber sofort einen kräftigen Versuch, das Leben der Hoffnung zu preisen und zu stärken. Die allgemeine Ermahnung, vollkommen auf die Gnade zu hoffen (V. 13), kann als der sinnreiche Text aufgefaßt werden, in welchem er das Resultat alles Vorhergehenden zusammenfaßt, und worin das Thema aller folgenden Ermahnungen und Tröstungen liegt. Sie sind (A) theilweise mehr allgemeiner Art (1, 14—2, 10) und fordern den Gläubigen ohne Unterschied auf zu persönlicher Heiligung (1, 14—21), gegenseitiger Liebe (1, 22—2, 3) und gemeinschaftlicher Verherrlichung Gottes und des Heilandes (2, 4—10); theilweise haben sie auch (B) eine bestimmte Beziehung und gelten entweder den Christen in der Welt und dem bürgerlichen Leben (2, 11—4, 6), insofern dieselben Unterthanen, Knechte, Eheleute oder Glieder der gesammten leidenden und streitenden Kirche sind, oder betreffen das gegenseitige Verhältniß

der Christen unter einander, insofern dieselben berufen sind, für einander zu leben (V. 12—16) und einander unterthan zu sein (5, 1—5). Zum Schlusse (C) wird alles noch einmal in der allgemeinen Aufforderung zusammengefaßt, demüthig nach oben (5, 6. 7), behutsam nach innen (V. 8), theilnehmend ringsum (V. 9), hoffnungsvoll in die Zukunft zu schauen (V. 10. 11). Aber unter all diesen Ermahnungen ist kaum eine, welche nicht direct oder indirect mit der ersten und allgemeinen zusammenhinge (1, 13): „setzet eure Hoffnung ganz auf die Gnade, die euch angeboten wird durch die Offenbarung Jesu Christi".

5. Der elpistische Charakter der petrinischen Theologie ist aber auch ebenso erklärlich wie unbestreitbar. Er wurzelt in der Individualität des Apostels, dessen ersten Brief man ein „Porträt in Buchstaben" nennen könnte. Schon als Apostel Jesu Christi (§. 27) ist Petrus Apostel der Hoffnung: seine Hoffnung ist gegründet auf des Meisters eigenes Wort (Matth. 19, 28—30). Auch als Apostel der Beschneidung mußte er es sein (§. 28); die Weissagungen des Prophetismus wurden durch die erste Erscheinung Christi in der Erniedrigung nur zum Theil erfüllt: „Pierre est un homme, formé à l'école de l'A. T., mais qui a compris les choses nouvelles dans toute leur richesse et dans tout leur grandeur" (Bonifas). Aber er ist vor allem Apostel der Hoffnung, weil er Simon Petrus, kein Johannes oder Thomas ist; der leidenschaftliche, sanguinische Mann bei welchem das frühere Sehnen und Jagen nach einer schönen Zukunft zwar gemäßigt aber keineswegs weggenommen ist. „Gratia non tollit, sed sanat naturam." Je mehr der neue Mensch hier und da noch den Einfluß des alten fühlte (Gal. 2, 11), um so mehr mußte ihn nach Erlösung verlangen.

6. Der Werth des petrinischen Lehrbegriffs wird keineswegs durch die Bemerkung verkleinert, daß die Hoffnung des Apostels in der Form, in welcher sie gehegt und bekannt wurde, nicht erfüllt worden sei. Der vom Herrn selbst nicht näher bestimmte Tag der Parusie war und blieb ein Punkt individueller Erwartung, über welche die Zeit selbst erst wahres Licht verbreiten kann. Theilt Petrus in dieser Hinsicht die Ansicht der ganzen apostolischen Zeit, so bleibt doch das Ereigniß selbst, welches er erwartete, Gegenstand der Erwartung aller folgenden Jahrhunderte, und die von ihm angepriesene Hoffnung bleibt eine unerschöpfliche Quelle des Trostes und der Heiligung. Die

Art und Weise, wie er diese Hoffnung schriftlich rechtfertigt, ist in mancher Hinsicht so interessant, daß sich die Frage kaum abweisen läßt, ob er sich nicht auch noch weiter und später darüber ausgesprochen habe. Diese Frage lenkt von selbst unsern Blick auf den zweiten nach Petrus benannten Brief.

Vergl. **Weiß**, a. a. O. S. 25 u. ff. **Mayerhoff**, histor. krit. Einleitung in die Petrin. Schr. Hamb. 1835, S. 102 u. ff.

Punkte zur Erwägung: Woher die allgemeine, auch von Petrus ausgesprochene Erwartung der apostolischen Zeit in Betreff der baldigen Parusie des Herrn? — In welchem Zusammenhang steht seine Eschatologie mit der des synoptischen Christus? — Was versteht er Apost. 3, 21 unter ἀποκατάστασις πάντων, und was erwartet er davon? — Was sind ihm zufolge die Vorzeichen der Parusie? — Was lehrt er über Lohn und Strafe der zukünftigen Zeit?

§. 30.
Der zweite Brief Petri.

Obgleich gegen den apostolischen Ursprung des zweiten dem Petrus zugeschriebenen Briefes sehr gewichtige Bedenken erhoben werden, trägt der darin enthaltene Lehrbegriff bei all seiner Eigenthümlichkeit dennoch einen unverkennbar petrinischen Charakter. Es zeigt dieser Brief sogar so viele Spuren der Individualität Petri, als Apostels Jesu Christi, Apostels der Beschneidung und Apostels der Hoffnung, daß der Inhalt an sich viel mehr zu Gunsten, als zum Nachtheil der Echtheit zeugt.

1. Der Zweifel an der Echtheit des zweiten petrinischen Briefes datirt schon aus den frühesten Jahrhunderten. Irenäus, Tertullian, Cyprian und andre kennen nur einen Brief Petri, Origenes und Eusebius bezweifeln die Echtheit des zweiten, und in der ältesten syrischen Uebersetzung kommt derselbe nicht vor. Sogar Erasmus und Calvin sprechen hier zweifelhaft oder verneinend, und in unsrer Zeit ist die Mehrheit der Kritiker gegen die Echtheit. Doch fand diese auch in unsrer Zeit ihre Vertheidiger in Hug, Flatt, Kern, Heidenreich,

Windischmann, Dietlein, Thiersch, Guericke, Fronmüller, Steinfaß und anderen, und Weiß und Brückner neigen sich sichtlich zu ihrer Anerkennung, so daß die Einleitungswissenschaft die Acten dieses Processes vorerst noch nicht als geschlossen zu betrachten hat. Die Theologie des N. T. kann ihre Aufmerksamkeit nur auf den Lehrbegriff richten und fragen, in wiefern derselbe wirklich einen petrinischen Charakter trägt oder nicht.

2. Ohne Zweifel ist hie und da ein Unterschied zwischen dem dogmatischen und ethischen Inhalt des zweiten und ersten Briefes zu bemerken. Es wird viel mehr Nachdruck auf die Erkenntniß (ἐπίγνωσις) des Evangeliums gelegt; manche im ersten Briefe ausgesprochene Idee wird hier gar nicht oder kaum berührt; und im Ganzen herrscht zwischen unserm Briefe und dem des Judas eine so große Uebereinstimmung der Begriffe, wie sie zwischen zwei andern Schriften des N. T. nicht mehr gefunden wird. Indessen lassen sich diese und andre Erscheinungen wenigstens bis zu einem gewissen Grade theils aus dem veränderten Bedürfnisse der Leser, theils aus dem besonderen Zweck des Schriftstellers, theils endlich aus der Individualität des Petrus selbst erklären. In keinem Falle beeinträchtigen sie die durchgehend petrinische Färbung dieses Schreibens, welche sogar von den Bestreitern der Echtheit anerkannt, wenn auch auf andre Weise erklärt wird. Oefter bestätigt sich, und nicht selten auf überraschende Weise, was Lutterbeck sagt: „der zweite Brief des Petrus zeigt anscheinend das Gegentheil, in der That aber dasselbe was der erste Brief zeigt.“

3. Auch der Schriftsteller dieses zweiten Briefes spricht in der That als ein Apostel Jesu Christi. Ebenso wie im ersten ist besonders der historische Christus der Mittelpunkt seiner ganzen Vorstellung, das Vorherbestehen des Herrn wird jedoch nicht ausdrücklich erwähnt. Er ist der Seligmacher (3, 2), und die hauptsächlichste Wohlthat, welche die Gläubigen ihm zu danken haben, besteht in der Reinigung von ihren früheren Sünden (1, 9 vgl. I. 1, 2). Er hat sie erkauft (2, 1 vgl. I. 1, 18) und hört auch nach seinem Heimgang von der Erde nicht auf, zu ihnen in der engsten Beziehung zu stehen (1, 14. vgl. I. 2, 25). Ein Abbild der Herrlichkeit, welche er jetzt genießt, hat der Verfasser schon auf dem Berge der Verklärung gesehn (1, 16—18), ein besonderer Vorgang aus dem Leben des Herrn, an welchen in keinem andern Brief des N. T. erinnert wird, wie ja

auch ein andres nicht weniger geheimnißvolles Ereigniß nur in dem ersten Briefe Petri erwähnt wurde (I. 3, 19—21). Kein Wunder, daß Christus im Glanze einer wahrhaft göttlichen Würde, vor dem Auge des Verfassers steht. Was schon im ersten Brief vorausgesetzt oder angedeutet war, wird hier nachdrücklich ausgesprochen. Neben dem Namen Seligmacher, empfängt der Herr den Namen Gott (1, 1), und die ihm am Ende geweihte Doxologie (3, 18) drückt dieser Benennung das Siegel auf. Kurz, wir sehen, wie die in der Apostelgeschichte und im ersten Brief beginnenden Gedankenreihen hier weiter durchgeführt werden.

4. Keine geringere Uebereinstimmung treffen wir an, wenn wir den zweiten Brief in die Hand nehmen, und dabei an den Apostel der Beschneidung denken, wie wir ihn im ersten Briefe kennen lernten. Die dort bemerkte alttestamentliche Färbung kommt auch hier, sowohl was die Einkleidung, als was den Inhalt der Gedanken betrifft, beständig aufs neue zum Vorschein. Die Gerechtigkeit Gottes steht sogleich voran (1, 1), und alsbald (V. 10) wird auf die Erwählung der Gläubigen als auf ihr eigenthümliches Vorrecht hingewiesen. Dieselbe hohe Achtung vor dem prophetischen Wort fällt uns auch hier mit einer ähnlichen Anschauung von seinem göttlichen Ursprung, wie wir sie früher fanden (I. 1, 10—12), ins Auge (1, 19—21). Ein einzigesmal wird, wie auch im ersten Briefe, das A. T. ausdrücklich angeführt (2, 22); aber noch bedeutend größer ist die Anzahl derjenigen Stellen, in welchen auf seinen historischen Inhalt angespielt oder sein Sprachgebrauch selbst unwillkürlich angenommen wird. Auch hier findet sich die Erwähnung der Zeit Noah's (2, 5) und Abrahams (V. 6 u. ff.); diesmal jedoch wegen des besonderen Zweckes des Briefes nicht mit Hinweisung auf die gehorsame Sara, sondern auf den gottesfürchtigen Loth (2, 7—9). Auch hier wird wiederholt der zweckmäßigste Gebrauch von dem gemacht, was aus der Schrift des A. T. als bekannt vorausgesetzt werden konnte (2, 13. 16. vgl. Num. 22, 16—34; 2, 22. vgl. Sprüch. 26. 11; 3, 5. vgl. Gen. 1, 2; 3, 7. vgl. Gen. 9, 11; 3, 8. vgl. Pf. 90, 4; 3, 12. vgl. Jef. 65, 17). Hierher gehört noch die Erwähnung des jüngsten Tages, als des Tages Gottes (3, 10), was ganz im Geiste der alten Prophetie ist. Das N. T. ist also auch hier von Anfang bis zu Ende die Vollendung und Krone des A., nirgends sein Gegensatz.

5. Auch den Apostel der Hoffnung verräth der zweite Brief Petri einem aufmerksam lauschenden Ohre. Von vorn herein richtet der Verfasser die Aufmerksamkeit seiner Leser auf die göttlichen Verheißungen (1, 4) und fordert sie besonders durch Hinweisung auf die Zukunft zur fortgesetzten Heiligung auf. Auch das „Ablegen der Hütte" (1, 14) ruft uns das Bild der „Pilgrimschaft" aus dem ersten Briefe wieder vor den Geist (2, 11). Wir denken jedoch hier hauptsächlich an jene Stelle, wo er sich (3, 3—15) ausführlich über den Untergang der gegenwärtigen Weltordnung und über dessen große Folgen ausspricht, wo wir fast eine Apokalypse im Kleinen finden. Die Verschiedenheit, welche sich in Betreff der Eschatologie zwischen dem Lehrbegriff des zweiten und des ersten Briefes findet, ist nur relativ und keinenfalls unerklärlich. War einige Zeit zwischen der Abfassung beider Briefe verstrichen, dann konnte und mußte der Apostel einsehen, daß die feurig gewünschte Wiederkunft wohl etwas länger ausbleiben konnte, als er anfangs erwartet hatte. Er durfte dies Ausbleiben um so weniger übersehen, als es von Spöttern mißbraucht wurde, gegen deren Verführung er hier die Gläubigen waffnet, während er sie im ersten Briefe unter Leiden durch Hinweisung auf die zukünftige Herrlichkeit tröstet. Hier wie dort ist jedoch sein Blick sehnsuchtsvoll auf die Zukunft gerichtet, und die Ermahnung, nicht zu warten, sondern auch zu eilen (σπουδάζειν)*) zu der Zukunft des Tages des Herrn, trägt ebenso einen petrinischen Charakter, wie das kräftige Dringen auf Heiligung, mit welcher das Leben der Hoffnung auch hier in unmittelbaren Zusammenhang gebracht wird. Und was endlich der Hauptinhalt der hier dargelegten Erwartungen angeht, so muß bemerkt werden, daß sie sich ganz an die Verheißungen der Propheten und an die eignen Aussprüche des Herrn anschließen. Ist irgend eine Anschauung nach der Ansicht einer späteren Zeit unhaltbar, so beweist dies durchaus nicht, daß auch Petrus sie unmöglich hegen und aussprechen konnte.

6. Wohl stehen der angeführten Uebereinstimmung mehr oder minder wichtige Verschiedenheiten gegenüber, aber Gedanken= oder

---

*) Dreimal kommt dies (echt petrinische) Wort in unserm Briefe vor, und siebenmal in allen Briefen Pauli. Sollte ein Anonymus, der sich beeiferte recht petrinisch zu erscheinen, es auch auf solche beziehungsweise kleine psychologische Eigenthümlichkeiten abgesehen haben?

Form=Verschiedenheit in zwei verschiedenen Schriften beweist an sich noch nichts gegen die Identität des Autors, am allerwenigsten, wenn dieser Autor eine Individualität offenbart, wie die eines Simon Petrus. Genug, in keinem einzlgen wichtigen Punkte widersprechen sich beide Briefe, und sicher würde auch nur der Schein des Widerspruchs von einem Fälscher, welcher den Namen des Petrus miß= brauchte, mit ängstlicher Sorge vermieden worden sein. Es ist wenigstens kein größerer Unterschied zwischen dem ersten und zweiten nach Petrus benannten Briefe, als zwischen manchen Schriften des Johannes oder Paulus, an deren Echtheit kein Unparteiischer zweifelt.

7. Andre innere Bedenken, welche die Verschiedenheit des Stils des ersten und zweiten Briefes, das Verhältniß des letztern zu der evangelischen Geschichte, zu den Briefen Pauli, zu dem allgemeinen Sendbrief Judä und zu dem entstehenden Gnosticismus der Zeit oder den geheimnißvollen Inhalt mancher hier vorkommenden Aussprüche betreffen, liegen außer der Grenze unsrer Untersuchung. Beschränken wir uns streng auf den Lehrbegriff, dann müssen wir als Resultat der Untersuchung aussprechen, daß der zweite Brief durchaus nichts enthält, was uns verbietet, an Simon Petrus als Verfasser desselben zu denken, und dagegen nicht wenig, was den Glauben an seinen petrinischen Ursprung rechtfertigt. Wir sehn uns also noch immer der „rauhen Alternative" gegenüber, daß entweder Petrus selbst den Brief schrieb, oder daß ein Unbekannter zur Erreichung seines beson= dern Zweckes es deutlich darauf angelegt habe, für unsern Apostel gehalten zu werden, und dazu seinen Stil und seine Ideen so genau wie möglich nachahmte. Ob eine solche litterarische Fiction sich so leicht annehmen läßt, wie es von mancher Seite geschieht, und ob sie in diesem Falle mit dem sittlichen Charakter des Schriftstellers, wie wir diesen aus seinem Briefe kennen lernen, übereinstimmt, ist eine Frage, deren Beantwortung nicht hierher gehört. Wäre der zweite Brief Petri anonym erschienen, dann würde vielleicht die innere Kritik der Vermuthung, dieses Schreiben rühre von niemand anderm als vom Apostel Petrus her, den höchsten Grad der Wahrscheinlichkeit verleihen.

Vgl. über den Lehrbegriff des zweiten Briefes Petri in Ver= bindung mit seiner Echtheit außer Meßner, a. a. O. S. 54—70, unsre Christol. d. N. V. bl. 162—176 und die daselbst angeführte

Litteratur, wo man noch hinzufüge Fronmüller, a. a. O. S. 68 u. ff. Fr. Steinfaß, der zweite Brief des heil. Petrus. Rostock 1863, und B. Weiß, zur petrin. Frage, Stud. u. Krit. 1865 u. 1866. Ueber die Verbreitung einzelner Schriften unter dem apost. Namen in den ersten christl. Jahrhunderten H. W. J. Thiersch, Versuch einer Herstellung des histor. Standpunktes u. f. w. Erl. 1845, S. 338 u. ff. S. auch den Commentar von Wiesinger.

Punkte zur Erwägung: Welche haben auf Grund seines Lehrbegriffs vorzüglich die Echtheit des zweiten petrin. Sendschreibens bestritten? — Welche Eigenthümlichkeit offenbart der dogmatische und ethische Inhalt unsres Briefes im Vergleich zum ersten? — In wiefern lassen sich diese Eigenthümlichkeiten aus dem besondern Zweck dieses Schreibens und der Individualität des Autors erklären? — Das Verhältniß dieses Briefes zu dem des Judas und denen des Paulus? — Die Eschatologie dieses Briefes, verglichen mit den Erwartungen des Heidenthums und der prophetischen Schrift des A. T. — Petri zweiter Brief, die Krone seines ganzen apostolischen Zeugnisses und sein Testament für die Kirche und die Welt.

§. 31.

Die verwandten Lehrbegriffe.

Die petrinische Auffassung des Evangeliums steht inmitten der übrigen Schriften des N. T. keineswegs allein. Unbeschadet der Eigenthümlichkeit einer jeden kommt sie der Hauptsache nach merkwürdigerweise mit derjenigen überein, welche in den Evangelien des Matthäus und Markus und besonders in dem allgemeinen Sendschreiben des Jakobus und Judas entweder vorausgesetzt oder ausgesprochen wird.

1. Wir lernten die petrinische Vorstellung vom Evangelium in ihrer vielseitigen Eigenthümlichkeit kennen. An sie schlossen sich ohne Zweifel die Judenchristen an, welche in Petrus ihren Führer und Vertreter fanden, und da er eine so bedeutende Stelle in der Geschichte der apostolischen Zeit einnahm, läßt sich schon von vorn herein annehmen, daß es ihm keineswegs an Geistesverwandten unter den heiligen Schriftstellern fehlte. Diese Vermuthung wird zur

Sicherheit, wenn wir den Blick auf verschiedene Theile des N. T. richten, in welchen der Geist unseres Apostels entweder deutlich durchschimmert oder Ideen ausgesprochen werden, die mehr oder weniger den seinen gleichkommen.

2. Dies ist sofort der Fall mit dem Evangelium des Markus, auf dessen Inhalt und Abfassung Petrus laut der Ueberlieferung einen Einfluß ausübte, dessen Art und Umfang hier nicht näher bestimmt werden kann. Der mehr philosophische Standpunkt des Johannes-Evangeliums wird hier ebenso wie in den Reden und Briefen unseres Apostels vermißt. Das zweite Evangelium beginnt sofort mit der Taufe des Johannes, um mit der Auferstehung und Erhöhung Jesu zu endigen, und bewegt sich also gerade in dem Kreis, welcher von Petrus selbst (Apost. 1, 21. 22) dem Zeugen des Herrn angewiesen worden war. Jesus tritt in demselben besonders so auf, wie ihn Petrus darzustellen pflegte, und mit solchen Charakterzügen, welche für dessen persönliche Erinnerung von größtem Werthe waren. Das dramatische der Darstellung, der abwechselnde Ton, der schnelle Gang der Erzählung ruft uns unwillkürlich den Zeugen des Herrn vor den Geist, welchen wir so eben in Wort und Schrift kennen lernten.

3. Etwas Aehnliches läßt sich auch in Betreff des Matthäus bemerken. Wie man auch über die verwickelten Fragen, welche uns dieses Evangelium vorlegt, denken mag, so viel ist wohl unzweifelhaft, daß es einen rein palästinensischen Charakter trägt, und daß der Verfasser insofern eher dem Petrus, als dem Paulus oder Johannes geistesverwandt ist. Die offenbare Tendenz des ersten Evangeliums, Jesum im Lichte der prophetischen Schrift als den verheißenen Messias darzustellen, ist ganz nach dem Geiste unseres Apostels. Wie Petrus in seiner Christusverkündigung (Apost. 10, 38) den Wundern des Herrn besonderen Werth beilegte, so wird auch hier eine Menge derselben an einander gereiht (Kap. 8 u. 9); und wie Petrus, so verkündigt auch Matthäus den Herrn als Israels Messias, schließt jedoch die Heiden eben so wenig aus wie jener. Nirgends werden endlich die eschatologischen Reden des Herrn, welche für den Apostel von so unschätzbarem Werthe sind, so ausführlich und in solcher Ordnung berichtet, wie im ersten Evangelium.

4. Noch weniger läßt sich leugnen, daß Judas, der Bruder des Jakobus, soweit uns derselbe aus seinem Sendschreiben bekannt

ist, auf demselben Standpunkte steht wie Petrus. Was man auch von seiner Person und der Verwandtschaft dieses Briefes mit dem zweiten petrinischen denken mag, die eigenthümliche Anschauung des Petrus ist auch hier unmöglich zu verkennen. Als Zeuge Jesu Christi stellt auch Judas den Herrn, wenn auch kurz, so doch deutlich genug in den Vordergrund. In ihm sind die Christen behalten (B. 1), er ist der einige Herrscher und Herr (B. 4), auf dessen Barmherzigkeit sie zum ewigen Leben warten (B. 21), und durch welchen Gott in der Gemeinde verherrlicht wird (B. 25)*). So baut Judas, wie mit allen Aposteln, so namentlich mit Petrus auf ein und dasselbe Fundament, obgleich er wie dieser die göttliche Natur und Würde des Erlösers mehr voraussetzt und andeutet, als wirklich ausspricht. Auch die alttestamentliche Färbung hat seine Lehre mit der des Petrus gemein. Eben wie dieser benutzt er reichlich die heilige Geschichte, so die von Sodom (B. 7), Moses (B. 9), Bileam (B. 11), Henoch (B. 14). Er scheint sogar in Betreff dieses letzteren aus einer apokryphischen Schrift geschöpft zu haben, deren Inhalt ihm als Autorität gilt. Die Hoffnung auf die Zukunft endlich tritt in diesem kurzen Briefe beziehungsweise stark hervor, wenn auch so, daß sie mit Rücksicht auf Unwahrheit und Ungerechtigkeit vorzugsweise von ihrer schreckenvollen Seite betrachtet wird. Ebenso wie Petrus (I. 1, 5), legt endlich auch Judas besonderen Nachdruck auf das Behalten der Gläubigen zum ewigen Leben (B. 1. 21. 24).

5. Insbesondere müssen wir hier jedoch den Brief des Jakobus erwähnen, welcher in der ersten christlichen Lehrentwicklung zwar keine bevorzugte, aber nichts desto weniger eine wichtige Stelle einnimmt. Die Lehre dieses Zeugen des Herrn enthält auch neben der des Petrus viel Eigenthümliches, besonders was die Vorstellung von der Person und dem Werk des Herrn betrifft. Der Name Jesus Christus selbst wird hier nur zweimal (1, 1; 2, 1) genannt, obwohl auch noch an manchen Stellen wenigstens zweifelhaft sein kann, ob nicht darauf angespielt wird (2, 7; 5, 6. 7. 8. 14); von den eigentlichen Heilsthatsachen seiner Geschichte wird gänzlich geschwiegen. Auch das hohepriesterliche Amt des Herrn tritt in den Hintergrund; sogar von seiner königlichen Herrlichkeit wird hier nur im Vorbeigehen ge-

---

*) Man vergl. zu allen diesen Stellen Tischendorf.

sprochen (2, 1); aber lauter als sonst hören wir hier den treuen Wiederhall seines prophetischen Wortes. Manche Ermahnung im Briefe des Jakobus ist wie ein Echo der Bergrede (s. z. B. 3, 11. 12; 4, 4; 5, 12) und beweist, wie tief der Verfasser in den Geist seines verherrlichten Bruders eingedrungen war. — In dem Gottesbegriff sind es hauptsächlich die sittlichen Eigenschaften Gottes, auf welche mit Nachdruck hingewiesen wird; auch seine Unveränderlichkeit ist nicht allein eine Eigenschaft, sondern eine Tugend (1, 13—17). — Nicht weniger eigenthümlich ist die Vorstellung, welche sich hier in Betreff der Sünde auf der einen und der Gnade auf der andern Seite findet. Großen Nachdruck legt Jakobus darauf, daß der Mensch ursprünglich nach Gottes Ebenbild gemacht sei (3, 9, vergl. Gen. 9, 6); aber nichts desto weniger versichert er ausdrücklich, daß die Sünde ganz allgemein (3, 2), und vor allem, daß sie des Menschen eigene Schuld ist (1, 13—18). Daß er den dämonischen Ursprung des sittlich Bösen nicht verkennt, ist klar (2, 19; 3, 15; 4, 7); aber das augenblickliche Entstehen der Sünde im Menschen beschreibt er besonders von seiner psychologischen Seite (1, 14. 15), wie er denn auch bei dem Wort Sünde ($\dot{\alpha}\mu\alpha\rho\tau\iota\alpha$) mehr an die sündhafte That, als an das sündhafte Princip (bei ihm $\dot{\epsilon}\pi\iota\vartheta\nu\mu\iota\alpha$) denkt. Deswegen bestreitet er mehr bestimmte Sünden, z. B. die der Zunge (3, 1—12) oder der Reichen gegen die Armen (5, 1—6), als daß er, wie z. B. Paulus, Röm. 7, den Zwiespalt des sündigen Herzens in seiner ganzen Tiefe untersuchte. Wie indessen diese Sünde im weitesten Sinne des Wortes den Tod gebiert (1, 15; 5, 20), so offenbart sich die Gnade zwar auch als vergebende (5, 15), aber besonders als heiligende und zeugende Kraft (1, 18). Sie wird empfangen durch den Glauben, aber nur durch einen solchen Glauben, der sich durch Werke legitimirt (2, 14—26). Der eigenthümliche Sinn, in welchem die Worte: Rechtfertigung, Glaube und Werke von Jakobus im Vergleich zu Paulus gebraucht werden, dient zum klaren Beweise, daß es ihm nicht um Polemik gegen die Ideen selbst, welche sich in den Schriften dieses Apostels finden, sondern um Zügelung des einseitigen Paulinismus zu thun ist, welcher sich in seiner Umgebung zeigte. Man müßte sicher Luthers Antipathie gegen die „stroherne Epistel" theilen, um mit ihm zu behaupten, „daß der heil. Geist Sanct Jakob ein wenig hat straucheln lassen". Auch Jakobus kennt einen Glauben,

welcher nichts anderes ist, als das feste Vertrauen des Herzens
(1, 6—8); aber es ist hier nicht sowohl der Gegensatz von Sünde
und Gnade, als vielmehr von Wissen und Thun (vergl. Joh. 13, 17),
von welchem seine ganze Anschauung beherrscht wird. Er betrachtet
das Christenthum zwar auch von seiner religiösen, aber noch besonders
von seiner ethischen Seite. Wir hören, wie er in diesem kurzen Brief
wiederholt zum Bitten, auch zur Fürbitte für andere ermahnt
(1, 5; 4, 2. 3; 5, 13—18), einer Wirksamkeit des christlichen Lebens,
welcher Jakobus nicht nur psychologischen Einfluß, sondern directe
Erhörung verspricht (1, 5—8; 5, 14. 15). Er stellt überhaupt die
Gebote der zweiten Tafel noch mehr, als die der ersten, voran, und
man könnte behaupten, daß der Text und Grundton aller seiner
Ermahnungen in dem Worte, 1, 19, enthalten sei, ähnlich wie auch
1. Petr. 1, 13 der Grundton aller folgenden Ermahnungen jenes
petrinischen Briefes ist. Um sittliche Schönheit ist es Jakobus vor
allem zu thun (τελείος, 1, 4. 25; 3, 2), und das Christenthum ist
das große Mittel, den Menschen dieser Vollendung näher zu bringen
und also zum höchsten Range zu erheben (1, 18). In Selbstverleugnung und Liebe zum Nächsten besteht die wahre Religion, welche
hier vor allem anempfohlen wird (1, 27); das Evangelium selbst
ist nach seiner Ansicht ein vollkommenes Gesetz der Freiheit, dessen
Vorschriften alle unzertrennlich zusammenhängen und von dem großen
Princip der Liebe beherrscht werden (2, 8—13). Der ganze Brief
des Jakobus trägt also einen mehr praktischen, als dogmatischen
Charakter, und enthält in theilweise hoch dichterischer Sprache eine
sittliche Lehre, welche sich theils den Aussprüchen des Herrn, theils
den Vorschriften der salomonischen Weisheit, theils endlich — was
sich sonst in den Schriften des N. T. nicht findet, — auch denen
des Jesus Sirach anschließt. Es ist die Aufgabe der Isagogik, für
diese und andere Eigenthümlichkeiten dieses schönen Briefes in der
Persönlichkeit des Verfassers, in seinen Lesern und in dem eigentlichen
Zweck seines Schreibens einen Schlüssel zu finden. Die biblische
Theologie des N. T. kann nur constatiren, daß hier in kleinem
Rahmen ein seltsamer Reichthum ursprünglicher, tief christlicher Gedanken niedergelegt ist, welche die unbestreitbare Selbstständigkeit
des Schriftstellers, aber auch seine geistige Verwandtschaft mit Petrus
beweisen.

6. In chriſtologiſcher Hinſicht iſt der Brief des Jakobus ärmer, als der des Petrus, ſelbſt als der des Judas, aber die Grundan= ſchauung von der Perſon des Herrn gehört zu demſelben Gedanken= kreiſe, und das chriſtliche Leben, wie es hier und dort gezeichnet wird, zeigt unverkennbare Verwandtſchaft. Die ausdrückliche Erwähnung der Wiedergeburt durch das Wort (Jak. 1, 18, vergl. 1. Petr. 1, V. 3 u. 22), die kräftige Ermahnung zur ſittlichen Vollkommenheit (Jak. 3, 1, vergl. 1. Petr. 1, 15), zur chriſtlichen Freude auch unter den ſchwerſten Bedrückungen (Jak. 1, 2—4, vergl. 1. Petr. 1, 6—9; 4, 14), ja wegen derſelben, und nicht minder die in Verbindung mit dem zukünftigen Gericht (Jak. 2, 13; 5, 20, vergl. 1. Petr. 4, 8) gebrachte Ermahnung zur Barmherzigkeit und Liebe iſt beiden gemein. Man kann ſagen, daß die zwiefache Tendenz der zwei petriniſchen Briefe Tröſtung und Ermahnung in dem Sendſchreiben des Jakobus zu einer verſchmolzen iſt. — Auch der altteſtamentliche Charakter der petriniſchen Briefe wird in dem ſeinen nicht vergebens geſucht. Ganz im Geiſte der alten Propheten iſt z. B. die Erwähnung der Eiferſucht Gottes (4, 6): auch die Benennung Jehova Zebaoth (5, 4), welche ſich nur hier im N. T. findet, iſt von dieſer Seite bemerkenswerth: „Jakobus faßt das Alte in neue Formen.“ (Neander). Nur darin unterſcheiden ſie ſich weſentlich, daß Petrus das Evangelium vor allem als Erfüllung der Prophetie, Jakobus dagegen als Er= füllung des Geſetzes betrachtet. — Was endlich das Elpiſtiſche betrifft, ſo hat der mehr warme, praktiſche Jakobus, obgleich er das ſehn= ſüchtige Verlangen des feurigen Petrus nicht in ſich trägt, doch dies mit ihm gemein, daß auch er den Blick beſtändig von der Gegenwart auf die Zukunft richtet und die nahe bevorſtehende Paruſie benutzt, um kräftig und dringend zu chriſtlichen Geſinnungen zu ermahnen (5, 7. 8). Auch ſein Auge iſt auf die Krone des Lebens gerichtet (1, 12; vergl. 1. Petr. 5, 4), welche dem treuen Streiter verheißen iſt, aber zugleich auch auf die Vergeltung, mit welcher der Unter= drücker des armen Bruders bedroht wird (5, 1—6). Man würde Ausſprüche wie dieſe letzteren ganz aus ihrem Zuſammenhange reißen und mit ſehr parteiiſchen Augen anſehen müſſen, um hier keine höhere Auffaſſung als die eines ziemlich platten Ebionitismus zu finden (Reuß).

Vergl. außer Schmid, Reuß und Meßner z. d. St. Lange, Bibelwerk, Einl. zu den Br. des Jakobus und Judas, vergl. auch

E. de Pressensé u. Bonifas in den bereits angef. Schr.; ferner
R. Stier, der Brief Judä, des Br. d. H., Berl. 1850.

Punkte zur Erwägung: Ursprung und Umfang des petrinischen Elementes im zweiten Evangelium. — Petrus und Matthäus. — Die Beziehung zwischen dem Briefe des Judas und dem zweiten petrinischen in Betreff ihres dogmatischen Inhaltes. — Wie ist der Gebrauch einer apokryphischen Schrift im Briefe Judä zu erklären und zu beurtheilen? — Zusammenhang zwischen dem Jakobusbrief und den synoptischen Evangelien. — Einfluß Salomos und Jesus Sirachs auf Inhalt und Form dieses Briefes. — Die Eigenthümlichkeit seiner Vorstellung von Glauben und Werken. — Was ist der Sinn von Jak. 1, 27? — Die Eiderslehre des Jakobus im Zusammenhange mit der der Bergrede. — Ob Jakobus polemisirt? — Sind in seinem Brief auch Spuren ebionitischer Ideen nachzuweisen? — Woraus ist die so stark auseinanderlaufende Beurtheilung dieses Briefes in früherer und späterer Zeit zu erklären?

§. 32.
Resultat und Uebergang.

Inhalt und Form des petrinischen Lehrbegriffs entsprechen durchaus dem, was sich von unserm Apostel, wie wir ihn von früher her kennen, erwarten ließ und tragen den unverkennbaren Stempel einer reichen Ursprünglichkeit. Obgleich sich nicht leugnen läßt, daß zwischen den Ideen, welche sich in des Apostels erstem Briefe und in manchen Briefen Pauli finden, eine gewisse Verwandtschaft besteht, so ist die petrinische Theologie doch keineswegs eine matte Kopie des paulinischen, sondern bewahrt auch neben dieser ihren selbstständigen Charakter, freilich immer in dem Sinn, daß sie an Reichthum und Tiefe der Lehrentwickelung nicht über, sondern unter der paulinischen steht.

1. Wenn wir uns am Ende dieses Abschnittes von dem empfangenen Eindrucke Rechenschaft geben, finden wir das, was wir früher (§. 25) über die Uebereinstimmung des petrinischen Lehrbegriffs mit der uns sonst schon bekannten Individualität des Apostels sagten, in mancher Hinsicht bestätigt. Diese Uebereinstimmung liefert, wenn man sie richtig auffaßt und gebraucht, einen nicht zu verachtenden Beitrag

zur Vertheidigung des historischen Charakters der Reden und der Echtheit der dem Petrus zugeschriebenen Briefe. Aber zugleich hat uns ein Blick auf die „verwandten Lehrbegriffe" von dem großen Einfluß überzeugt, welchen das Evangelium des Petrus in seiner nächsten Umgebung ausübte, und insofern auch, soweit sie hieraus abgeleitet werden kann, von der Macht seiner Persönlichkeit. Auch sein Evangelium bildet ein organisches Ganze, keineswegs nur ein Aggregat incohärenter Begriffe.

2. Wohl treffen wir in manchen paulinischen Briefen, insbesondere in denen an die Römer und die Epheser, Aussprüche an, die uns sogar unwillkürlich an den ersten Brief Petri erinnern (Vergl. z. B. 1. Petr. 1, 3 u. ff. mit Ephes. 1, 3; 1. Petr. 1, 6—9 mit Röm. 5, 3—5; 1. Petr. 2, 6. 7 mit Röm. 9, 33). Die Untersuchung der Ursachen dieser merkwürdigen Erscheinung gehört auf das Gebiet der Isagogik. Aber diese so oft besprochene Erscheinung berechtigt ebensowenig die Tübinger Schule zu der Behauptung, der erste Brief Petri habe nur eine Apologie des Paulinismus sein sollen und sei von unbekannten Anhängern des Paulus für petrinische Christen geschrieben worden, als sie die Ursprünglichkeit der petrinischen Auffassung des Evangeliums irgendwie beeinträchtigt, sogar nicht in dem (höchst wahrscheinlichen) Fall, daß besagte Uebereinstimmung aus einer Benutzung der genannten paulinischen Briefe von Seiten des Petrus erklärt werden muß. In Petrus vernehmen wir nicht den Wiederhall einer andern, sondern eine selbstständige, reine und kräftige Stimme.

3. Damit ist jedoch nicht gesagt, daß der petrinische Lehrbegriff an Reichthum, Tiefe und Kraft dem paulinischen gleichkomme oder ihn überrage. Das Gegentheil wird sich bald bei Betrachtung dieses letztern zeigen. Grundgedanken des Evangeliums Pauli (z. B. die Lehre von der Rechtfertigung durch den Glauben) kommen in dieser Form bei Petrus nicht vor; Wahrheiten und Pflichten, an welche beide erinnern, werden von Paulus vielseitiger und tiefer, als von Petrus, besprochen, dessen schriftliche Hinterlassenschaft ja auch um so viel kleiner ist, als die seiner Mitapostel. Einer petrinischen Idee, welche von Paulus nicht berührt wird, stehen möglicherweise zehn paulinische gegenüber, welche von Petrus übergangen werden. Aber vieles, was von Paulus näher erläutert wird, ist von Petrus schon

angedeutet worden, und in so fern kann man mit Recht sagen: „Pierre appartient à la même école que Jacques, mais il a depassé le point de vue de l'école de la Loi, et nous a fait déjà pressentir le point de vue de Paul" (Bonifas). Zum besten Beweis für die Richtigkeit dieser Behauptung wird die Behandlung der paulinischen Theologie selbst in der folgenden Abtheilung dienen.

Vergl. Weiß, a. a. O. S. 375 ff. Meßner, a. a. O. S. 55. Baur, a. a. O. S. 227—297.

Punkte zur Erwägung: In welcher Hinsicht kommen Inhalt und Form einzelner Aussprüche oder Ermahnungen des Jakobus und Petrus mit denen des Paulus überein? — Kann man mit Recht behaupten, die Briefe des Jakobus und Petrus zeigten ein ausdrückliches Streben nach Vermittelung zwischen dem Paulinismus und Judaismus? — Inwiefern erhebt sich die petrinische Theologie, als Ganzes betrachtet, über den Ebionitismus der apostolischen Zeit?

Zweite Abtheilung.

Die paulinische Theologie.

§. 33.

Ueberficht.

Der paulinische Lehrbegriff umfaßt den reichen Inhalt alles dessen, was der Apostel Paulus selbst sein Evangelium genannt hat, so weit uns dasselbe aus den Schriften des N. T., insbesondere aus seinen eigenen Briefen bekannt ist. Die einleitende Uebersicht stellt in breiten Zügen den Hauptgedanken, den Charakter, die Quelle, den Werth und die Geschichte der paulinischen Theologie ans Licht, um zum Schluß die Frage, auf welche Weise ihre Behandlung einzurichten ist, zu beantworten.

1. Ein viel reicheres Feld, als in der petrinischen, erschließt sich für unsere Untersuchung in der paulinischen Theologie. Wie jene uns mit dem Evangelium bekannt macht, das den Judenchristen geprebigt wird, so weist dieses uns vorzüglich auf die Freudenbotschaft, welche Paulus in der Heidenwelt verkündete. Bei alle dem, was die Lehre des Apostels der Heiden mit der eines Petrus und Johannes gemein hat, zeigt sie doch wiederum so viel Eigenthümliches, daß Paulus mit vollem Recht von seinem Evangelium (Röm. 2, 16 u. a.) sprechen konnte.

2. Das Evangelium des Paulus ist uns zwar nicht ausschließlich, aber doch vornehmlich aus den Schriften des N. T. bekannt. Außer dem zweiten Brief Petri (3, 15. 16), macht uns insbesondere die Apostelgeschichte mit dem Hauptinhalt dieses Evangeliums bekannt. Siehe Apost. 13, 16—41; 14, 15—17; 16, 31; 17, 3. 16—31; 20, 18—35; 22, 3—21; 23, 6; 24, 14—25; 26, 6—23; 28, 15—28. Vor allem jedoch sind es die dreizehn Briefe die uns unter seinem Namen überliefert worden sind, welche, der eine mehr, der andere weniger, höchst wichtige Beiträge für die hier beginnende Untersuchung liefern.

Die Frage, mit welchem Recht wir Alle diese Briefe dem Paulus zuschreiben, gehört auf das Gebiet der Kritik und Isagogik. Hier kann nur die Versicherung stehen, daß uns die Echtheit aller immer noch höchst annehmbar vorkommt, obgleich auch noch unsere Ansicht die Echtheit des einen genügender vertheidigt werden kann, als die des andern. Von den meisten ist auch noch in der letzten Zeit die Authentie kräftig vertheidigt worden; von einzelnen wird sie aus wissenschaftlichen Gründen nie geleugnet. Wir stehen in dieser Hinsicht noch ganz auf dem Standpunkte, welcher bis vor wenigen Jahren von fast allen Theologen in und außer unserm Vaterlande sowohl von mehr conservativer, als mehr freisinniger Richtung eingenommen wurde, und bleiben darauf stehen, nicht weil uns das Neue unbekannt geblieben ist, sondern weil dabei auch beständig etwas unkritische Willkür an die Stelle gründlicher und unparteiischer Wissenschaft tritt.

Untersuchen wir aus diesem Grunde jeden der paulinischen Briefe ohne Ausnahme, so müssen sie natürlicherweise wenigstens in Bezug auf die wichtigsten Punkte in der Reihenfolge zu Rathe gezogen werden, in welcher sie vermuthlich geschrieben wurden; denn während eines Zeitraumes von ungefähr zwölf Jahren, welche zwischen der Abfassung des frühesten und jüngsten Briefes verflossen sind, stand die geistige Entwickelung eines Paulus gewiß nicht unbeweglich still. Sie sind daher wahrscheinlich auf diese Weise zu ordnen: 1. die beiden Briefe an die Thessalonicher; 2. der Brief an die Galater; 3. die beiden Briefe an die Corinther; 4. der an die Römer; 5. die an die Epheser, Colosser, Philemon und an die Philipper; 6. die Pastoralbriefe.

Es läßt sich durchaus nicht beweisen, daß in den Briefen, deren Echtheit von Alt- und Neu-Tübingen geleugnet oder verdächtigt wird, ein anderes Evangelium zu lesen sei, als in den vier, welche uns das erstgenannte großmüthig noch übrig ließ. Es ist deswegen nicht nöthig, in Bezug auf jeden Punkt erst diese letzteren zu beachten, ehe wir das Zeugniß eines andern hören.

Bei besonders wichtigen und streitigen Fragen darf indessen in der gegenwärtigen Zeit dieser Unterschied nicht ganz unbeachtet bleiben. Außerdem muß auch zur Kenntniß einzelner Eigenthümlichkeiten einzelnen Briefen vor andern ein besonderer Werth beigelegt werden, z. B. für die Soteriologie dem Brief an die Römer und Galater; für die Ekklesiologie dem an die Epheser, für die Eschatologie dem an die Corinther, u. s. w.

3. Um uns in der paulinischen Theologie zu orientiren, ist es von Wichtigkeit, den Grundgedanken, welcher die dogmatische Lehre des Apostels in gewissem Grade beherrscht, kennen zu lernen. Da ist es nun die Lehre von der Rechtfertigung durch den Glauben, welche mehr als irgend etwas anderes nach der Ansicht des Paulus das Evangelium zu einer Gotteskraft zur Seligkeit macht (Röm. 1, 16. 17). Nicht nur in den Briefen an die Römer und Galater, sondern auch in dem an die Philipper (3, 4—10) wird diese Wahrheit offenbar mit Vorliebe und zwar in einer Form, welche sich dem Sprachgebrauche des A. T. (Gen. 15, 6) und der Lehre des Herrn selbst (Luk. 18, 14) anschließt und besonders den Judenchristen von früherher bekannt und lieb war, ausgesprochen. Die vollständige Unmöglichkeit der Rechtfertigung aus des Gesetzes Werken und die Vollkommenheit der Rechtfertigung aus Gnade in Christo — das ist der Grundgedanke, welchen Paulus immer von neuem in allerlei Formen ausspricht und auf verschiedene Bedürfnisse und Zustände anwendet.

4. Durch diesen Grundgedanken der paulinischen Theologie wird zugleich der eigenthümliche Charakter der Form und des Inhalts bestimmt. Der Charakter des Inhalts ist im Allgemeinen soteriologisch: das Heil in Christo wird hier so viel wie möglich nach allen Seiten hin zur Anschauung gebracht, während der Gegensatz von Sünde und Gnade immer aufs neue in den Vordergrund gestellt wird. Noch bestimmter kann man sagen, daß diese Lehre einen anthropologischen Charakter habe. Paulus geht nicht wie Petrus von der prophetischen Schrift oder wie Johannes von der Person des Heilandes aus, sondern von dem Menschen mit seinen tiefsten Bedürfnissen, so wie sie von dem Gesetze geweckt, aber vom Evangelium allein befriedigt werden. Und diese Befriedigung ist nach seiner echt universalistischen Ansicht nicht bloß für einzelne, sondern für alle geeignet und erreichbar. Obgleich es keiner seiner Mitzeugen verkennt, ist doch von niemand so kräftig bezeugt worden, als von ihm (vgl. Apost. 13, 38. 39; Röm. 3, 21—24): Das Christenthum ist Weltreligion. Auch die Form, in welcher er dies alles ausspricht, ist höchst merkwürdig und treffend; denn ihrer Form nach ist die ganze paulinische Theologie bestimmt antithetisch: Gesetz und Evangelium, Werke und Glauben, Fleisch und Geist, Tod und Leben, Verdammniß und Rechtfertigung bilden eine Reihe kräftiger Gegensätze, welche ihren Eindruck nicht verfehlen. Der Schlüssel zu diesem eigenthümlichen Charakter seines ganzen Lehrbegriffs nach Inhalt und Form ist in der Lebenserfahrung des Apostels zu suchen.

5. Die Quelle der paulinischen Theologie war theilweise, aber nicht ganz dieselbe, wie die seiner Mitzeugen. Aus 2 Cor. 5, 16 scheint man ableiten zu dürfen, daß er Christum nicht persönlich gekannt habe; sicher genoß er früher seinen Umgang und seine Belehrung nicht. Er selbst sagt, er habe sein Evangelium nicht von oder durch Menschen empfangen, und weist auf eine besondere Offenbarung Jesu Christi als Quelle seiner Predigt hin (Gal. 1, 1—17). Die ihm bei und nach seiner Bekehrung geschenkte Offenbarung wird später in Betreff besonderer Punkte von Zeit zu Zeit fortgesetzt (1 Cor. 7, 25; Eph. 3, 3; 1 Thess. 4, 15). Auch die christliche Tradition war ihm der Sache nach bekannt (1 Cor. 11, 23); die Offenbarung Gottes in Natur, Geschichte und Gewissen war von ihm aufmerksam beobachtet worden (Röm. 1 u. 2) und auch seine Bildung durch

Gamaliel (Apoſt. 22, 3) für ſeine ſpätere Denkweiſe keineswegs
Einfluß geblieben. Genau bekannt mit dem A. T. und der ei[...]
thümlichen Schriftinterpretation ſeiner Tage (Gal. 4, 24) und ſog[...]
mit der heidniſchen Litteratur (Apoſt. 17, 28; Tit. 1, 12; 1 Cor.
15, 33) konnte er die Wahrheit klarer, als mancher andere, einſehen
und mit Nachdruck ausſprechen. Dies alles hätte indeſſen den Paulus
noch zu keinem Paulus gemacht, wäre ihm nicht in reichlichem Maaße
die Gabe des heil. Geiſtes verliehen worden (1 Cor. 2, 13; 7, 40; 12, 7),
welcher ihm das Geheimniß des Evangeliums offenbarte in unmittelbarem
Zuſammenhang mit ſeinem eigenen innern Bedürfniß und ſeiner eigenen
Lebenserfahrung. Inſofern kann man ſagen, daß die geheiligte Perſön-
lichkeit des Paulus (oder dieſe auf ihr erſtes Werden zurückgeführt, daß
ſeine Bekehrung) die Quelle ſeiner ganzen Lehre war. Die Theologie
des Paulus war im tiefſten und reichſten Sinne Erfahrungstheologie.

6. Der Werth der pauliniſchen Theologie iſt bald verkannt,
bald überſchätzt worden. Das letztere geſchah von der Tübinger Schule,
welche erſt in Paulus den Vater des chriſtlichen Univerſalismus gefunden hat; das andre von dem platten Rationalismus, wenn er den
Zeloten von Tarſus unter den Rabbi von Nazareth, ja demſelben
gegenüber ſtellte, ein Standpunkt, zu welchem die moderne Theologk
zurückzuſinken droht, ſo oft ſich ihr Streben, Paulus zum Apologeten
ihrer ſogenannten Freiſinnigkeit und Negation zu machen, als mißlich
und hoffnungslos erweiſt. Auch wenn man beide Extreme vermeidet,
ſteht doch feſt, daß die pauliniſche Theologie von größtem Werthe iſt,
theils an ſich, inſofern ſie eine vielſeitige, wahre und kräftige Darſtellung des Evangeliums enthält, theils im Vergleich zu andern,
welche er entweder überragt (Petrus und Jakobus) oder ſeinerſeits
wieder vorbereitet (Johannes), theils endlich wegen des großen Ein-
fluſſes, welchen das Zeugniß des Paulus im Laufe der Zeiten und
noch fortwährend ausübt. War er nicht der Stifter des Chriſtenthums (1 Cor. 1, 13), · ſo iſt er doch der Stifter der Kirche in der
Heidenwelt und der geiſtliche Vater von Millionen geweſen (1 Cor.
4, 15). Auguſtin und Luther haben zu ſeinen Füßen geſeſſen; ſein
Geiſt iſt im Proteſtantismus wieder erwacht, und ſogar das wenige,
was die heutige Kritik als urſprünglich pauliniſch gelten läßt, genügt,
um die Thorheiten des naturaliſtiſchen Unglaubens, welcher ſich mit
dem Namen des Chriſtenthums ziert, abzuweiſen.

7. Es ist aus diesen Gründen erfreulich, daß die Geschichte der wissenschaftlichen Behandlung der paulinischen Theologie, obgleich sie sich erst vom Beginn dieses Jahrhunderts datirt, keineswegs unbedeutend ist. Um hier nicht weiter von einzelnen, minder glücklichen Proben und Versuchen zu sprechen, wie z. B. von denen von G. Meyer (1801), G. S. Ritter (1801), G. L. Bauer (1802), E. F. Boehme (1806), A. Clubius (1808), J. B. Gerhauser (1816), M. Reuterdahl (1820) und C. Schrader (1833), machen wir besonders auf die verdienstvolle Arbeit von L. Usteri, paulin. Lehrbegriff, 6. Aufl., 1851 aufmerksam, der, ein Schüler Schleiermachers, als welchen er sich besonders durch die Anlage seiner Schrift legitimirt, tiefer, als seine Vorgänger, in den Geist des Apostels eingedrungen ist; ferner auf die Untersuchung der paul. Theologie im zweiten Theil von Neander's Geschichte der Pflanz. und Leit. der chr. K., und auch das von F. C. Baur in seinem Paulus, Stuttg. 1845 S. 505—670 Gelieferte. Die Schriften von A. F. Dähne (1835) und C. C. J. Lützelberger (1839) über den Lehrbegriff des Paulus können die Vergleichung mit den drei genannten nicht aushalten. Dagegen haben neben Schmid, Meßner und Reuß in ihren schon oft angeführten Schriften auch Lechler, Schaff, de Pressensé, Ritschl (2. Aufl.) und andre bei ihrer Behandlung der Geschichte des apost. Jahrhunderts der Lehre und Lehrweise des Paulus mehr oder weniger ihre Aufmerksamkeit gewidmet. Unter den holl. Theologen verdient besonders Mr. J. da Costa, Paulus (2 deelen, Leid. 1846/47) Erwähnung. Auch die Theologen der Gröninger Schule lieferten in den ersten Jahrgängen von Waarh. in Liefde (1837 en verv.) neben verschiedenen Schülern der Leidner und Utrechter Schule ihre Beiträge zum Verständniß einzelner Theile des paul. Lehrbegriffes.

8. Nach einem Blick auf so manches theils warnende, theils ermunternde Beispiel kann die Frage nach der besten Behandlungsweise des paulinischen Lehrbegriffs nicht schwer zu beantworten sein. Der schon angeführte Hauptgedanke der Lehre des Apostels bestimmt zugleich den Gang unsrer Untersuchung, welche sich wie von selbst seinem eigenen Ausspruch, Röm. 3, 21. 22, anschließt. Wir müssen auf des Apostels Vorstellung von der vorchristlichen und der christlichen Zeit besonders achten; müssen uns auch mit der letztern

natürlich viel länger, als mit der erstern, beschäftigen. Wir hören also zuerst, was er von der Menschheit und dem Menschen außer Christo, und dann, was er von beiden in Christo und durch Christum bezeugt. Haben wir mit Beachtung (so weit es nöthig und möglich ist) der chronologischen Aufeinanderfolge seine Lehre in Bezug auf das eine und andre untersucht und zu einem wohlgeschlossenen Ganzen vereinigt, dann stehn wir, wie am Ende des vorigen Hauptstücks, noch besonders· bei den verwandten Lehrbegriffen still.

Vergl. über Paulus und die paul. Theologie im Allgemeinen außer den· schon oft genannten Schriften von Schmid, Reuß, Meßner, Baur u. and. (deren Einsicht auch ohne beständige Anführung für alle folgenden §§. stillschweigend anempfohlen bleibt) besonders den Art. Paulus von Lange in Herzog's R.-E., sowie auch die allgem. Einl. vor seinem Kommentar zu dem Br. an die Röm. in dem Bibel= werk nebst der dort angeführten Litteratur. Ferner A. Monod, St. Paul, cinq. Disc. 3ème Ed. Paris 1851, Conybeare and Howson, The Life and Letters of St. Paul, 2 vol. to 4° Lond. 1850 u. ferner Theodor Symon, die Theol. des h. Paulus dargestellt. Freib. im Br. 1864 (kath.), E. F. Trip, Paulus, nach der Apostelgesch. u. s. w. Leid. 1866. — Zur Vertheidigung der Echtheit der dreizehn Briefe von Paulus vor allem J. H. Scholten, Inl. N. T. Leid. 1856.

Punkte zur Erwägung: Was will Paulus Röm. 2, 16; 16, 25; 2 Tim. 2, 8 mit seinem Evangelium? — Welche Kenntniß des Paulinismus können wir außer aus dem N. T. aus der alt-christlichen Litteratur schöpfen? — Ist der Paulus der Apostelgeschichte und der Briefe derselbe? — Was ist der Sinn von 2 Cor. 5, 16? — Und von Gal. 1, 16? — Und von 1 Cor. 11, 23? — In wiefern war Paulus Empirist? — In welches Verhältniß setzt sich Paulus selbst zu seinen Mitaposteln? — Woraus läßt sich der große Einfluß der paulinischen Theologie erklären? — Uebersicht und Kritik einiger andern Eintheilungen und Behandlungsweisen.

Erste Unterabtheilung.

Die Menschheit und der Mensch vor und außer Christo.

---

§. 34.

Die heidnische und jüdische Welt.

Nach der Lehre des Paulus ist die ganze heidnische Welt in einen Zustand der Gottlosigkeit und Sitten= losigkeit versunken, welcher ebensowenig beschönigt, als entschuldigt werden kann, und muß deswegen Gottes gerechtes Gericht tragen und fühlen. Obgleich die jü= dische Welt ursprünglich von hellerem Licht bestrahlt wird, steht sie in sittlicher Hinsicht doch so wenig über jener, daß auch sie dasselbe Gericht verdient. Da Alle also unter der Sünde sind, ist die ganze Welt ver= dammenswürdig vor Gott und vermag sich selbst durch= aus nicht vor ihm zu rechtfertigen.

1. Obgleich das Elend des Menschen und der Menschheit vor und außer Christo von allen Aposteln theils vorausgesetzt, theils wirk= lich ausgesprochen worden ist, hat doch keiner eine so ausführliche Schilderung dieses Zustandes gegeben, als Paulus. Seine ausge= dehnte Welt= und Menschenkenntniß im Verein mit seiner persönlichen Lebenserfahrung befähigten ihn dazu, und seinen Zweck, die vollstän= dige Unentbehrlichkeit des Evangeliums zu begründen, konnte er kaum besser erreichen. Die klassische Stelle ist hier Röm. 1, 18; 3, 20, womit besonders Apost. 14, 15—17; 17, 24—29 verglichen wer= den muß.

2. Das Heidenthum ist nach der Ansicht des Paulus keines= wegs nur eine tiefere Stufe des religiösen Lebens, sondern in seinem Entstehn und seiner Entwicklung die Folge des traurigsten Falles. Die Heiden hatten nämlich das Vermögen, Gott zu erkennen, und haben ihn sogar bis zu einem gewissen Grade erkannt (Röm. 1, 18—21).

11*   .

Er hat sich ihnen nicht nur durch die Werke der Natur, sondern auch in dem ursprünglichen Licht des Gewissens offenbart (2, 14. 15; vergl. Apost. 14, 17). Infolge davon besaßen sie einige natürliche Gotteserkenntniß und waren sich auch dessen, was Gott fordert, wohl bewußt (Röm. 1, 32). War doch nach dem Wort eines ihrer eignen Dichter · der Mensch von göttlichem Geschlecht und fühlte als solcher den dunkeln, aber mächtigen Drang, den zu suchen, in welchem der eigentliche Grund seines Lebens lag (Apost. 17, 27. 28). Dem ästhetischen Werth des Heidenthums läßt Paulus ebenso wie seinem religiösen Streben Recht widerfahren (Apost. 17, 22. 23); aber unter diesem durchsichtigen Kleide findet er ein Verderben, dessen Tiefe er unerbittlich untersucht und entblößt.

3. Das Heidenthum, welches auf seine Weisheit pocht, ist die Frucht eines verdüsterten Verstandes, und die Quelle dieser Verstandesverwirrung hat ihren Ursprung in dem von Gott abgekehrten Herzen (Röm. 1, 21; Eph. 4, 18). Die Abkehr des Herzens hat sich zu allererst in einer Sünde der sich entschuldigenden Versäumniß offenbart. Es hat unterlassen Gott zu verherrlichen und ihm zu danken, und hat durch Ungerechtigkeit die Wirkung der Wahrheit gewaltsam aufgehalten (Röm. 1, 18). Als auf diese Weise die erste Spur verloren worden war, fing man an über die Wahrheit, welche das verdüsterte Auge nicht mehr klar schaute, zu streiten, und erreichte den Gipfel der Thorheit, die sich ihrerseits in der entsetzlichsten Missethat offenbarte. Nach der Ansicht des Paulus ist das so hochgerühmte Heidenthum nichts anderes, als Naturvergötterung (V. 21—25), Mißbrauch der Kreatur zur Abgötterei, d. h. theoretische und praktische Gottesleugnung, Gottlosigkeit im Gewande der Religion.

4. Die Sünde führt nothwendigerweise ihre Strafe mit sich; der Mensch, welcher Gott verlor, verliert auch sich selbst. Sittenlosigkeit ist eine natürliche Folge der Gottlosigkeit, aber eine Folge, welche ihren Grund in Gottes heiligem Willen hat und also die Offenbarung seines gerechten Gerichtes ist (1, 18). Unreine Lust, welche sich sogar in unnatürlicher Form offenbart, gesellt sich zuerst zur Abgötterei, und die sündige Liebe vereinigt sich ihrerseits mit Lieblosigkeit und Haß gegen alles, was der Befriedigung der ungezügelten Sinnlichkeit und Selbstsucht widerstrebt (1, 25—31). So wird Sünde mit Sünde bestraft, und diese Strafe ist deshalb so billig, weil das

Böse nicht allein gegen besseres Wissen verübt wird, sondern weil mit ihm zugleich — ein feiner psychologischer, obgleich entsetzlicher Zug — ein unverhohlenes Wohlgefallen an denjenigen verbunden ist, die es ebenfalls treiben (1, 32).

5. Bei oberflächlicher Betrachtung könnte es scheinen, als stehe das Judenthum in religiöser und sittlicher Hinsicht weit über dem Heidenthum. Es hatte in der That unschätzbare Vorrechte; Gott hatte die Heiden ihre eigenen Wege wandeln lassen, insofern er ihnen keine außergewöhnliche Offenbarung verlieh, Israel dagegen wurde diese zu Theil (Apost. 14, 17; Röm. 3, 2). Um so weniger darf sich der Jude über den Heiden erheben, da er sich nichts desto weniger derselben Sünden schuldig machte (Röm. 2, 1). Zwar offenbart sich seine Verkehrtheit in einer andern Form; nach Paulus ist nicht sowohl die Wolluft, als der Hochmuth die herrschende Sünde des Judenthums: Eigendünkel und Lieblosigkeit (V. 17 u. ff.), verbunden mit hartnäckiger Unbußfertigkeit den Urtheilen Gottes gegenüber (V. 4. 5). Aber anstatt daß diese modificirte Form der Sünde eine geringere Strafe verdiene, hat der jüdische Uebertreter vielmehr besondere Trübsal und Angst zu erwarten, weil er nicht nur wie der Heide gegen ein Naturgesetz, sondern gegen ein positives Verbot gesündigt hat (2, 9—12). Die äußere Beschneidung gilt nichts; gewissenhafte Heiden verdienen vor gewissenlosen Juden den Vorzug (2, 25—29). So haben diese letzteren in sittlicher Hinsicht nicht das Geringste voraus, obgleich sie in theokratischer Hinsicht bevorzugt sind, und — Paulus spricht es mit ebenso unerbittlicher Strenge aus wie Johannes der Täufer und Jesus selbst — der pharisäische Trotz muß verstummen. Nachdem er den etwaigen Einwurf, daß bei einer solchen Betrachtung der ganze Nutzen der Beschneidung wegfalle, kräftig zurückgewiesen (3, 1—8), beruft er sich wegen dieses seines Urtheils (V. 9—19) auf ihr eignes Gesetz (V. 19), d. h. auf Worte des ganzen alten Testamentes, besonders von seiner sittlichen Seite betrachtet. Die daselbst gegebene Beschreibung der Bosheit der Kinder Gottes gilt nicht minder den Juden, als den Heiden; und da diese beiden die Gesammtheit der sündigen Welt repräsentiren, so läßt sich leicht auf sein Urtheil über den jammervollen Zustand derselben schließen.

6. So ist denn offenbar, daß alle „unter der Sünde" (3, 9), d. h. nicht nur Sünder, sondern von der Macht der Sünde beherrscht

sind. Die vollständige Allgemeinheit der Sünde ist nach Paulus eine der Reihe nach von der Schrift, der Erfahrung und dem Bewußtsein bewiesene Thatsache; und hätte er den Einwurf vorausgesehen, daß seine Darstellung der damaligen jüdischen und heidnischen Welt selbst bei vollständiger Zuverlässigkeit noch nichts in Betreff andrer später lebender Individuen beweise; dann würde er wohl geantwortet haben, daß die menschliche Natur sich zu allen Zeiten gleich bleibe. Er richtet das Auge auf die Masse, wie sie sich auf diese Weise in zwei nur scheinbar ungleichartige Hälften zertheilt, spricht aber dadurch zugleich über die Individuen selbst sein Urtheil (vgl. Röm. 3, 23; 5, 12; 11, 32). Resultat: „alle Welt ist Gott schuldig", d. h. dem Fluch unterworfen, mit welchem das Gesetz die Uebertretung bestraft (Röm. 3, 19; Gal. 3, 13).

7. Darum kann denn auch aus Gesetzes Werken kein Fleisch gerecht werden. In dieser unabweisbaren Schlußfolgerung (Röm. 3, 20) ist das gerechte Gericht über die ganze jüdische und heidnische Welt enthalten. Wie schwer dieses Gericht auf ihr liegt, werden wir später erfahren. Nun gilt vor allen Dingen die Frage: was ist die Ursache eines so erbarmenswerthen Zustandes?

Vgl. zur Erläuterung und Bestätigung des paulinischen Urtheils über die heidnische und jüdische Welt außer den bekannten Schriften von Tholuck, Sepp, de Pressensé u. and. unser Leven v. J. 2. uitg. I. bl. 265 en verv.

Punkte zur Erwägung: Stimmt Paulus Urtheil über das Heidenthum Apost. 17, 16 u. ff. und Röm. 1, 18 u. ff. vollkommen überein? — Werth seines Urtheils über das Judenthum. — Was ist der Sinn von Röm. 2, 14. 15? — Welche Beweiskraft hat die Auseinandersetzung Röm. 3, 9—20?

§. 35.

Die Ursache dieses Zustandes.

Die Ursache dieses Zustandes liegt in dem sittlichen Verderben der Menschheit, welches, aus dem Ungehorsam unsrer ersten Eltern entstanden, den

ganzen Menschen ansteckte, sich in verschiedenen
Stufen und Formen offenbart und, durch das Ge=
setz nicht nur gezügelt, sondern auch genährt, noth=
wendigerweise zum Tod als dem Sold der Sünde
führt.

1. Die Frage: woher das sittliche Böse? war nicht nur die
Lebensfrage des Gnosticismus im zweiten Jahrhundert, sondern schon
eine Hauptfrage der christlichen Gnosis des ersten Jahrhunderts. Auch
Paulus beantwortet sie, und mit Unrecht sieht man in dieser Antwort
nur ein unreines Ueberbleibsel seiner früheren jüdischen Theologie.
Schwerlich würde der Apostel etwas aus dem A. T. in seinen christ=
lichen Lehrbegriff herüber genommen haben, hätte er es nicht, erleuchtet
von dem Geiste der Wahrheit, als die richtige Auflösung der vor=
liegenden Frage betrachtet. Mit vollem Vertrauen wollen wir nun
unsre Aufmerksamkeit sowohl auf seine historische, als psychologische
Erklärung des Entstehens der Sünde richten.

2. Die Sünde (ἁμαρτία) ist bei Paulus nicht nur, wie bei
Jakobus und Petrus, eine sündige That, sondern ein strafbares Prin=
cip, eine Macht, die zu einer gegebenen Zeit in der Welt anfing zu
herrschen. Sie ist (Röm. 5, 12) „durch einen Menschen in die Welt
gekommen" (εἰσῆλθε). Was das letzte Wort vermuthen läßt, wird
durch andre Stellen bestätigt. Noch ausführlicher als irgend einer
seiner Vorgänger erklärt sich Paulus über das Bestehn eines Reiches
der Finsterniß, persönlicher böser Geister, welche er in verschiedene
Klassen eintheilt (Eph. 6, 12), und die, wie es scheint, aus Hochmuth
gefallen (1 Tim. 3, 6) und in der abgöttischen Heidenwelt beständig
wirksam sind (1 Cor. 10, 20); am feindlichsten sind sie dem Reich
Christi und seinen Dienern (2 Cor. 2, 10. 11). Daß er den Satan
als den Urheber des Falles ansieht, ist zwar nicht direct ausgesprochen,
aber doch in höchstem Grade wahrscheinlich (2 Cor. 11, 3. 14; vgl.
B. d. Weisheit 2, 23. 24 u. Joh. 8, 44). Er läßt sich darüber
indessen nicht weiter aus, weil es ihm nicht um den metaphysischen,
sondern historischen Ursprung des Bösen zu thun ist. Er betrachtet
die Menschenwelt (κόσμος) als Einheit und sagt, daß die Sünde in
ihr durch einen Menschen, Adam (nicht Eva, wie aus 1 Tim. 2, 14
abgeleitet worden ist), entstanden sei. Er will nicht nur sagen, daß
dieser der erste Sünder gewesen sei, dessen Beispiel sofort alle be=

folgten, sondern (wie aus der Gegenüberstellung von Adam und Christus hervorgeht) daß zwischen dieser ersten und der später herrschenden Sünde ein bestimmter Zusammenhang zu finden sei. Worin dieser Zusammen=hang bestehe, wird durch das unmittelbar darauf folgende angedeutet: „der Tod durch die Sünde, und ist also der Tod zu allen Menschen durchgedrungen, dieweil (ἐφ᾽ ᾧ) sie alle gesündigt haben", und zwar nicht in Adam, sondern auch selbst, wie daraus hervorgeht, daß der Tod selbst bei denjenigen allgemein ist, die noch nicht wie Adam ein positives Gebot übertraten (V. 13, 14). Noch deutlicher weist der Apostel auf den richtigen Zusammenhang hin, wenn er (V. 19) sagt, „daß durch Eines Menschen Ungehorsam viele Sünder geworden sind" (κατεστάθησαν, eigentl. zu Sündern gestellt, gemacht). Folgen wir dabei seinem Wink (Eph. 2, 3), daß die Juden wie die Heiden von Natur (φύσει, indole sua) Kinder des Zorns waren, und seinen mehr allgemeinen Worten (1 Cor. 15, 21), daß der Tod durch einen Menschen komme (δι ἀνθρώπου), dann haben wir vollkommen Recht, zu behaupten, nach Paulus sei die menschliche Natur infolge ihrer Abstammung von und ihrer Verwandtschaft mit dem ersten Ueber=treter verdorben worden und der Tod keineswegs die Folge der ur=sprünglichen Organisation unsrer Natur, sondern Strafe, der Sünde Sold (Röm. 6, 23).

Paulus deutet also offenbar an, daß der erste Mensch ur=sprünglich nicht sündig oder sterblich war. Damit streitet keineswegs, daß er 1 Cor. 15, 45—47 den ersten Menschen als irdisch bezeichnet, denn irdisch (χοϊκός) ist nicht dasselbe wie böse; es läßt sich zudem schwerlich annehmen, Paulus habe den Stoff (ὕλη) für den Ursprung der Sünde gehalten, was nothwendig zu der verdammenswürdigen Vorstellung von Gott als dem Urheber der Sünde führen würde (Röm. 3, 8). Er spricht im Gegentheil von Gottes Bild im Menschen (Eph. 4, 23. 24; Coloss. 3, 9. 10) und bezeichnet Erkenntniß und Heiligkeit als Züge desselben. Blieb der erste Mensch als solcher stofflich, so war darin die Möglichkeit, nicht die Nothwendigkeit des Sterbens gegeben. Daß die Möglichkeit zur Wirklichkeit wurde, ist die besondere Folge der Sünde. Sünde und Tod sind bei Paulus correlate Begriffe.

3. Da also die Sünde die menschliche Natur befleckt hat, so liegt es in der Natur der Sache, daß sie den ganzen Menschen ver=

unreinigte. Um des Apostels Vorstellung von dem physischen Entstehn und dem Umfang der Sünde im Menschen wohl zu begreifen, müssen wir seine Anthropologie kennen lernen. Paulus ist Trichotomist, d. h. er unterscheidet Leib, Seele und Geist, wie vor allem aus 1 Thess. 5, 23 deutlich hervorgeht. Auch dem noch nicht wiedergebornen Menschen schreibt er eine Seele ($\psi v \chi \dot{\eta}$) und einen Geist ($\pi \nu \varepsilon \tilde{v} \mu \alpha$) zu, welcher jedoch ganz erneut werden muß (Eph. 4, 23). Diesem $\pi \nu \varepsilon \tilde{v} \mu \alpha$ steht indessen im natürlichen Menschen als herrschende Macht die $\sigma \dot{\alpha} \rho \xi$ gegenüber, das Fleisch (keineswegs gleichbedeutend mit Leib, $\sigma \tilde{\omega} \mu \alpha$), der eigentliche Sitz der Sünde (Röm. 7, 17. 18). Unter Fleisch verstehe man nicht die Sinnlichkeit — in diesem Falle würde, was Paulus 1 Tim. 4, 8 verneint, leibliche Ascese der beste Weg zur Vollkommenheit sein, und es würde durchaus unerklärlich sein, wie gerade die geistigste aller Sünden, der Hochmuth und die Lieb= losigkeit zu den Werken des Fleisches gerechnet werden können, Gal. 5, 20; Col. 2, 18—23 — sondern (im ethischen Sinne des Wortes) die ungeheilgte menschliche Natur, so wie sie sich Gott und allem, was göttlich ist, feindlich widersetzt.*) Wie der sündige Mensch durch den Geist mit Gott, so steht er durch das Fleisch mit der sichtbaren Welt in Beziehung, welche ihm tausend verlockende aber verbotene Dinge darbietet. Das Leben nach dem Fleisch wird also nothwendiger= weise nicht ein Leben der Liebe, sondern der Selbstsucht (2 Cor. 5, 15), dieser giftigen Wurzel, aus welcher von selbst wie zwei Aeste die Sünden des Hochmuths und der Sinnlichkeit zum Vorschein kommen.

Die Sünde offenbart sich nun auch als Sündhaftigkeit in der That des Ungehorsams, in dem Begehen alles dessen, was sich nicht geziemt; Paulus drückt dies mit verschiedenen Worten aus ($\pi \alpha \rho \dot{\alpha} \pi \tau \omega \mu \alpha$, $\pi \alpha \rho \dot{\alpha} \beta \alpha \sigma \iota \varsigma$, $\pi \alpha \rho \alpha \kappa \circ \dot{\eta}$, $\dot{\alpha} \pi \varepsilon \dot{\iota} \vartheta \varepsilon \iota \alpha$, $\dot{\alpha} \delta \iota \kappa \dot{\iota} \alpha$). Aus dem Herzen, dem Centralpunkt der Persönlichkeit, geht sie aus, verdunkelt den Ver= stand und mißbraucht wie eine Herrscherin die verschiedenen Glieder des Leibes als ebenso viele Waffen, um ihren schändlichen Streit gegen Gott und das Gute zu führen (Röm. 6, 13). Giebt der Mensch ihr nach, dann wird er in seinem innern und äußern Leben

---

*) $\Sigma \dot{\alpha} \rho \xi$ ist nicht = $\sigma \tilde{\omega} \mu \alpha$, sondern = $\sigma \tilde{\omega} \mu \alpha + \psi v \chi \dot{\eta}$ im Gegen= satz zu $\pi \nu \varepsilon \tilde{v} \mu \alpha$. Daher wird denn auch durch den $\sigma \alpha \rho \kappa \iota \kappa \dot{\circ} \varsigma$ und $\psi v \chi \iota \kappa \dot{\circ} \varsigma$ $\ddot{\alpha} \nu \vartheta \rho \omega \pi \circ \varsigma$ der Hauptsache nach dasselbe angedeutet.

ganz fleischlich und unter die Sünde verkauft. Daher die Ausdrücke „im Fleisch sein", „nach dem Fleisch leben", „bedenken was des Fleisches ist" zur Andeutung dieses traurigen Zustandes. Ohne Zweifel gesteht Paulus dem sündigen Menschen das Recht der freien Selbstbestimmung zu, insofern er freiwillig sogar voller Eigendünkel sündigt (s. Röm. 1, 28); wie könnte er ihn sonst für schuldig und strafbar halten (Röm. 2, 1)? Hat doch selbst der Heide in seinem Gewissen einen Richter (Röm. 2, 15), und eben in diesem Gewissen sucht und findet das Evangelium bei jedem Menschen seinen verborgenen Anhaltspunkt (2 Cor. 4, 2; 5, 11 b). Aber Verstand und Gewissen sind beide bei dem Sünder befleckt (Tit. 1, 15), und da sein Herz ruchlos geworden ist, übergiebt er sich ganz dem Dienst der Unreinigkeit (Eph. 4, 19). Bei einem solchen Zustande kann von einer sittlichen Freiheit des Sünders unmöglich mehr die Rede sein, die Sünde ist in Pauli Augen keine Schwachheit, sondern eine unheilvolle Macht, welche trotz aller Einsprache der Vernunft und des Gewissens den Sieg über den natürlichen Menschen davonträgt. Sie kann sich so hoch steigern, daß sie den Menschen nicht nur verblendet, sondern verhärtet, und ihn sogar im sittlichen Bösen als solchem ein natürliches Behagen finden läßt (Röm. 1, 32; Ephes. 4, 19).

4. Nach dem Gesagten kann es uns nicht verwundern, wenn wir sehn, daß Paulus das Fleischlich=gesinnt=sein für eine Feindschaft wider Gott erklärt (Röm. 8, 7). Um so natürlicher ist aber die Frage, in welchem Verhältniß nach seiner Ansicht das Gesetz zur Sünde stehe. Erwähnt Paulus des Gesetzes (ὁ νόμος), so denkt er gewöhnlich an das mosaische in seinem ganzen Umfange sittlicher und ceremonieller Gebote als die von Gott angeordnete Lebensregel. Das Gesetz ist keineswegs an sich etwas Sündiges, noch viel weniger die Ursache des Bösen. Zwar ist im Allgemeinen keine Sünde möglich ohne Gesetz, wohl aber Gesetz ohne Sünde. Das Gesetz ist nach seinem Inhalt und Zweck heilig, gerecht und gut (Röm. 7, 10; Gal. 3, 12). Es ist sogar gekommen „um der Sünde willen" (Gal. 3, 19), d. h. um diese zu zügeln, wurde es der Verheißung beigefügt; es glich einem Zuchtmeister, der den unbändigen Knaben durch die vorgehaltene Zuchtruthe zügeln sollte (Gal. 3, 24. 25). Insofern übt es nach seiner Art eine heilsame Reaction gegen die Macht der Sünde aus und lehrt den Menschen dieselbe als Sünde,

d. h. als Ursache der Schuld und Strafe kennen (Röm. 3, 20; 7, 7). Aber trotz diesem seinem trefflichen Zweck kann die Wirkung auch des besten Gesetzes bei dem sündigen Menschen nur verderbenbringend sein. Ohne das Gesetz ist die Sünde todt (Röm. 7, 8); und erst durch das Gebot erwacht sie. Das Gesetz weckt bei dem Sünder die schlummernde Lust zum Bösen (Röm. 7, 8) und ruft seinerseits Reaction gegen seine eigenen gebietenden Forderungen hervor. Es wird also die Kraft der Sünde (1 Cor. 15, 56), welche dieselbe nicht nur offenbart, sondern beständig vermehrt, und ist zu diesem letzten Zweck sogar von Gott selbst insofern verordnet, als er wollte, daß durch das Zunehmen des Bösen das Bedürfniß nach Erlösung vermehrt und die Offenbarung seiner Gnade um so höher geschätzt würde. Das Gesetz jedoch richtet nur Zorn an (Röm. 8, 15); seine Uebertretung ruft nothwendigerweise die Offenbarung seines Mißfallens hervor und bringt dadurch den Uebertreter in einen Zustand sclavischer Furcht, welche alle Liebe ausschließt und die Entfremdung nur größer werden läßt (Röm. 8, 15). Darum kann auch kein Gesetz den Sünder lebendig machen (Gal. 3, 21), d. h. ihm das wahrhaftige Leben des Geistes schenken, welches ihn befähigen würde, Gottes Willen aus Liebe zu vollbringen. Aus Gesetzeswerken, d. h. aus Werken, wie sie der sündige Mensch auf dem Standpunkte des Gesetzes verrichtet, kann denn auch kein Fleisch vor Gott gerecht werden (Röm. 3, 20). Wer das Gesetz erfüllt, dem ist das Leben verheißen; wer es übertritt, der hat dadurch das Leben verwirkt (Gal. 3, 10. 11); Gottes Gunst und Freundschaft durch Erfüllung des Gesetzes wieder zu erlangen, ist so unmöglich, daß alle, welche von diesem Princip ausgehn, vielmehr den Fluch fürchten müssen (Gal. 3, 10).

Das mosaische Gesetz hatte mit einem Wort nur zeitlichen und vorübergehenden Werth; das wird deutlich, wenn man es von christlichem Standpunkte aus betrachtet. Es gab eine Zeit, in welcher die ganze Menschheit objectiv (Röm. 5, 13) und Paulus subjectiv (Röm. 7, 19) noch unter dem Gesetz lebten. Es kommt für den Christen eine Zeit, in welcher er nicht mehr unter dem Gesetz als einer beherrschenden und verdammenden Macht steht (Röm. 6, 15). So lange jedoch diese Zeit noch nicht angebrochen ist, wird die Sünde und das Elend durch das Gesetz nur vermehrt. Es kann dem Sünder das Ideal vor Augen halten; aber zu dessen Erreichung ihm niemals verhelfen.

5. So bringt nun die Sünde den Tod, eben weil sie gegen das Gebot des Gesetzes gethan wird. Nothwendigerweise wird sie diesseits und jenseits des Grabes zugerechnet (Römer 5, 13). Der Sünder entbehrt der Herrlichkeit (δόξα) Gottes, d. h. der Ehre, welche er vor Gott gehabt hätte, würde er nicht gesündigt haben und dem gerechten Gericht, welches sich im Tode concentrirt, verfallen sein (Röm. 6, 21; vergl. Gen. 2, 17). Der paulinische Begriff des Todes ist in seiner ganzen Fülle nicht leicht zu bestimmen. Man darf ihn gewiß ebensowenig nur auf den Begriff des physischen Todes allein einschränken, als diesen letztern ganz ausschließen. Jedenfalls ist auch der des geistigen Todes mit einbegriffen (Eph. 2, 1. 5; Col. 2, 13; Eph. 5, 14), und es ist nicht zu übersehen, daß der Tod gerade dadurch erst zum vollen Lohn der Sünde wird, daß er in ewigem Verderben (ἀπώλεια) endigt. Daß Paulus auch an dies letztere gedacht haben will, ist aus der Gegenüberstellung von Tod und Gnadengabe des ewigen Lebens (Röm. 6, 23) ersichtlich. Im Begriff des Todes vereinigt sich also der des größten, zeitlichen und ewigen Elendes; und in dem Sprachgebrauch des Apostels tritt bald diese, bald jene Seite der Sache mehr oder weniger in den Vordergrund. Der geistige Tod führt zum zeitlichen, dieser geht in den ewigen Tod über (2 Cor. 7, 10).

Vgl. über die hier zur Sprache gebrachten Hauptpunkte vor allem **Ernesti**, vom Ursprung der Sünde nach paul. Lehrgeh. 2 Thl. Gött. 1863/64, **A. Ritschl**, die Entstehung der Alt-Kath. Kirche, 2. Aufl. 1857 S. 63—76. **J. T. Beck**, bibl. Seelenlehre, 2. Aufl. 1862.

Punkte zur Erwägung: Durch welche Eigenthümlichkeit unterscheidet sich die Dämonologie des Paulus? — Welche Bedeutung hat die Geschichte des Falles für seine Dämonologie? — Die Trichotomie des Menschen bei Paulus. — Pauli Lehre vom Gewissen. — Was ist der Sinn von Gal. 2, 19? — Und von 1 Tim. 1, 8—10 (verglichen mit der Anschauung des Gesetzes im Br. an die Römer und Gal.)? — Ist nach Paulus auch der natürliche Tod eine bestimmte Strafe der Sünde?

§. 36.
Seine Folgen.

Der Macht der Sünde und des Todes unterworfen befindet sich der Mensch im Zustande eines jammervollen Zwiespaltes, dessen Spuren sogar im Reiche der Natur wahrgenommen werden, und der ihn namenlos elend macht, wenn er sich desselben einmal klar bewußt geworden ist. In dem klaren Gefühle dieses Elendes ist indessen zugleich der innere Anknüpfungspunkt für das Heil der Erlösung gegeben.

1. Wie traurig auch der Zustand ist, in welchen die Sünde den Menschen gebracht hat (§. 35), er würde doch minder peinlich sein, wenn der Mensch in dem Sünder ganz aufgegangen wäre. Dies ist indessen nach der Lehre unseres Apostels durchaus nicht der Fall; denn die ursprüngliche Natur des Menschen ist durch die Sünde wohl verdorben, aber keineswegs vernichtet worden. Infolge davon entsteht natürlich im sündigen Herzen ein Gefühl des Zwiespaltes, welches den Genuß des Friedens unmöglich macht.

2. Die paulinische Vorstellung von Zwiespalt im sündigen Herzen muß von dem, was er über den Streit im Herzen des Gläubigen lehrt, wohl unterschieden werden (Gal. 5, 17). Auch bei den Christen hören Fleisch und Geist nicht auf, gegen einander zu streiten; aber bei dem Menschen, der noch außerhalb Christo steht ist der Geist (τὸ πνεῦμα) ein zwar vorhandener, aber sclavisch gebundener Theil seines Wesens; er ist von Natur fleischlich und verkauft unter die Sünde (Röm. 7, 14). Wenn er indessen (wie Paulus selbst vor seiner Bekehrung) durch das Gesetz anfängt zur Selbsterkenntniß und zur Erkenntniß seines Berufes zu kommen, dann beginnt das Gesetz in seinem Gemüthe mit dem Gesetz in seinen Gliedern zu streiten. Es zeigt sich nun der Zwiespalt zwischen der sündigen Natur und dem geweckten Gewissen; aber der machtlose Streit endigt immer in einer peinlichen Niederlage, und der Streiter selbst bleibt sich ein Räthsel, es sei denn, daß durch eine andere Macht, als durch die des Gesetzes, seine Ohnmacht in Kraft umgeschaffen wird.*)

---

*) Wir kommen hier mit einer der schwierigsten, aber auch einer der wichtigsten Stellen in den paul. Briefen, Röm. 7, 7—24, in Berührung. Die Jahrhunderte lang von dem Dogmatismus beherrschte Auslegung würde vielleicht weniger Stoff zu verschiedenen Ansichten geliefert haben, wenn man nicht unaufhörlich die beiden Fragen mit einander verwirrt hätte: „Von wem spricht der Apostel hier eigentlich?" und „Auf wen ist seine treffende Schilderung in größerem oder geringerem Maaße noch immer anwendbar?" daß man auf diese letztere Frage geantwortet: „Auf jeden Gläubigen", wird niemanden befremden, der auf dem Gebiet des geistigen Lebens kein Fremdling ist. Daraus folgt jedoch durchaus

3. Nicht allein in dem Mikrokosmos des menschlichen Herzens, sondern auch in dem Makrokosmos spiegelt sich für das Auge des Apostels derselbe Zwiespalt ab. Die ganze Schöpfung, d. h. die ganze beseelte und unbeseelte Natur ist gegen ihren Willen infolge der Sünde durch den Willen Gottes der Eitelkeit unterworfen und erwartet mit sehnendem Verlangen eine Erlösung und Verherrlichung, welche ihr dann erst zu Theil wird, wenn das Seufzen derer, welche die Erstlinge des Geistes besitzen, erhört und die Herrlichkeit der Kinder Gottes vollendet und erschienen sein wird. Die Natur leidet mit der Menschheit, da sie auf das innigste mit ihr verbunden ist; beide warten auf — Erlösung.

4. Der sündige Mensch kann nicht durch Ablegung des Leibes des Todes erlöst werden, denn der Tod selbst ist eine Strafe, welche

---

nicht, daß Paulus hier wirklich das Leben der Gläubigen schildert. Dagegen streitet erstens der Zusammenhang und der ganze Zweck seiner Rede, zweitens der Umstand, daß durchaus nicht vom Geist im Gegensatz zum Fleisch, sondern vom inwendigen Menschen, dem νοῦς, gesprochen wird, welcher auch dem noch nicht wiedergeborenen zugeschrieben wird, drittens die Beschreibung der christlichen Freiheit 8, 2 (vergl. auch 6, 17 u. Gal. 5, 24), welche sich mit 7, 14 als Beschreibung eines christlichen Zustandes unmöglich vereinigen läßt. Offenbar sieht Paulus beim Lichte seines gegenwärtigen Zustandes auf seinen früheren zurück und spricht davon, wie er selbst unter dem Gesetze gelebt hat und durch dasselbe gebildet worden war, um an seinem eigenen Beispiele zu zeigen, wie es allen denen ging und gehen muß, welche durch des Gesetzes Werke gerecht zu werden versuchen. Das Ich ist hier der Repräsentant einer Mehrheit, zu welcher er selbst gehört, und die gegenwärtige Zeit, in welcher er spricht, theils die Folge der lebendigen Schilderung, theils die Folge davon, daß die Nachwehen dieses traurigen Zustandes noch immer fühlbar sind, insofern die Erlösung noch nicht ganz genossen wird. Paulus zeichnet sich also selbst, wie er zuerst in der Periode einer gewissen Ruhe (B. 9a), dann eines steigenden Zwiespaltes (B. 10—17), darnach einer ohnmächtigen Niederlage (B. 18—23), endlich aber, nachdem und insofern er in Christo war, in der Periode eines beginnenden Triumphes lebte (B. 25). Ist dieser Zwiespalt auch in dem neuen Leben noch immer fühlbar, so ist er doch dazu bestimmt, immer mehr und mehr wie der Schatten vor dem Licht zu verschwinden. Röm. 7 wird ebensowenig der bloß natürliche Mensch, als der Christ in seinem normalen Zustande gezeichnet, sondern der Sünder unter dem Gesetz, welcher anfängt zu erwachen und nach dem bessern zu streben, der Gegenstand der gratia praeparans et praeveniens. Man braucht kaum auf die vielen Parallelen dieser Zeichnung hinzuweisen, welche man auch bei ernstgesinnten Heiden antrifft, z. B. in dem: „video meliora proboque", etc.

zu größerem Elend führt (§. 35, 5). Paulus spricht von einem flammenden Feuer. in welchem Rache geübt wird gegen die, welche Gott nicht kennen und das Evangelium verwerfen, von dem Erleiden einer Pein, einem ewigen Verderben, entfernt von dem Angesichte des Herrn und seiner herrlichen Macht (2 Theff. 1, 8). Auch sonst zeigt sich, daß er sich das Urtheil unter gleichen Bildern vorstellt, wie seine Zeitgenossen. Nirgends findet sich denn auch irgend ein Wink, daß er Verminderung oder Aufhebung dieser Strafe erwartet. Er ver= kündet zwar verschiedene schwere Strafgerichte, die sich nach dem mehr oder minder hellen Lichte, von welchem man umstrahlt war, richten, aber auch die Heiden gehen nicht leer aus, wenn sie gegen das Gesetz des Gewissens sündigen (Röm. 2, 9—12). Von Seiten des Menschen kann also vom Säen auf das Fleisch unmöglich irgend etwas andres, als Verderben (φθορά), geerntet werden, Gal. 6, 9. — Ehe man diese apostolische Vorstellung von einem jüngsten Gericht als ein un= bedeutendes Ueberbleibsel seiner früheren rabbinischen Gelehrsamkeit zurückweist, wird man gut thun, zu fragen, ob wohl der Apostel hier irgendwie weiter geht, als es ihm das eigne Wort des Herrn und und die prophetische Sprache des A. T. vergönnt.

5. Der Mensch, welcher einen solchen Zwiespalt in sich fühlt und ein solches Gericht erwartet, muß sich nothwendigerweise namen= los elend fühlen. Indessen, was sein tiefstes Leid ist, wird andrer= seits sein Glück; der Sünder kann gerade dann, wenn und insofern er sich rettungslos verloren sieht, gerettet werden. Das klare Bewußt= sein seines persönlichen Elends (Röm. 7, 23—25) ist zugleich der innere Anknüpfungspunkt für das Werk der Erlösung. Hierin unterscheidet sich der gefallene Mensch von dem gefallenen Engel, welchen Paulus nie anders darstellt, als lüstern zu verderben und preisgegeben dem ewigen Verderben. Soll indessen die Erlösung des Sünders, welche auf diese Weise psychologisch möglich ist, zur Wirklichkeit werden, dann wird sie von Gott selbst ausgehen müssen.

Vergl. über Röm. 7, 7—24 die Commentare von Tholuck und Lange. Ueber Röm. 8, 19—23 unsre Christol. des N. V. bl. 309—311, und Lange, Bibelw. zu der St. Die ganze pau= linische Auffassung der Tiefe des Elendes ist nach Augustin und Luther vielleicht von Niemand besser verstanden worden, als von

Bl. **Pascal**; f. über denselben Neander, Wissenschaftl. Ab=
handl., herausgegeb. v. Jacobi. Berl. 1851.

Punkte zur Erwägung: Wie haben wir uns die Person, welche Röm. 7, 7—24 sprechend
eingeführt wird, zu denken? — Uebersicht und Kritik der bedeutendsten Erklärungen von Röm. 8,
19—23. — Uebereinstimmung und Kritik der ganzen Darstellung des Elends bei Paulus und bei
Augustin. — Ihre ewige Wahrheit und ihr fortdauernder Werth.

Zweite Unterabtheilung.

Die Menschheit und der Mensch durch Christum und in Christo.

§. 37.

Der Heilsplan.

Die Gerechtigkeit vor Gott, welche wegen der Sünde
sowohl den Heiden als den Juden mangelt, wird dem
Sünder seinetwegen auf einem ganz andern Wege ver=
heißen und verliehen. Das Evangelium des N. T. ver=
kündigt das Geheimniß eines göttlichen Heilsplanes,
welcher vor Zeiten entworfen, durch die ganze alte Heils=
ökonomie vorbereitet und in der Fülle der Zeit offenbart
wurde, die jüdische und heidnische Welt, den Himmel und
die Erde umfaßt und in stufenweiser Entwicklung die
Majestät und Herrlichkeit Gottes in nie gekanntem Glanze
zur Anschauung bringt.

1. Was nur von Gott allein ausgehen konnte, ist auch von
Gott wirklich verliehen worden. Für Paulus steht ebenso fest, daß
Gott in Christo gethan hat, was dem Gesetz unmöglich war (Röm. 8,
3. 4), als daß er die Ursache alles geistlich Guten ist (1 Cor. 1, 30).
Darum heißt auch Gott in der ganzen Fülle seines Wesens der Hei=
land (σωτήρ, 1 Tim. 1, 1; 2, 3: ein echt paulinischer Zug in dem
Pastoralbriefe), dessen Liebe zu den Sündern, welche doch von ihnen
gänzlich verwirkt worden war, den Charakter der Gnade trägt und

ihnen schenkt, was die sich selbst überlassene Vernunft durchaus nicht fähig ist zu vernehmen (1 Cor. 2, 9).

2. Das Evangelium dieser Gnade ist also nach der Ansicht unsres Apostels etwas ganz durchaus Neues, nicht die Fortsetzung der alten Ordnung, sondern ihr gerades Gegentheil. Es ist ihm die frohe Botschaft von der Rechtfertigung des Sünders vor Gott durch den Glauben an Christum und als solche ein geoffenbartes Geheimniß (μυστήριον). Das Wort Mysterium hat nämlich in dem Sprachgebrauch unseres Apostels einen ganz andern Sinn, als den, in welchem es später gebraucht wurde. Es deutet eine Sache an, welche früher unbekannt war, nun aber ans Licht getreten ist und eben dadurch aufhört, verborgen zu sein, obgleich sie, auch nachdem sie den Menschen zur Kenntniß gebracht worden, noch immer ihre dunkeln, geheimnißvollen Seiten behält (Röm. 11, 33). „Den Verstand an dem Geheimniß" bekommt man nur durch Offenbarung (Eph. 3, 3. 4), eine eigne, übernatürliche That Gottes, welche von Paulus mit verschiedenen Worten angedeutet wird (ἀποκάλυψις, φανέρωσις u. and.), von welchen sich indessen nicht beweisen läßt, daß er sie zur Andeutung von mehr als einem Offenbarungsbegriff scharf von einander geschieden habe. Was dagegen noch in der Zukunft verborgen ist, bleibt eben deshalb, so lange es noch zukünftig ist, ein Geheimniß, welches man natürlicherweise nur auf das Wort dessen hin, der es verkündigt, glauben kann (1 Cor. 15, 51). Obgleich Paulus mehrere solcher Mysterien aufzählt, welche alle in den Bereich des christlichen Erkenntnißvermögens fallen (1 Cor. 13, 2; 14, 2), ist ihm doch in der Regel das Evangelium das eine große Geheimniß Christi (Eph. 6, 19; Col. 4, 3), welches keineswegs nur einen rein speculativen, sondern auch einen besonders praktischen Charakter (1 Tim. 3, 16) offenbart.

3. Was neu ist, kam darum keineswegs unvorbereitet; principiell ist das N. T. schon im A. enthalten und ist bezeuget durch das Gesetz, welches von ihm ersetzt wird, und durch die Propheten, welche von ihm herrlich erfüllt worden sind (Röm. 3, 21. 22). Kein Apostel hat einen tiefern Blick in den ganzen Verlauf der Weltgeschichte gethan, als Paulus. Sein philosophisches Auge sieht in der ganzen vorchristlichen Periode eine langdauernde Vorbereitungszeit, welche ihr Ende erst im Kommen Christi fand (Gal. 4, 4). Er ist

des Gesetzes Ende (Röm. 10, 4), das Ziel seiner ganzen Heilsöko=
nomie; und während Gott vor seiner Erscheinung die Heiden in ge=
wisser Hinsicht ihre eigenen Wege wandeln ließ (Apost. 14, 16), glich
doch auch das bevorzugteste Volk unter dem alten Bunde dem un=
mündigen Knaben (Gal. 4, 1 u. ff.). Darum konnte er auch Ver=
leugnung des Christenthums nur als Rückfall zu einem früheren, schon
überwundenen Standpunkt betrachten (Gal. 4, 9) und den fortwäh=
renden Unglauben der Juden nur für eine Frucht der traurigsten
Verblendung halten (2 Kor. 3, 14; 4, 4). Das Evangelium, welches
also geistiger Art ist, kann von dem sinnlichen Menschen als solchem
unmöglich erkannt werden, denn es muß geistlich gerichtet sein (1 Cor.
2, 14). Macht es doch mit Gottes früherem, verborgenem Rath=
schluß zum Heil der Sünder bekannt, welcher durchaus nach seinem
eigenen Plane entworfen und zur Ausführung gebracht worden war.

4. Die durch das Evangelium verkündigte Erlösung ist nichts
anderes, als die Ausführung dessen in der Zeit, was Gott von Ewig=
keit her bei sich beschlossen hat. Schon in seinen frühesten Schriften
zeigt Paulus, daß er die, welche an Christum glauben, als Aus=
erwählte Gottes ansieht (1 Theff. 1, 4; 2 Theff. 2, 13), in welchen
das Ideal des alten Israel aufs schönste verwirklicht ist (Gal. 6, 16).
Besonders in den Briefen an die Römer (9—11) und Ephefer (1,
4 u. ff.) tritt diese Idee kräftig in den Vordergrund. Der Apostel
spricht von einem göttlichen Heilsplan, dessen Mittelpunkt Christus
und dessen Ziel die glanzvolle Offenbarung seiner herrlichen Kräfte
ist (Röm. 11, 36). Er ist ebensowenig in Folge der Sünde ent=
standen, als er durch deren Macht auf die Dauer vereitelt werden
kann. Er ist ewig wie Gott und nicht in irgend einer Vortrefflichkeit
des Menschen an sich, sondern in Gottes anbetungswürdigem und un=
veränderlichem Wohlgefallen gegründet. Nicht weil die Gläubigen
heilig sind, sondern damit sie es werden, hat Gott sie auserkoren
(Ephef. 1, 4), und auch dieser ihr Glaube ist nicht der Grund, son=
dern das Kennzeichen ihrer Erwählung zur Seligkeit. Ohne Zweifel
kennt Paulus eine göttliche Berufung und Erwählung zur Theilnahme
am Segen des Christenthums; doch macht er zwischen dieser und der
Berufung und Erwählung zur ewigen Seligkeit nirgends einen wesent=
lichen Unterschied; er konnte es nicht, weil die Christen, welchen er
dies Geheimniß darlegt, in der Regel gläubige Christen waren. Ohne

Zweifel spricht er (Röm. 9—11) von der Erwählung der Heiden in ihrer Totalität gegenüber der nationalen Verwerfung der Juden; aber nirgends findet sich ein Beweis dafür, daß er in Betreff der Indi= viduen, aus welchen diese Totalität besteht, einer andern Auffassung huldige. Das Gegentheil geht aus der Art und Weise hervor, wie er die Christen durch Erinnerung an die persönliche Vorherbestimmung tröstet und zur Heiligung auffordert. „Tout cela est singulièrement clair, et certes ce ne sera pas avec des arguments exegetiques, que l'on pourra désormais combattre le système, que les Au-gustines, les Calvins. les Gomars ont édifié sur ces prémisses" (Reuss).

5. Der göttliche Heilsplan ist an sich Einer und untheilbar, wird aber für das Individuum stufenweise verwirklicht. Gott hat die Seinen von Ewigkeit her in Liebe gekannt (πρόγνωσις) und eben darum zuvor verordnet (προορίσαι), dem Bilde seines Sohnes ähnlich zu sein. Nur aus dogmatischen Gründen kann man scharfe Unter= scheidung dieser beiden Begriffsbestimmungen wünschen; bei unpar= teiischer Betrachtung des paulinischen Gedankensystems fließen sie wie von selbst in einander. „Getrost wollen wir diesen Unterschied fahren lassen, der in der That nur verbirgt, und nichts an's Licht bringt". (Schleiermacher). Beide gehören in das Gebiet der Ewigkeit; in das der Zeit dagegen fällt die Berufung (κλῆσις), womit das persönliche Herzubringen des Gläubigen zu der ihm zugedachten Seligkeit beginnt. Der Apostel denkt bei diesem Worte nicht bloß an eine äußere, sondern an eine solche Berufung, welche zugleich innerlich verstanden und be= griffen wird. Wo im Sinne des Paulus Berufung stattfindet, da ist zugleich der Keim des Glaubens und der Bekehrung, und hierin liegt der logische Grund, daß die Berufenen hier bereits Gerechte sind und darnach Verherrlichte werden. Daß sie dies jedoch sind und werden, haben sie ausschließlich Gottes durchaus freiem Wohlgefallen (εὐδοκία τοῦ θελήματος.) zu danken, welches mit seiner sittlichen Vollkommenheit unzertrennlich eins ist und also nicht das Geringste mit Willkür ge= mein hat (Ephes. 1, 5—10).

6. Es würde eine solche Lehre hart scheinen können, wenn sie außer allem Zusammenhang mit der souverainen Allmacht Gottes auf der einen und der absoluten Verwerflichkeit der Sünde auf der andern Seite gedacht würde. Jedoch gerade auf diesen Zusammenhang richtet

Paulus die Aufmerksamkeit, wenn er die Ausschließung der Juden von den Segnungen des Gottesreiches gegenüber der Annahme der Heiden, Röm. 9, 11, vom apologetischen Standpunkte aus bespricht. Indem er seinem innigsten Leidwesen über das Loos seines Volkes Ausdruck giebt, zeigt er, daß Israels Verwerfung (a) nicht mit der Unveränderlichkeit Gottes streite (9: 6—13), da die Verheißungen des Heils in A. T. immerhin dem wahren, d. h. dem gläubigen Israel gelten; ebensowenig (b) mit Gottes Gerechtigkeit (9, 14—29), da Gott niemand etwas schuldig ist und über jedes Geschöpf als Herr allmächtig gebieten kann; noch weniger (c) mit seiner Heiligkeit, da diese Verwerfung nur die gerechte Strafe ist für Israels Unglaube (9, 30—10, 21); am allerwenigsten (d) mit seiner Wahrheit, Barmherzigkeit und Gnade, da Israels Fall den Heiden zum Heil wird, und es überdieß selbst wieder aufgerichtet werden kann (Kap. 11). Er löst auf diese Weise zwar nicht alle Bedenken auf, bringt aber nichts destoweniger durch beständiges Hinweisen auf die einzelnen Schriftstellen und Vorbilder einerseits und Gottes hohe Majestät andererseits den hartnäckigen Widerspruch zum Verstummen. Es ist ihm offenbar darum zu thun, die Lehre von Gottes freier Gnade nicht sowohl allem eigenen Wirken, als vielmehr aller Selbstgerechtig- keit und allen Verdiensten des Menschen gegenüber zur Geltung zu bringen.

7. Der Glaube an Gottes unveränderlichen Rathschluß ist für Paulus kein Gegenstand abstracter Raisonnements. „Paul n'est pas ici un philosophe, qui déduit scientifiquement des formules de métaphysique; c'est un avocat, qui plaide la cause de Dieu" (Bonifas). Anstatt ein aprioristisches Eindringen in dies offenbarte Geheimniß zu preisen, lehrt er vielmehr die Gläubigen, welche gleich- sam am Ende des Heilsweges stehen, auf das, was Gott in Christo ihnen zugedacht, zurücksehen, um durch die Gedanken daran sowohl die Fruchtbarkeit, als die Freude ihres Glaubens zu erhöhen. Obgleich auch er annimmt, daß durch die Offenbarung und Bestrafung des hartnäckigen Unglaubens Gottes ewiger Rath erfüllt wird, stellt er diesen Unglauben doch als eine Schuld dar, für welche man persön- lich verantwortlich ist. Wie es willkürlich und unmöglich ist, den klaren Sinn von Röm. 9 zu verkennen, so ist man auch nicht be- rechtigt, dieses Kapitel vom zehnten und elften zu trennen. Die

richtige Synthese der scheinbar unversöhnlichen Antinomie der gött=
lichen Vorherbestimmung und menschlichen Freiheit wurde auch von
Paulus nicht ausgesprochen. Es genügt ihm, vor allem ihr zweites
Glied nicht weniger nachdrücklich als ihr erstes zu betonen, den Un=
glauben Israels nicht nur als eine bejammernswerthe Thatsache, son=
dern als eine schwere Schuld zu bedauern und von der Zukunft die
weitere Auflösung eines Problems zu erwarten, welches für den Un=
glauben ein Stein des Anstoßes, für den Glauben schon hier ein
Gegenstand hoher Anbetung ist.

8. Das darf es unbedingt sein, da der göttliche Heilsplan sich
noch weiter, als auf diese Welt, auf die ganze Schöpfung erstreckt.
Der große Gedanke Gottes, alles unter einem Haupte zu vereinen,
hat nicht nur Bezug auf die Menschen, sondern auch auf die Engel;
nicht nur auf die Erde, sondern auch auf den Himmel (Eph. 1, 10;
Col. 1, 20). Denken wir demselben tiefer nach, so läßt uns der=
selbe seine anbetungswürdige Weisheit (Eph. 3, 9—12), vor allem
aber seine unerschöpfliche Gnade und neben beiden seine anbetungs=
würdige Vorsehung (Röm. 11, 33—36) in einem Lichte erscheinen,
wie dieselbe sonst nirgends mehr geschaut wird und die dem Apostel
ein Preisen des Glaubens (Röm. 8, 31—39) entlockt, wovon selbst
ein Erasmus voller Bewunderung frug: „Quid unquam Cicero
dixit grandi loquentius?" Kein Wunder, hatte doch die Beredt=
samkeit Cicero's nie über solch' einen Gegenstand zu gebieten; und
nicht das Talent, sondern das Herz führte die Feder des Paulus.

Vergl. **G. W. Krummacher,** das Dogma von der Gna=
benwahl, Duisb. 1856.

Punkte zur Erwägung: Was ist bei Paulus das eigentliche Wesen des Evangeliums? —
Was lehrt er Coloss. 2, 16, 17? — Das Evangelium, ein geoffenbartes Geheimniß. — Der Heils=
weg unter dem alten Bunde Röm. 4. — Der psychologische Grund der Praedestinationslehre des
Paulus. — Ihre Beziehung zu dem paulinischen Universalismus. — Zusammenhang und Verschie=
denheit zwischen der Lehre Pauli und der von Augustin und Calvin. — Lehrt Paulus die Ver=
werfung ebenso unbedingt, wie er die Praedestination zum ewigen Leben verkündigt? — In wiefern
ist es dem Apostel geglückt, das Bedenken, daß Gott zur Ursache der Sünde werde, abzuweisen? —
Enthält die Praedestinationslehre von Paulus keine nothwendigen Praemissen zu der von der Wie=
derherstellung aller Dinge? — Röm. 8, 28—30. — Sinn, Schönheit und Kraft von Röm. 8, 31—39.
— Die Doxologie, Röm. 11, 33—36.

§. 38.

Christus.

Zu seinem Mittelpunkte hat der göttliche Heilsplan Christum, den Sohn Gottes, den Heiland der Sünder, welcher in menschlichem Fleisch erschienen ist, um als zweiter Adam das geistige Haupt der neuen Menschheit zu sein. Von der Lebensgeschichte des Herrn theilt Paulus beziehungsweise wenig mit, aber jede Vorstellung von seiner Persönlichkeit, nach welcher er entweder scheinbarer Mensch oder nur Mensch gewesen wäre, weist der Lehrbegriff des Apostels nachdrücklich zurück.

1. Es gehört zu den Vorzügen der Paulinischen Theologie, daß sie den Heilsplan immer mit Rücksicht auf den, in welchem er verherrlicht worden ist, betrachtet. Christus ist ihm nicht nur Mittelpunkt des Evangeliums, sondern der ganzen Weltgeschichte. Obgleich er in seiner Lehre durchgängig vom Menschen ausgeht (§. 33, 4), steigt er doch unaufhörlich zu dem empor, in welchem das Ideal der Menschheit verwirklicht wird; und legt er offenbar mit noch mehr Nachdruck Zeugniß ab von dem Werke, als von der Person des Herrn, so hat er sich doch auch in Betreff des letzteren in einer Weise geäußert, welche keinen Zweifel über das, was er eigentlich sagen wolle, aufkommen läßt.

2. Die Tübinger Kritik hat behauptet, die Christologie der letzten unter dem Namen des Paulus erhaltenen Briefe, trage einen andern Charakter, als die jener vier andern, deren Echtheit sie anerkennt. An sich würde dies noch kein Bedenken verursachen, wenigstens dann nicht, wenn man glaubt, daß der heil. Geist den Apostel auch beim Ablegen dieses Theiles seines Zeugnisses von Licht zu Licht, von Kraft zu Kraft geführt habe. Wurden diese Briefe, in welchen man seine erhabensten christologischen Gedanken antrifft (z. B. die an die Colosser und Philipper) frühzeitig und theilweise mit Rücksicht auf die frühesten gnostischen Irrthümer verfaßt, so hindert uns nichts,

anzunehmen, daß gerade dieser Irrthum den Apostel antrieb, die Wahrheit um so kräftiger auszusprechen. Es würde gewiß etwas anderes sein, wenn in den späteren Briefen etwas behauptet würde, was in den früheren geleugnet wurde, oder umgekehrt. Daß sich dies aber durchaus nicht so verhält, geht schon daraus hervor, daß der Ausgangs- und Anfangspunkt der sich durch seine spätesten Schriften hinziehenden Gedankenreihe schon in den ältesten gefunden wird.

3. Daß Paulus nur wenig von den Worten, Thaten und Schicksalen des Herrn während seines irdischen Lebens meldet, fällt bei jedem Blick in seine Schriften sofort ins Auge. Nur auf ein einziges durch die Tradition überliefertes Wort des Meisters beruft er sich (Apost. 20, 35), und auch von seiner Lebensgeschichte erwähnt er nur wenige Züge. Man hat aus apologetischen Gründen versucht, aus Pauli Schriften ein Leben Jesu zu Stande zu bringen; die Ernte ist karg gewesen. Der erste Brief Petri enthält schon mehr Erinnerungen z. B. aus der Leidensgeschichte, als alle Briefe Pauli. Die Ursache dieser Erscheinung liegt darin, daß er nicht persönlich mit dem Herrn umging und auch diesem ihm so reichlich vergoltenen Vorrecht nur untergeordnete Bedeutung beilegte (2. Kor. 5, 16). Nicht der lehrende und leidende, sondern der auferweckte und verherrlichte Christus steht hier vor allem in dem Vordergrund; es ist ihm weniger um Jesus an sich, als um Jesus, insofern er Christus war, zu thun. Mit der Predigt dieser Wahrheit tritt er bald nach seiner Bekehrung auf (Apost. 9, 20, wo anstatt Christus zu lesen ist: Jesus; und der Name: Sohn Gottes als Messiastitel aufgefaßt werden muß). Er vertheidigt sie den Juden und Heiden gegenüber mit Berufung auf die heiligen Schriften (Apost. 17, 3; 18, 5), und wenn er wiederholt Nachdruck darauf legt, daß der Herr aus Davids Samen entsprossen sei (Röm. 1, 3; 2 Tim. 2, 8), so geschieht dies ohne Zweifel, weil diese seine fürstliche Abkunft die durchaus nothwendige Bedingung seiner Messianität war.

4. Man hat keinen Grund zu vermuthen, Paulus habe das wirkliche Menschsein des Herrn in irgend einer Hinsicht bezweifelt. Er sagt von ihm, daß er von einem Weibe geboren (Gal. 4, 4), Genosse der Schwachheit unserer Natur sei (2. Kor. 13, 4), und stellt seine Gesinnung denen, die ihm nachfolgen, als Vorbild vor

Augen (Phil. 2, 5). Aber ebenſo gewiß iſt, daß Paulus im Herrn
den geſehen hat, welcher mehr als Menſch war, und zwar nicht nur
in der Mitte oder am Ende, ſondern im Anfang ſeiner apoſtoliſchen
Wirkſamkeit. Hat er doch (Apoſt. 26, 13 u. ff.) den verfolgten
Nazarener in überirdiſchem Glanze geſehen und von Stunde an
erkannt, daß der, den die Juden gekreuzigt hatten, niemand Geringeres
war, als der Herr der Herrlichkeit ſelbſt (1. Kor. 2, 8). Sollte
dies nur andeuten, daß er jetzt in Herrlichkeit lebe? Schon die
eigenthümliche Weiſe, auf welche Paulus von dem Menſchlichen in
Chriſto ſpricht, läßt vermuthen, daß eine ſolche Erklärung zu ſchwach
ſei. Er nennt ihn den zweiten Menſchen, der aber aus dem Himmel
iſt (1. Kor. 15, 47, nach der kürzern Lesart), und erklärt, Gott habe
ſeinen Sohn geſandt in Geſtalt des ſündigen Fleiſches (Röm. 8, 3),
was mindeſtens ſonderbar klingen würde, wenn dieſer Sohn nicht
perſönlich vorherbeſtanden und ſich ſehr deutlich von dem ſündigen
Fleiſch unterſchieden hätte. Daß dies letztere auch die Meinung des
Apoſtels geweſen iſt, wird noch deutlicher, wenn wir hören, daß er
Chriſtum das Bild Gottes nennt, in deſſen Angeſicht die Herrlichkeit
Gottes geſchaut wird (2. Kor. 4, 4. 6), Gottes eignen, lieben Sohn
(Röm. 8, 32, vergl. Eph. 1, 7), welcher ſich ohne Zweifel durch die
Auferſtehung von den Todten (Röm. 1, 4) kräftig als ſolchen
erwieſen hatte und es keineswegs erſt in Folge davon geworden iſt.
Wie wäre es anders möglich, daß er ſchon unter dem A. B. wirkte
(1. Kor. 10, 4, 9), ja ſchon vor ſeiner freiwilligen Menſchwerdung
reich bei Gott war, wie der Apoſtel ſo deutlich lehrt (2. Kor. 8. 9)?
Er unterſcheidet gewiß den Sohn vom Vater und ſetzt ihn zu dieſem
in das Verhältniß einer beſtimmten Abhängigkeit (1. Kor. 3, 23;
11, 3; Eph. 1, 17); aber dennoch zögert er keinen Augenblick, ihn
die Mittelurſache zu nennen, durch welche Alles ohne Ausnahme
geworden iſt, (1. Kor. 8, 6), das, was im A. T. von Gott geſagt
wird, ſtillſchweigend auf ihn über zu tragen (Röm. 10, 13) und ihn
ſelbſt — wir wenigſtens können dieſe Worte (Röm. 9, 5) nicht
anders leſen oder auffaſſen — als Gott zu erheben und in Ewigkeit über
Alles zu preiſen.

5. Wir halten es für ein hoffnungsloſes Unternehmen, ſolchen
Ausſprüchen gegenüber, bei der Behauptung zu beharren, der Chriſtus
der vier allgemein anerkannten Briefe ſei nichts als der himmliſche

Mensch gewesen (Baur). Schon der Zusammenhang, in welchen sein Name beständig mit dem von Gott dem Vater auf der einen (1. Kor. 12, 4—6; 2. Kor. 13, 13) und dem heil. Geist auf der andern Seite gebracht wird (2. Kor. 3, 17), führt zu einer höhern Auffassung; aber das metaphysische Gebiet der paulinischen Christologie hellt sich noch mehr auf, wenn wir unsere Aufmerksamkeit auf spätere Aussprüche richten und in denselben anstatt des Streites die schönste Harmonie und Entwicklung bemerken. Dies ist schon in der classischen Stelle im Briefe an die Philipper (2, 5—11) der Fall, wo er den Sohn Gottes zuerst in seinem vorweltlichen Bestehen, dann in seiner irdischen Erniedrigung, endlich in seiner himmlischen Herrlichkeit darstellt und die Menschwerdung als eine freiwillige Entäußerung dieser ursprünglichen Gottesgestalt beschreibt, in welcher er fortwährend hätte leben und herrschen können. Wir denken aber insbesondere an die erhabenen Worte im Brief an die Kolosser (1, 15—20), wo der Apostel den Sohn Gottes theils in Beziehung zum Vater, theils zur Schöpfung, theils zum Reiche Gottes setzt, was durchaus undenkbar wäre, wenn in ihm nicht, wie in einem heiligen Tempel, die ganze Fülle der Gottheit leibhaftig wohnen würde (2, 9). Nur wenn dies letztere wirklich die Ansicht des Apostels war, begreifen wir, daß er, wie eine unparteiische Exegese zu bestätigen scheint, von dem Herrn als von „unserm großen Gott und Heiland" sprach (Tit. 2, 13) und ihm wie zum Beschluß seiner apostolischen Laufbahn eine Doxologie weiht, welche er, der strenge Monotheist, ohne Zweifel selbst zu allererst als sündhafte Creaturvergötterung getadelt haben würde, hätte Christus nach seiner Meinung nicht eine Natur und Würde besessen, welche ihn über alle Geschöpfe erhob.

6. Und doch, wie sicher und wichtig dies alles auch sein mag, es erklärt noch nicht die durchaus einzige Stelle, welche Christus im paulinischen Lehrbegriff einnimmt. Nicht als überirdische Erscheinung oder göttliche Person an sich, sondern gerade weil er von dem Himmel war, ist der Herr als Mensch, als der Mensch katexochen, Alles nicht nur für den Glauben und das Leben, sondern auch für das Denken des Paulus (Col. 2, 3). Es ist mehr als Zufall, wenn er den Mittler zwischen Gott und den Menschen mit so viel Nachdruck als den Menschen J. Ch. begrüßt (1. Tom. 2, 5); das ganze Erlösungswerk wäre für Paulus undenkbar, wäre dieser Mensch nur

Scheinmensch gewesen. Der philosophische Geist des Apostels zeigt sein Streben nach Einheit namentlich auch darin, daß er in der Geschichte der Menschheit wiederholt einen Einheitspunkt entdeckt, und wie aus dem ersten Adam Sünde und Tod, so aus dem zweiten Erlösung und Leben hervorgehen sieht (Röm. 5, 12—21; 1. Kor. 15, 21. 22). Christum stellt er Adam gegenüber, als das höhere gegenüber dem niedern, als das geistige gegenüber dem bloß natürlichen Lebensprincip (1. Cor. 15, 45—47). Weil er vollkommen göttlich war, konnte er vollkommen menschlich sein und, insofern die Menschheit mit ihm in eine persönliche Verbindung tritt, zugleich der Schöpfer eines neuen Lebensprincipes. Deswegen legt Paulus auf die vollkommene Reinheit und Sündlosigkeit des Herrn einen so großen Werth (2. Cor. 5, 21; Phil. 2, 8, vergl. Röm. 8, 3; 15, 3). Es liegt hierin aber auch der Grund für die Vermuthung, daß, wenn auch Paulus die außergewöhnliche Empfängniß und heilige Geburt des Herrn nicht erwähnt, er sie doch nicht geleugnet oder bezweifelt haben kann. Im Zusammenhange mit seiner Lehre von der Sünde ist es auch undenkbar, daß nach seiner Vorstellung der zweite Adam weniger unmittelbar, als der erste, durch wundervolle göttliche Dazwischenkunft geworden sei. Als fleckenloses Haupt einer neuen Menschheit ist jedoch Christus für Paulus von der höchsten, ja einer ewigen Bedeutung. Und hier kommen wir von selbst zu dem Punkte, von wo aus wir die Eigenthümlichkeit seiner ganzen Soteriologie begreifen können.

Vergl. unsere Christologie N. V. bl. 214—350. Beischlag, zur paul. Christol. in den Stud. u. Krit. 1860. S. 431 ff. Christol. b. N. T. S. 201—256. Ueber die einz. St. s. d. Comm.

Punkte zur Erwägung: Zusammenhang der paulinischen Christologie und der Praedestinationslehre. — Inhalt und Bedeutung dessen, was Paulus über die Geschichte des Herrn erwähnt. — Erklärung und Vertheidigung der bedeutendsten hier behandelten Stellen. — Kritische Durchsicht der Aussprüche, in welchen nach der gewöhnlichen Lesart und Erklärung dem Herrn der Name θεός zugeschrieben wird. — Die Uebereinstimmung und die Verschiedenheit zwischen dem ersten und zweiten Adam nach Paulus.

§. 39.

Das Werk der Erlösung.

Das ganze irdische und himmlische Leben Christi, besonders seine freiwillige Hingabe in den Tod am Kreuze
und seine glorreiche Auferstehung am dritten Tage hat den
bestimmten Zweck, die Menschheit von der Schuld und Herrschaft der Sünde zu erlösen und ihr dadurch das Heil wie-
derzugeben, welches sie durch den Ungehorsam des ersten
Adam verloren hatte. Gleichwohl läuft der Weg zu diesem
Ziel, welchen das Evangelium eröffnet, dem, welchen das
Gesetz empfohlen hat, schnurgerade entgegen; die hier verkündigte Rechtfertigung des Sünders ist eine Rechtfertigung
allein aus dem Glauben.

1. Die Soteriologie Pauli ist nicht nur reicher, als seine
Christologie, sondern sie trägt überdies auch einen höchst eigenthümlichen Charakter. Diese Eigenthümlichkeit tritt sofort in seiner ersten
apostolischen Missionsrede, von der wir Kenntniß haben, hervor
(Apost. 13, 38. 39). Die paulinische Erlösungslehre ist vor allen
Dingen Rechtfertigungslehre (vergl. §. 33, 3), eine Lehre, welche er
mit offenbarer Vorliebe mehr thetisch im Briefe an die Römer, mehr
polemisch in dem an die Galater dargestellt hat, und welche er sogar
einmal (Röm. 1, 16. 17) als die Hauptlehre des Evangeliums
verkündigt. Unter Gerechtigkeit Gottes (δικαιοσύνη θεοῦ) versteht
Paulus in diesem Zusammenhange keine Eigenschaft Gottes, sondern
einen Zustand vor Gott, eine Gerechtigkeit, welche von Gott aus
Gnade nach Art der Zurechnung einem Sünder, welchen er als
gerecht betrachtet und behandelt, verliehen wird und also der Selbstgerechtigkeit vor ihm geradezu gegenübersteht, die der Sünder durch
genaueste Gesetzeserfüllung aus sich selbst aufzurichten sucht (Röm. 10, 3;
Philipp. 3, 9). Mit Rücksicht auf das dem Abraham einmal verliehene Vorrecht (Gen. 15, 6) kannte der rechte Israelit, besonders
der Pharisäer, keinen höhern Segen, als den, vor Gott gerecht (77)

zu sein. Auch Paulus hatte denselben früher auf dem Wege der Werke gesucht (Phil. 3, 4—8), aber das Thörichte dieses Versuches erkannt und gerade darin den höchsten Werth des Evangeliums gefunden, daß es einen ganz andern Weg zu dem gewünschten Ziele eröffnet. Er nennt und rühmt sicher auch andere von Gott in Christo verliehenen Wohlthaten (1. Cor. 1, 30), aber die Rechtfertigung nimmt doch in seiner Anschauung die erste Stelle ein (Röm. 10, 4). In Christo findet der Sünder, welcher die persönliche Theilnahme an der Gunst Gottes als das Höchste aller Heilsgüter betrachtet, was er sonst überall fruchtlos sucht.

2. Fragt man den Apostel, was Christus zu diesem Zwecke gethan hat oder thut, so wird von ihm schon des Herrn Kommen in das Fleisch mit dem Gericht über die Sünde, aber gerade dadurch auch mit der Errettung des Sünders in Zusammenhang gebracht (Röm. 8, 3. 4; 1. Tim. 1, 15). Auch auf sein Gebot und sein Vorbild macht er als auf eine Richtschnur des neuen Lebens aufmerksam (Gal. 6, 2; Phil. 2, 5). Aber vor Allem stellt er den Tod Christi und seine Auferstehung aus dem Grabe in den Vordergrund, und zwar so, daß er beide aufs engste mit einander vereinigt (Röm. 4, 25). Gerade dies gehört zu dem, was er der Corinthischen Gemeinde zuerst verkündigt, und woran er sie später zu erinnern hat (1. Cor. 15, 3. 4). Deshalb weist er auch, um den Hauptinhalt seiner Predigt zusammen zu fassen, auf Christum den Gekreuzigten hin (1. Cor. 1, 23; 2, 2; Gal. 6, 14); legt aber gleichwohl dem Leben des Herrn in der Erniedrigung keinen geringeren Werth bei, als seinem verherrlichten Leben. Wir wollen sehen, wie er den Zusammenhang beider mit dem Werke der Erlösung dargestellt hat.

3. Daß Christus wirklich gestorben sei, wird von Paulus nirgends bewiesen, weil es ebenso wie seine Auferstehung von den Todten nicht bezweifelt wurde. Aber um so höhern Werth legt er darauf, daß er leiden mußte (Apost. 26, 23), und anstatt darin nur ein räthselhaftes Lebensloos zu finden, stellt er die Hingabe des Herrn in das Leiden des Todes vielmehr als eine That von höchster sittlicher Bedeutung dar, als eine That, welche keineswegs willkürlich, noch viel weniger getrennt von dem ganzen Leben, welches derselben voranging, stattfand. Die spätere dogmatische Unterscheidung zwischen

dem Thun und Leiden Christi läßt sich am allerwenigsten mit Berufung auf Paulus rechtfertigen. Das ganze Leben des Herrn ist ihm eine That des Gehorsams, welche im Tode am Kreuze ihren höchsten Gipfelpunkt erreicht (Phil. 2, 8). Er wurde nicht nur überliefert (Röm. 4, 25), sondern hat sich selbst übergeben (Gal. 1, 4; 2, 20) nach dem Willen und Rathschluß des Vaters; er wurde dazu von einer Liebe bewogen, welche allen Verstand übertrifft (Eph. 3, 9) und, da sie sich an Unwürdigen verherrlichte, den Charakter der Gnade trägt (2. Cor. 8, 9). Gerade weil der Tod des Herrn solch' eine sittliche That ist, ist er ein Opfer, welches Gott nur wohlgefällig sein konnte (Eph. 5, 2). Wegen dieser vollkommenen Einstimmigkeit beider konnte Paulus anderswo sagen, Gott habe seines eignen Sohnes nicht verschonet, sondern habe ihn für uns alle dahingegeben (Röm. 8, 32).

4. Ueber das eigentliche Wesen dieses Opfers läßt uns Paulus nicht lange im Ungewissen, wenn er schreibt, Gott habe den Heiland zu einem Gnadenstuhl (eigentlich Sühnungsmittel, ἱλαστήριον) dargestellt durch den Glauben in seinem Blute (Röm. 3, 25). Aus demselben Grunde nennt er den gestorbenen Christus das Osterlamm der Christen (1. Cor. 5, 7); war doch auch das Osterlamm ursprünglich Sühnopfer. Offenbar will er damit sagen, daß durch das Selbstopfer Christi in der That das, was im Mosaischen Opferdienst symbolisch angedeutet wurde, zu Stande gekommen war (Col. 2, 17). Eine solche Bedeckung der Schuld vor den Augen Gottes war von Seiten Gottes wegen der zeitlichen Nichtbeachtung früher begangener Sünden zur Offenbarung (ἔνδειξις) seiner Gerechtigkeit nöthig, und für den Menschen, um ihm das Heil, welches er durch seine Sünden verscherzt hatte, zu erwirken, unentbehrlich. Es steht also nach Paulus des Herrn Hingabe in unmittelbarem Zusammenhange mit der Sünde der Welt, (Röm. 4, 25); nicht nur durch, sondern für Sünder ist er gestorben (1 Cor. 15, 3), und die Folge, welche diese That auch sofort nach sich zieht, ist die, daß diese Sünder, wenn sie in Gemeinschaft mit ihm treten, nicht mehr für ihre Sünden zu sterben brauchen. Der Tod ist die Strafe der Sünde, und gerade dieser Offenbarung des Zornes sind sie in Christo enthoben (1. Thess. 5, 9). Durch sein Blut haben sie die Erlösung (ἀπολύτρωσις), und diese concentrirt sich in der Vergebung der Sünden (Eph. 1, 7), weil darin alles übrige Heil schon principiell enthalten ist.

5. Der Umfang dieses Heiles soll später (§. 40) besprochen werden. Hier möge die Bemerkung genügen, daß alle Gerechtigkeit (δικαιοσύνη) vor Gott, welche den Gläubigen zu Theil wird, eine Frucht der Rechtfertigung (δικαίωσις), und diese wiederum die Frucht des vergossenen Blutes der Versöhnung ist. Kein Wunder, daß der Apostel den Preis, um welchen solches Heil erlangt wird, theuer nennt (1. Cor. 6, 20); eine Versicherung, welche nur scheinbar mit dem Ausspruch, man werde aus Gnaden erlöset, streitet; das erste bezieht sich auf die Mittelursache, das andere auf die Quelle und den Grund der Wohlthat. Fragen wir den Apostel nach dem Zusammenhang des Versöhnungstodes des Herrn und der Rechtfertigung des Sünders, so antwortet er uns, daß die Gerechtigkeit, der sich der Sünder allein rühmen darf, eine ihm zugerechnete, die des gerechten und heiligen Christus ist. Kraft des Gesetzes der innigsten Lebensgemeinschaft wird all' das Unsre das Seine und dagegen auch all' das Seine das Unsre. Er wird als die persönliche Sünde behandelt (2. Cor. 5, 21), weil Sünder in ihm als Gerechtfertigte betrachtet und behandelt werden sollen; er trägt am Kreuze den Fluch des Gesetzes, weil er uns davon freilaufen soll (Gal. 3, 13). Paulus denkt sich den Herrn dann auch ohne Zweifel als gestorben zum Nutzen, zugleich aber auch anstatt — wessen? Im Allgemeinen nennt er ohne irgend eine Einschränkung Gottlose (Röm. 5, 6), versichert daß Gott die Erlösung Aller wolle und rühmt Christum als den Mittler — dieses Wort findet sich nur bei ihm und in dem Briefe an die Hebräer — zwischen Gott und den Menschen (1. Tim. 2, 5). Aber besonders sind es die Christen, welche wissen, daß Einer für (sie) Alle gestorben ist, infolge dessen dieselben nun Alle leben (Röm. 8, 32; 2. Cor. 5, 15). Das eine streitet nicht mit dem andern, wofern man nur zwischen der Bestimmung und Frucht des Versöhnungstodes des Herrn richtig unterscheidet. Wo diese Frucht genossen wird, da giebt auch die Hingabe des Sohnes Gottes zugleich für die höchste Offenbarung einer Liebe, welche den Sünder durch dieselbe That rettet, durch welche die Sünde gerichtet wird. (Röm. 3, 25. 26). Die Idee von einem Conflict zwischen Gottes Gerechtigkeit und Gnade ist einige Jahrhunderte jünger, als die Schriften des Paulus.

6. Die Sühnung der Schuld (expiatio, ἱλαστήριον) ist die Grundlage der Versöhnung (reconciliatio, καταλλαγή) zwischen dem

Sünder und seinem heiligen Schöpfer. Auch in diesem letzteren Sinne ist die Versöhnung von Gott ausgegangen, welche darum nicht nur ὁ δικαιῶν (Röm. 8, 33), sondern auch ὁ καταλάσσων (2. Cor. 5, 19) heißt und in Christo die ganze Welt (κόσμος) mit sich selber versöhnte, ja auch Eintracht in die zerrissene Menschheit gebracht (Eph. 2, 14—16) und also den Frieden zwischen Himmel und Erde wieder hergestellt hat (Col. 1, 20). Die Feindschaft bestand nämlich nicht von Seiten Gottes, sondern nur von Seiten der Menschen (Röm. 5, 10; 8, 7), wird aber jetzt durch die Offenbarung der höchsten Liebe überwunden und am Holz des Kreuzes getödtet (Eph. 2, 14—16). So wird durch den Tod des Herrn die zerstörte Gemeinschaft sowohl zwischen dem Menschen und seinem Gott, als zwischen Juden und Heiden wiederhergestellt und die Macht der Finsterniß überwunden, ja sogar offenbar zu Schanden gemacht (Col. 2, 14. 15); dagegen gehören alle Erlösten durch die Liebe Christi zu einer heiligen Gemeinschaft (Eph. 5, 25—27).

7. Die Gemeinde, deren Schuld also bedeckt ist, ist zugleich in Christo von der Herrschaft der Sünde erlöst; die Vergebung der Sünde, der große Zweck seines Sterbens, wird zugleich das Mittel zu einem höhern Zweck, der Heiligung all' der Seinen. Das eine hängt in des Apostels Anschauung untrennbar mit dem andern zusammen. Auf der einen Seite steht fest, daß die Christen wegen des Todes Christi nicht mehr für ihre Sünden zu sterben brauchen, auf der andern Seite, daß sie mit ihm der Sünde gestorben sind. Die in der Taufe symbolisirte Glaubensgemeinschaft zwischen dem Herrn und ihnen ist so eng, daß, weil er der Sünde gestorben ist, sie betrachtet werden können, als seien sie mit ihm der Sünde gestorben (Röm. 6, 3—11). Die harte Herrscherin, deren Sold sie (in ihm) schon einmal empfingen, hat in Folge davon alles Recht und allen Anspruch auf sie verloren. Sie dürfen sich fortan als todt für die Sünde betrachten, um ausschließlich Gott zu leben; der Tod Christi ist nicht nur das Leben der Seinen, sondern auch der Tod ihres alten Menschen. Ihre geistige Gemeinschaft mit ihm macht es ihnen mit andern Worten unmöglich, der Sünde noch länger zu dienen; durch den Glauben an ihn wird ihre Herrschaft im Princip vernichtet. An diesen wirklichen Zweck des Sterbens des Herrn wird von dem Apostel ebenso in seinen ersten wie in seinen letzten Briefen

erinnert (f. z. B. 1. Theff. 5, 10; Gal. 1, 4; 2, 20; 2. Cor. 5, 15; 1. Cor. 6, 20; Röm. 8, 4; Eph. 5, 2; Col. 1, 22; Tit. 2, 14). Nicht nur auf einzelne, sondern auf die ganze Gemeinde erstreckt sich diese Heilsabsicht (Eph. 5, 25—27), und sie wird und kann um so gewisser erreicht werden, als Christus nicht nur der Gestorbene, sondern auch der Auferstandene ist.

8. Weit entfernt den Tod des Herrn einen Augenblick von seiner Wiederbelebung zu trennen, bringt Paulus vielmehr beide Thatsachen in so engen Zusammenhang mit einander, daß man beinahe zweifeln kann, welche davon bei ihm die erste Stelle einnimmt. Es ist wenigstens sicher, daß für ihn die Auferstehung nicht von geringerer soteriologischer Bedeutung ist, als der Tod des Herrn am Kreuze; ja daß er sogar in gewissem Sinne der ersten den Vorzug giebt (Röm. 4, 25; 5, 10; 8, 34). Kein Wunder, da die Auferstehung einerseits die Bürgschaft für die Gewißheit und Vollkommenheit der vollbrachten Versöhnung, andererseits die Quelle, das Bild und die Kraft des neuen Lebens derjenigen ist, welche mit dem auferstandenen Christus geistlich eins sind.

9. Es kann uns nicht verwundern, daß Paulus ebenso wie Petrus (§. 27) die Auferstehung des Herrn in den Vordergrund stellt (Apost. 13, 30; 17, 3. 31; 23, 6; 2. Tim. 2, 8 und viele andere St.), ja sie mit Wärme vertheidigt (1. Cor. 15, 4—8). Auch für ihn war das neue Leben aus der Anschauung des Auferweckten geboren worden, und das ganze Evangelium stand und fiel für ihn mit der Anerkennung dieser unbezweifelbaren Thatsache (1. Cor. 15, 14—20). Doch darf nicht übersehen werden, was freilich willkürlich geleugnet wird, daß er diese Auferstehung überall sehr bestimmt als eine leibliche Wiederbelebung und Wiederkehr aus dem Grabe betrachtet. Was sollte es bedeuten, wenn dies nicht festgehalten werden darf, daß er verkündigt, der Herr sei begraben worden, am dritten Tage auferstanden und den Seinen erschienen? Zwischen einem rein geistigen Fortleben, welches er mit allen Todten gemein hat, und „unserer Gerechtigkeit" (Röm. 4, 25) ist kein vernünftiger Zusammenhang denkbar. Ueberdieß konnte erst eine wirkliche, d. h. leibliche Auferstehung die Prophetie der zukünftigen, auch leiblichen Wiederherstellung der Gläubigen sein (Röm. 8, 11; 1. Cor. 15, 21—23; Phil. 3, 21 u. ff.).

10. Durch die Auferstehung ist der Herr nach seiner frühern Erniedrigung in einen durch nichts mehr zu trübenden Zustand der Verherrlichung hinüber gegangen, in welchem er fortan Gott leben kann (Röm. 6, 10). Nur ein paarmal erwähnt Paulus des Momentes der sichtbaren Himmelfahrt, 1. Tim. 3, 16; vergl. Eph. 4. 7—10, an letztgenannter Stelle, wie es scheint, im Gegensatz zu der Niederfahrt ins Todtenreich, welche auch Petrus erwähnt (§. 27). Um so nachdrücklicher weist er auf die himmlische Wirksamkeit des Erlösers hin, welche nicht minder als die irdische dem Heil der Seinen geweiht ist. Erhöht zur rechten Hand des Vaters bittet er für sie (Röm. 8, 34); aber hört sie und antwortet ihnen auch dann, wenn sie ihrerseits zu ihm rufen (1. Cor. 1, 2; 2. Cor. 12, 8. 9, vergl. Apost. 23, 11). Er herrscht nicht allein durch die sittliche Kraft der Wahrheit, sondern unmittelbar und persönlich in der Gemeinde und zugleich über alles, um es zu seiner Gemeinde zu bringen (Eph. 1, 20—23) und mit seiner lebenerweckenden Kraft zu erfüllen (Eph. 4, 10). Nur der ist von dieser Herrschaft ausgeschlossen, von welchem sie ausgegangen ist, zu dem sie einmal wieder zurückkehren wird (1. Cor. 15, 24—28), und in dessen Verherrlichung sie nothwendigerweise endigen muß (Phil. 2, 9—11).

11. Die Erhöhung Christi ist also für ihn selbst der Lohn seines vollkommenen Gehorsams, für alle die Seinen aber der Brunnquell des Heils. Wurden sie doch durch seinen Tod mit Gott versöhnt und werden nun durch sein Leben erlöst, ja leben selbst erst in Folge der Kraft, welche von dem Haupt unaufhörlich in die Glieder einströmt und übergeht (Röm. 5, 10; Eph. 1, 22. 23). So zeigt sich denn auch, daß die erlösende Wirksamkeit Christi auf Erden und im Himmel nach der Vorstellung des Paulus ein unzertrennliches Ganze ist (1. Tim. 3, 16), und daß durch den Gehorsam des zweiten Adams der Ungehorsam des ersten mehr als gesühnt worden ist (Röm. 5, 18—21). Seine Gerechtigkeit wird die ihre; allein nur insofern, als sie durch den Glauben mit ihm persönlich eins geworden sind. Einer unmöglichen Rechtfertigung aus Gesetzes Werken tritt eine vollkommene Rechtfertigung aus Gnade allein durch Glauben, nicht einmal um des Glaubens willen gegenüber (Röm. 3, 28). Die Lehre des Apostels über Wesen und Frucht dieses Glaubens werden wir nun kennen lernen.

13

Vergl. unsere Christologie II. bl. 251—287. Und ferner was Einzelheiten betrifft. C. Tischendorf, doctrina Pauli Ap. de vi mortis Chr. satisfactoria. Lips. 1837. R. A. Lipsius, die paulinische Rechtfertigungslehre, u. s. w. Leipz. 1853. Ueber die Auferstehung: Bonnard, de la Resurrection de Christ dans la Theol. de St. Paul. Strasb. 1862.

Punkte zur Erwägung: Ist auch in des Apostels Vorstellung von dem Werk der Erlösung Entwickelung und Fortschritt zu bemerken? — Was ist der Sinn von 1. Cor. 1, 30? — Welch' einen Wink giebt er über die Bedeutung von des Herrn Tod am Kreuze, 1. Cor. 1, 13 b, vergl. Col. 1, 24? — Beleuchtung der wichtigsten soteriologischen Aussprüche. — Worin liegt nach Paulus der Zusammenhang zwischen der versöhnenden und heiligenden Kraft des Sterbens des Herrn? — In welcher Beziehung steht der Tod und die Auferstehung Christi zu dem Sterben und dem Wiederbeleben der Seinen? — In welchem Sinne heißt Christus der Erstling unter denen, die schlafen? — 1. Cor. 15, 20? — Was lehrt uns Eph. 4, 8—10? — Was Philipp. 2, 9—11, vergl. 1. Cor. 15, 24 28? — Die Gegenüberstellung Röm. 10, 4—10.

§. 40.
Der Heilsweg.

Der Glaube, welcher den Sünder also vor Gott rechtfertigt, besteht in einer vertrauensvollen Hingabe an Christum und in einer fortwährenden Gemeinschaft mit demselben, deren Sitz das Herz, deren Schöpfer Gott, deren Offenbarung das neue Leben und deren unschätzbare Frucht die Wiederbringung in Gottes Gunst und Freundschaft ist mit all' ihren segensreichen Folgen schon diesseits des Grabes.

1. Daß der Glaube allein der Weg zur Erlösung ist, wird von Paulus so nachdrücklich ausgesprochen (Apost. 16, 31; Röm. 10, 10), daß über seine Ansicht kein Zweifel möglich ist. Eine ausdrückliche Definition dieses Glaubens (so wie z. B. Hebr. 11, 1) hat er indessen nirgends gegeben, und wir müssen deshalb seinen Glaubensbegriff so gut wie möglich aus zerstreuten Winken ableiten. Thun wir dies, dann entdecken wir alsbald, daß bei Paulus Glauben nicht

dem Wiſſen, ſondern einerſeits dem Anſchauen (2. Cor. 5, 7), andrer=
ſeits dem Zweifeln gegenüberſteht (Röm. 4, 20). Glauben iſt alſo
im Allgemeinen die feſte Gewißheit oder Ueberzeugung von unſicht=
baren oder noch zukünftigen Dingen, welche außer den Bereich der
ſinnlichen Wahrnehmung fallen und alſo aus dieſer nicht bewieſen
werden können.

2. Object dieſes Glaubens, inſofern er den Sünder recht=
fertigt, iſt im Allgemeinen Gott (Röm. 4, 3—5. 24) und ſeine Ver=
heißung, beſtimmter das Evangelium (Phil. 1, 27) und die darin
geoffenbarte Heilswahrheit (2. Theſſ. 2, 13); aber durchgängig und
vor allem Der, welcher der große Mittelpunkt dieſes Evangeliums
iſt (Apoſt. 16, 31). Auch da, wo der Apoſtel von dem Glauben
Jeſu Chriſti (πίστις Ἰησοῦ Χριστοῦ) als von der Pflicht der Chriſten
ſpricht, (Gal. 2, 16. 20; Eph. 3, 12; Röm. 3, 26), denkt er an keinen
andern Glauben, als an den, welcher ſich auf ihn als Object richtet
und mit ihm in die engſte Verbindung tritt. Durch dieſen Glauben
kommt jedoch eine Lebensgemeinſchaft mit Chriſto zu Stand, wobei
man gleichſam mit ihm ſtirbt und zu neuem Leben aufersteht (Röm.
6, 6; Gal. 2, 20). Er übergiebt ſich unbedingt und vertrauensvoll
dem Herrn, und empfängt dagegen aus ihm Gnade und Kraft
(2. Cor. 12, 9). Ohne Zweifel iſt in dieſem Glauben auch ein
intellectuelles Element; derſelbe erkennt den Tod und die Auferſtehung
des Herrn als unbeſtreitbare Thatſachen an (1. Theſſ. 4, 14), aber
auch dieſe, und vor allem ihn ſelbſt nimmt er mit dem Herzen auf
(Röm. 10, 10). Das Gemüth iſt der eigentliche Sitz des ſelig=
machenden Glaubens, welchem die Erkenntniß des Evangeliums vor=
hergeht, und der ſeinerſeits zu einem klaren und untrüglichen Wiſſen
der Dinge führt, welche Gott in Chriſto ſchenkte (1. Cor. 2, 13;
Col. 1, 9. 10; Phil. 1, 9; 2. Tim. 1, 12).

3. Die Frage, wie dieſer Glaube im Menſchen entſtehe und
wachſe, beantwortet Paulus dadurch, daß er auf Gott hinweiſt, welcher
Sünder zu Chriſto bringt (Col. 1, 12. 13). Er nennt ihn darum
einen Glauben, den Gott wirkt (Col. 2, 12. 13), und bezeichnet ihn
als ein göttliches Gnadengeſchenk (Phil. 1, 29). Ohne Zweifel kommt
der Glaube aus der Predigt (Röm. 10, 14—17), aber kein Pflanzen
oder Begießen hilft, wenn Gott nicht das Gedeihen giebt (1. Cor. 3, 5—7).
Stärkung des Glaubens wird daher als eine himmliche Gabe genoſſen

(Eph. 3, 14—17; 2. Theſſ. 1, 11) und die Ehre des Gedeihens ausſchließlich Gott gegeben (2. Theſſ. 1, 3). Wenn Gott indirect dieſen
Glauben geweckt hat, dann empfängt man in ſich als Frucht des
Glaubens den heil. Geiſt (Eph. 1, 13; Gal. 3, 5), welcher nicht nur
in der ganzen Gemeinde (1. Cor. 3, 16), ſondern auch in jedem
ihrer Glieder beſonders wohnt (1. Cor. 6, 19) und ſie aufs engſte
mit Gott in Chriſto verbindet. Dieſer Geiſt iſt ſelbſt zugleich ein
Geiſt des Glaubens (2. Cor. 4, 13), jedes beſondere Maaß oder jede
beſondere Gabe dieſes Glaubens, welche ſich in der Gemeinde offenbaret, iſt ſein Werk (1. Cor. 12, 9; Gal. 5, 22), und deswegen ſeine
fortdauernde Gemeinſchaft (2. Cor. 13, 13) für alle Chriſten der be-
gehrenswertheſte Segen.

4. Der Beſitz dieſes Geiſtes zeigt ſich an ſeinen Früchten
(Gal. 5, 22), und das neue Leben iſt die Entwickelung des alſo ge-
borenen Glaubens. Weniger, als man vielleicht erwartet, ſpricht
Paulus von der Bekehrung insbeſondere. Ohne Zweifel verkündigt
er ſie Juden und Heiden (Apoſt. 26, 20) und ſagt, daß ſie auch
den Chriſten nach einem Rückfall nöthig ſei (2. Cor. 7, 10); aber für
die Ungläubigen iſt ſie nach ſeiner Anſicht durchaus unentbehrlich, um
zur Erkenntniß der Wahrheit zu kommen (2. Tim. 2, 25). In der
Regel ſpricht er jedoch von den Gläubigen, als ſeien ſie auch in
Wahrheit bekehrt (1. Theſſ. 1, 9), und verbindet darum beide Forderungen unzertrennlich mit einander (Apoſt. 20, 21). Kein Wunder,
daß der Menſch durch den Glauben ſelbſt in einen ganz neuen Lebenszuſtand gebracht wird (2. Cor. 5, 17), welcher ſich nach und nach
entwickelt (2. Cor. 3, 18), und erſt dann ſein Ziel erreicht, wenn
alles Alte vergangen und die vorgezeichnete Vollkommenheit erreicht
iſt (Eph. 4, 14. 15).

5. Es gehört zu den Eigenthümlichkeiten des pauliniſchen
Lehrbegriffs, daß er die Offenbarung des neuen Lebens trichotomiſch
als ein Leben in Glauben, Hoffnung und Liebe beſchreibt, und dieſe
letztere als die größte unter ihnen preiſt (1. Cor. 13, 13, vergl.
1. Theſſ. 1, 3; 5, 8). — Der Glaube, welcher ſowohl urſprünglich
Gabe Gottes als That des Menſchen iſt, wird nun ein Lebenszuſtand,
in welchem der neue Menſch fortwährend verkehrt (2. Cor. 4, 18;
5, 7), ja ein Princip, welches in ſeiner allgemeinſten Form jeder
Handlung erſt ihren rechten Werth giebt (Röm. 14, 23). In ſeiner

höchsten Entwickelung ist er hier schon der Liebe Gottes in Christi für Zeit und Ewigkeit gewiß und entwickelt sich auf diese Weise von selbst zu der Hoffnung, welche das eigenthümliche Vorrecht der Christen ist (Gal. 5, 5; Eph. 2, 12). — Wie sich der Glaube auf unsichtbare, so richtet sich die Hoffnung vorzüglich auf noch zukünftige Dinge, welche sie nicht sieht, aber geduldig erwartet (Röm. 8, 24. 25). Ihr Grund ist die Verheißung, ihre Krone die Erfüllung, ihr Ziel die vollständige Erlösung bei der nahe bevorstehenden Zukunft des Herrn (Röm. 8, 19—23). Da diese Hoffnung wohlgegründet und untrüglich ist (Röm. 5, 5; 2. Cor. 5, 5), darf sich ihrer der Christ mitten in der größten Trübsal erfreuen (Röm. 12, 12). Welche ausnahmsweise wichtige Stelle die Hoffnung in der Lehre des Paulus bekleidet, geht aus Stellen wie Col. 1, 27; Tit. 1, 1; 2. Tim. 4, 10 hervor. — Doch über Hoffnung und Glaube geht nach seiner Ansicht die Liebe, die Krone, die erste aller Früchte des Geistes (Gal. 5, 22), die natürliche Folge des Glaubens (Gal. 5, 6), welcher ohne sie alles Werthes ledig ist (1. Cor. 13, 2). Auch allgemeine und Feindesliebe wird mit Nachdruck anempfohlen (Röm. 12, 17—21; 13, 8—10), aber vor allem ist die gegenseitige Liebe der Gläubigen der Gegenstand seines höchsten Preises (1. Cor. 13, 13), da sie höher zu schätzen ist, als alle Gaben, ja der Inbegriff aller Vollkommenheit ist (Col. 3, 14).

6. In dem neuen Leben, welches sich auf diese Weise in dreifacher Form offenbart, fehlt es also am allerwenigsten an höherer Einheit. Es trägt im Ganzen den Charakter des Dankopfers (Röm. 12, 1), dessen Zweck Verherrlichung Gottes (1. Cor. 10, 31; Col. 3, 17) und dessen tägliches Streben zunehmende Vervollkommnung ist (Phil. 3, 12—14). Es ist einerseits ein Leben der Freiheit (Röm. 8, 21), andererseits des freiwilligen Dienens (Gal. 5, 13); ein Leben, welches nicht unter dem Gesetz ist, sondern durch welches gerade das Ideal des Gesetzes aufs schönste verwirklicht wird (Röm. 3, 31; 8, 2—4); ohne Zweifel ein Leben anhaltenden Streites (Gal. 5, 17), aber eines Streites mit Waffen, welchem zuletzt der Sieg verheißen ist (Eph. 6, 10—18); zwar noch ein Leben im Fleisch, das aber beständig von dem Geist durchdrungen wird; kein Leben vollkommener Heiligkeit, sondern stets fortgesetzter Heiligung; eine Ringschule und ein Kampf, welchen Paulus mit Vorliebe unter dem

Bild des Wettlaufes zeichnet (1 Cor. 9, 24—27; 2 Tim. 4, 6—8). Das Unvollkommene dieses Zustandes benimmt indessen seinem Werthe nichts. In Christo sind die Erlösten hier schon im Princip vollkommen (Col. 2, 10) und von Gott dann auch wirklich gekannt und geliebt (1 Cor. 8, 3); gleichwohl nicht so, als ob ihre gegenwärtige oder noch zukünftige Heiligung der Grund, noch viel weniger das Verdienst ihrer Erlösung wäre. Der Grund liegt nicht in, sondern außer ihnen, und Gnade bleibt die Quelle von allem. Daß sie Gott jedoch trotz ihrer Unvollkommenheit und seiner unantastbaren Heiligkeit in Christo als Gerechte ansehen will und behandeln kann, läßt sich daraus erklären, daß der rechtfertigende Glaube, welcher sie mit Christo vereinigt, zugleich das lebendige Princip der Erneuerung und Heiligung ist, welches früher oder später zur Entwicklung kommt.

7. Schon in diesem Leben wird dieser lebendige Glaube die Quelle eines Heiles, welches von Paulus unter verschiedenen Formen dargestellt wird. Der gerechtfertigte Sünder hat Frieden mit Gott, rühmt sich der Trübsal und hegt eine untrügliche Hoffnung für die Ewigkeit, so daß er in Betreff der Vergangenheit, Gegenwart und Zukunft vollkommen sicher gestellt ist (Röm. 5, 1—5). Die Rechtfertigung (δικαίωσις) im Sinne Pauli involvirt nicht nur (negativ) zugleich den Begriff aller Schuldvergebung und Freisprechung von Strafe, sondern es ist (positiv) der Begriff der vollkommenen Wiederherstellung in Gottes Gunst und Freundschaft unmittelbar damit verbunden (Röm. 4, 3—5). Deswegen hängt dieser Begriff aufs engste mit einem andern, dem der Annahme zur Kindschaft (υἱοθεσία) zusammen, die hier durchgängig als das eigenthümliche Vorrecht der Gläubigen dargestellt wird. Auch hier liegt ebenso wie bei der Gerechterklärung des Sünders die Vorstellung einer richterlichen Handlungsweise zu Grunde, die Adoption dessen, der ursprünglich Knecht war, zum Rang und Rechte eines Kindes, wodurch aller knechtischen Dienstbarkeit und Furcht für immer ein Ende gemacht wird. Doch hat auch hier der juristische Begriff zugleich eine ethische Seite. Wie der gerechtfertigte Mensch nothwendigerweise in der Gerechtigkeit lebt, so sind die angenommenen Kinder zugleich auch Nachfolger Gottes, welche vor allem in Liebe das Bild des Vaters an sich offenbaren, nach ihm arten (Eph. 5, 1. 2) und eben dadurch innerlich empfänglich werden, seine Erben zu sein (Röm. 8, 17). Gleich-

wohl iſt dieſe göttliche Erbſchaft ein Heil, welches erſt in der Zukunft zur Vollendung kommt, wenn die Erlöſung (ἀπολύτρωσις) in
ihrer ganzen Fülle genoſſen werden wird.

Punkte zur Erwägung: Was iſt der Sinn von 2 Cor. 5, 7? — Erklärung der ver-
ſchiedenen Ausdrücke: πίστις Ἰησοῦ Χρ., ἐν Ἰησοῦ Χρ., εἰς Χρ. u. ſ. w. —
Das Weſen des Glaubens, ſo wie es ſich im Leben des Paulus ſelbſt abſpiegelt, Gal. 2, 19—21. —
Iſt der heil. Geiſt nach ihm der Bewirker oder die Frucht des Glaubens? — Das Leben nach dem
Geiſt, im Gegenſatz zu dem nach dem Fleiſch. — Die chriſtliche Waffenrüſtung, Eph. 6, 10—18. —
Welche Eigenthümlichkeit hat die Lehre Pauli in Betreff der υἱοθεσία? — Der volle Umfang
des Begriffes der ἀπολύτρωσις.

§. 41.

Die Gemeinde.

Alle, welche alſo glauben, bilden zuſammen einen
geiſtlichen Leib, deſſen Glieder durch die Taufe aufs engſte
mit dem Herrn und unter einander verbunden ſind und
durch das Abendmahl die Gemeinſchaft mit ihm und unter
einander fortwährend kräftigen. Bei aller Verſchiedenheit iſt dieſe Gemeinde der Gläubigen eine, bei aller Unvollkommenheit heilig, trotz aller zeitlichen Schranke dazu
beſtimmt, alle Völker in ihren Schooß aufzunehmen und
unter allem zeitlichen Streit des ewigen Sieges in dem
verſichert, deſſen herrliche Offenbarung ſie mit feurigem
Verlangen erwartet.

1. Bis jetzt haben wir an der Hand des Apoſtels die einzelnen Menſchen in Gemeinſchaft mit Chriſto betrachtet. Um aber das
Heil in ihm nach ſeinem vollen Werthe zu ſchätzen, müſſen wir auf
die Vereinigung aller, welche daſſelbe genießen, unſern Blick richten,
mit andern Worten die pauliniſche Ekkleſiologie näher kennen lernen.
Es ſind beſonders die Briefe an die Corinther und der an die
Epheſer, welche uns hier bedeutende Dienſte erweiſen. Aber auch
andere, vor allem die Paſtoralbriefe enthalten wichtige Winke.

2. Die Kirche oder die Gemeinde des Herrn (beide sind im Sprachgebrauch des Paulus identisch) ist keineswegs dasselbe mit dem Königreiche Gottes oder Christi. Das letztere ist eine vollkommen geistliche Gesellschaft, deren Ideal erst in der zukünftigen Zeit verwirklicht wird (1 Cor. 6, 10; 15, 50; Eph. 5, 5); die erstere ist die Vereinigung derjenigen, welche schon hier auf Erden durch Glauben und Liebe Bürger dieses Königsreiches sind. Wenn Paulus von der Gemeinde (ἐκκλησία) spricht, denkt er entweder an die religiöse Versammlung, welche an einem bestimmten Orte zusammenkommt (1 Cor. 14, 19. 35, vergl. auch die ἐκκλησίαι κατ᾽ οἶκόν), oder an die Vereinigung von Bekennern des Herrn in einer Stadt oder in einem Landstrich (1 Thess. 1, 1), oder an die Gesammtheit aller Gläubigen (Eph. 1, 22). Um seine Vorstellung von dieser letzteren ist es uns hauptsächlich zu thun.

3. Wie hoch Paulus von der Gemeinde dachte, ist schon aus dem Namen ersichtlich, welchen er ihr giebt, und aus den Bildern, unter welchen er sie andeutet. Sie ist ihm die Gemeinde Gottes (Apost. 20, 28), Christi (Eph. 5, 25—27), die Wohnstätte des heil. Geistes (1 Cor. 3, 16). Im ersten Fall wird sie vorzüglich mit einem Ackerwerk (1 Cor. 3, 9), im zweiten mit einem Leibe (Eph. 1, 23), im dritten mit einem Tempel verglichen, obschon die Verschiedenen Bilder auch hie und da in einander fließen (Eph. 2, 20; 4, 16). Besonders das letztere wird mit Vorliebe ausgeführt (1 Cor. 3, 9—17). Gott ist der Gründer, Christus das Fundament, Lehrsätze von sehr verschiedenem Werthe sind die Bausteine und die Gläubigen selbst Gottes Hausgenossen (Eph. 2, 19—22). Heißen ein paarmal auch die Apostel und Propheten des N. T. das Fundament des Gebäudes (V. 20), so geschieht dies nur, weil sie Christum verkündigen, welcher der lebendige Mittelpunkt ist. In ihm steht das Gottesgebäude unbeweglich fest, wenn auch innerhalb seiner Wände Gegenstände vom verschiedensten Werthe vereinigt sind (2 Tim. 2, 19. 20). — Auf ebenso treffende Weise wird nächst der höhern Einheit die Mannigfaltigkeit der Gemeinde unter dem Bilde des Leibes gezeichnet (1 Cor. 12, 12—26). Die letztere ist nicht zu verkennen, aber auch nöthig; die erstere in dem Verhältniß aller zu demselben Christus gegründet. Wie er für die ganze Menschheit der zweite Adam heißen kann, so ist er das lebendige, regierende und schützende Haupt der ganzen Gemeinde.

4. In diese Gemeinde wird man durch die Taufe, welche das Bundeszeichen des N. T. ist, wie die Beschneidung das des A. T. war, aufgenommen (Col. 2, 11. 12). Wie Israel, als es durch das rothe Meer zog, zu Mosen (1 Cor. 10, 2), so sind die Gläubigen durch die Taufe in die engste Beziehung zu Christo getreten, besonders insofern er gestorben und auferweckt ist (Röm. 6, 3—6; Gal. 3, 26); sie sind berufen, seinen Namen zu bekennen (1 Cor. 11, 13) und mit einander einen geistlichen Leib zu bilden (1 Cor. 12, 13). Nirgends schreibt Paulus der Taufe an sich eine magische, wohl aber insofern eine mystische Kraft zu, als sie wirklich ein Bad der Wiedergeburt und Erneuerung ist (Eph. 5. 26; Tit. 3, 5), wenn sie, wie dies in der apostolischen Zeit bei den Täuflingen in der Regel der Fall war, gläubig begehrt und empfangen wird. Die Taufe ist ihm ebensowenig ein Symbol, als unmittelbare Quelle, sondern Mittelursache der geistigen Reinigung, jedoch immer nur darum, weil sie mit dem Glauben verbunden gewesen ist. Die Kindertaufe wird in den Briefen Pauli ebensowenig verboten, als anempfohlen; wohl aber legt er deutlichen Nachdruck darauf, daß es nur e i n e Taufe, wie nur e i n e n seligmachenden Glauben giebt (Ephes. 4, 4).

5. Wie über die heil. Taufe, so wird auch über das heil. Abendmahl von Paulus, besonders im ersten Corintherbriefe (10, 11), mehr Licht verbreitet, als von irgend einem andern Apostel. Sein Bericht über die Abendmahlseinsetzung (1 Cor. 11, 23 u. ff.) ist der älteste, welcher auf uns gekommen ist, und um so wichtiger, weil er die Kenntniß desselben, wenn auch mittelbar (ἀπὸ), so doch geradezu dem Herrn zu verdanken hat. Das Abendmahl ist ihm offenbar ein Mahl zum Gedächtniß des versöhnenden Sterbens des Herrn, welches von ihm selbst verordnet wurde und bis zum Ende der Zeiten nach ernstlicher Selbstprüfung und auf würdige Weise von der Gemeinde zu feiern ist (V. 26—29). Aber nicht minder ist es ihm durch die Zeichen seines Leibes und Blutes ein Mahl zur Feier der innigsten Lebensgemeinschaft mit dem Herrn und all den Seinen (10, 16—17). Merkwürdigerweise scheinen Taufe und Abendmahl wenigstens einmal von ihm in einem Athem erwähnt und einander gleichgestellt zu werden (1 Cor. 12, 13; vergl. 10, 2—4); obschon die Vereinigung beider unter einem Sakramentsbegriff natürlich von späterem Ursprung ist.

6. Die Gemeinde, welche durch die Taufe vereinigt und durch das Abendmahl enger mit einander verbunden wird, bleibt eine (Ephes. 4, 1—6) trotz aller Mannigfaltigkeit der Gaben, Kräfte und Aemter, welche sich in ihrer Mitte offenbaren (1 Cor. 12, 4—6). Während Paulus die Idee des allgemeinen Priesterthums der Gläubigen (1 Petr. 2, 9) nur andeutet (Röm. 12, 1), wird er dagegen viel ausführlicher, als Petrus, wenn der innere Organismus des Gemeindelebens entworfen werden muß (Röm. 12, 4—6; Eph. 4, 11; die Pastoralbriefe). Der göttliche Ursprung der verschiedenen Aemter (1 Cor. 12, 28; Eph. 4, 11; Apost. 20, 28) steht bei ihm eben so fest, als der Beruf eines jeden Gliedes der Gemeinde, die empfangenen Gaben zu ihrer Erbauung anzuwenden (1 Cor. 14, 26). Diesem letzteren Zweck muß alles dienstbar gemacht werden; sogar der relative Werth der verschiedenen Charismata wird darnach bestimmt (1 Cor. 14, 39). Scharfe Unterscheidung zwischen gewöhnlichen und außergewöhnlichen Geistesgaben macht Paulus nirgends, aber er ruft alle dazu auf, um auf dem Wege der Liebe nach dem Besitze der höchsten und besten zu streben (1 Cor. 13). Den ketzerischen Menschen aber (den Zankstifter) in der Gemeinde straft er scharf, weniger wegen seiner Heterodoxie, als wegen seines egoistischen, sectirerischen Treibens (Tit. 3, 10—11).

7. Die unter sich einige Gemeinde soll zugleich heilig sein und entspricht wirklich diesem Ideal, insofern sie den Namen einer lebendigen Gemeinde verdient. Daher werden ihr die höchsten Ehrennamen des alten Israels: heilig, auserkoren, geliebt u. s. w. beigelegt. Eine durchgängige Unterscheidung zwischen äußerer und innerer Kirche wird im Lehrbegriff des Paulus nirgends gemacht, obgleich er den Unterschied zwischen Namenchristenthum und lebendigem Glauben keineswegs übersieht (Röm. 9, 5; 1 Cor. 4, 20; 2 Tim. 2, 19. 20). In der Regel sucht und findet er die Macht der Finsterniß nicht in der Gemeinde, sondern außer ihr (Col. 1, 13), und bestraft eben darum jeden Schandfleck, welcher sich in ihrer Mitte zeigt (1 Cor. 5, 1 u. s. w.) mit den kräftigsten Worten und Thaten, während es nach seiner Ansicht unter der Würde des Gläubigen ist, ihre gegenseitigen Händel vor das Forum einer unheiligen Welt zu bringen (1 Cor. 6, 1—3). Alle Unreinheit gehört in der Regel zu ihrer abgeschlossenen Vergangenheit (1 Cor. 6, 10. 11); im Princip ist sie schon kraft ihrer

innigen Gemeinschaft mit Christo vollkommen (Col. 2, 10) und in der Wirklichkeit dazu bestimmt, es immer mehr zu werden (Eph. 5, 25—27).

8. Die innige und heilige Gemeinde ist zugleich, im Geiste Pauli betrachtet, im erhabensten Sinne katholisch. Die Scheidewand ist niedergefallen; aus der geistigen Verschmelzung der verschiedenen Völker, Geschlechter und Stände entsteht nun das eigentliche Volk Christi (Eph. 2, 14—16; Col. 3, 11; Tit. 2, 14). Gleichwohl will Paulus nicht revolutionair in das gesellschaftliche Leben eingreifen und noch viel weniger die Ordnung des Zusammenlebens wie mit einem Zauberstabe umkehren (1 Cor. 7, 20). Wie seine eigne Behandlung des Onesimus, beweisen auch seine Vorschriften für Dienstleute, Frauen und Kinder das Gegentheil. Auch dem Weibe wird seine untergeordnete Stelle nicht genommen (1 Cor. 11, 16), sondern im Gegentheil mit beschämender Hinweisung auf die Geschichte des Falles die Pflicht der Unterwerfung gepredigt (1 Tim. 2, 14); aber auch seine geistige Emancipation wird im Evangelium des Paulus verkündigt (Gal. 3, 28), denn der Grundton dieses Evangeliums ist Freiheit; Freiheit, welche sich an keine engherzigen Formen bindet (Gal. 4, 9) und sich nur vor dem höchsten Gesetze der Liebe beugt (1 Cor. 8—10; Röm. 14). Eben darum entspricht es auch seiner Bestimmung, zu allen zu kommen (Röm. 10, 14—17), und wurde ihnen auch gleich vom Anfang an in weitem Umkreise gebracht (Col. 1, 23).

9. Der schließliche Triumph eines solchen Gottesreiches kann vernünftiger Weise nicht bezweifelt werden. Die Gemeinde selbst dient der christlichen Wahrheit wie zu einer Säule und Grundlage, weil sie dieselbe bekennt und bewahrt (1 Tim. 3, 15). Mitten in allem Streit ist ihr darum fortdauerndes Gedeihen verheißen, schöne Vollendung des Gebäudes, aber auf dem Fundamente, welches einmal gelegt worden ist (Eph. 2, 22; 4, 15. 16). Absolute Vollkommenheit des Reiches Gottes vor der Parusie scheint Paulus in der That nicht zu verheißen; man kann auch nicht mit Grund behaupten, er habe die Verwirklichung des Ideales, 1 Cor. 13, 9—12, noch in dem Diesseits erwartet. Aber doch sieht er bald die Fülle der Heiden (die auserwählte Gesammtheit der Völker) in das Reich Gottes eingehn und in Folge davon auch ganz Israel als Nation bekehrt und erlöst (Röm. 11, 25. 26). Besonders von diesem letzten Ereigniß erwartet der Apostel

im geiſtigen Sinne des Wortes ein neues Leben von den Todten (11, 15). „Totius generis humani s. mundi conversio comitabitur conversionem Israëlis" (Bengel).

10. Die Ausſicht auf ſo große Ereigniſſe kann natürlich nur hochgeſtimmte Erwartungen erwecken. Die Hoffnung nimmt in dem pauliniſchen Lehrbegriff eine nicht viel geringere Stelle ein, als in dem petriniſchen. Das Liebhaben der Erſcheinung Chriſti iſt ein allgemeiner Charakterzug des chriſtlichen Lebens (2 Tim. 4, 8). Bewußt oder unbewußt ſchaut alles nach Erlöſung aus (Röm. 8, 19—23; 2 Cor. 5, 2—4), und dieſe Erlöſung wird nicht immer, ſogar nicht mehr lange auf ſich warten laſſen (Röm. 13, 11).

Vergl. J. J. Doedes, de leer van het Avondm. Utr. 1847. bl. 47 u. ff. ferner die Art. in Herzog's R.-E. über Taufe und Abendm., und Lechler, a. a. O. S. 120 u. ff.

Punkte zur Erwägung: Die ἐκκλησία κατ᾽ οἶκον in den pauliniſchen Briefen. — Woher kommt es, daß der Begriff der Kirche in der pauliniſchen Theologie weiter entwickelt iſt, als in der petriniſchen? — Sinn, Wahrheit und Schönheit der Vergleichung. 1 Cor. 3, 9—17; vergl. Eph. 2, 19—22; 2 Tim. 2, 19. — Die Einheit der Gemeinde, 1 Cor. 12, 12—26. — Eigenthümlicher Charakter und verſchiedener Werth der mancherlei Charismen. — Die Vereinigung von Freiheit und Unterordnung in dem pauliniſchen Ideal der Kirche. — Die pauliniſche Vorſtellung von Taufe und Abendmahl verglichen mit der in den ſynoptiſchen Evangelien. — Die Bürgſchaft für die zukünftige Vollendung des Gottesreiches.

§. 42.

Die Zukunft.

Der Heilsplan wird bei der Wiederkunft des Herrn vollſtändig verwirklicht, welche Paulus zwar mit der ganzen apoſtoliſchen Kirche als nahe bevorſtehend erwartete, die aber, wenn auch keineswegs unvorhercitet, doch ſchließlich unerwartet ſtattfinden ſoll. Die Auferſtehung der Todten, das jüngſte Gericht, und die Vernichtung jeder Macht, die ſich gegen Chriſtus auflehnt, ſind mit dieſem großen Ereigniß vereinigt; infolge davon löſt ſich endlich das vollendete Chriſtusreich im ſeligen Gottesreiche auf.

1. Wie Petrus (§. 27) und alle seine Mitzeugen lebt Paulus in der lebendigen Hoffnung einer nahe bevorstehenden Zukunft des Herrn. Nirgends zählt er sich zu denen, welche am jüngsten Tage auferweckt werden sollen; wiederholt spricht er vielmehr in der Voraussetzung, daß er selbst noch zu denjenigen gehören könne, welche leben und überbleiben in der Zukunft des Herrn (1 Theff. 4, 15; 1 Cor. 15, 51. 52). Auch in späteren Briefen wird, wenn auch weniger lebendig, die Idee angetroffen, daß etwas Aehnliches möglich sei (2 Cor. 5, 4; Phil. 3, 11), wenn er sich auch, jemehr seine irdische Wirksamkeit ihrem Ende zueilt, immer mehr mit dem Gedanken befreundet, vor dieser Stunde zu sterben (Phil. 1, 21—23; 2 Tim. 4, 6—8).

2. Wie nahe die Parusie auch ist, so läßt sie sich doch nicht genau berechnen. Unerwartet (1 Theff. 5, 2), aber nicht unvorbereitet kommt sie; der Mensch der Sünde geht dem Menschensohn voran. Merkwürdigerweise wird die ausführlichste Belehrung über den Antichristen gerade in einem der ältesten von allen Briefen unsres Apostels gefunden (2 Theff. 2, 1—12); auch ein Beweis mehr, wie tief diese Idee nicht allein in der Lehre des Herrn (Matth. 24, 23. 24), sondern auch in der Theologie des A. T. und dem damit verbundenen Gedankenkreise der ganzen apostolischen Zeit wurzelte. Die Dunkelheit der Andeutung des Apostels in diesem Punkte kommt besonders daher, daß er offenbar auf Zustände und Erscheinungen auf bürgerlichem und staatlichem Gebiete anspielt, welche seinen Zeitgenossen viel besser als späteren Lesern bekannt waren. Aber immer finden wir in dieser geheimnißvollen Form den eben so tiefen als annehmbaren Gedanken ausgesprochen, daß die höchste und mehr individuelle Concentration des Reiches der Finsterniß der Offenbarung des Reiches des Lichtes vorangehen werde, und daß zugleich die letzte Kraftanstrengung des erstern an seine tiefste Demüthigung grenze.

3. Diese Demüthigung findet bei der letzten Parusie statt, welche sich der Apostel offenbar als eine sichtbare Christophanie vorstellt, die einigermaßen der glorreichen Theophanie bei der Verklärung auf dem Horeb gleichkommt. Christus kommt aus dem Himmel, wohin er aufgefahren ist (1 Theff. 1, 10; 4, 16; 2 Theff. 1, 7) in einer verklärten Gestalt (Phil. 3, 20. 21). Daß er komme, um fortan auf Erden zu wohnen und zu regieren, sagt Paulus nicht. Er er-

wartet vielmehr, daß die lebendig übrig gebliebenen Gläubigen von der Erde in den Luftraum dem kommenden König des Reiches Gottes entgegengeführt werden, um also immer mit ihm zu sein. Auf Erden oder im Himmel, es bleibt unentschieden; vielleicht sprechen wir am meisten im Geiste des Apostels, wenn wir die Vermuthung aussprechen, daß für das auf diese Zukunft gerichtete Auge die Grenzlinie zwischen beiden nicht mehr besteht. Nur aus 1 Cor. 6, 2. 3 scheint zu folgen, daß er sich die Gläubigen vorstellte, als wirkten sie bei dem jüngsten Gerichte mit, dessen Vollziehung nun bevorsteht.

4. Bei dieser auf majestätische Weise angekündigten Parusie (1 Thess. 4, 16; vergl. 1 Cor. 15, 52) werden zugleich alle in Christo Entschlafenen auferweckt und die dann noch Lebenden so verändert, daß ohne zu sterben das Sterbliche an ihnen so zu sagen durch das Leben verschlungen wird (2 Cor. 5, 4). Dies ist die erste Auferstehung (1 Cor. 15, 23; 1 Thess. 4, 16), deren auch Jesus (Luk. 14, 14) und Johannes (Off. 20, 5) erwähnt. Sie ereignet sich am Ende der Welt, nachdem ihr ein Zustand der Abgeschiedenheit, welcher sofort nach dem Sterben beginnt, vorangegangen ist. Da der Apostel die Parusie so bald erwartet, so ist es begreiflich, daß er diesen Zustand nicht näher beschreibt; er sieht darüber hin nach dem Ende. Nur soviel läßt sich mit Sicherheit sagen, daß er denselben keineswegs als einen Zustand todter Bewußtlosigkeit, sondern als einen Zustand der Befreiung, der Ruhe und von begehrenswerthem Glücke betrachtete (Phil. 1, 21—23) und die sichere Ueberzeugung gehegt habe, daß ihn der Tod ebensowenig als das Leben von Gott in Christo scheiden könne (1 Thess. 5, 10; Röm. 8, 38. 39; 14, 7—9).

Mit diesem abgeschiedenen Geiste wird bei der Parusie der auferweckte Leib vereinigt. Unter Auferstehung der Todten versteht Paulus ebensowenig nur Unsterblichkeit der Geister, als eine materielle Wiederherstellung des Fleisches; das Gegentheil von dieser letzteren Ansicht spricht er sogar ausdrücklich aus (1 Cor. 6, 13; 15, 50). Er denkt an Wiederherstellung des ganzen Menschen, infolge dessen der befreite Geist einen himmlischen Leib empfängt (2 Cor. 5, 1), der dem Wesen nach derselbe wie der irdische, aber mit ganz andern Eigenschaften ausgerüstet ist (1 Cor. 15, 42—44). Die Möglichkeit dieser Auferstehung, welche in Gottes Allmacht gegründet ist, findet Paulus in dem Reiche der Natur symbolisirt (V. 36—41). Ihre Sicherheit steht ihm objectiv durch die Auferstehung Christi (1 Theff. 4, 14; 1 Cor. 6, 14) und subjectiv durch das Zeugniß des heil. Geistes (Röm. 8, 10; 2 Cor. 5, 5) fest; und von ihrer Herrlichkeit bekommen wir einigermaßen einen Begriff, wenn wir an den unendlichen Unterschied zwischen dem gegenwärtigen irdischen und zukünftigen himmlischen Zustand denken (1 Cor. 15, 15—49; vergl. Phil. 3, 21).

5. Das Ende der gegenwärtigen Weltregierung ist zugleich die Offenbarung und Vollendung der Christusregierung auf Erden (1 Cor. 15, 24. 25). Alle Feinde werden vernichtet, auch der Antichrist (2 Theff. 2, 8); zuletzt von allen der Tod (1 Cor. 15, 26), welcher bisher noch eine bedeutende Macht inne hatte. Hierher müssen wir, wie es scheint, die allgemeine Auferstehung der Gerechten und der Ungerechten setzen, die auch Paulus einigemal erwähnt (Ap. 24, 15). Aber nun findet sicher auch das große jüngste Gericht statt, welches Paulus überall und immer unzertrennlich mit der Zukunft des Herrn verbindet.

6. Das jüngste Gericht ereignet sich an einem prophetischen Tage, an welchem denjenigen, welche den Herrn hartnäckig verworfen haben, auf gerechte Weise wird vergolten werden (2 Theff. 1, 7—10; Röm. 2, 5). Das ganz allgemeine (2 Cor. 5, 10) jüngste Gericht ergeht über gute und böse Thaten und wird nach dem billigsten Maßstabe vollzogen (Röm. 2, 6—10). Gott richtet die Welt durch Christum (Apost. 17, 31; 2 Tim. 4, 1), bei dessen Kommen alles Verborgene ans Licht gebracht wird (2 Cor. 4, 5). Nirgends lehrt Paulus, daß sofort nach dem Tode das Schicksal für immer entschieden werde; erst der Tag der Parusie ist ihm der der vollen Vergeltung (Röm. 2, 16), und vor diesem Tage wird auch die zukünftige Herrlichkeit der Gläubigen nicht in ihrem vollen Glanze offenbar (Röm. 8, 23; Col. 3, 3. 4).

7. Höchst begehrenswerth ist das Loos, welches den Erlösten an jenem Tage von Christo erwartet. Es ist auf der einen Seite eine vollkommene Befreiung von allem, was drückt, besonders von dem Leibe des Todes (Röm. 8, 2. 23); auf der anderen Seite ein Erkennen (1 Cor. 13, 12), Anschauen (2 Cor. 5, 7), Genießen (1 Theff. 4, 17), ein triumphirendes Herrschen mit Christo (2 Tim. 2, 12), wovon man sich hier nur eine sehr mangelhafte Vorstellung

machen kann (Röm. 8, 18; 2 Cor. 4, 17). Kein andrer Apostel beschreibt das Heil der Zukunft so oft als persönliche Theilnahme an dem Triumph und der Herrschaft Christi (2 Cor. 4, 8; Röm. 5, 17); es ist dies eine Erscheinung, welche sich psychologisch vollkommen er= klären läßt; aber zugleich auch eine Erwartung, die in nichts Gerin= gerem, als in dem eigenen Worte des Herrn, ihren Grund hat (Matth. 19, 28). Ohne Zweifel hat, auch nach der Vorstellung des Paulus, diese zukünftige Seligkeit und Herrlichkeit verschieden mobi= ficirte Stufen (1 Cor. 15, 40—44; 2 Cor. 9, 6), aber alle Kinder Gottes werden nach ihrem Theil seine Erben und Miterben Christi sein (Röm. 8, 16. 17).

8. Ueber das zukünftige Elend des unbekehrten Sünders spricht er sich weniger im Einzelnen, aber doch bestimmt aus. Es concen= trirt sich für ihn in der Entfernung von dem Angesicht des Herrn und in der Erfahrung seines schrecklichen Mißfallens (2 Thess. 1, 8. 9; Röm. 2, 9—12) ohne fernere Aussicht auf Verminderung oder Aufhebung der Strafe. Die Lehre von einer schließlich ganz allge= meinen Seligkeit wird nur scheinbar von Paulus begünstigt. Geht man von dem Klange der Worte aus, dann mag man dieselben viel= leicht mit scheinbarem Recht in einzelnen isolirten Aussprüchen finden; aber auch in diesem Falle wird jeder, der unparteiisch urtheilt, zu= geben, daß dunkle oder unbestimmte Winke vom Lichte klarer Ver= sicherungen beleuchtet werden müssen, nicht umgekehrt. Der zweite Adam schenkt allen Leben, aber unter einer sittlichen Bedingung, welche nicht von allen erfüllt wird (1 Cor. 15, 22); die von allen Christo dargebrachte letzte Huldigung (Phil. 2, 10) kann auch eine er= zwungene sein, und wird Gott einmal Alles in Allen (1 Cor. 15, 28), so verbietet doch der Zusammenhang der Worte an andre zu denken, als an die, welche schon Unterthanen des Gottesreiches geworden sind. Erbarmung, welche sich an der Heiden= und Judenwelt in ihrer Ge= sammtheit offenbart (Röm. 11, 32), kann auch stattfinden, wo einzelne Individuen verloren gehn, und die Versöhnung Himmels und der Erde (Eph. 1, 10; Col. 1, 20) wird vollendet, selbst wenn auch der hartnäckige Gegner (2 Thess. 2) nicht bekehrt und erlöst wird. Genug, daß nach der Vorstellung des Paulus sich keine einzige feindliche Macht auf die Dauer dem triumphirenden Reiche Gottes gegenüber geltend machen kann, und daß insofern endlich jeder Mißton im Liede der

Erlösung aufgelöst sein wird. „Es ist hier die Aufgabe gestellt, die ἀπώλεια so zu fassen, daß das Allesfein Gottes in Allen auch im weitern Sinne möglich ist, und das letztere so zu erklären, daß der Begriff der ἀπώλεια nicht alterirt wird" (Kling).

9. Ist das Christusreich vollendet, dann hat das Königthum des Sohnes seine besondere Bestimmung erreicht (1 Cor. 15, 27), und obgleich alle Dinge selbständig bestehen bleiben, endigen sie doch zu und in Gott, in der ungetheilten Fülle seines Wesens (V. 28 vergl. Röm. 11, 36). Ueber den Gottesbegriff Pauli geht erst nun, wo wir am Ende seiner ganzen Lehrentwicklung stehn, das volle Licht auf; und nach allem, was wir aus seinem Munde über die verschiedene Wirksamkeit und die gegenseitige Beziehung des Vaters, Sohnes und h. Geistes vernahmen, trägt dieser Gottesbegriff offenbar keineswegs einen dürren deistischen, noch viel weniger einen oberflächlich unitarischen Charakter. Die schon von Petrus (1 P. 1, 2) angedeutete Offenbarungstrias des göttlichen Wesens tritt bei ihm immer von neuem in den Vordergrund (1 Cor. 12, 4—6; 2 Cor. 13, 13), und wie wenig er sich auch auf das Gebiet der abstracten Speculation begiebt, so ist doch offenbar, daß er nicht nur dem Sohne Gottes eine wahrhaftige göttliche Natur und Würde zuerkennt (§. 38, 4. 5), sondern auch dem heil. Geiste ein Selbstbewußtsein und eine Freiheit zuschreibt (1 Cor. 2, 10; 12, 11), welche nothwendig zu der Vorstellung eines persönlichen Bestehens führt. Dem Sohne Gottes und dem heil. Geiste schreibt er zum Unterschied vom Vater eine Wirksamkeit zu, welche nur denkbar ist, wenn die Göttlichkeit ihres Wesens erkannt und bekannt wird. Doch ist es besonders die Herrlichkeit Gottes des Vaters, die ja das letzte Ziel von allem ist, was er auch durch den Sohn und den heil. Geist zum Heile der Sünder zur Geltung bringt (1 Cor. 8, 6; Röm. 11, 33—36). Das: „in majorem Dei gloriam" ist die höchste Losung, wenn von irgend einer, so von der paulinischen Theologie.

Vergl. unsre Christologie II. bl. 209 en verv. neben der dort angef. Litt. — W. Rinck, die Lehre der heil. Schrift vom Antichrist. Elb. 1867. H. G. Hoelemann, die Stellung St. Pauli zu der Frage nach der Zeit der Wiederk. Chr., in seinen Neuen Bibelst. Leipz. 1866. Ueber 1 Cor. 15 die

Punkte zur Erwägung: Inhalt, Grund und Werth der Vorstellung Pauli von der Zeit
der Parusie. — Was versteht man unter dem $\mathring{\alpha}\nu\vartheta\rho.$ $\tau.$ $\mathring{\alpha}\mu.$ 2 Thess. 2, 3., und was unter
$\tau\grave{o}$ $\varkappa\alpha\tau\acute{\epsilon}\chi o\nu.$ V. 8? — Sind die Ideen des Apostels über Auferstehung, Gericht u. s. w. alle-
zeit dieselben geblieben, oder ist darin Modificirung und Entwicklung zu bemerken? — Erklärung
von 2 Cor. 5, 1—4 vergl. 1 Cor. 15, 51—54. — Welcher Unterschied ist nach seiner Vorstellung
zwischen dem Zustand der erlösten Verstorbenen vor und nach der Parusie des Herrn? — Unterscheidet Paulus zwischen einer ersten und zweiten Auferstehung? — Die Lehre der Apokatastasis und
die paulinische Theologie. — Der Zusammenhang der ganzen paulinischen Theologie mit seinem
Gottesbegriff.

§. 43.

Die verwandten Lehrbegriffe.

Wie reich und ursprünglich auch die paulinische
Auffassung des Christenthums ist, so steht sie doch
keineswegs allein. Ihr Vorspiel wird in den Reden
des Stephanus, ihr Grundton in den Schriften des
Lukas, ihr Wiederhall in dem Briefe an die Hebräer
vernommen; und zwar ist der letztere einerseits ganz
im Geiste des großen Heidenapostels verfaßt, andrer=
seits doch auch ein selbstständiges Glied in der Kette
der ältesten christlichen Lehrentwicklung.

1. In den Tagen des A. B. stand der Stifter des Mosaismus
(§. 4) in gewisser Hinsicht auf seiner intellectuellen und religiösen Höhe
unter seinen Zeitgenossen allein. Paulus jedoch, der Moses des N. T.,
hat Freunde und Geistesverwandte, welche auf ihre Weise die großen
Principien des Paulinismus verkündigen, ohne jedoch die Größe des
großen Heidenapostels zu erreichen. Nur einen treffen wir unter ihnen,
welcher so kräftig und erhaben spricht, daß man oft gemeint hat, man
höre in seiner Stimme die des Paulus selbst. Jedoch auch die an=
dern mögen nicht übersehen werden.

2. Wie andre große Männer hat auch Paulus seinen Vor=
läufer. Wir finden diesen in Stephanus, welchen wir Ap. 6 u. 7
kennen lernen. Der Grundgedanke des Paulinismus wurde von ihm,
wenn auch nicht gerade deutlich ausgesprochen und noch weniger ent=
wickelt, so doch nachdrücklich angedeutet. Dies ist sowohl aus der
gegen ihn vorgebrachten Beschuldigung (Ap. 6, 14), als aus einzelnen
Zügen seiner Reden ersichtlich, in welchen eine scharfe Polemik gegen
denselben hartnäckigen Judaismus, gegen welchen Paulus später so
kräftig aufgetreten ist, vernommen wird. In Stephanus sehen wir
einen ersten, noch schwachen Versuch zur Emancipation der jugend=
lichen Kirche von später beengenden Fesseln; er hat vorgefühlt, was
Paulus klar durchschaut hat. Auch tritt in ihm das höhere intellec=
tuelle Streben zum Vorschein, durch welches sich Paulus so sehr von
Petrus und seinen Geistesverwandten auszeichnet. Seine Sterbestunde
endlich macht auf den wüthenden Saulus einen Eindruck, welchen
dieser auch als Paulus nimmer vergaß (Ap. 22, 20).

3. Auch das dritte Evangelium und die Apostelgeschichte, welche
wir ohne Anstand Lukas zuschreiben, tragen einen paulinischen Cha=
rakter. Man achte auf den universalistischen Geist, welchen sie athmen
(z. B. Luk. 3, 38; Ap. 8, 35—37; vergl. 1, 8); auf den Inhalt
und die Form mancher Thaten des Herrn, welche Lukas mit offen=
barer Vorliebe erwähnt, und welche in gewisser Hinsicht schon im
Voraus auf Pauli Evangelium hindeuten (Luk. 7, 50; 15; 17, 7—
10; 18, 14; vergl. Ap. 13, 38. 39); auf die Verwandtschaft ihrer
Berichte von der Abendmahlseinsetzung, von der dem Petrus zu Theil
gewordenen Erscheinung und auf noch andre Züge mehr, welche zu=
gleich unverdächtige Beweise dafür sind, daß diese beiden Schriften
aus der Umgebung des Paulus herkommen.

4. Die mannigfaltigsten Spuren des Paulinismus sind jedoch
in dem Briefe an die Hebräer zu finden, welchen man nicht mit Un=
recht „einen Juwel des christlichen Kanons" genannt hat, und der
schon an sich, aber besonders in Bezug auf die Grundideen des Paulus
der höchsten Beachtung werth ist. Es ist hier natürlich nicht der Ort,
bei der großen Menge isagogischer Fragen, welche dieser Brief, oder
lieber diese Abhandlung hervorgerufen hat, still zu stehen. Nach unsrer
Ansicht ist er zwischen dem Jahre 60 und 70 für in Palästina (nicht
in der Diaspora) wohnende Judenchristen in der bestimmten Absicht

14*

geschrieben worden, sie darauf hinzuweisen, wie viel vortrefflicher der neue Bund sei, als der alte, und sie dadurch gegen Abfall zu waffnen. Der Hauptgedanke, das Thema, ist Kap. 8, 8—13; vgl. Jerem. 31, 31—34, angegeben, und die Weise, auf welche dies entwickelt wird, ist so überraschend, daß es immerhin der Mühe werth ist, die Eigen= thümlichkeit des Lehrbegriffes dieses Verfassers ein wenig näher kennen zu lernen. Den A. B. stellt er hoch, aber die neue Heilsökonomie stellt er noch viel höher und weist aufs nachdrücklichste auf den Beruf derjenigen hin, für welche jener abgeschafft und dieser an seine Stelle getreten ist.

5. Wie hoch der Verfasser das A. T. stellt, ist sofort deutlich, wenn man sieht, aus welchem Gesichtspunkte er es von Anfang an betrachtet. Es ist eine Frucht besonderer Offenbarungen Gottes (1, 1), welche Gott früher manchmal und auf mancherlei Weise verliehen hat. Auch der Gottesbegriff unsres Verfassers verleugnet in seinen Grund= zügen die alttestamentliche Eigenthümlichkeit nicht. Ohne Zweifel ist er ihm der Gott des Friedens (13, 20), welcher seine Gnade in dem Tode seines Sohnes auf treffende Weise offenbaret (2, 9); doch tritt diese Seite des göttlichen Wesens hier nicht bestimmt in den Vorder= grund. Mit beziehungsweiser Ausnahme von 12, 7 wird der Name Vater Gott nur einmal (12, 9) gegeben, und zwar in einem Sinn, welcher an das alttestamentliche Wort (Num. 16, 22) erinnert. Er tritt hier viel mehr als Richter auf über alle, dessen Gericht über den abgefallenen Sünder schrecklich ist (12, 23—29; vgl. 10, 26—31), aber ebenso gewiß belohnt er das von ihm geforderte Gute (6, 9, 10; 11, 6. 26). Von seiner Gnade wird nicht geschwiegen (4, 16; 12, 15), aber der Schrecken des Herrn wird noch mehr als diese zum Hebel und Sporn gesetzt. Dagegen wird deutlich Nachdruck auf die Allmacht und Treue Gottes gelegt, der da alle Dinge nicht nur aus nichts geschaffen hat (11, 3), Wunder thut (2, 4), bei niemand Höherm, als bei sich selbst, schwören kann (6, 13) und im Gegensatz zu todten Götzen lebendig macht (9, 14; 12, 22), mit einem Wort der Herr ist (8, 2) (wie Christus zuvor als unser Herr gerühmt wird, 7, 14), von dem alles ohne Ausnahme vollständig abhängig ist (6, 3). Seine Herrlichkeit ist die einer göttlichen Hypostase, die sich im Sohne abspiegelt (1, 3) und sich durch den heil. Geist mittheilt, der hier indessen mehr als Gabe, denn als Gesetzgeber an=

gedeutet wird (2, 4; 6, 4; 10, 29). Die trinitarische Unterscheidung im Gottesbegriff tritt hier nicht so unzweideutig wie bei Paulus oder selbst bei Petrus zum Vorschein; wenigstens ist die Andeutung der Persönlichkeit des heil. Geistes, welche man im Kap. 3, 7; 9, 8; 10, 15 zu finden glaubte, mehr oder weniger zweifelhaft (vergl. den Gebrauch von $\pi\rho o\ddot{\imath}\delta\epsilon\tilde{\imath}\nu$, Gal. 3, 8).

6. Hat sich solch' ein Gott schon im A. T. offenbaret, so ists kein Wunder, daß unser Verfasser die Urkunde dieser Offenbarung besonders wegen ihres prophetischen Charakters hochschätzt. Er führt so oft Schriftstellen an, daß seine Schrift in dieser Hinsicht unter den Briefen eine ähnliche Stelle einnimmt, wie das Evangelium des Matthäus unter den Evangelien. Hie und da drückt er ebenso wie Petrus seine eignen Ideen mit alttestamentlichen Worten aus, ohne sie direct als solche zu citiren (12, 12; 13, 6). Gleichwohl ist es der heil. Geist selbst, welcher in der heil. Schrift sprechend auftritt; die Begriffe heil. Schrift und Wort Gottes decken sich hier vollkommen (3, 7; 10, 15). Und nicht allein der hebräische Grundtext, nein auch die alexandrinische Uebersetzung hat für den Verfasser große Autorität. Treuer, als irgend ein anderer Schriftsteller, folgt er dieser Uebersetzung, so daß er sogar einen Fehler (10, 5), die Uebersetzung von אָזְנַיִם durch σῶμα) von ihr herübernimmt. Mit geringer Ausnahme (10, 30) hält er sich auch in der Form seiner Argumentation (9, 16. 17) an dieselbe; gleichwohl achtet er mehr auf den Geist, als auf den Buchstaben der Worte, welche er oft aus dem Gedächtniß anführt. Das ganze A. T. weist ihn beständig auf den Messias, welchen er infolge seiner eigenthümlichen Hermeneutik auch da findet, wo ihn die neuere Exegese möglicherweise nicht einmal suchen würde. Auf typisch-symbolischem Standpunkt versteht er ohne irgend eine Schwierigkeit sogar solches von dem Messias, was ursprünglich gewiß nicht bestimmt von ihm gesagt worden war (s. z. B. 2, 13 b; vergl. Jes. 8, 17).

7. Auch den Erzählungen des A. T. schreibt er besondern Werth zu, weil er darin nicht nur den Bericht denkwürdiger Thaten, sondern sinnreiche Typen höherer Dinge sieht. So ist ihm Josua (Kap. 3) und Melchizedek (Kap. 7) eine Type d. h. ein prophetisches Symbol der Person und des Werkes des Erlösers. Einerseits warnt er vor Unglauben und Ungehorsam, indem er auf das Vorbild des

israelitischen Volkes (4, 1. 2) und Esau's (12, 16. 17) hinweist, andrerseits ermahnt er, indem er an die alten Heiligen als an vor=züglicheVorbilder erinnert (11), auf der christlichen Laufbahn zu be=harren. Großen Nachdruck legt er darauf, daß die Gläubigen des A. u. N. T. im Geiste eins sind (V. 39. 40), und da ihm gerade dieser Glaube die höchste Offenbarung des religiösen Lebens ist, räumt er auch der Rahab, dem Simson und andern einen Ehrenplatz ein, welchen sie, nach bloß sittlichem Maaßstab gemessen, möglicherweise nicht verdient haben würden. In der Hochschätzung der Gläubigen des A. T. und der Benutzung der heil. Geschichte kommt er auf merkwürdige Weise mit Paulus und Petrus überein (Röm. 4; 1 Cor. 10; 1 Petr. 3). Wie der letztere, so hat auch er das Vorbild der Sara auf ehrenvolle Weise erwähnt (11, 11).

8. In der israelitischen religiösen Geschichte sind es besonders die Ceremonien, namentlich die Opfer, bei welchen der Verfasser des Hebräerbriefes mit offenbarer Vorliebe stillsteht. Der göttliche Ur=sprung des Opferdienstes wird hier überall vorausgesetzt (11, 4; vergl. 5, 4) und sogar das Gebet und Almosen vom Gesichtspunkte des Opfers aus betrachtet. Nicht alle Arten der Opfer werden hier indessen näher besprochen; der Verfasser richtet seine Aufmerksamkeit besonders auf die Sühn= und Sündopfer (zwischen welchen er einen wesentlichen Unterschied macht), so wie auch auf die, durch welche der A. B. einst eingeführt worden war (7, 19—21). Der große Ver=söhnungstag ist ihm besonders wichtig (10, 1; 13, 11); ferner, was die besonderen Bestandtheile des Cultus betrifft, das Vergießen des Blutes und sein Hineinbringen zur Besprengung in das innerste Heiligthum (9, 22—24). Das Heiligthum selbst ist für ihn ein schwaches Abbild der höheren, himmlischen Wirklichkeit (8, 5), und der Hohepriester, welcher in dasselbe eingeht, verrichtet eine symbolische Handlung, welche mit der Beruhigung des durch die Schuld gedrückten Gewissens in unmittelbarer Verbindung steht.

9. Obgleich indessen dies alles, was von dem Verfasser offen=bar con amore und wie aus eigener Anschauung geschildert wird, von hohem Werthe ist, so genügte es doch durchaus nicht. Zwar ist das Gesetz durch Vermittlung der Engel verkündigt worden (2, 2; vgl. Gal. 3, 19; Apost. 7, 13), aber es enthält nur den Schatten, nicht das Wesen der auf seinem Standpunkt noch zukünftigen Dinge

(10, 1). Auch das Opfer kann den, der es darbringt, nimmer mehr heiligen (τελειῶσαι), d. h. es wird durch dasselbe der sittliche Zweck nicht erreicht, wozu es gefordert und dargebracht wird. Wird es doch von Priestern dargebracht, welche, selbst der Sünde und dem Tod unterworfen, fortwährend einander ablösen (7, 23. 27). Es wirkte nur zeitlich und mußte aus diesem Grunde immer wieder erneuert werden (9, 25; 10, 1—4). Es brachte überdies nur Vergebung für Sünden, welche aus Unwissenheit begangen wurden, und konnte nur levitische, keine höhere Reinheit bewirken (9, 13. 14). Es mochte deshalb wohl den Uebertreter in der Gemeinschaft mit dem theokratischen Volke bewahren, konnte aber unmöglich die gestörte Gemeinschaft zwischen Gott und dem Sünder wieder herstellen (10, 4). So hat es nicht als adaequates Sühnungsmittel, sondern als prophetisches Symbol seine höchste Bedeutung; die ganze Einrichtung des alttestamentlichen Cultus ist darauf angelegt, auf das Bessere, das noch Zukünftige hinzuweisen (9, 8). Kein Wunder, daß der A. B. von Anfang an bestimmt war, vorüberzugehn (8, 13; 10, 9). Er war zwar relativ fest (2, 2), aber nicht unbeweglich (12, 27). Im Gegentheil, schon die Propheten hatten einen neuen Bund, ein unbewegliches Königreich angekündigt (8, 8—13; 12, 26 u. ff.), und wer deshalb auf dem Standpunkt des Gesetzes stehen blieb oder dazu zurückkehrte, der kam gerade dadurch mit dem Wort und Geist dieses alten Bundes selbst in Streit. Derselbe hat seine Bestimmung und sein Ideal erst in dem neuen erreicht, und die Christen sind also gerade das wahre Israel. Das Verhältniß, in welchem dieses wahre Israel zu der Kirche der Heidenchristen steht, wird in diesem Briefe stillschweigend übergangen. Es ist dem Verfasser nur darum zu thun, die Judenchristen zu überzeugen, daß Rückkehr zu einer verlassenen Religion nur Umtausch des Besseren gegen das unendlich Geringere sein würde.

10. Um wie viel höher der neue Bund über dem alten steht, geht schon aus der Erhabenheit der Person hervor, welche denselben stiftete. Es ist unserm Verfasser noch viel mehr eigen, als dem Paulus (Röm. 5, 12—21), den Weg der Vergleichung zu betreten, um die Herrlichkeit Christi darzustellen. Er erhebt ihn (a) weit über alle Heiligen des A. B. (12, 2), (b) über den Hohenpriester, welcher schwach, sündig und sterblich war (5, 1—3; 7, 23), (c) über den

Mittler des A. B., zu welchem er sich verhält wie der Sohn zum Knecht des Hauses; (d) sogar über die Engel, die Mittler, durch welche Moses das Gesetz empfangen hat (Kap. 1 u. 2). Als solcher hat er einen vorzüglicheren Namen, als sie, den des Sohnes und Herrn, verrichtet ein viel erhabneres Werk als die Engel, und muß auch von ihnen angebetet werden (1, 4 u. ff). Er wird sogar mit Berufung auf ein viel bedeutendes Psalmwort (1, 8) hier Gott, Grund des fortdauernden Bestehens aller Dinge und das Ebenbild des Wesens Gottes genannt (1, 3). „Gott findet sich wieder und reflectirt sich in dem Sohne, wie in seinem andern Ich" (Tholuck). Daß auf einem solchen christologischen Standpunkte das persönliche Vorherbestehen des Sohnes, wird es auch nur nebenbei angedeutet (9, 26), vorausgesetzt wird, fällt von selbst ins Auge.

11. Der Verfasser vertheidigt die wahrhaftige Menschheit des Herrn derart, daß seine Christologie sogar einen ebenso bestimmten antidoketischen Charakter trägt, wie z. B. das Evangelium Lucae. Zu den Zeugnissen für diese herrliche Wahrheit darf nicht Kap. 2, 16 gerechnet werden, wo nichts andres gesagt wird, als daß er sich nicht des Looses der Engel, sondern des Looses der Kinder Abraham's annimmt. Um so mehr Gewicht hat der bestimmte Ausspruch (2, 14), er habe Fleisch und Blut von den Kindern der Menschen angenommen (2, 14., παραπλησίως, prorsus), eine Erklärung, welche von den Kirchenvätern schon frühzeitig als Waffe gegen die Doketen benutzt worden ist. Ebenso bemerkenswerth ist von diesem Gesichtspunkte aus, wenn er sagt, der Herr habe in den Tagen seines Fleisches Gebet und Flehen mit starkem Geschrei und Thränen geopfert (5, 7), und er sei von Juda ausgegangen (7, 14). Das wahrhaftige Menschsein des Sohnes wird hier in umittelbaren Zusammenhang mit dem Werk der Erlösung gebracht; denn erst dadurch, daß er den Menschen gleich wurde, konnte er ihr Elend lindern (2, 16—18); erst so konnte er kraft der Einheit der Natur seiner Brüder zu seiner eigenen Heiligkeit und Seligkeit emporführen und ihnen zum höchsten Vorbild dienen (2, 11; 12, 2).

12. Als wahrhaftiger Mensch war der Herr indessen durchaus nicht erhaben über die Versuchung zur Sünde. In keinem Briefe des N. T. wird seine Versuchbarkeit unzweideutiger ausgesprochen, als hier (4, 15). Das Leiden Jesu war deshalb nicht nur für die Menschheit,

sondern vor allem für ihn selbst von großer Wichtigkeit. Es war das große Mittel, durch welches er selbst gekrönt und für seine erhabene Bestimmung vollkommen geeignet, ja das Ideal der Menschheit (2, 5—9; vgl. Pf. 8, 5. 6) geworden ist. Bemerkenswerth ist wiederum von diesem Gesichtspunkte aus, welchen besondern Werth der Verfasser dem beilegt, was in Gethsemane geschah (5, 7—9). Natürlich will er nicht sagen, daß der Dulder von Unheiligkeit zu Heiligkeit, sondern nur, daß er durch Versuchung zur höchst möglichen Stufe der Vollkommenheit emporgeführt worden ist. Daß der Verfasser aner= kennt, er habe nur durch einen solchen Glauben an Gott an der Spitze einer glänzenden Reihe von Glaubenshelden leuchten können, das beweist schon an sich, wie ernst er es mit der wahrhaftigen und heiligen Menschheit des Herrn nahm. Offenbar sucht er ihn so nahe mit der Menschheit in Berührung zu bringen, als dies ohne Schaden für die unbedingte Anerkennung seiner Gottheit geschehen kann.

13. Mit der persönlichen Würde des Herrn steht nach unserm Briefe sein Werk in unmittelbarem Zusammenhange. Gerade als Sohn Gottes konnte er nicht nur die höchste Offenbarung Gottes (1, 1), sondern auch der Stifter eines neuen und besseren Bundes sein. Er ist der Bürge dieses besseren Bundes geworden (7, 22), d. h. die Bürgschaft, daß er gewißlich erfüllt werden wird. Das ursprüngliche Wort ($\check{\epsilon}\gamma\gamma\nuο\varsigma$) will nicht sagen, daß er für Bezahlung unsrer Schuld bei Gott einstehe, sondern, daß er für die Erfüllung der Verheißungen Gottes bei uns einstehe; nicht von Schuldbezahlung ist hier die Rede, sondern bestimmt von Stiftung eines Bundes. Nur wer am Klang der Worte hängen bleibt, kann hier Veranlassung finden, von einem „Bürgschaft leistenden" Leiden zu sprechen. Es wird einfach gesagt, in Christi Person sei zugleich das Unterpfand für die Sicherheit der Bundesverheißung gegeben. Um diese Behauptung zu begründen, wird das Auge viel mehr auf die hohenpriesterliche, als auf die prophetische und königliche Wirksamkeit des Herrn gerichtet, wie er dieselbe auf Erden übte und noch im Himmel fortsetzt.

14. Der Werth der hohenpriesterlichen Wirksamkeit des Herrn auf Erden wird in der Form einer fortlaufenden Gegenüberstellung des von ihm dargebrachten Opfers mit den Sündopfern des A. T. nachgewiesen. Sie hat vor allen Dingen einen erhabenern Charakter als diese. Wurde dort das Blut von Stieren und Böcken dargebracht,

so opfert hier der Priester sich selbst durch die sittliche That des un=
bedingtesten Gehorsams. Schon das Kommen des Herrn in die Welt
ist Frucht und Zeichen dieses Gehorsams (10, 5), welcher in dem
freiwillig erduldeten Tode am Kreuze seinen höchsten Gipfelpunkt er=
reicht (5, 8. 9). Auf die Form, in welcher dieser Tod erduldet
wird, legt unser Verfasser an sich keinen besonderen Werth. Es
scheint, als ob er seinen jüdisch gesinnten Lesern das harte Wort so
lange wie möglich ersparen, das Kreuz nur im Vorbeigehen und
gegen das Ende erwähnen (12, 2) und sie mit Golgatha durch die
sinnreiche Andeutung, der Herr habe dort symbolisch außerhalb des
Thores gelitten, versöhnen wollte (13, 12). Es kommt hier weniger
auf das als persönliche That betrachtete leibliche Leiden, als auf die
Blutvergießung ($\alpha\iota\mu\alpha\tau\epsilon\kappa\chi\nu\sigma\iota\alpha$) an; weniger auf das leidensvolle
Dulden, als auf das Schmecken, Erproben, Erfahren des Todes in
all seiner Bitterkeit (2, 10). Dieser Tod ist nicht nur Loos, son=
dern That, ebenso wenig willkürlich von Seiten des Herrn, als von
Seiten des Vaters. Im Gegentheil, diese That ist vollkommen
Gottes würdig; bei ihrer Anordnung lagen Gründe vor, welche dem,
der sie wollte, im höchsten Grade ziemten (2, 10. 17; 10, 10).
In ihr wird die Gnade Gottes offenbar (2, 10) und ihr zufolge
Christus nicht nur Unterpfand, sondern Mittelursache der Seligkeit
(5, 9).

15. Dieses Opfer hat ferner einen höheren Zweck als alle,
welche demselben vorangingen. Es wurde nicht wie diese theilweise
auch für eigene Sünden dargebracht (7, 27), sondern ausschließlich
zum Nutzen anderer. Das unschuldige und freiwillig vergossene Blut
wird ein Lösegeld ($\lambda\upsilon\tau\rho o\nu$), wodurch eine ewige Erlösung ($\lambda\upsilon\tau\rho\omega\sigma\iota\varsigma$)
nicht nur symbolisirt, sondern thatsächlich vollbracht worden ist.
Als Opfer nimmt Christus die Sünden weg ($\alpha\nu\alpha\varphi\epsilon\rho\epsilon\iota\nu$, 9, 28),
worin liegt, daß er dieselben zuerst auf sich genommen habe; das
Wegnehmen (öter) ist eine Folge vom Aufsichnehmen (porter) in
dem Sinn von: dafür büßen, wie das Opferthier es symbolisch für
die Sünde des Opfernden that (vergl. Jes. 53, 11). Dies ist
besonders dann ersichtlich, wenn der Verfasser (9, 15) sagt, der Tod
des Mittlers sei zur Vergebung von Sünden nöthig, welche unter
dem ersten Bunde begangen, aber noch nicht gebüßt wurden, und er
also dem Opfer des Herrn sogenannte rückwirkende Kraft zuschreibt

(V. 20). Eine solche Wirkung wäre durchaus undenkbar, wenn hier etwas Geringeres, als eine objective Sühnung statt gefunden hätte. Um sie zu Stande zu bringen, war die Blutvergießung Christi un=entbehrlich; diese hätte dieses Ziel aber nicht erreichen können, wenn sie nicht zugleich die höchste sittliche That des unbedingtesten Gehor=sams gewesen wäre. Zu diesem Opfer wurde er durch den heil. Geist, welcher in ihm war (9, 14), in Stand gesetzt, und ist, wofür er auch angenommen wird, in diesem Opfer der Repräsentant der Seinen, welche nun geistlich mit ihm vereinigt und dem Vater wohl=gefällig sind (2, 11). Für jeden von ihnen (ὑπὲρ παντὸς, 2, 10) hat er den Tod geschmeckt, was ihnen in dem Sinne zu gute kommt, daß sie nun dieser Strafe der Sünde überhoben sind. Aber · gerade darum bleibt für den, welcher ihn hartnäckig verschmäht, kein Ver=söhnungsopfer mehr übrig (10, 26). Ist doch der levitische Opferdienst für immer abgeschafft, und Christus opfert sich nicht zum zweitenmal.

16. Deswegen trägt nun aber auch dieses Opfer reichere Frucht, als Alle, welche ihm vorangingen. Der Herr selbst ist da=durch innerlich vollendet und auf diesem Wege zur Herrlichkeit empor=geführt worden. Zugleich ist er auf diese Weise den Seinen zum Helfer geworden, weil er durch die Macht der innigsten Sympathie so zu sagen ganz in ihren Zustand eingetreten ist (2, 16—18). Was sie selbst betrifft, so drückt der Verfasser ihr Vorrecht auf eigen=thümliche Weise aus, wenn er sagt, daß sie in Folge dieses einen Opfers in Ewigkeit seien vollendet worden (10, 14). Es ist nicht leicht, den vollen Sinn dieses Wortes (τελείωσις) vollkommen zu bestimmen. So viel ist alsbald klar, daß es nicht in rein sub=jectivem, sondern in objectivem Sinne verstanden und von der Hei=ligung der Gläubigen bestimmt unterschieden werden muß. Geheiligte (ἁγιαζώμενοι) sind die Christen, insofern sie von der Welt abgesondert und Gott geweiht sind durch den heiligen Christus, der da heiligt (ὁ ἁγιάζων, 2, 11). Aber als solche sind sie zugleich vollkommen, d. h. principiell in jeder Hinsicht das geworden, was sie sein sollen. Die τελείωσις schließt also die paulinische Rechtfertigung (δικαίωσις) und Erlösung (ἀπολύτρωσις) zugleich in sich; sie ist die Wiederher=stellung des normalen Zustandes des Menschen vor Gott mit allem, was daraus folgt. Die Genossen dieses Heiles sind also der Rei-

nigung (καθαρισμός) ihrer Sünden versichert (1, 3), durch welches Wort nicht nur ihre vollkommene Befreiung von der Herrschaft, sondern auch vor allen Dingen von der Schuld der Sünde bezeichnet wird. Nachdem sie so beruhigt und von dem bösen Gewissen befreit worden sind, können sie nun Gott ohne Furcht vor dem Tode dienen, um so mehr, da durch den Tod Christi der Teufel, der des Todes Gewalt hatte, sittlich zu nichte geworden ist (2, 14). Ja, auch das Leiden braucht sie nicht mehr zu beunruhigen; es ist nicht mehr Strafe, sondern Züchtigung und Zeichen des väterlichen Wohlgefallens Gottes (12, 5—11). Sie mögen mit Freudigkeit, (Freimuth) dem Throne Gottes nahen (4, 16), als Kinder, welche zur Herrlichkeit geführt (2, 10), d. h. der Vollkommenheit, welche sie schon principiell besitzen, nun auch theilhaftig und in einen derselben abacquaten Zustand gebracht werden.

17. Kein Wunder, daß ein Opfer, durch welches so viel Heil erworben wird, auch eine viel dauerhaftere Kraft hat, als alle anderen, und dann auch im Gegensatz zu derselben nie mehr wiederholt zu werden braucht (7, 24—27). Im N. T. ist alles ewig (9, 12) und das Reich Gottes ein unbewegliches Königreich (12, 28). Mit Unrecht hat man aus Kap. 6, 4—6; 9, 15; 10, 26 abgeleitet, der Verfasser habe nur Vergebung derjenigen Sünden gelehrt, welche vor der Bekehrung begangen wurden. Wie die Person (13, 8), so hat auch das Werk Christi (9, 12) in seinem Auge einen ewig bleibenden Werth, und gerade die Warnung vor einer Sünde, welche nicht vergeben wird, setzt voraus, daß für geringere Uebertretungen, welche die Frucht noch übrig gebliebener Schwachheit sind, kein ähnliches Gericht zu befürchten ist, um so weniger, da das auf Erden einmal zu Stande gebrachte Werk der Versöhnung im Himmel unaufhörlich fortgesetzt wird.

18. Die himmlische Wirksamkeit des Herrn hat mit seiner Verherrlichung in dem Himmel begonnen, auf welche in diesem Brief wegen ihrer symbolischen Bedeutung der höchste Werth gelegt wird. Offenbar wird die Himmelfahrt hier als eine Thatsache betrachtet, welche einmal für allemal geschehen ist (ἐφάπαξ, 9, 12). Der Himmel selbst ist ein bestimmter Ort (ἐν ὑψηλοῖς, 1, 3; 8, 1), welcher einigermaßen dem innersten Heiligthum im israelitischen Tempel gleicht; oder lieber, die himmlischen Dinge selbst sind unsicht-

bare Realitäten, wovon die irdiſchen nur ähnliche Schatten ſind. In dieſen Himmel iſt Jeſus Chriſtus eingegangen, um ſein eigenes Opferblut vor Gottes Angeſicht zu bringen (9, 24—27); dem Chriſten iſt der Eingang in denſelben durch ihn geöffnet worden, da er durch ſeinen Tod den hemmenden Vorhang ſo zu ſagen vor ihren Schritten wegzog (10, 19). Die Wirkſamkeit, welche der Herr daſelbſt für ſie ausübt, iſt eine rein prieſterliche und zugleich wirklich königliche. (7, 25; 9, 24; 10, 13). Er tritt für ſie ein mit Fürſprache und Opfer, iſt aber zugleich, gleich einem zweiten Melchizedek, (Kap. 7), der Prieſterkönig, welcher nicht nur mit der höchſten Ehre, ſondern auch mit der höchſten Macht bekleidet iſt zur Ueberwindung ſeiner Feinde (10, 13) und zur Vollendung des Heiles ſeiner Freunde (9, 28).

19. Dieſe Ueberwindung und Heilsvollendung wird bei der nahe bevorſtehenden Zukunft des Herrn offenbar. Er wird nun zum zweiten mal geſehen, ohne ferner noch zur Sünde, welche er hier weggenommen hat, in irgend einer Beziehung zu ſtehen (9, 28). Die Gewißheit, daß dieſe Paruſie nicht lange mehr ausbleiben kann, giebt der Ermahnung zum geduldigen Ausharren erhöhte Bedeutung (3, 6. 14; 10, 36. 37). Dann findet zugleich das Gericht ſtatt (9, 27, nach dem Tode ohne Zweifel, aber darum noch nicht ſofort darnach), welches in Uebereinſtimmung mit dem altteſta= mentlichen Charakter dieſer Schrift durchgängig Gott ſelbſt (12, 23; 13, 4) zugeſchrieben wird, ohne Chriſtum gleichzeitig zu erwähnen. — Die Auferſtehung der Todten wird hier nur nebenher angedeutet (11, 18. 19), nicht näher beſprochen. Sie gehörte ja zu den genügend bekannten erſten Anfängen (6, 2), und der Verfaſſer betrachtete ſie ſehr wahrſcheinlich in demſelben Licht wie ſeine Mitzeugen. Das ewige Gericht jedoch (6, 2), wird hier beſtimmt als entſetzliche Ver= geltung an den ungetreuen Bekennern Chriſti dargeſtellt (6, 8; 10, 26 u. ff.); das zukünftige Heil der Getreuen dagegen als per= ſönliche Theilnahme an der ewigen Sabbathsruhe Gottes (4, 9—11). Es iſt indeſſen das Auge des Glaubens keineswegs darauf ange= wieſen, ſich ausſchließlich auf eine noch ferne Zukunft zu richten; denn ſchon jetzt ſtehen die Genoſſen des N. B. in der erſten Beziehung zu einer vollkommenen Gemeinde im Himmel (12, 18—24), zu der die entſchlaſenen Heiligen des A. T. gehören, die jedoch erſt jetzt in

Gemeinschaft mit jenen ihre Bestimmung vollständig erreichen (11, 39. 40). Noch eine letzte Bewegung erwartet der Verfasser bei dem Untergang der irdischen Weltregierung, welche wie die erste Heilsökonomie ihr Ende findet, dann aber sieht er Dinge kommen und bleiben, welche nicht beweglich sind (12, 26—28).

20. Mit dem Besitze solcher unschätzbaren Vorrechte hängen natürlich auch große Verpflichtungen zusammen. Wie der Brief an die Römer, so hat der an die Hebräer nach dem theoretischen einen praktischen und paraenetischen Theil (10, 19—13, 21). Die Auffassung des christlichen Lebens als eines Lebens des Glaubens, der Hoffnung und der Liebe schimmert auch hier deutlich durch (6, 10—12; 10, 22—24). Eine kräftige Ermahnung zu thätigem Glauben wird Kap. 11, 1—40, zu geduldiger Hoffnung Kap. 12, 1—13, zu heiliger Liebe Kap. 12, 14—13, 21 vernommen.

21. Der Glaubensbegriff des Verfassers ist ebenso rein, als anwendbar auf alle Gläubigen des A. u. N. T.; Hauptobject dieses Glaubens ist Gott (6, 1), welchen er für getreu hält (10, 33) und mit dem Auge des Glaubens anschaut (11, 27). In diesem Glauben hat der Gläubige Gewißheit auch in Betreff der unsichtbaren und zukünftigen Dingen (11, 1) und zugleich die Freudigkeit, zu dem hinzuzutreten, dem er wegen banger Furcht hinfort nicht mehr fremd ist (4, 15; 10, 19—22). Ohne diesen Glauben ist es durchaus unmöglich in Gemeinschaft mit Gott zu treten und ihm zu gefallen; aber gerade darum ist es auch dringend nöthig, darin nicht nur zu beharren, sondern auch reich zu sein (3, 6; 10, 32). — Wie der Glaube der Realität der unsichtbaren Dinge sicher ist, so sieht die Hoffnung in der Zukunft dem persönlichen Besitz derselben entgegen. Sie ist so sehr Hauptsache, daß das christliche Bekenntniß ein Bekenntniß der Hoffnung heißen kann (10, 22). Ganz im paulinischen Geiste wird sie auch hier als ein Gegenstand des Rühmens (3, 6, vergl. 10, 34) und als eine Kraft zur Geduld und zum Ausharren dargestellt (12, 1). Durch das Leiden wird diese Hoffnung geläutert, aber keineswegs zu nichte gemacht; ist doch dieses Leiden Züchtigung, welche von Gott kommt, aus Liebe auferlegt wird, erhabenen Zwecken dienstbar ist und in Herrlichkeit endigt (12, 4—11). — Die hier empfohlene Liebe erstreckt sich schließlich auf alle (12, 14 vergl. Röm. 12, 18), besonders aber auf die Brüder (13, 1), und unter diesen

wieder am meisten auf die unglücklichsten und hilfebedürftigsten (V. 2, 3). Auch wenn der Verfasser die Liebe anempfiehlt, hat sein Wort eine ganz alttestamentliche Färbung (13, 2; vergl. Gen. 18, 1). Wohlthätigkeit und Barmherzigkeit werden als Opfer betrachtet, das Bekennen des Namens Gottes als ein Lobopfer (13, 15, 16 vergl. Röm. 12, 1). Aus dieser Liebe entspringt die Uebung aller Pflichten der Gottseligkeit, namentlich die der brüderlichen Ermahnung und Fürbitte (10, 22—24; 13, 18), Eingezogenheit und Zufriedenheit (13, 4—6, vergl. 12, 16), die des Gehorsams gegen achtbare Lehrer und endlich die Pflicht, der schon Entschlafenen zu gedenken (13, 7 u. 17). —

22. Die Ermahnungen, mit welchen der Verfasser zur Er= füllung dieser Pflichten antreibt, knüpfen im Allgemeinen an die Größe des verliehenen Vorrechtes (χάριν ἔχωμεν, 12, 28) an, mehr im besondern an die herrlichen Früchte der Treue und die entsetzliche Vergeltung der Untreue (6, 4—10). Eine solche Untreue hält er auch da, wo man schon einen sehr hohen Grad christlicher Erkenntniß und Erfahrung erreicht hat, noch für möglich, obgleich sich nicht beweisen läßt, daß er die, bei welchen diese Möglichkeit zur Wirklich= keit wird, für ursprünglich wahre und lebendige Christen ansieht. Bemerkenswerth ist, daß an der classischen Stelle in seinem Brief, welche hierüber handelt (6, 4—6, Luther nennt sie „einen harten Knoten") weder von ihrem Glauben, noch von ihrer Hoffnung, noch von ihrer Liebe gesprochen wird. Indessen auch für die Meist= geförderten ist fortwährend Ermahnung nöthig (10, 32), und nicht in sich selbst, sondern in Gottes Treue haben die Gläubigen den letzten Grund ihrer Ruhe und Hoffnung zu suchen (6, 10. 11; 10, 36—39).

23. Die Anführung passender Hilfsmittel, durch welche ein solches christliches Leben gepflegt wird, fehlt auch in dem Briefe an die Hebräer nicht. Im Allgemeinen wird die Gnade erwähnt, als das, wodurch das Herz gestärkt wird (13, 9); aber auch die Gna= denmittel werden nicht stillschweigend übergangen. Nur einmal weist der Verfasser auf die Taufe hin (10, 23), ein andermal spielt er indirect auf das heil. Abendmahl an (13, 10). Als ein besonders kräftiges Hilfsmittel wird anempfohlen, zurückzusehen, theils auf den eigenen früheren Zustand und die eigene Lebenserfahrung (10, 32 u. ff.),

theils und vor allem auch auf das Vorbild so vieler alter Glaubenshelden, welche wie ein Haufe (Wolke) Zeugen sie in der christlichen
Laufbahn umgaben. Sahen sie auch auf jene, so hatten sie doch vor
allem den Blick auf den Anfänger und Vollender des Glaubens zu
richten (12, 1. 2) und zu wachen, daß sie nicht von früherer Höhe
herabfielen (12, 15).

24. Aus dieser gedrungenen Uebersicht des im Hebräerbriefe
enthaltenen Lehrbegriffes geht hervor, daß man von demselben wohl
sagen kann, daß er im Geiste Pauli verfaßt worden sei. Denn besteht
auch einerseits zwischen der Vorstellung des Verfassers und der des
Paulus ein bedeutender Unterschied, wird auch die paulinische Lehre
von der Rechtfertigung durch den Glauben, die geistige Gemeinschaft
mit Christo und die Universalität des Christenthums hier nicht einmal angedeutet, die Auferstehung des Herrn nur im Vorübergehen
erwähnt (13, 20) und das ganze Verhältniß des Christenthums zu
der alten Heilsökonomie einigermaßen anders als bei dem Apostel der
Freiheit gezeichnet, und ist die ganze Auffassung der Lehre von der
Sünde bei Paulus auch viel tiefer: so fällt dagegen auch andererseits ins Auge, daß der Verfasser mehr als wahrscheinlich ein reich-
begabter Schüler der paulinischen Schule war, seinem Lehrer in keiner
Hinsicht widerspricht, sondern sich vielmehr an dessen Lehrentwickelung
anschließt und auf seine Weise den Hauptlehrsatz, welchen Paulus im
Briefe an die Galater polemisch vertheidigt hatte, apologetisch entwickelt. Wird hier die Vorstellung von Christo als dem zweiten
Adam vermißt, so wird die wahrhaft menschliche Natur neben der
wahrhaft göttlichen gewiß nicht minder stark in den Vordergrund gestellt. Ist der leidende Jesus bei Paulus mehr Opfer, so ist er hier
Opfer und Priester zugleich; die eine Vorstellung ergänzt befriedigend
die andere. Ohne Zweifel wird der Glaube hier mehr in seiner Beziehung zu Gott, dort mehr unmittelbar in Beziehung zu Christo
betrachtet; aber hier wie dort richtet sich der Glaube doch eigentlich
auf die großen Gottesverheißungen des Heils, dessen lebendiger Mittelpunkt Christus ist. Keinenfalls läßt sich beweisen, daß in unserem
Briefe eine judaistische und paulinische Grundanschauung sich unver-
söhnt gegenüber stehe (Baur). Manche wesentliche Verschiedenheit ist
aus dem ganz exceptionellen Zustand der Lehrer und dem besonderen
Zweck des Verfassers zu erklären, und bei fortgesetzter Vergleichung

mit Paulus meinen wir hier ebensowenig eine schneidende Dissonanz, als einen unselbstständigen Wiederhall, zu vernehmen.

Vergl. über den Paulinismus des Lukas unser Lev. v. J. I. bl. 91. Ueber den Lehrbegriff des Briefes an die Hebräer die vortreffliche Monographie von **E. K. A. Riehm,** der Lehrbegriff des Hebräerbriefes dargestellt und mit verwandten Lehrbegriffen verglichen, in 2. Thl. Ludwigsb. 1858. 1859. Viel weniger bedeutend: Der Hebräerbrief, Auslegung und Lehrbegriff von **K. Kluge,** Neu=Ruppin 1863. Auch die zwei Beilagen von Tholuk zu seinem schönen Kommentar zu diesem Briefe sollen in Ehren bleiben.

Punkte zur Erwägung: In wiefern ist die Rede des Stephanus eine Prophetie der paulinischen Richtung? — Welche paulinischen Elemente haben die Schriften des Lukas vor denen des Matthäus und Markus voraus? — In welchem Zusammenhange steht der Lehrbegriff des Hebräerbriefes zu seinem Verfasser? — Seine Lehre von Gott und dessen Offenbarung. — Von dem Menschen und der Sünde. — Von der Person und dem Werk des Erlösers. — Von der Verschiedenheit und dem Zusammenhange des A. und N. T. — Christus gegenüber Melchizedek, Moses und Aaron. — Der Brief an die Hebräer, verglichen mit dem Standpunkt der jüdisch-alexandrinischen Theologie dieses Zeitraumes.

---

§. 44.

Resultat und Uebergang.

Bei aller Verschiedenheit der Gabe und Richtung bei Petrus und Paulus und deren Mitzeugen ist die Einheit des Geistes zwischen beiden doch so offenbar, daß der letztere ebenso wie der erstere den Namen einer Säule unter den Aposteln verdient (Gal. 2, 9). Es steht sogar die paulinische Lehrentwickelung im Ganzen ebenso hoch über der petrinischen, als die Entwickelung des Christenthums in der Heidenwelt selbst über dem ursprünglichen Judaeo=Christianismus. Wie der Lehrbegriff des Paulus die reiche Erfüllung des vielverheißenden petrinischen ist, so ist er seinerseits Uebergang und Vorbereitung zu der tiefsinnigen johanneischen Theologie.

15

1. Sehen wir von dem nun geschlossenen paulinischen Ideen=
kreis auf den früher betrachteten petrinischen zurück, dann fällt uns
vor allem auf, wie viel ausgedehnter der erstere ist als der letztere.
Um so · überraschender ist es, wenn wir bemerken, daß die Selbst=
ständigkeit, die Paulus das vollste Recht gab, von seinem Evangelium
zu sprechen, ihn auf keinem einzigen wesentlichen Punkt mit seinen
schon früher aufgetretenen Mitaposteln in Widerspruch bringt. Im
Gegentheil, jene rechte Hand der Gemeinschaft, welche drei von ihnen
dem Paulus und Barnabas reichten (Gal. 2, 9), ist offenbar die
sinnbildliche Andeutung einer lebendigen und eben darum nichts
weniger als eintönigen Einheit. Der wesentliche Unterschied läßt sich
theils aus der Verschiedenheit der Individualität, theils aus der des
Wirkungskreises und Zweckes so befriedigend erklären, daß er viel
eher zur Befestigung, als zur Untergrabung des Glaubens an das
apostolische Zeugniß dient. Nichts bringt die Oberflächlichkeit (bei
allem Schein von Tiefe) der modern=romantischen Geschichtsconstruction
der apostolischen Zeit stärker ans Licht, als unparteiisches Studium
der verschiedenen Lehrbegriffe an der Hand der Isagogik und
Psychologie.

2. Die höhere Uebereinstimmung des paulinischen mit dem
petrinischen Lehrsysteme benimmt der reichen Ursprünglichkeit des
ersteren nichts. Es ist nichts Geringeres, als der erste ausnehmend
gelungene Versuch eines genialen, philosophischen, durch höhern Geist
erleuchteten Denkers, um den im Evangelium offenbarten, unend=
lichen Reichthum von Wahrheit und Leben in höhere Einheit zusam=
menzufassen. Jamais la vérité Chretienne n'avait été exprimée
avec autant de richesse et de profondeur; jamais elle n'avait
revêtu une forme aussi systematique et aussi rigoureuse.
C'est un ensemble de faits et d'idées où tout se lie et s'enchaine,
et où l'infinie diversité des détails se ramène sans effort à
l'unité d'une pensée centrale et féconde, qui est comme la clé
de voûte de tout l'édifice. On reconnait à cette dialectique
puissante un esprit nourri par de fortes études et singulièrement
rompu à tous les exercices de la pensée. Aussi l'enseignement
de Paul marque-t'il un incontestable progrès sur celui de Jacques
et de Pierre" (Bonifas). Der paulinische Universalismus verhält
sich zu der Theologie des Judaeo=Christianismus, wie der Reforma=

tionsgeist des sechszehnten Jahrhunderts zu der kirchlichen Frömmig=
keit des Mittelalters. Ja wahrlich: „Paul serait le prince des
philosophes, s'il n'était le plus grand des Apôtres" (A. Monod).

3. Dennoch ist die höchste Entwickelung des christlichen Ge=
dankenprocesses ebensowenig bei Paulus als bei Petrus zu finden.
Die tiefste Einsicht in das Geheimniß der Gottseligkeit wird nicht auf
dem Wege scharfsinniger logischer Entwickelung, sondern auf dem Weg
geistiger Anschauung erlangt. In Petrus spricht die Stimme der
Erinnerung und Erfahrung; in Paulus vereinigt sich mit dieser
letzteren die Macht des christlichen Denkens, welches, wo es nöthig ist,
auch über die Waffen einer feinen Dialektik gebieten kann; aber erst
Johannes durchdringt mit scharfem Adlerblick die tiefste Tiefe. Die
paulinische Theologie entwickelt sich in einer Reihe der merkwürdigsten
Gegensätze, aber die vollständige Versöhnung dieser Gegensätze, welche
für sie selbst vortheilhaft sind, findet sich erst auf dem johanneischen
Standpunkt. Scheinbar ist die Verschiedenheit zwischen Johannes und
Paulus noch viel größer, als zwischen Paulus und Petrus. Beson=
ders der Brief an die Hebräer scheint mit den johanneischen Ideen
beinahe einen fortlaufenden Kontrast zu bilden. Doch wird die
Entwickelung dieser letzteren lehren, daß manches paulinische Element
erst hier zu seiner vollen Entwickelung kommt, und daß nicht wenig,
was von Petrus bezeugt und von Paulus bestätigt wird, von dem
Patriarchen der Apostel wo möglich von noch höheren Gesichtspunkten
aus entwickelt und noch tiefer aufgefaßt wird.

Vergl. die Abhandl. v. **Tholuck**, in seinen Verm. Schr. II.
S. 272—329, Einleit. Bemerkungen in das Studium der
paul. Briefe, u. s. w., sowie auch die von **Paret**, Paulus und
Jesus, in den Jahrb. für deutsche Theol. 1858, 1.

Punkte zur Erwägung: Die Annahme von einem Principienstreit zwischen Paulus und
seinen Mitaposteln vor ihrem eigenen Forum, Gal. 2 vergl. Apost. 15. — Vergleichende Betrachtung der petrinischen und paulinischen Theologie in ihren Hauptpunkten. — Kann man mit Bauer
dem Hebräerbrief eine Tendenz beilegen, zwischen dem Paulinismus und den Ideen der johanneischen
Apokalypse zu vermitteln?

Dritte Abtheilung.

Die johanneische Theologie.

§. 45.

Ueberſicht.

Der Lehrbegriff des Johannes, des Apoſtels der Liebe, nimmt nicht nur die letzte, ſondern auch die höchſte Stelle in der Reihe der apoſtoliſchen Zeugniſſe ein und ſetzt inſofern dem, was ſchon Paulus, der Apoſtel des Glaubens, und Petrus, der Apoſtel der Hoffnung, in helles Licht geſtellt hatten, die Krone auf. Wir lernen ihn aus des Apoſtels eigenen Worten kennen, wie ſie ſich theils im Evangelium und den Briefen, theils in der Apokalypſe finden, welche wir einzeln und gerade in dieſer Ordnung unterſuchen. Hier wie dort geht er von Chriſto als dem Mittelpunkt aus und trägt in ſeiner unverkennbaren Eigenthümlichkeit einerſeits einen apologetiſch-myſtiſchen, andererſeits einen iſraelitiſch-prophetiſchen Charakter.

1. Wie auf natürlichem, ſo kommt auch auf geiſtigem Gebiete das Edelſte am langſamſten zur Reife. Schon haben Petrus und Paulus ihr ſchriftliches Zeugniß abgelegt und den Schauplatz ihrer irdiſchen Wirkſamkeit verlaſſen, als Johannes mit ſeinem Zeugniß auftritt. Es iſt die Frucht perſönlicher, durch innere Anſchauung erhellter Erinnerung, vor der ſich die Vergangenheit reproducirt, und ſofort auch in Folge neuer Offenbarung das Myſterium der Zukunft enthüllt. Kein Wunder, daß die Kirche aller Zeiten das Zeugniß des Buſenfreundes des Herrn, des längſtlebenden und tiefſinnigſten aller Apoſtel ſehr hoch hält. Trägt die petriniſche Theologie

einen judenchriftlichen, die paulinische einen heidenchriftlichen Charakter, so tritt dagegen hier der ganze Gegensatz zwischen Evangelium einerseits und Juden= und Heidenthum andererseits hinter das im vollsten Sinne des Wortes als absolute Religion anerkannte Christenthum zurück. Auf diese Weise ist der höchste Standpunkt erreicht und zugleich die zukünftige Entwickelung von Kirche und Theologie in breiten Umrissen angedeutet. Der petrinische Typus wird vorzüglich in der römisch-katholischen, der paulinische in der protestantischen Entwickelung von Kirche und Theologie gefunden; die johanneische Theologie scheint in der That dazu bestimmt zu sein, die Theologie der Zukunft zu werden.

2. Den Lehrbegriff des Johannes lernt man noch mehr als den des Paulus und Petrus ausschließlich aus seinen eigenen Schriften kennen. Unter diesen steht nach dem Urtheil der Tübinger Schule die Authentie der Apokalypse unwiderruflich fest, während die des Evangeliums und des ersten Briefes aus der Feuerprobe der neuesten Bestreitung glanzreich hervorzugehen beginnt. Auch die des zweiten und dritten Briefes, welche zwar für unseren Zweck von sehr untergeordneter Bedeutung sind, läßt sich genügend vertheidigen. Berühmte Namen beweisen, daß man ein echt wissenschaftlicher Theologe sein und alle johanneischen Schriften als authentisch anerkennen kann, während es sich immer mehr und mehr zeigt, daß der Presbyter Johannes, welchem man zum Unterschied von dem Apostel einen Theil dieser Hinterlassenschaft zuschreibt, eine ziemlich problematische, vielleicht eingebildete Persönlichkeit ist.

3. Die Ordnung, in welcher die johanneischen Schriften zu untersuchen sind, wird durch das kritische Urtheil über die Zeit der Abfassung bestimmt. Für uns steht fest, daß die Apokalypse nicht unter Nero, sondern unter Domitian und deshalb erst nach dem Evangelium und den Briefen geschrieben ist. „Die johanneischen Schriften bilden eine Trilogie, die evangelische Grundlage, die organische Gestaltung, die einstige und ewige Zukunft der Kirche: Christus, der da war, der da ist und der da kommt. Das Evangelium, die Briefe, die Apokalypse" (Lange). — Bei der Betrachtung des Evangeliums, als Quelle des johanneischen Lehrbegriffes, dürfen keineswegs die Aussprüche des johanneischen Christus, sondern ausschließlich die, in welchen der Evangelist selbst als Zeuge oder Vertheidiger auftritt, zu

Rathe gezogen werden. Es sind: 1, 1—18; 2, 21. 22; (3, 16—21
u. 31—36?) 6, 64. 71; 7, 39; 11, 51. 52; 12, 14—16. 33.
37—43; 13, 1—3; 19, 28. 35—37; 20, 30. 31; 21, 23.
(Vergl. §. 17, 3).

4. Kaum setzen wir bei Betrachtung dieser Aussprüche den
ersten Schritt auf das Gebiet der johanneischen Theologie, so sehen
wir auch, daß sie an Inhalt und Form einen höchst eigenthümlichen
Charakter tragen. Johannes steht ganz für sich, ohne daß einer seiner
Mitzeugen einen merklichen Einfluß auf ihn ausgeübt hätte, wie ihn
z. B. Paulus auf den Verfasser des Hebräerbriefes, oder Petrus auf
Markus ausübte. Seine Theologie trägt, wie wir sie aus dem
Evangelium und den Briefen kennen lernen, ebenso den Charakter
einer bestimmten Lehrentwickelung, wie den eines begeisterten Zeugnisses.
Nicht die Dialektik, sondern die Intuition, nicht der Verstand, sondern
das Gemüth, nicht die Zukunft mit ihren hohen Erwartungen, sondern
die Gegenwart mit ihren unschätzbaren Segnungen tritt in der bibac=
tischen Schrift des Johannes beständig von neuem in den Border=
grund. Nur ein einziges Mal (Joh. 1, 17) wird der Gegensatz von
Gesetz und Evangelium, welche doch bei Paulus eine so bedeutende
Stelle einnimmt, angedeutet; bei Johannes steht das Evangelium
nicht nur dem Gesetz diametral gegenüber, sondern unendlich weit
über demselben. Die Ursache dieser Erscheinung läßt sich nicht schwer
errathen. Johannes hat wahrscheinlich nie auf einem so streng ge=
setzlichen Standpunkt gestanden, wie z. B. Jakobus, und noch viel
weniger einen so plötzlichen Uebergang aus Finsterniß zum Licht erlebt,
wie Paulus. Wie die Sonne die Knospe öffnet, so hat die Begeg=
nung und fortgesetzte Anschauung Christi (Joh. 1, 40) sein geistiges
Leben in der Stille, aber mit mächtiger Kraft geweckt, und seine
Lehre ist, insofern von derselben die Rede sein kann, der Ausdruck
und zugleich das aufgelöste Räthsel dieses innerlichen Lebens. Kein
Apostel hat tiefsinnigere Ideen mit geringerem Reichthum an Rede=
wendungen ausgesprochen. Johannes ist beziehungsweise arm an
Worten; aber der Inhalt seiner Ausdrücke geht weit über deren Buch=
stabe. „L'auteur ressemble à un grand Seigneur, qui ne paye
qu'avec de grosses pièces" (Godet). Die Aufschrift auf Herders
Standbild zu Weimar: „Licht, Liebe, Leben" enthält zugleich die
Grundidee der johanneischen Theologie; aber wer hat diese im Geiste

des Apostels je vollkommen durchdrungen!? Dies letztere ist um so schwieriger, als die verschiedenen Begriffe hier viel weniger scharf abgegrenzt sind, als z. B. bei Paulus, und unwillkürlich in einander übergehen. Die johanneische Theologie hat sich viel weniger in die Breite, als in die Höhe und Tiefe entwickelt. Licht und Leben, Glauben und Wissen, Sünde und Lüge, Wahrheit und Heiligkeit sind bei Johannes so innig verbunden, daß hier, wenn irgend wo, durchgängige Trennung von Glaubens- und Sittenlehre vollständig unmöglich ist.

5. Wie die paulinische Theologie einen anthropologischen (§. 33, 4), so offenbart die johanneische nachdrücklich einen christologischen Charakter. Der Apostel geht in seiner Lehre ohne Zweifel von Gott aus, aber nur von Gott, wie er in Christo erkannt wird. Offenbar wird der Nachdruck hier auf die Person Christi, ja noch mehr auf sein Werk gelegt; die Welt, die Sünde, die Gemeinde, die Zukunft: alles dies wird hier im Licht der historischen Christuserscheinung betrachtet. Wie bei Jakobus der Gegensatz von Wissen und Thun, und bei Paulus der von Sünde und Gnade, so ist bei Johannes der Kontrast zwischen Finsterniß und Tod außer Christo, und Licht und Leben durch Christum die Achse, um welche sich alles dreht. Die historische Erscheinung des fleischgewordenen Wortes wird im Evangelium und dem Brief, die zukünftige Offenbarung des verherrlichten Menschensohnes in der Apokalypse mit einer Kraft und einem Nachdruck bezeugt, welcher von nichts übertroffen werden kann.

6. Im Evangelium und dem Briefe trägt dieses Zeugniß einen bestimmt apologetischen und zugleich einen erhabenen mystischen Charakter. Ohne dem vierten Evangelium eine direct polemische Tendenz einzelnen Personen oder Richtungen gegenüber zuzuschreiben, kann man doch aus 20, 31 ableiten, daß der Evangelist die Absicht hatte, den Glauben seiner Leser zu stärken, besonders mit Rücksicht auf eine Zeit, in welcher sich schon so manche bedenkliche Erscheinung zeigte. Hie und da wird sogar die Apologie zur directen Polemik (1 Joh. 4, 2. 3; 2 Joh. 9—11); aber auch wo er den Irrthum bestreitet, geschieht dies nicht durch scharfsinnige Beweisführungen, sondern durch ein kräftiges Bezeugen dessen, was er erlebt und auf geistige Art erfahren hatte. Oefter verliert er sich so zu sagen in die Anschauung einer Vergangenheit und Zukunft, welche für ihn zur

Gegenwart geworden ift, fo daß man mit Wahrheit von feiner Theologie fagen kann: „elle n'est pas un produit de la spéculation, mais bien de la contemplation; c'est une theologie essentiellement mystique, qui n'a besoin que d'un petit nombre d'idées et d'une théorie tout à fait simple pour édifier la vie, qu'elle veut faire naître au fond de l'âme" (Reuss).

7. In der Apokalypfe dagegen nimmt das apoftolifche Zeugniß einen hohen prophetifchen Flug, aber ohne Nachtheil für feinen urfprünglichen ifraelitifchen Charakter. Es zeigt fich im Gegentheil, daß der Seher mit Vifionen des A. T., befonders mit denen des Ezechiel und Daniel innig vertraut ift, und daß fogar der am meiften entwidelte Apoftel am Ende feiner Laufbahn fich noch keineswegs von dem Boden, in welchem er einmal wurzelte, losgeriffen hat. Wer meint, es habe unmöglich e in Johannes das Evangelium u n d die Apokalypfe fchreiben könnnen, der hat weder den Reichthum feiner Individualität, noch den ziemlich großen Zeitraum, welcher zwifchen der Abfaffung der beiden Schriften liegt, und die große Verfchiedenheit ihres Inhaltes, Zwedes und Charakters gehörig erwogen. Eine fortgefetzte Unterfuchung führt vielmehr zu dem Refultat, daß nur ein Evangelift wie diefer die Apokalypfe, und nur ein Apokalyptiker wie diefer das Evangelium fchreiben konnte.

8. Nach dem Gefagten kann es uns nicht fehr wundern, daß die Behandlung des johanneifchen Lehrbegriffes auf fehr verfchiedene Weife verfucht und nicht immer glüdlich ausgefallen ift. Befondere Erwähnung verdient die Arbeit von Reuß (a. a. O. II. S. 334), welcher diefen ganzen Lehrbegriff aus 1 Joh. 4, 9, vergl. Joh. 3, 16 entwidelt hat (welch' letztere Stelle zwar nicht das eigene Wort des Evangeliften ift). Wir meinen, dem hiftorifch-chriftologifchen Charakter der johanneifchen Theologie am beften gerecht zu werden, wenn wir bei Unterfuchung des Evangeliums und der Briefe unfere Aufmerkfamkeit befonders auf des Apoftels Vorftellung von der Welt außer Chrifto, der Erfcheinung Chrifti und dem Leben in Chrifto richten. Bei dem Lehrbegriffe der Apokalypfe ift der Art der Sache nach die Parufie dasjenige Lehrftüd, welches vor allem die Aufmerkfamkeit feffelt.

Vergl. über Johannes und feine Theologie im Allgemeinen bef. den Art. von Ebrard in Herzog's R. E. VI. Ueber die

Abfassung des Evangeliums vor der Apokalypse unsere Christologie des N. V. bl. 366—379, und die daselbst angef. Litt.
Den Art. von Godet in Révue Chret: von 1865 pag.
236—249, von dem Bulletin Theol. Ferner über den Lehrbegriff außer den schon öfter angeführten Schriften von Schmid,
Meßner, Reuß, Lechler, de Pressensé und and., besonders
die Bearbeitungen des johanneischen Lehrbegriffes von R. Frommann (Leipz. 1839). A. Hilgenfeld (Halle, 1849) und vor
allem die von B. Weiß, der johanneische Lehrbegriff in
seinen Grundzügen untersucht, Berl. 1862. Zu bedauern
ist nur, daß die meisten dieser Schriftsteller unter Lehrbegriff des
Johannes den des vierten Evangeliums, d. h. des johanneischen
Christus verstehen.

Punkte der Erwägung: Wichtigkeit der johanneischen Theologie neben und vor jeder
anderen. — Ihr Schlüssel in des Apostels Lebens- und Entwickelungsgeschichte. — Nähere Betrach-
tung, Vergleichung und Würdigung ihrer Quellen. — Der eigenthümliche Charakter der johanneischen
Theologie gegenüber der petrinischen auf der einen und der paulinischen auf der andern Seite. —
Geschichte des Ganges und der Art und Weise ihrer besonderen Behandlung. — Warum pflegt die
Behandlung des johanneischen Lehrbegriffes minder glücklich, als die einer andern zu gelingen? —
Was ist bei ihrer Untersuchung nach beiden Quellen vor Allem zu vermeiden und zu beachten? —
Wahrheit und Bedeutung des „volat avis sine meta" etc.

Erste Unterabtheilung.

Das Evangelium und die Briefe.

———

§. 46.

Die Welt außer Christo.

Der unsichtbare Gott offenbart sich nach dem Zeugniß des Johannes nicht anders, als in dem Logos und durch den Logos, welcher vom Anfange an Genosse seiner Natur und Majestät, Mittelursache der Schöpfung, das Leben und das Licht der Menschen ist. Die von ihrem Obersten mißleitete und beherrschte Welt hat jedoch die Finsterniß lieber, als das Licht, und ist in Folge davon der Herrschaft der Sünde und des Todes unterworfen. Immerhin giebt es noch Bessergesinnte, welche für die höchste Offenbarung Gottes im Logos, welche schon früher, besonders unter Israel angekündigt und verbreitet worden ist, empfänglich sind.

1. Bei Betrachtung der johanneischen Lehre fällt nichts so bald ins Auge, als die Erhabenheit des apostolischen Gottesbegriffs. Gott ist ihm der Wahrhaftige (I. 5, 20) im Gegensatz zu allen eiteln Nichtgöttern; Licht (I. 1, 5), der Inbegriff aller sittlichen Vollkommenheit, welche sich wieder in der Liebe concentrirt (I. 4, 8 u. 16); die Quelle des ewigen Lebens (I. 5, 20). Und von diesem Gott spricht er, als von dem Vater (I. 2, 13; 3, 1), ohne Zweifel im Bewußtsein der kindlichen Beziehung zu ihm, aber zugleich mit deutlicher Hindeutung auf ein nur in dem Sohne geoffenbartes Geheimniß des göttlichen Wesens.

2. Gott ist nämlich nicht nur unsichtbar (Joh. 1, 18), sondern wird auch nur insofern erkannt, als er sich selbst offenbart; Mittelpunkt dieser Offenbarung ist der Sohn, so daß sogar die Theophanie

im A. T. im Grund der Sache schon Christophanie gewesen ist (Joh. 12, 41). Gottes Offenbarung in Christo ist also für Johannes die Quelle seiner Gotteserkenntniß und seines Gottesbegriffes. Die allgemeine Gottesoffenbarung in Natur und Gewissen, von welcher Paulus spricht, wird von ihm in dieser Form nicht erwähnt; alles, was von Gott zu erkennen ist, concentrirt sich für sein Auge in dem Logos.

3. Der Logos ist in dem johanneischen Denksystem identisch mit dem Sohn (Joh. 1, 14; vergl. V. 18), und der Grund, warum er diesen Sohn ausschließlich auf diese Weise bezeichnet, ist in der eigenthümlichen Richtung der Gnosis seiner Tage zu suchen. Der johanneische Logosbegriff wurzelt seinem Inhalt nach in dem A. T., seiner Form nach ist er jedoch aus der alexandrinischen Philosophie seiner Zeit zu erklären. Der Unterschied zwischen seiner Logoslehre und der des Philo ist jedoch viel zu groß, als daß man sie nur eine matte Copie der letztern nennen dürfte. „L'antithèse est absolue, car ce qui est pour saint Jean, une vérité capitale eut été un affreux blasphème pour le Juif d'Alexandrie. Entre son système et l'Evangile on trouve la même différence qu'entre les Thera-peutes, solitaires silencieux et exténués, et les premiers Chrêtiens conquerants du monde par la mission et le martyre" (de Pres-sensé). Eigentlich sagt Johannes nichts andres von dem Logos, als was auch sonstwo im N. T. über den Sohn Gottes bezeugt wird; allein er sagt es auf andre Weise, und was er sagt, läßt sich wiederum theils aus dem Buchstaben, theils aus dem Geist der eigenen Worte des Herrn, welche von ihm und anderen Evangelisten mitgetheilt wer-den, rechtfertigen.

4. Der Logos hat nach der Vorstellung des Johannes Theil an der Natur und Majestät Gottes, präexistirte bei ihm hypostatisch im Anfang aller Dinge und ist Miturfache der Schöpfung alles dessen, was außer ihm lebt. Johannes kennt keinen ewigen Stoff, welcher dem Logos nur seine gegenwärtige Form zu verdanken hat, sondern erwähnt ein ewiges Gotteswort, wodurch alles geworden ist, und worin Gott sich so zu sagen selbst ausgesprochen hat. Alles Licht und Leben in der natürlichen und sittlichen Menschenwelt vor Christo kann schon als ein vorläufiger Kampf dieses Lichtes gegen die Finster-niß in der Menschenwelt betrachtet werden.

5. Die Welt bietet der Natur der Sache nach dem Logos hart=
näckigen Widerstand, nicht weil sie aus Stoff (ὕλη) zusammengesetzt
ist, sondern weil sie von der Macht der Sünde beherrscht wird. Sie
liegt im Argen (I. 5, 19), als in dem Element, in welchem sie sich
von Natur bewegt. An ihrer Spitze steht als Feind Gottes ihr
Oberster, der Teufel, ein persönlicher, böser Geist. Während die An=
gelologie und die Dämonologie in der Lehre des Johannes ferner
unerwähnt bleibt, nimmt die Lehre vom Satan in des Apostels Lehr=
begriff eine ganz wesentliche Stelle ein. Der Satan sündigt von
Anfang, d. h. so lange gesündigt worden ist (ἀπ ἀρχῆς, I. 3, 8.,
nicht ἐν ἀρχῇ). Er bewirkte den ersten Brudermord (I. 3, 12) und
gab Judas den Verrath ins Herz (Joh. 13, 2). So verrichtet er
seine eigenen Werke und hat seine eigenen Kinder, im Gegensatz zu
den Kindern Gottes. Die Menschen haben das Böse von ihm, er
hat es aus sich selbst, weil er von Natur böse ist. Wie er das ge=
worden, sagt Johannes nicht, aber ebensowenig, daß er es immer
gewesen sei. Dies letztere hätte er auch nicht sagen können, ohne mit dem
Gottesbegriff und der Weltanschauung des A. T. und Jesu selbst für
immer zu brechen.

6. Da die Sünde solchen Ursprungs ist, offenbart sie unver=
meidlich denselben Character, wie der, in welchem sich ihre Macht
concentrirt. Die johanneische Hamartologie ist weniger entwickelt, als
die paulinische, aber nicht minder wahr und tiefsinnig. Die Sünde ist
ihm in ihrem tiefsten Grunde Gesetzlosigkeit und darum sittliches Unrecht
(I. 1, 9; 3, 4); Sünde und Lüge hangen bei Johannes ebenso un=
zertrennlich zusammen, wie Wahrheit und Heiligkeit; und ist Leben nicht
denkbar ohne Liebe, so offenbart sich die Macht des Bösen gerade im
Haß gegen den Bruder (I. 3, 12) und in Liebe zu einer von Gott
abgekehrten Welt (I. 2, 15—17). Infolge davon bleibt man denn
auch nothwendig in Finsterniß; denn ist in der Liebe das Leben so
ist der Haß dem Tode gleich. Auch der Begriff des Todes ist wie
der der Welt bei Johannes ein durch und durch ethischer Begriff,
welcher den Zustand geistiger Trennung von Gott andeutet, die von
selbst zum leiblichen Sterben führt und in einer durchaus unvergeb=
lichen Sünde ihren entsetzlichen Höhepunkt erreicht (I. 5, 16). So
groß ist die Macht der Sünde, daß sie sogar in dem Christen noch
keineswegs überwunden ist (I. 1, 8—16), so daß auch er beständig

von neuem der Vergebung bedarf (I. 2, 2), obgleich das absolute Nichtfündigen die Forderung und das Ideal jedes christlichen Lebens bleibt (I. 3, 4—10).

7. Diese allgemeine Sündhaftigkeit der Welt macht noch eine mehr besondere Offenbarung der Wahrheit und Gnade Gottes nöthig, nach der allgemeinen in dem Logos vor seiner Menschwerdung. Diese Offenbarung hat ihren einzigen Grund in der Liebe Gottes, welche sich in der Sendung und Hingabe des Sohnes in bisher nie gekanntem Glanze offenbart (I. 4, 9. 10). Jedoch fand sie keineswegs unvorbereitet statt; schon vor seiner Menschwerdung hat der Logos zu Israel, als zu dem seinen, in besonderer Beziehung gestanden, obwohl er von bei weitem den meisten verworfen wurde (Joh. 1, 11—12). Die prophetische Schrift verkündigt ihn (Joh. 2, 17; 19, 36. 37), und vor allem hat die Wirksamkeit des Täufers sein Auftreten vorbereitet (Joh. 1, 6 u. ff.). Von einer Vorbereitung seines Kommens in die Heidenwelt spricht Johannes nicht geradezu; aber er deutet an, daß auch dort alles Licht von dem Logos ausgegangen ist (Joh. 1, 4. 5. 9), und daß es daselbst durchaus nicht an solchen fehlte, die für sein Licht und Leben empfänglich waren (Joh. 11, 52).

8. Nach der Lehre des Johannes theilt sich nämlich die Menschheit, auch abgesehen von ihrem Verhalten zu der historischen Christuserscheinung, in zwei ursprünglich verschiedene Klassen. Dort sind Kinder des Teufels und der Finsterniß, welchen das Glauben aus diesem Grunde sittlich unmöglich ist, und in deren Unglaube der Apostel die Erfüllung des verborgenen Rathes Gottes ehrt (Joh. 12, 10); hier stehn jedoch auch Bessergesinnte, Kinder Gottes außer dem Judenthum (Joh. 11, 52), Lichtnaturen, die das Evangelium hören, weil sie aus Gott sind (I. 4, 6) und sich zu ihm hingezogen fühlen. Es gilt hier das Gesetz der Anziehung: Das Verwandte zieht sich gegenseitig an, das Feindliche stößt sich ab. Wenn also das Licht aufgeht, dann wird der Freund des Lichtes es suchen, erkennen, schätzen; während ihm dagegen das Kind der Finsterniß widersteht und es haßt. Daß indessen dieser principielle Unterschied mit der sittlichen Freiheit und Verantwortlichkeit in gar keinem Zusammenhange stehe, so daß der Unglaube zuletzt nur Loos, keine That der Schuld wäre, wird von Johannes nirgends gelehrt. Er betrachtet im Gegentheil diesen Unglauben offenbar als etwas ganz Unverant

wortliches und sieht in der höchsten Offenbarung der Wahrheit zugleich eine Offenbarung der Gnade und des Lebens, deren alle bedürfen, die aber auch für alle bestimmt und berechnet ist (Joh. 1, 14—18; 1 Joh. 2, 2).

Vergl. über die Logoslehre unsre Christologie des N. T. bl. 380 u. ff. und die verschiedenen Comment. z. d. St., sowie auch die Schrift von J. Bucher, des Apost. Joh. Lehre vom Logos, Schaff. 1856, eine Abhandlung von Weizsäcker in der Deutsch. Zeitschr. 1867. Philippi, Der Eingang des Joh. Evang. und insbesondere auch der Interpretation Beyschlags gegenüber die bedeutende Monographie von Dr. L. Th. Schulze, vom Menschensohn und vom Logos, ein Beitrag zur bibl. Christol. Gotha 1867. Ueber seine Vorstellung von den zwei verschiedenen Arten der Menschen der gnosticirende Auffassung von Hilgenfeld und Anb. gegenüber: B. Weiß a. a. O. S. 128—138.

Punkte zur Erwägung: Das Eigenthümliche des johanneischen Gottesbegriffes. — Warum nicht auf 1 Joh. 5, 7 hingewiesen? — Was läßt sich aus der Lehre des Johannes über die gegenseitige Beziehung des Vaters, Sohnes und heil. Geistes ableiten? — Werden auch anderswo im N. T. Spuren von der Logoslehre mit den kanonischen und apokryphischen Schriften des A. T. einerseits und der alexandrinischen Philosophie andrerseits gefunden. — Der Begriff des κόσμος in Bezug auf den des Logos. — War Johannes Dualist? — Was bedeutet Joh. 12, 40? — Wie liesest du Joh. 13, 2? — Was ist der Sinn von 1 Joh. 5, 16? Der Unterschied der johanneischen Anthropologie und der des spätern Gnosticismus.

§. 47.
Die Erscheinung Christi.

Der Logos ist Fleisch geworden in Jesus Christus, welcher wahrhaftiger und heiliger Mensch, aber zugleich der Sohn Gottes im übernatürlichen Sinn des Wortes, der Messias Israels, der Retter der Welt ist. Seine ganze Erscheinung und Wirksamkeit, sowohl vor, als nach seinem Tod, ist eine fortwährende Offenbarung und Mittheilung von Wahrheit und Leben, wodurch die Welt entweder erlöst oder im Princip schon hier gerichtet wird.

1. Die Erscheinung Christi auf Erden ist nach der Vorstellung des Johannes keineswegs nur ein Sichtbarwerden eines bisher unsichtbaren Himmlischen, sondern ein wirkliches Annehmen der menschlichen Natur durch den, welcher sie bisher nicht besessen hat und Mensch wird, während er Logos bleibt. Schon vor seiner Menschwerdung war dieser Logos der Sohn (Joh. 1, 14. 18; vergl. 1 Joh. 4, 14), dessen innige Beziehung zum Vater von dem Evangelisten in einer bildlichen, der eigenen Erfahrung entliehenen Sprache angedeutet wird (Joh. 13, 23). Als solcher ist er von Anfang an (I. 1, 1; 2, 14) und wird bei seinem Kommen in die Welt geoffenbaret (I. 3, 5). Auch der Erwähnung seines Kommens in das Fleisch (4, 2. 3) und seiner Sendung durch den Vater (V. 14) liegt die Idee der persönlichen Präexistenz zu Grunde. Er ist so eng mit dem Vater verbunden, daß es manchmal zweifelhaft ist, ob Johannes von diesem oder jenem spricht (s. z. B. I. 2, 21; 3, 2. 3). Sogar in dem einzigen Brief, in welchem das Wort „Jesus Christus" nicht vorkommt, wird noch auf bedeutende Weise von seinem Namen gesprochen (3 Joh. 7), und nur insofern Gott in Christo erkannt wird, wird er, als der Wahrhaftige, den Abgöttern gegenübergestellt (I. 5, 20). Vergebens sucht man die Kraft dieser Aussprüche zu schwächen, indem man auf das Fehlen des gewöhnlichen Artikels vor dem Namen Gottes hinweist (Joh. 1, 1), welcher schon von vornherein dem Logos gegeben worden ist. Das Urtheil der alten Kirche, welche dem Johannes, als dem Verkündiger der göttlichen Natur des Logos, den Namen Theologus beilegte, ist vollkommen richtig gewesen.

2. Es giebt keinen Grund, die bekannte Formel, daß das Wort Fleisch geworden sei (1, 14), von etwas anderm zu verstehn, als von der Annahme der ganzen, wahrhaftigen menschlichen Natur in ihrem vollen Umfang. Ohne Zweifel vertheidigt auch Johannes die Realität des menschlichen Leibes des Herrn (Joh. 19, 28, 34, 35), aber ebenso nachdrücklich schreibt er ihm eine menschliche Seele (ψυχή) und einen menschlichen Geist (πνεῦμα) mit ihren Thätigkeiten und Empfindungen zu (Joh. 13, 21; 1 Joh. 3, 16). Zu leugnen, daß Jesus Christus wirklich ins Fleisch gekommen sei (dies ist doch noch etwas mehr, als: in einem menschlichen Leibe erscheinen), ist in seinem Auge antichristlich (I. 4, 2. 3; II. 7). Der Logos hat sich nicht nur flüchtig offenbart, sondern hat eine Zeit lang in einer wahr-

haftigen Menschennatur (Joh. 1, 14) gewohnt (ἐσκήνωσεν), und sein Leib war wie der Tempel eines höhern Wesens (II. 21; vergl. Col. 2, 9). Von einem wundervollen Lebensanfange, wie Matthäus und Lukas ihn erwähnen, wird zwar von Johannes nicht berichtet, aber er wird doch in seiner ganzen Christologie stillschweigend vorausgesetzt, und einmal sogar, wie es scheint, wenn auch nur beiläufig, angedeutet (Joh. 1. 13). Keinenfalls darf jedoch die Menschwerdung des Logos als Vernichtung, sondern vielmehr als eigenthümliche Offenbarung seiner übermenschlichen Herrlichkeit aufgefaßt werden. Daß bei einer solchen Persönlichkeit wohl die Möglichkeit zur Versuchung (Joh. 6, 15), aber keine wirkliche Sünde denkbar ist, versteht sich auf dem Standpunkt des Johannes von selbst. Er nennt darum den Herrn mit Nachdruck den Heiligen, den Gerechten (1 Joh. 2, 2. 20; 3, 3. 5) und behauptet, daß in ihm keine einzige, auch nicht die geringste Sünde sei (I. 3, 5). Aber mit diesem negativen Resultat begnügt er sich nicht; er sieht im Gegentheil in ihm das Ideal der höchsten, auf Erden möglichen sittlichen Vollkommenheit (I. 2, 6; 4, 18), wie sie sich, verbunden mit dem erhabensten Bewußtsein seiner Beziehung zum Vater, in der Liebe offenbarte (Joh. 13, 1—3).

3. Daß das Fleisch gewordene W o r t der Messias Israel's ist, steht bei Johannes weniger im Vordergrund, als bei Paulus oder Petrus. Kein Wunder, die Scheidewand zwischen Israel und der Heidenwelt war schon vor seinen Augen gefallen; alttestamentliche Ausdrücke wie Zion, Stadt Gottes, himmlisches Jerusalem, Same Abrahams u. s. w. kommen denn auch in seinen Schriften nicht vor. Auch er stellt indessen den Herrn als den schon den Vätern Verheißenen dar, in welchem die Schriften erfüllt sind, sagt sogar, daß die Anerkennung Jesu als des Christus zur Seligkeit unentbehrlich (Joh. 20, 31) und ein Zeichen der Geburt aus Gott sei (I. 5, 1). Mit offenbarer Vorliebe jedoch weist er auf die universelle Tendenz der Christuserscheinung hin, welche schon von dem Täufer angedeutet (Joh. 1; 29) und von dem Herrn selbst so nachdrücklich ausgesprochen wurde (6, 33). Und fragt man, was denn der große Zweck dieser ganzen Erscheinung und Wirksamkeit war, so antworten wir mit seinem Evangelium und den Briefen in der Hand: negativ das Wegnehmen der Sünde (I. 3, 5) und das Zerbrechen aller Werke

des Teufels (V. 9), positiv das Offenbaren der Wahrheit und das Schenken des Lebens (Joh. 1, 16—18; 1 Joh. 4, 9—10).

4. Der Vater wird durch den Sohn und in dem Sohn seiner Liebe verkündigt (erklärt, ἐξηγήσατο, Joh. 1, 5). Ohne Zweifel denkt Johannes hier auch an die Lehre (I. 1, 5), aber doch vor allem an die ganze Persönlichkeit des Herrn, in welchem die Wahrheit und das Leben in niegesehener Herrlichkeit erschienen ist. Einen großen Werth haben aus diesem Grunde die Wunderthaten des Herrn, als Offenbarungen seiner Herrlichkeit (Joh. 2, 11). Er sieht indessen diese Herrlichkeit weniger in einzelnen glanzreichen Momenten (der Verklärung, der Abendmahlseinsetzung, der Himmelfahrt u. s. w.), welche er vielmehr stillschweigend übergeht, als vielmehr in dem Unwiderstehlichen der ganzen historischen Christuserscheinung (Joh. 1, 14; 1 Joh. 1, 1—3).

5. Hatte schon die Sendung des Sohnes Gottes in die Welt den Zweck, ihr das wahrhaftige Leben zu schenken (I. 4, 9), so wird dieser Zweck doch namentlich durch das Sterben des Herrn erreicht. Bemerkenswerth ist, daß, obgleich Johannes sonst nirgends von dem alttestamentlichen Opfer spricht, er den Tod des Herrn nichts destoweniger bestimmt als Sühnopfer darstellt, durch welches die Schuld der Sünde bedeckt wird (I. 2, 2). In dem Tode des Herrn sieht er nicht nur die Erfüllung des Rathes Gottes, infolge dessen auf Golgatha das wirkliche Osterlamm geschlachtet wurde (Joh. 19, 36), nicht nur die Offenbarung der höchsten Liebe des Herrn, welche Nachfolge verlangt und verdient (I. 3, 16); sondern das unentbehrliche Mittel zur Versöhnung der Sünden der Welt (I. 2, 2). Nicht nur die Reinigung von der Herrschaft, sondern auch von der Schuld und dem Fluch der Sünde bringt er in unmittelbaren Zusammenhang mit seinem Blute (I. 1, 7) und faßt in der Verkündigung der Sündenvergebung den Hauptinhalt des Evangeliums zusammen (I. 2, 12). Von Christus sagt er, er sei gekommen (I. 5, 6) d. h. offenbart worden in seinem erhabenen Charakter nicht nur durch das Wasser der Taufe, sondern durch das Blut des Kreuzes, wodurch die Schuldvergebung nicht nur symbolisirt, sondern verwirklicht worden ist. Auch sind nach seiner tiefsinnigen Bemerkung (11, 52) die empfänglichen Heiden durch den Tod des Herrn mit den Erlösten aus Israel zu einer Gemeinde vereinigt. Er betrachtet deswegen ein Sterben, durch welches so viel Heil bereitet wird, als das Leben der Welt.

6. Auch nach dem Tode des Herrn wird diese seine heilbrin
gende Wirksamkeit fortgesetzt. Durch den heil. Geist (I. 2, 27;
3, 24) theilt er sich selbst fortwährend seinen Gläubigen mit, aber
zugleich bleibt er selbst der Paraklet der Seinen, so oft sie von neuem
gesündigt haben (I. 2, 2). So besteht zwischen ihm und ihnen eine
anhaltende Lebens= und Geistesgemeinschaft, und einst wird er wieder=
kommen, um das also gestiftete Heil zu vollenden.

Ohne Zweifel sind die Erwartungen von der Zukunft bei Jo=
hannes viel weniger stark gefärbt, als bei Petrus und Paulus. Die
alttestamentliche Sprache tritt hier zurück, das Heil der Zukunft wird
principiell schon in der Gegenwart genossen. Dies ist die Folge des
erhabenen mystischen Charakters der johanneischen Theologie, giebt aber
noch kein Recht zu der Behauptung, daß seine Erwartungen von denen
seiner ganzen Umgebung wesentlich verschieden seien. Auch er kennt
eine letzte Stunde (I. 2, 18), einen Tag der Offenbarung Christi
(V. 28) und des Gerichts (4, 17), in welchem das Verborgene ent=
hüllt und der Endzweck der Erlösung erreicht wird. Auch er be=
trachtet den Antichristen als Vorläufer der letzten Entscheidung (2, 18),
obgleich er zum Unterschied von Paulus (2 Thess. 2) nicht sowohl
in der Ungerechtigkeit, als in der Verleugnung der Wahrheit das
Zeichen des nahenden Abfalles findet. Nirgends finden wir irgend
einen Grund, um in diesem und jenem nichts zu sehn, als „einer
frühere.., mechanischen Weltanschauung entlehnte Formen, welche be=
weisen, daß Johannes noch nicht ganz über den früheren Judaismus
hinausgekommen war" (Scholten).

7. Das Resultat dieser Wirksamkeit des fleischgewordenen Logos
inmitten der Welt kann für sie kein anderes sein, als ein richtendes.
Die Erscheinung Christi bringt Scheidung ($K\varrho\iota\sigma\iota\varsigma$) zu Wege zwischen
dem, der den Sohn hat, und dem, der ihn nicht hat (I. 5, 11. 12);
oder vielmehr, die bereits verborgen bestehende Verschiedenheit tritt
infolge seines Kommens und seines Wirkens ans Licht. So wird
Christus nothwendig Richter, auch wo er Retter sein will, und wer
ihn verwirft, bleibt im Tode, in welchem er von Natur schon war,
und dem er nur in Gemeinschaft mit Christo entfliehen kann (I. 3, 14).
Nach Johannes ist es durchaus unmöglich, den Sohn nicht zu besitzen
und dennoch den Vater zu haben, unchristlich und doch religiös zu
sein (I. 2, 23; II. 9). Und ebensowenig eröffnet er dem, der Christum

hartnäckig verwirft, eine Aussicht in die Zukunft; im Gegentheil, schon sein Wort in Betreff der Sünde zum Tode (I. 5, 16) zeigt, daß er einen andern Verlauf der Weltgeschichte erwartet, als den, welchen sich der absolute Monismus vorstellt. Es läßt sich auch kaum vermuthen, daß er eine Bekehrung des Antichristen erwartet habe; eher noch mußte ihm seine Vernichtung denkbar erscheinen (vergl. I. 2, 15—17). Auch in Betreff dieses Punktes wird die Apokalypse uns Winke geben, welche wir im Evangelium vergebens suchen; aber schon das beweist genügend, daß er zwischen dem Glauben und Unglauben einen ebenso principiellen Unterschied macht, wie zwischen Licht und Finsterniß. Mit welch' heiliger Entrüstung er über die, welche die Lehre Christi verwerfen, erfüllt ist, spricht er wenigstens einmal nachdrücklich aus (II. 7, 8—11), obgleich auch bei Erwähnung des Unglaubens seiner Zeitgenossen neben dem Ton tiefer Entrüstung der inniger Wehmuth und innigen Schmerzes keineswegs fehlt (Joh. 1, 11. 12; 12, 37—43). Wo es jedoch darauf ankommt, das Heil, welches mit einem Leben in Christo verbunden ist, zu erwähnen, da weiß er von nichts Geringerem zu reden, als von „Gnade um Gnade" (Joh. 1, 16).

Vergl. über das wahrhaftig Menschliche des johanneischen Christus **Beischlag,** a. a. O. S. 141 u. ff. Ueber das Göttliche in ihm nach dem Zeugniß unseres Apostels **W. F. Geß,** Die Lehre von der Person Chr. Bas. 1856. S. 99—125. Ueber die johanneische Soteriologie Lechler, a. a. O. 219 u. ff. Ueber den johanneischen Christus unsre Apologet. Vorlesungen (übers.), Gütersl. 1867. IV.

Punkte zur Erwägung: Was ist der Sinn von 1 Joh. 5, 20? — Warum schweigt Johannes von des Herrn wundervoller Geburt? — Kann man mit Recht behaupten, die johanneische Christologie enthalte doketische Elemente? — Welche göttliche Eigenschaften treten in dem johanneischen Christusbilde besonders zum Vorschein? — Welche Eigenthümlichkeiten zeigt die johanneische Soteriologie, verglichen mit der paulinischen? — Was deutet der Apostel an von dem Zusammenhang zwischen der Wirksamkeit des erhöhten Christus und der des heil. Geistes? Joh. 7, 39. — Die johanneische Vorstellung vom Antichristen. — Die Unverträglichkeit der Liebe des Johannes. — Der kurze Inhalt des Evangeliums Johannis, 1, 16.

§. 48.

Das Leben in Chriſto.

Wo die höchſte Offenbarung Gottes im Fleiſch gewordenen Logos gläubig angeſchaut und auf dieſe Weiſe
wirklich erkannt wird, da wird dieſer Glaube die Quelle
eines Lebens, welches in Gemeinſchaft mit Chriſto und
durch ihn in kindlicher Beziehung zu Gott ſteht und ſich
durch einen Wandel im Licht und in der Liebe offenbart
und alle, die es beſitzen, deutlich von der Welt unterſcheidet und innig mit einander verbindet. Durch dies ihr
geiſtiges Lebensprincip iſt die Bewahrung und der Sieg
der Gemeinde des Herrn verbürgt; ihre Herrlichkeit und
Seligkeit wird jedoch erſt am Tage der Wiederkunft
Chriſti vollkommen offenbart.

1. Obgleich in dem johanneiſchen Lehrbegriff die Forderung
des Glaubens nicht ſo beſtändig in den Vordergrund tritt, wie in
dem des Paulus, ſo wird doch auch hier als das Hauptgebot des
Evangeliums und als das Mittel zur Ueberwindung der Welt der
Glaube an Chriſtum bezeichnet (I. 3, 23; 5, 4. 5). Er beſteht in
der aufrichtigen Anerkennung Chriſti in ſeiner ganz einzig-artigen
(πιστεύειν ὅτι κ. λ. Joh. 20, 31) und iſt das Zeichen einer wirklichen Geburt aus Gott (I. 5, 1), deſſen Zeugniß er unbedingt annimmt (V. 9). Wie dem Glauben nach der Natur der Sache Erkenntniß vorangeht (I. 4, 16), ſo führt er ſeinerſeits zu ſtets beſſerm
Wiſſen auf geiſtigem Gebiete, welches hinwiederum zu immer feſterem
Glauben befähigt (I. 5, 13). Glauben und Wiſſen ſteht ſich deßhalb
hier ſo wenig einander gegenüber, daß der aufrichtige Gläubige gerade
als ſolcher der echte Gnoſtiker iſt. „Der wahre Glaube iſt nach Johannes ein erkennender, erfahrender, die wahre Erkenntniß eine gläubige" (Lücke). Infolge davon hat denn auch der Chriſt eine innere
Gewißheit in Betreff der Wahrheit und des Lebens in Chriſto, welche
nicht den geringſten Zweifel duldet und ſogar außer ſich keine Stütze
mehr ſucht (I. 5, 10—12).

2. Die gläubige Anschauung und Anerkennung Christi wird die Quelle eines Lebens, welches der Inbegriff der höchstmöglichen Glückseligkeit ist. Es entsteht infolge eines innern Uebergangs als ein bleibendes, inneres Princip (I. 3, 14. 15), so daß es schon dies= seits des Grabes wirklich genossen wird. Aber zugleich ist diese Gabe Verheißung, die noch ihrer vollen Erfüllung entgegensieht (I. 2, 25), und Ideal für die Zukunft des Christen (Joh. 20, 31). Dies Leben wird ausschließlich in persönlicher Gemeinschaft mit Christo gefunden, so daß es eigentlich im Grunde dasselbe bedeutet, ihn und das Leben zu haben (I. 5, 12). Aber es bringt zugleich den Christen in eine persönliche Beziehung zu Gott, welche an Heil jedes andre Glück über= trifft (I. 3, 1). Auch bei Johannes ist die Kindschaft Gottes das höchste Vorrecht des Christen; obgleich zwischen seiner Vorstellung und der des Paulus (§. 40, 7) der Unterschied nicht übersehen werden darf, daß er dieses Vorrecht ausschließlich von seiner ethischen Seite betrachtet, und das Auge vorzüglich auf die innere Verwandtschaft der Kinder und des Vaters richtet. Bei Johannes und Paulus ist volle Freudigkeit vor Gott die Frucht dieser kindlichen Beziehung, und die Erhörung des Gebetes wie der Fürbitte ist auf diesem Standpunkte sicher verbürgt (I. 3, 22; 4, 17. 18; 5, 14. 15; vergl. Röm. 8, 15, 16; Gal. 4, 6).

3. Das neue Leben der Kinder Gottes offenbart sich durch einen Wandel im Licht und in der Liebe, ohne welchen von persön= licher Gemeinschaft zwischen dem Menschen und dem Fleckenlos=Heiligen unmöglich die Rede sein kann (I. 1; 5—7). Ist es doch sittlich undenkbar, Gott zu kennen und seine Gebote nicht zu halten; sind sie doch für die Seinen nicht schwer (I. 2, 3—11; vergl. 5, 3). Es ist bemerkenswerth, wie Johannes, der sonst so hoch über dem gesetz= lichen Standpunkte erhaben ist, die Lehre und das Gebot Christi nach= drücklich betont; gewiß bedarf auch nach seiner Vorstellung das neue Leben einer festen Regel und eines festen Bandes. Zur Liebe gegen Gott und Christum ermahnt er nirgends ausdrücklich; er setzt voraus, daß sie im Princip vorhanden ist, spornt darum aber um so kräftiger an, sie in der Liebe zu dem Bruder zu beweisen, da das eine mit dem andern nothwendig steht und fällt (I. 4, 20, 21). Die Bruder= liebe, welche der Herr einmal ein neu Gebot nennt (Joh. 13, 34) konnte er am Ende des ersten christlichen Jahrhunderts als ein altes

Gebot gelten laſſen (I. 2, 7); aber mit immer neuer Kraft bringt er auf ihre Beherzigung nach dem eigenen Vorbilde des Herrn (I. 3, 16—18).

4. Mit dieſer thätigen Liebe iſt perſönliche Heiligung eins, welche ja nichts Geringeres iſt, als der Endzweck der ganzen Erlöſung (I. 2, 1). Sie offenbart ſich in muthigem Streite gegen das Böſe mit Verleugnung eitler Weltliebe (I. 2, 14—16) und in einem dienſt= willigen Vollbringen alles deſſen, was Gott wohlgefällig iſt (3, 22). Mit dieſer Geſinnung ſteht die Freudigkeit vor Gott in ſo unmittel= barem Zuſammenhange, daß es unmöglich iſt, dieſe letztere zu beſitzen, wenn die erſtere fehlt, und daß ſogar von Gebetserhörung bei innerer Verurtheilung durch das Gewiſſen nicht die Rede ſein kann. Man müßte den Johannes wahrlich mit ſehr ſonderbaren Augen leſen, wenn man behaupten wollte, daß eine Vorſtellung, in welcher ſich ſoviel Ernſt und Zartheit des Gewiſſens ausſpricht, auch nur einigen= maßen mit der Lehre von freier und unbedingter Gnade ſtreite (vgl. I. 1, 7; 2, 1. 2).

5. Diejenigen, welche auf dieſe Weiſe im Lichte und in der Liebe wandeln, ſtehen keineswegs allein, ſondern treten im Gegentheil gerade dadurch in die engſte Beziehung zu einander. Echt johanneiſch iſt die Vorſtellung von dem chriſtlichen Leben als einem Leben der innigſten Gemeinſchaft vor allem mit Chriſto, dann aber auch in ihm mit Gott und unter einander (I. 1, 3). Sein ganzer erſter Brief iſt ein Wiederhall von des Meiſters Abſchiedsgebet (Joh. 17, 20, 21). Die Chriſten ſind ihm als ſolche Brüder; und ſpricht er ſie als Kinder an, ſo hat dies ſeinen Grund in ſeinem Alter und ſeinem Verhältniß zu ihnen. Nur ein einziges Mal ſpricht er von der Ge= meinde (ἐκκλεσία, 3 Joh. 6. 9. 10), ſonſt aber gewöhnlich von der Gemeinſchaft unter einander (κοινωνία) deren eigenthümliches Kenn= zeichen in dem reinen Bekenntniß vom Vater und Sohn gefunden wird. Welche von dieſer Gemeinſchaft abfallen, zeigen gerade dadurch, daß ſie noch nie wirklich zu derſelben gehörten (I. 2, 19). Welche zu ihr gehören, ſtehen wie eine geſchloſſene Einheit der Welt gegen= über, welche ſie haßt und verkennt (3, 1. 10), aber nicht leicht ver= führen wird, weil ihre Glieder in dem ihnen verliehenen Geiſte der Wahrheit den unfehlbaren Prüfſtein beſitzen, welcher ihnen Wahrheit von Irrthum ſcheidet (I. 2, 20. 27). Es iſt denn auch durchaus

unmöglich, daß der wahre Gläubige für immer der Macht der Sünde verfällt (I. 3, 9). Die Wahrheit bleibt in Ewigkeit bei der Gemeinde, weil ihr der Geist der Wahrheit geschenkt worden ist (2, 2), der soviel mächtiger ist, als der Geist dieser Welt (I. 4, 4).

6. Je vollkommener die christliche Gemeinschaft ist, um so völliger ist auch die Freude (I. 1, 4). Ist auch stets Warnung vor Irrthum und Sünde nöthig (II. 8), so hat doch das Bleiben bei dem, was sie von Christo hörten, die sichere Verheißung unverlierbaren Glückes (I. 2, 24. 25). Im Princip ist der Christ schon des Besten theilhaftig und hat noch das Höchste zu erwarten. Daß in dem Lehr- system des Johannes nirgends eine Stelle für die christliche Hoffnung sei, ist eine Behauptung (Köstlin), die schon an sich unwahrscheinlich ist und denn auch durch mehr als eine Stelle in seinem Brief wider- legt wird. Auch er sieht die Finsterniß (2, 8), ja die ganze Welt vergehn (B. 17), weil er in der Erwartung des Tages der Wieder- kunft Christi lebt. Die vielen Antichristen, welche er sieht, sind ihm die Vorläufer des einen Antichristen und zugleich der letzten Stunde (I. 2, 18). Wenn alles vergeht, dann bleibt doch der Christ in Ewigkeit (2, 17), hat volle Freudigkeit (2, 28; 4, 17), schaut Gott und wird auf diese Weise ihm gleich (3, 2; ὅμοιος), so jedoch, daß immer der persönliche Unterschied zwischen Schöpfer und Geschöpf ge- wahrt wird. Das Leben in Christo beginnt mit dem gläubigen Sehen des Logos (Joh. 1, 14), endigt in der Zukunft mit dem Schauen des Vaters und auf diese Weise mit der Vollendung der schon hier unten begonnenen Gottesgemeinschaft. Was der Christ zwischen dem Tode und der Parusie des Herrn zu erwarten hat, davon schweigt Johannes.

7. Wie wir den johanneischen Lehrbegriff bisher kennen lernten, ist er von großer Bedeutung, auch gegenüber dem größeren Reichthume des paulinischen, als der tiefsinnigste des ganzen N. T., als die Krone des apostolischen Zeugnisses und als Wiederhall der eignen Worte des Herrn; und vor allem in unsrer Zeit hat er seine große Wichtigkeit, in welcher zwischen Religion und Christenthum, Idee und Thatsache, Glaubenslehre und Sittenlehre so vielfach willkürlich unterschieden wird. Christologisch geht kein Lehrbegriff über den des Evangeliums und der Briefe Johannis; was denselben eschatologisch fehlt, wird von der Apokalypse befriedigend ergänzt.

Vergl. die Abhandlung von **Oehler**, der Glaube und die
Geburt aus Gott in ihrer Einheit nach dem joh. Lehr=
begriff, in der Tüb. Theol. Quartalschrift. 1838. IV. S. 599—622.
Lutterbeck, a. a. O. II. S. 290. Insbesond. den Commentar von
Düsterdiek, z. d. St., so wie auch den von Braune in Lange's
Bibelwerk.

Punkte zur Erwägung: Welcher Zusammenhang besteht nach Johannes zwischen dem
Glauben und der Geburt aus Gott? — Auf welche Weise verbindet er Glauben und Wissen? —
Was ist nach Johannes der letzte und sicherste Grund des Glaubens? — In welche Beziehung setzt
er unsre Liebe zu der Liebe Gottes gegen uns, 1 Joh. 4, 19? — Welche Uebereinstimmung und
welche Verschiedenheit besteht zwischen seiner Lehre von der Gemeinschaft der Gläubigen und der des
Paulus? — Auf welchen Grund hin erwartet er die Erhaltung und den Sieg des Reiches Gottes? —
Was ist der Sinn und die Kraft von 1 Joh. 3, 1—3?

Zweite Unterabtheilung.

Die Apokalypse.

§. 49.

Die Verschiedenheit und Uebereinstimmung.

Die Verschiedenheit zwischen dem Lehrbegriff der
Apokalypse und dem des Evangeliums und den Briefen
Johannis ist ohne Zweifel bedeutend, aber doch immer=
hin von der Art, daß sie einerseits in hohem Grade
erklärlich ist und andererseits durch manche treffende
Uebereinstimmung aufgewogen wird. Zur richtigen Be=
urtheilung des Lehrbegriffes ist es nicht nöthig, sofort
bestimmt darzulegen, welche Bedeutung und Tendenz
man der hier verzeichneten prophetischen Geschichte bei=
legt. Selbst wenn man das Buch von der Wiederkunft
Christi ganz verschieden auffaßt und werthhält, läßt
sich doch manchem Widerspruch gegenüber nachweisen,

daß sein Hauptinhalt bei Allem, was er Eigenthümliches und Räthselhaftes enthält, der verstärkte Wiederhall des apostolischen und prophetischen Zeugnisses ist
und insofern den neutestamentlichen Kanon auf würdige
Weise beschließt.

1. Es ist nicht leicht, über die Apokalypse vollkommen billig
zu urtheilen. Wie andere Schriften des N. T. hat auch sie zuerst
eine Periode der Ueberschätzung, dann der Verkennung durchlebt, welcher erst in späterer Zeit eine richtigere Würdigung folgte. Dankbar
erkennen wir an, daß von verschiedenen Seiten über dieses geheimnißvolle Gebiet Licht verbreitet wurde, erinnern uns aber zugleich, daß
es hier nicht unser Beruf ist, den Schlüssel zu dem Räthsel der
Apokalypse zu suchen, sondern nur den Lehrbegriff dieses Buches zu
entwickeln.

2. Der erste Eindruck, welchen die Ap. im Vergleich zu dem
Evangelium und dem Briefe des Johannes, hervorruft, ist gewiß der
der größten Verschiedenheit: Johannes, der Evangelist, steht in mancher
Hinsicht dem Petrus und Paulus noch näher, als dem Apokalyptiker.
Die Reihe der Gegensätze zwischen diesem und jenem läßt sich fast
bis ins Unendliche fortsetzen. In Betreff des Inhaltes der beiden
Schriften, giebt es keinen geringeren Unterschied, als in Betreff ihrer
Sprache und ihres Stiles. Ebenso gehen sie in ihrem Verhalten
zu den Schriften des A. T. auseinander. Verwundern können wir
uns deshalb nicht, daß die Abfassung dieser Schriften durch ein und
dieselbe Hand auch von solchen bezweifelt wird, welche keinen Vorwurf
weniger verdienen, als den kritischer Willkür.

3. Dennoch hat man sich nicht zu stark ausgedrückt, wenn
man in der letzten Zeit wiederholt behauptete, daß sich für die
Authentie kaum irgend einer anderen Schrift des N. T. mannig=
faltigere Beweise anführen lassen, als für die Apokalypse. Auch die
negative Richtung hat ihren johanneischen Ursprung vertheidigt. Trotz
den scharfen Contrasten in Betreff des Inhaltes, des Stiles und der
Richtung beider Schriften fehlt es jedoch nicht an Stellen, an welchen
sie auf merkwürdige Weise übereinstimmen, was nicht nur die Iden=
tität des Schriftstellers, sondern auch die Abfassung der Apokalypse
nicht vor, sondern nach dem Evangelium und Briefe (§. 43, 3)
bestätigt. Bedenken wir, daß in dem einen der warme Geschicht=

schreiber (ἐν νοΐ), im andern der entzückte Prophet (ἐν πνεύματι) auftritt, daß dort die Spontaneität, hier die Receptivität des Apostels
hauptsächlich thätig ist, daß die von oben verliehene Offenbarung
sich an die des alten Bundes anschloß und daß sich die im Evangelium
und in den Briefen begonnene Gedankenreihe durch die Apokalypse
hindurch zieht (nicht umgekehrt): Dann ist offenbar, daß auch hier
die Gegensätze auf der Oberfläche, die Harmonie in der Tiefe zu
finden ist.

4. Auch in der Apokalypse ist die Person des Herrn, der
Christus, wie er in sein Reich kommt, der Mittelpunkt des Ganzen.
Seiner wahrhaftigen Menschheit wird hier nicht weniger, als in dem
Evangelium und den Briefen gehuldigt. Er ist aus Juda (5, 5)
und David (22, 16); Sohn der Kirche des A. T. (12, 1—5),
war wahrhaftig todt (1, 18) und wird noch im Himmel mit dem
Zeichen seiner Erwürgung gesehen (5, 6). Aber er ist zugleich der
Mitgenosse der Natur und Majestät Gottes, welcher sich göttliche
Namen und Eigenschaften beilegt (1, 11. 18; 2, 2. 13. 23). Zwar
hat er alles von dem Vater empfangen (1, 1; 2, 26; 3, 12) und in
der Verherrlichung dieses Vaters löst sich die ihm dargebrachte Huldigung auf (5, 13. 14); aber doch wird der Weihrauch der Anbetung
auch vor ihm angezündet; als mächtiger Herr und Gebieter befiehlt
er über die Engel (22, 16); und als Sohn Gottes trägt er einen
Namen, dessen sinnreiche Bedeutung uns schon aus dem vierten
Evangelium bekannt ist. Solchen Thatsachen gegenüber gehört wohl
Muth dazu, zu behaupten (Baur), die Christologie der Apokalypse
erhebe sich nicht wesentlich über den ebionitischen Standpunkt. Der
Unparteiische wird einem der freisinnigsten Kritiker beistimmen (Reuß):
„on doit reconnaître sans hésiter, que Christ dans l'Apoc. est
élevé au niveau de Dieu."

5. Der Herr wird hier indessen nicht sowohl in Beziehung
zum Vater, als vielmehr zur Gemeinde dargestellt, und besonders in
seinem Charakter und seiner Würde als König. Wohl tritt er auch
hier auf als Zeuge der Wahrheit (1, 5), dessen Gebote Gehorsam
fordern (22, 14), und auf seine versöhnende Vermittelung wird auch
hier in gleichem Geiste wie im Evangelium hingewiesen (1, 5; 5, 8. 9;
7, 14); aber nicht als dem Löwen, sondern vor Allem als dem
Lamm (ἀρνίον) wird ihm im Himmel gehuldigt, und sogar wenn er

zürnt, verleugnet sich dieser sein Charakter nicht (6, 16). Er offenbaret sich selbst als Priesterkönig, der seine Gemeinde lieb hat (1, 5) und für ihre höchsten Angelegenheiten sorgt (3, 19. 20). Aber in diesem seinem königlichen Charakter ist er denn auch nicht nur mit der höchsten Ehre, sondern auch mit der unbedingtesten Vollmacht versehen (Kap. 2 u. 3) und handhabt diese nicht nur in der Gemeinde, sondern auch der Welt gegenüber, welche er überwindet und umschafft nach dem Rathe des Vaters, dessen Buch in seine Hände gelegt ist (5, 1—7).

6. Was den Gottesbegriff der Apokalypse betrifft, so ist als eigenthümlich zu bemerken, daß, während im Evangelium und den Briefen mehr die sittlichen, hier besonders die metaphysischen Eigenschaften in den Vordergrund treten, was wiederum der Inhalt des Buches und der offenbare Anschluß an die Prophetie des A. T. mit sich bringt. Von Gottes Allmacht, Unendlichkeit und Unveränderlichkeit wird hier mit Vorliebe gesprochen. Er ist der Gott der heil. Prophetie, der Gott der Apostel des Lammes und des zwölfstämmigen Volkes Israel (7, 5; 22, 16), welcher alle Dinge neu machen (21, 5, vergl. Jes. 65, 17) und unter den Menschen wohnen wird (21, 3, vergl. Ezech. 36). Auch von sieben Geistern vor seinem Thron wird gesprochen (4, 5), als den Symbolen der mannigfaltigen Gaben des heil. Geistes; während sich schon im Eingange der Apokalypse eine Spur trinitarischer Unterscheidung (1, 4—6) zeigt, welche indessen ebensowenig, wie im Evangelium und den Briefen, mit dogmatischer Schärfe gemacht wird.

7. Was das Geschöpf betrifft, so ist die Apokalypse im Punkte der Angelologie ebenso reich, als das Evangelium und die Briefe darin arm sind; gleichwohl wird die religiöse Verehrung dieser höheren Geister hier nicht minder scharf als von Paulus bestritten (22, 8. 9, vergl. Col. 2, 18). Die Anthropologie dagegen ist ganz dieselbe wie dort. Auch die Welt der Apokalypse liegt im Argen und reift zum Gerichte Gottes, und zwar infolge satanischen Einflusses (12, 9. 10). Die auch hier wie im Evangelium (1, 14; 16, 17) verkündigte Gnade ist das Einzige, was erlöst, und der durch Halten der Gebote sich offenbarende Glaube die erste Pflicht des Sünders (14, 12; 22, 17). Die Werke gehen diesem Glauben nicht voran, sondern folgen ihm nach (14, 13); und das Beharren, auch mitten in den schwersten

Prüfungen, ist seine eigenthümliche Frucht (13, 10). Das auf diese Weise erlangte Heil wird ebenso wie im vierten Evangelium unter dem Bilde der Sättigung und Labung dargestellt (7, 17; 21, 6); alle ohne Ausnahme können es umsonst erhalten; und diese sind denn auch aus allen Völkern Gott erkauft. Wir finden in der Apokalypse nicht die geringste Polemik gegen den paulinischen Universalismus, ebensowenig als directe oder indirecte Begünstigung des jüdischen Partikularismus (vergl. 14, 6; 22, 2). Der Vorzug, welcher hier an einzelnen Stellen den Gläubigen aus Israel zugesprochen zu werden scheint, ist theils sehr relativ, theils ganz im Geiste des Herrn (Joh. 4, 22) und des großen Heidenapostels (Röm. 9, 1—5; Gal. 6, 16).

8. Die Eschatologie ist der Theil des Lehrbegriffs der Apokalypse, welcher bei weitem am ausführlichsten entwickelt ist. Zwar fehlt auch hier nicht die Idee eines vorläufigen und geistigen Kommens des Herrn (2, 5; 3, 20); aber viel lauter wird hier das sichtbare Kommen auf den Wolken des Himmels (14, 14 u. ff.) verkündigt (1, 7). Leben auch jetzt schon die Gestorbenen mit Bewußtsein (6, 9. 10) und beginnen die gottesfürchtig Gestorbenen schon jetzt selig zu sein: so findet doch die große Entscheidung erst bei der glorreichen Wiederkunft des Herrn statt. Es ist nicht leicht die hier erschlossene Aussicht zu skizziren: „Der bildliche Charakter der Offenbarung macht es oft nicht möglich, ihre Vorstellungen auf einen bestimmten dogmatischen Begriff zu bringen" (Baur); aber so viel steht doch fest, daß Johannes diese Zukunft als nahe bevorstehend (3, 11; 22, 10), unberechenbar (3, 3), glorreich und entscheidend dachte (19, 11—16). Ihre Vorzeichen sind dem Wesen nach bei ihm dieselben wie die in der eschatologischen Rede des Herrn erwähnten, Matth. 24, und werden dargestellt unter den Bildern von drei Reihen Siegeln, Posaunen und Kriegstrompeten, Symbolen des Gerichtes Gottes, welches stets zunimmt, oft von kurzen Zwischenräumen unterbrochen ist; welchem aber von Seiten der Menschen fortwährend mit Verstocktheit geantwortet wird. Sie befördern das Kommen des Antichristes (13, 1, vergl. Dan. 7, 8), des Thieres mit seinen zwei Bundesgenossen, dem Satan und dem falschen Prophetenthum; zugleich wird er unterstützt durch die feindliche Weltmacht, welche unter einem unzüchtigen Weib, das auf jenem Thiere sitzt, dargestellt wird. Der

Kampf dieser Weltmacht gegen das Gottesreich beschleunigt die bevor=
stehende Entscheidung, den Fall Babels, das tausendjährige Reich und
die erste Auferstehung (20, 1—6). Darnach kommt der letzte Kampf
gegen die zurückgedrängte, aber noch nicht vernichtete Weltmacht, wel=
chem die Auferwedung aller Todten, das letzte, allgemeine Gericht
(B. 7—15) und die endliche Erneuerung Himmels und der Erde
folgt (Kap. 21 u. 22). Nach alle dem erblickt auch das Auge eines
Johannes nichts mehr, als eine unendliche Glückseligkeit und eine end=
lose Strafe der Feinde des Gottesreiches (14, 11; 20, 10). Offenbar
erwartet der Prophet zuletzt einen Zeitraum der Blüte und des
Friedens für das lange unterdrückte Königreich Gottes, welches nur
noch einmal durch den letzten Kampf beunruhigt wird, um nach dem
letzten Triumph im Himmel und auf Erden in vollem Glanze zu
leuchten. Aber sogar hier treffen wir Aussichten an, welche schon
früher von fernher erschlossen (Luk. 14, 14; 1 Thess. 4, 16; 1 Cor.
15, 23), aber viel weniger plastisch gezeichnet worden waren.

9. Eine unparteiische Betrachtung des Lehrbegriffes der Apo=
kalypse zeigt, wie einerseits manches früher oder später dagegen vor=
gebrachte Bedenken auf Mißverstand oder Vorurtheil beruht, und wie
andererseits die hier erschlossene Aussicht in der h. Schr. keineswegs
allein steht, sondern so zu sagen die Krone jenes Stammes ist,
welcher sich in der prophetischen und apostolischen Schrift des A. u.
N. T. vor unseren Augen belaubt. Wie Ströme in dem Ocean
münden alle darin erschlossenen Heilserwartungen in der apokalyp=
tischen Perspective, und gerade an das letzte und jüngste Buch des
N. T. knüpft sich aus diesem Grunde die Untersuchung der höheren
Einheit der verschiedenen Begriffe wie von selbst und leicht an.

Vergl. über die Apokalypse im Allgemeinen die Einl. von
Lücke, den Art. von **Ebrard** in **Herzog's** R. E. VI. und die neuesten
Commentare, auf deren Arbeit jedoch die unhaltbare Ansicht, die
Apokalypse sei im Jahre 68 oder 69 geschrieben worden und Nero
sei der Antichrist, nicht von glücklichem Einfluß war. Ein besserer
Gesichtspunkt der Betrachtung wurde angedeutet von **Lange, Bibel=
werk IV. §. 2.** Vergl. seine schöne Abh. über den unauflösl.
Zusammenhang der Individualität des Ap. Joh. mit
der Individ. des Apokalyptikers, in Tholuk's Litt. Anz. 1838.
Ueber die Christologie und Eschatologie unsere Christologie des

N. V. bl. 416—466, wo Alles hier nur angedeutete ausführlicher behandelt wird. Ueber den Chiliasmus den Art. von Semisch in Herzog's R. E. und die Schrift von **F. W. Rinck,** die Schriftmäßigkeit der Lehre vom tausendjährigen Reich (gegen Hengstenberg), Elb. 1866.

Punkte zur Erwägung: Umfang der didactischen Verschiedenheit zwischen Evangelium und Apokalypse. — Giebt es wirklich eine höhere Einheit? — Der Apokalyptiker die Ergänzung und Entwickelung, keineswegs der Antipode des Evangelisten. — Die Zeugnisse des erhöhten Christus in der Apokalypse von sich selbst. — Kritik der Tübinger Auffassung des Lehrbegriffes der Apokalypse, besonders was die Christologie und den Partikularismus betrifft. — Die Lehre des Johannes in Betreff des Chiliasmus. — Die Unterscheidung zwischen der ersten und zweiten Auferstehung. — Die Andeutung des letzten Kampfes, vergl. Ezech. 38. — Muß man die zwei letzten Kapitel der Apokalypse als eine Beschreibung der endlich vollendeten himmlischen Glückseligkeit, oder als eine ausführliche Zeichnung des Zustandes auf Erden während des Milleniums auffassen? — Was ist der Sinn von Offenb. 22, 2, vergl. 21, 24? — Wird in der Apokalypse nicht die geringste Aussicht auf das „Wiederbringen aller Dinge" eröffnet? — Kraft und Pracht des Schlusses der Apokalypse.

Viertes Hauptstück.

Höhere Einheit

§. 50.

Uebereinstimmung der Apostel unter einan[d]

Bei aller Verschiedenheit des Inhaltes
Form steht die Lehre der verschiedenen Apostel
wegs ohne Zusammenhang neben einander, n[i]
weniger steht die eine' der andern unversöhnlich
über. Es ist vielmehr nicht nur in der Grundan
ung, sondern auch in der Vorstellung von den wich[ti]
Dingen, ja in zahlreichen Nebensachen ungesucht[e]
unzweideutige Uebereinstimmung zu bemerken. [Die]
Antwort des einen auf irgend eine Lebensfrage wi[e]
spricht der des andern, und in Betreff des Heilsw[...]
zeigt sich alsbald, daß jeder von ihnen das Evangel[ium]
anders, aber keiner von ihnen ein anderes Evangeli[um]
als das seiner Mitzeugen, verkündigte.

1. Am Schlusse unserer Untersuchung dürfen wir es ni[cht]
unterlassen, die höhere Einheit der verschiedenen apostolischen Lehrb[e]
griffe nachzuweisen, und zwar nicht blos darum, weil der denkend[e]
Geist die Einheit in dem Mannigfaltigen sucht, sondern auch wegen
der praktischen Wichtigkeit der Sache. Zeigte es sich, daß die ver=
schiedenen apostolischen Lehrbegriffe nur ein Agglomarat sehr ver=
schiedener Meinungen ohne höhere Einheit ausmachten (membra
disjecta), so würde ihnen nicht nur der höchste Stempel der Wahr-

heit fehlen, sondern es müßte auch der dogmatische Gebrauch der neu=
testamentlichen Schriften bedeutend modificirt werden. Zeigt sich dagegen,
daß wir das Recht haben, hier von einem „organisch zusammen=
hängenden, stufenweise fortschreitenden Cyklus der Lehrentwickelung"
(Schmid) zu sprechen, und daß die höheren Lehrformen schon in dem
bedeutend niedrigeren wie im Keime enthalten sind: dann liegt der
Schluß in Betreff der Wahrheit und des Werthes des apostolischen
Zeugnisses von selbst auf der Hand. Wir können jedoch über diesen
wichtigen Gegenstand nur Winke geben. Wir schreiben keine biblische
Dogmatik, sondern nur ein Handbuch zum Studium der neutestament=
lichen Theologie (vergl. §. 1, 3; 3, 2).

2. Es ist schon an sich wahrscheinlich, daß sich zwischen der
Lehre der verschiedenen Apostel eine vielseitige Uebereinstimmung finde.
Die Lehre wurzelt doch immerhin im geistigen Leben, und, wie ver=
schieden die Individualität Aller auch sein möge, so sind sie doch alle
zusammen desselben Lebens theilhaftig. Sie selbst denken deshalb
auch nicht daran, daß Jemand das Zeugniß des einen dem des
andern diametral gegenüberstellen würde. Der eine erkennt im Gegen=
theil die Gnade, welche dem andern verliehen worden ist, sogar dann
an, wenn er sich der verschiedenen Ansicht bewußt ist (Gal. 2, 7. 8).
Petrus legt von den Mitarbeitern und den Briefen des Paulus ein
gutes Zeugniß ab (1 Petr. 5, 12; 2 Petr. 3, 15. 16); und derselbe
Paulus, welcher so nachdrücklich von seinem Evangelium spricht,
erklärt ausdrücklich (1 Cor. 15, 11), daß der Hauptinhalt der Predigt
bei ihm kein anderer sei, als bei seinem Mitapostel.

3. Vor allem ist aber in der Grundanschauung, von welcher
alle Apostel ausgehen, die Uebereinstimmung nicht zu verkennen. Sie
alle betrachten den Menschen als unrein und strafwürdig vor Gott;
erkennen den von altersher verheißenen Christus in Jesus, dem
einzigen Erretter der verlorenen Sünder, und bezeichnen den mit
wahrhaftiger Bekehrung vereinigten Glauben an ihn als das einzige
Mittel zur Erlösung. Nach der Lehre Aller bilden die Gläubigen
einen Kreis, welcher sich offenbar von der ungläubigen Welt unter=
scheidet· und mitten in allem Streit eine segensreiche, nahe bevor=
stehende Wiederkunft erwartet. Alle setzten endlich voraus oder er=
klären, daß nach dem Evangelium des Königreichs keine höhere Offen=
barung der Wahrheit und Gnade zu erwarten sei, und sehen in Gott

die Quelle, in Christo den Mittelpunkt und im heil. Geist die ihres zeitlichen Lebens.

4. Eine ebenso vollkommene Uebereinstimmung in Betreff besonderen einzelnen Lehrstücks würde jedoch äußerst unnatürlich In Lehrtypen und Tropen hat jeder Apostel soviel Eigenthüm daß hier nur von einer relativen, wenn auch der Sache nach n großen Einheit gesprochen werden kann. Um jedoch zu begreifen welchem Werth diese letztere ist, darf vor allem nicht vergessen w daß keiner der apostolischen Schriftsteller daran gedacht hat geschlossenes System von Wahrheiten oder Pflichten zu geben ihre Lehre über die wichtigsten Dinge in der Regel occasionel wie im Vorbeigehen vorgetragen wird; daß ferner das Schweige einen oder andern in Betreff irgend eines Theiles der Wahrhei keineswegs dasselbe ist, wie Bestreiten oder Leugnen derselben Darstellung der Wahrheit von einem bestimmten Gesichtspunkt noch durchaus keine principielle Negation anderer Gesichtspunk und daß sich hier mit einem Wort nirgends ein Kreis von Be so systematisch abgerundet findet, daß für verwandte, in einem ar Gedankenkreis entstandene Begriffe kein Raum mehr übrig sei. man noch hinzu, daß die Apostel in der Regel unabhängig vor ander schrieben, dann wird man jede Uebereinstimmung, die sich doppelt bemerkenswerth finden. An einzelnen Proben wollen zeigen, daß sie wirklich „ungesucht und unzweideutig" heißen kan

5. Der Gottesbegriff in den Schriften des Petrus und in Hebräerbriefe hat eine viel alttestamentlichere Färbung, als z. Q Evangelium und dem ersten Briefe des Johannes. Bei dem c nannten wird indessen der evangelische Gottesbegriff keineswegs mißt, wie die Apokalypse wiederum Beschreibungen der Majestät G enthält, welche mit den schönsten aus dem A. T. verglichen w können. Die von Paulus gemachte trinitarische Unterscheidung bei Petrus gefunden (I. 1, 2) und auch bei Johannes nicht verg gesucht (Off. 1, 4—6).

6. Die Lehre von dem Menschen und der Sünde ist am ständigsten von Paulus behandelt worden, und der Zusammen des Verderbens der Menschheit mit Adams Fall ausschließlich ihm dargestellt worden. Findet sich doch selbst kein scheinbarer G für die Vermuthung, daß einer der anderen Apostel einer an

Ansicht zugethan war. Nach allen ist die Sünde Ungehorsam und Uebertretung des Gesetzes; nach allen wird sie durch satanischen Einfluß befördert und führt zu zeitlichem und ewigem Verderben. Weist Paulus mehr auf das sündige Princip, Jakobus mehr auf die sündige That hin; so zeigt sich doch, daß letzterer die Lust durchaus nicht als etwas Gleichgültiges betrachtet; während zugleich bei allen ohne Ausnahme die individuelle Wiedergeburt als unentbehrliche Bedingung zum Eingang in das Reich Gottes dargestellt wird.

7. In Betreff der Christologie ist oft gesagt und wiederholt worden, es fänden sich im N. T. zwei Anschauungen von der Person des Herrn. Nach der einen soll er nur Mensch, nach der andern unendlich mehr als Mensch gewesen sein. Aufmerksame Vergleichung der Lehrbegriffe wird die Unrichtigkeit dieser Behauptung darthun. Nach keinem apostolischen Schriftsteller ist der Herr entweder nur Mensch oder scheinbarer Mensch; nach allen trägt er einen Namen und verdient eine Huldigung, welche ohne Abgötterei keinem Geschöpf dargebracht werden kann. Die Logoslehre ist ausschließlich bei Johannes zu finden; aber was bezeugt er von dem Logos, das nicht schon Paulus vom Sohne Gottes verkündigte, und was bekennen beide, das nicht wenigstens im Princip schon auf petrinischem Standpunkt angedeutet worden ist? Kein Apostel denkt an eine irgendwie vollständige Aufzählung der Wunder aus dem Leben des Herrn; aber der von Matthäus und Lukas erwähnte außergewöhnliche Lebensanfang wird in dem paulinischen und johanneischen Lehrbegriff so offenbar vorausgesetzt, daß von einer Leugnung dieses wunderbaren Ereignisses auf diesem Standpunkte unmöglich die Rede sein kann. Paulus und Petrus stimmen in dem Preise der Auferstehung des Herrn aus dem Grabe mit dem Apokalyptiker aufs schönste überein; und wenn auch der Verfasser des Hebräerbriefes, ganz im Zusammenhang mit seiner bilderreichen Sprache, den größten Nachdruck auf die Himmelfahrt des Herrn legt, so legt er doch auch wenigstens einmal laut von dem Werth seiner Auferweckung (13, 20. 21) Zeugniß ab. Und wird ferner das historische Moment dieser Himmelfahrt nur von einigen der Zeugen erwähnt, so stimmen sie doch alle darin überein, daß der Verherrlichte fortwährend in persönlicher Beziehung zu seiner Gemeinde auf Erden stehe und bald als Richter erscheinen werde.

8. Auch in dem, was die Apostel von dem Erlösungswerk bezeugen, suchen wir nicht vergebens nach höherer Einheit. Wenn wir von einem dreifachen Amt Christi sprechen, dann ist ohne Zweifel nicht zu verkennen, daß Jakobus bei weitem den meisten Nachdruck auf sein prophetisches Wort legt; aber er stellt den Meister auch als einen Herrn der Herrlichkeit dar (2, 1), und es ist undenkbar, daß er, der doch nicht weniger, als die andern Apostel, vom Geiste des A. T. durchdrungen war, die versöhnende Kraft seines Sterbens übersehen habe. Die erlösende und seligmachende Kraft des Todes Jesu wird von Petrus, Paulus und Johannes mit Wärme erwähnt, und selbst durch das Lied des Lammes der Apokalypse klingt derselbe Grundton wie in der übrigen apostolischen Predigt. Wird im Briefe an die Hebräer mehr der sittliche Werth des Gehorsams, in den Briefen Pauli mehr das eigentliche Strafetragen des leidenden Messias betont, so ergänzt die eine Vorstellung die andere, und nichts, was auf dieser Seite behauptet wird, wird darum auf jener verkannt. ——— Dem Petrus ganz eigenthümlich ist die Erwähnung der Erscheinung des Herrn nach seinem Tode in der Geisterwelt; doch finden sich, wie es scheint, Spuren dieses Gedankens auch in der paulinischen Lehre (Eph. 4, 8). — Führt Paulus deutlicher, als irgend ein anderer, den persönlichen Antheil an dem Heil in Christo auf den unbeschränkten Rathschluß Gottes zurück, so findet er bei Niemand weniger Widerspruch, als bei Petrus (I. 1, 2; 2, 9) und Johannes (Joh. 13, 8). Nach allen wird das Heil durch die ·königliche Herrschaft Christi vollendet, welche von keinem als eine rein sittliche, sondern von allen als eine persönliche, von den meisten zugleich als eine priesterliche Regierung bezeichnet wird, welche den Erlösten zum Segen gereicht und dazu bestimmt ist, allen Widerstand zu besiegen.

9. Die Forderung des Glaubens und der Bekehrung ist in der Predigt aller Apostel ein und dieselbe; die letztere wird in ihren Briefen beziehungsweise nur selten erwähnt, eben weil sie sich in derselben an schon gläubige Christen wenden. Der Begriff und das Leben des Glaubens ist von Paulus am ausführlichsten auseinander gesetzt worden; aber neben der seinen findet die Vorstellung des Hebräerbriefes ohne Zwang ihre Stelle; und wenn die Innigkeit der Glaubensgemeinschaft beschrieben werden soll, dann giebt Johannes dem Paulus nichts nach. — Der Zusammenhang zwischen Glauben

17*

und Rechtfertigung wird bei Paulus gewiß einigermaßen anders gezeichnet, als bei Jakobus (vergl. §. 31, 5). „Bei Paulus ist der Glaube, weil er der rechtfertigende ist, die Quelle der guten Werke; bei Jakobus ist der Glaube, weil er die Quelle der guten Werke ist und in ihnen sich lebendig thätig erweist, der rechtfertigende" (Kern). Daraus folgt jedoch nicht, daß der eine den andern bestreite, und noch weniger, daß es unmöglich sei, zwischen beiden Vorstellungen, welche die Sache von verschiedenen Seiten aus betrachten, eine höhere Einheit zu finden. Bei keinem Apostel ist die Rechtfertigung das Verdienst der Heiligung; sie ist bei allen das Kennzeichen eines kindlichen Verhältnisses zu Gott, von welchem jeder von ihnen mit Begeisterung spricht.

10. Bei oberflächlicher Betrachtung könnte es scheinen, als gingen die Apostel besonders in ihrer Eschatologie bedeutend auseinander, ja, als wäre sogar ein Paulus sich in dieser Beziehung nicht immer gleich geblieben. Genauere Untersuchung führt jedoch zu günstigerem Resultat und zeigt, daß sich in der Hauptsache die mehr realistische Anschauung des Paulus von der mehr spiritualistischen des Johannes nicht im Princip und der Grundanschauung, sondern nur dem Grad und dem Maaße nach unterscheidet. Alle Apostel, welche sich über diesen Punkt ausdrücklich aussprechen, sagen, daß die anfänglich gleich nach dem Sterben genossene Seligkeit der Gläubigen erst bei der Wiederkunft des Herrn vollendet wird; diese Wiederkunft werde eine unerwartete, persönliche, glorreiche sein, und es folge ihr eine ganz allgemeine und endlose Vergeltung. Alle erwarten eine jedoch nicht vor dem Ende der Welt stattfindende leibliche Auferstehung, und ein von demselben Richter nach demselben Maaßstab vollzogenes Weltgericht. Ueberraschend sind die in der Apokalypse eröffneten Aussichten, aber doch fehlt ihnen der frühere Anknüpfungspunkt nicht (§. 49, 8); die daselbst gezeichneten Gerichte sind zwar entsetzlich, aber streiten doch nicht mit dem, was insbesondere Petrus und Paulus in „den letzten schweren Zeiten" erwarten.

11. Wenn irgendwo alle Apostel übereinstimmen, dann ist es in der innigen Verbindung der Lehre und des Lebens, welche wir bei allen finden. Wohl gilt dies zu allermeist von Johannes (§. 45, 4), welcher bedeutsam davon spricht „die Wahrheit zu thun" (1 Joh. 1, 6). Aber doch gilt es in höherem oder geringerem Grade von allen:

Dans le christianisme des Apôtres le dogme se transfor
morale, et la morale ramène au dogme à son tour. La
Chrétienne n'est en definitive que le dogme Chrétien pass
la vie; c'est le Surnaturel de la conduite correspondant a
naturel de la foi; c'est l'extraordinaire dans la vie hu
provoqué par les dispensations extraordinaires de l'amc
Dieu; ce sont les miracles de la grâce produisant les m
de la charité (Bonifas). Und gerade darin beſtätigt ſich die
der apoſtoliſchen Lehre im Reſultat der Praxis, ſelbſt wenn
ſehr verſchiedenen Punkten ausgegangen iſt. Jakobus ſteht
nicht in demſelben Verhältniß zum Geſetz, wie Paulus;
überraſcht uns bei dem erſten die Bemerkung, daß das Evan
das vollkommene Geſetz der Freiheit (1, 25), und bei dem
daß das Evangelium das Geſetz des Geiſtes ſei, der da l
mache in Chriſto (Röm. 8, 2), und daß der eine im Nam
Freiheit, der andere im Namen der Autorität ein Leben vor
welches eben ſo ungewöhnlich, als die empfangene Gnade un
und unſchätzbar iſt. Bei Johannes fällt der Schwerpunkt
Darſtellung in das gegenwärtige, bei Petrus in das zukünftige
Doch kennt der letztere auch hier ſchon, inmitten aller Leide
lebendige Freude der Hoffnung (1 Petr. 1, 8), und der andere
die Hoffnung auf eine Zukunft, im Vergleich zu der auch das
wärtige nichts iſt (1 Joh. 3, 2). Die pauliniſche Trilogie „(
Hoffnung, Liebe" iſt der johanneiſchen: „Licht, Liebe, Leben
ganz parallel, und doch läßt ſich leicht eine parallele Linie
welche hier wie dort die verſchieden modificirte, auf demſelben
gewachſene Frucht iſt.

12. Der Reichthum des Stoffes ſchließt ſogar das
nach Vollſtändigkeit aus. Die gegebenen Proben ſollen die
Unterſuchung nicht überflüſſig machen, ſondern dazu anregen
jedem Schritt auf dieſem Gebiet ſieht man immer mehr ei
die ganze Auffaſſung der apoſtoliſchen Briefe als Tendenzſchrif
Beſtreitung oder Vermittelung feindlicher Richtungen nicht a
Gebiet der Geſchichte, ſondern der Romantik gehört.

Der Gegenſtand dieſes Paragraphen wird von Schmid,
Scholten und Anderen ſtillſchweigend übergangen. Beſprocher
er dagegen von Meßner, S. 382—421, Lechler, S. 232-

Bonifas, p. 201—282, Köstlin in der schon angeführten Abhandlung in den Jahrb. für deutsche Theol. 1857—1858.

Punkte zur Erwägung: Der wahre Begriff von Uebereinstimmung der apostolischen
Lehre. — Nähere Vergleichung der Lehre Pauli mit der von Jakobus, Petrus, Johannes. — Vergleichung der Lehre des Johannes mit der seiner Vorgänger. — Welcher Werth ist solchen Vorstellungen, welche nur bei einem oder bei einigen Aposteln vorkommen, zuzuschreiben? — Historisch-
kritische Bedeutung des gewonnenen Resultats.

---

§. 51.

Uebereinstimmung der Apostel mit dem Herrn.

Die merkwürdige Einheit der apostolischen Predigt
hat ihren historisch-psychologischen Grund in der persönlichen Lebensgemeinschaft aller mit dem, der sie berufen,
gebildet und durch einen Geist in alle Wahrheit geleitet
hat. Ihre Lehre enthält die geistig normale Entwicklung
der in seinen Worten niedergelegten, fruchtbaren Keime
und verhält sich zu den seinen wie der Strom zu der
Quelle. Seine Lehre ist ohne Zweifel in der ihrigen vielseitig entwickelt; auch darf der Einfluß von vielerlei innern und äußern Umständen auf Inhalt und Form ihrer
Predigt keineswegs gering geachtet werden. Aber bei
aller Entwicklung ist der ursprüngliche Grundcharacter,
bei aller Verschiedenheit die höhere Einheit zu erkennen
und man kommt nie in den Fall, des Meisters Wort
verwerfen zu müssen, um das ihre anzunehmen, oder
umgekehrt.

1. Die Uebereinstimmung, welche sich bei so vielen verschiedenen
Menschen und in so vielen unabhängig von einander entstandenen
und über so viele Jahre vertheilten Schriften findet, ist eine so merk-
würdige Erscheinung, daß wir in der Geschichte der Menschheit und
Religion nichts Aehnliches finden. Die Frage nach dem Grund dieser
Erscheinung findet ihre Antwort, wenn wir auf die Person und das

Werk des Herrn hinweisen; und mit dieser Antwort n
Dem, der solche Jünger bildete, und sie auf solche Weis
eine ehrfurchtsvolle Huldigung dargebracht.

2. Die Lehre, welche Leben wecken soll, kann nu
Leben geboren werden. So wurzelt die apostolische Pret
Lebensgemeinschaft aller mit dem, der sie zu Zeugen berufe
dem heil. Geist getauft hat. So mächtig ist der Eindruck
scheinung, daß sie unmöglich unterlassen können, davon z
(Ap. 4, 20); und sein Geist wirkt so kräftig in ihrem He
sie, wenn auch mit verschiedener Klarheit und Tiefe, doch be
sache nach denselben Eindruck von seiner Person und seine
empfingen und selbstständig wiedergeben. Der Geist führt
wärts auf die Bahn einer von Gott gewollten Entwicklung, al
zurück zu den eigenen Worten des Herrn (Joh. 16, 15).

3. Nicht alle Apostel stehen zu der Person und dem
des Herrn in derselben Beziehung. Sofort offenbart sich h
Verschiedenheit zwischen Paulus und seinen Mitzeugen; aber auc
letzteren sind Sterne verschiedener Größe, welche in verschiedenen
stand zu der Centralsonne stehen. Jakobus schließt sich mehr c
sittliche, Johannes mehr an die mystische Seite der Lehre des
an, und während dieser selbst offenbar am tiefsten in den Geis
eigenen Zeugnisses des Meisters eingedrungen ist, finden wir wied
bei Petrus noch mehr die lebendige Erinnerung an seine Th
und Schicksale, als an seine Worte. Bei Paulus ist es weniger
lehrende, leidende und sterbende, als der verherrlichte Christus,
welchem er sich aufs engste verbunden fühlt, und welcher ihn du
fortgesetzte Offenbarung beständig von neuem erleuchtet (vgl. §.
5, 38. 3). Würden wir sie aber nach dem letzten Grund ihres Zeu
nisses gefragt haben, dann würden sie alle auf das Wort des A.
vor allem aber auf das Wort des Herrn und auf die Unterweisu
des heil. Geistes hingewiesen haben, welcher sie stufenweise zur vo
Erkenntniß der Wahrheit führte.

4. Daß die Lehre der Apostel, besonders des Paulus und
Johannes, extensiv viel ausgedehnter ist, als die des Herrn, bed
kaum der Erwähnung. Es geht jedoch daraus nicht hervor, daß
auch intensiv an Kraft der seinen gleichstehe oder sie sogar übertreffe
Es läßt sich im Gegentheil nachweisen, daß das apostolische Heils=

zeugniß nichts enthält, was von ihm nicht schon im Princip, wenn auch nicht ausgesprochen, so doch wenigstens angedeutet worden ist. Es lag in der Natur der Sache, daß die volle Wahrheit in Betreff der Erhabenheit seiner Person, der Kraft seines Todes und des Glanzes seiner Verherrlichung erst nach dem Ende seiner irdischen Erscheinung ans Licht treten konnte. Um so bemerkenswerther ist, daß kein Apostel etwas ausspricht, was sich nicht mit Berufung auf den Buchstaben oder den Geist der eigenen Worte des Herrn rechtfertigen ließe. Wie die Eiche in der Eichel so liegt die apostolische Versöhnungslehre in Worten wie Matth. 20, 28.; 26, 28., und ihre ganze Eschatologie in Matth. 24. u. 25. Was in seinem Wort aus weisen Gründen noch nicht ausgesprochen worden war (Joh. 16, 12), das gab ihnen später sein Geist zu verstehen, und dadurch, daß dieser Geist zeugt, wird wiederum sein eignes Wort ihnen innerlich geoffenbaret und erklärt.

5. Ohne Zweifel enthält die apostolische Lehre noch mehr, als die Ausführung und Entwicklung der von Jesu verkündigten Lehre. Der Strom, welcher sich von der Quelle ausbreitet und in zunehmender Tiefe und Breite weitereilt, nimmt noch andre Bestandtheile auf. Die Individualität der Apostel, ihre größere oder geringere Bildung durch die Schule der Schrift und Wissenschaft, der Einfluß von Zeitbegriffen, Umständen und geistigen Lebenserfahrungen — das alles sind Faktoren, die bei der Beantwortung der Frage mitzählen, wie die Lehre der Apostel nach Inhalt und Form das geworden, was sie geworden ist. Aber auch wenn allem diesem sein Recht widerfährt, wird dadurch der überwiegende Einfluß des eigenen Wortes und Geistes des Herrn auf ihr Zeugniß noch nicht verdunkelt, sondern nur näher bestimmt; all' die an Richtung, Farbe und Glanz so verschiedenen Strahlen weisen unaufhörlich auf denselben Mittelpunkt hin.

6. Die Darlegung der Uebereinstimmung, welche sich zwischen der Lehre Jesu und der Apostel findet (ebensowenig todte Einförmigkeit, als unversöhnlicher Streit!) ist nicht nur ein treffender Beweis für die Richtigkeit des: „wer euch hört, hört mich" (Luk. 10, 16); sondern ist auch in unsrer Zeit denjenigen gegenüber von großer Wichtigkeit, welche beide einseitig einander gegenüberstellen und uns zwingen wollen, zwischen der Religion des braven Rabbi und der Weisheit einiger wohlmeinender, aber beschränkter Zeloten, welche un-

endlich weit über ihm stehen, zu wählen. Wo die Alter
offenbar auf einer vorgefaßten Meinung beruht, da kann
scheidung ohne Schaden erspart werden. Die innere Einheit
stolischen Zeugnisses mit dem des Meisters ist eine Thatsache
sich nicht leugnen läßt, und diese Thatsache ist für christlichen
und christliche Wissenschaft von nicht geringer Bedeutung.
weist, daß die christliche Kirche nicht mit Unrecht der Lehre der
eine ganz eigene Stelle vor jeder andern einräumt und ni
große Ursache immer von neuem wieder zu ihr zurückkehrt.
das Ganze ist auch das Gesunde, und jeder der apostolische
begriffe ist der Christenheit zur Norm und Besserung gegeben" (i
nämlich in seinem Zusammenhang mit der lebendigen Gesan

Vergl. über die innere Einheit der apost. Lehre unsre Ch
des N. T. bl. 447—480. Ueber die Weisheit Jesu in be
dung seiner Apostel unser Lev. v. J. II. bl. 212 und die t
angeführte Litteratur.

Punkte zur Erwägung: Zusammenhang zwischen Lehre und Leben, zwischen F
teuber Erleuchtung der Apostel und ihrer zunehmenden Heiligung. — Sinn, Kraft und Ge
der Verheißung Joh. 16, 12—15. — Besprechung größerer oder kleinerer Verschiedenheiten
der Lehre der Jünger und der des Meisters. — Das apostolische Zeugniß der Ausdruck e
heiligten Individualität. — Die Uebereinstimmung der Apostel mit dem Herrn in ihrer histe
dogmatischen und praktischen Bedeutung.

§. 52.

Uebereinstimmung des Herrn und der Apostel mi
den Schriften des Alten Testaments.

Wie die Lehre der Apostel in der Lehre Jesu
wurzelt die Lehre Jesu und der Apostel zusamme r
den Schriften des A. T., welche von allen der Ha t
sache nach von demselben Gesichtspunkte aus betra d
werden. Zwar ist der Unterschied zwischen der Th
logie des A. und der des N. T. ohne Zweifel eben

groß als beachtenswerth, aber gleichwohl ift ihre höhere Einheit in Betreff des Heilsweges, abgesehen von Verschiedenheit der Personen und Zeiten, so unverkennbar, daß beide sich mehr und mehr als ein organisches durch höhere als menschliche Weisheit gewordenes Ganze darstellen.

1. Die Betrachtung der Theologie der Apostel (Hauptst. 3) führt uns nicht nur auf die des Herrn (Hauptst. 2), sondern auch auf die alttestamentlichen Grundlagen zurück, auf welchen ihr Lehrgebäude ruht. Was wir früher über die Art und Weise, auf welche das Evangelium vom Königreich durch Mosaismus, Prophetismus und Judaismus vorbereitet wurde, gesagt haben (§. 4—6), wurde nun nicht bloß deutlich, sondern auch bestätigt und erschließt uns das Verständniß der zuletzt (§. 50 u. 51) berührten Thatsache.

2. Wenn wir die Einheit der Lehre des Herrn und der der Apostel aus der Stellung beider zu den Schriften des A. T. ableiten, so soll damit durchaus nicht gesagt sein, daß diese Schriften von allen auf dieselbe Weise erklärt und citirt werden. Der Gebrauch der Schrift ist bei den Evangelisten und Aposteln des N. T. verschieden und bietet in seiner Eigenthümlichkeit wichtigen Stoff für vergleichende Kritik. Doch stimmen die Apostel in ihrer Betrachtung der Schrift nicht nur unter sich, sondern auch mit dem Herrn so ganz überein, daß ihr Zeugniß vom Heil in gewisser Hinsicht nur die Fortsetzung, Erklärung und Bekräftigung des mosaischen und prophetischen Wortes ist. Nach allen ist die Schrift des A. T. die Urkunde einer besondern göttlichen Heilsoffenbarung, die darin ausgesprochene Messiaserwartung der Ausdruck des tiefsten Bedürfnisses der Menschheit und der nun offenbare Heilsweg schon in der alten Zeit in seinen Grundzügen angedeutet. Anspielung oder Berufung auf das prophetische Wort nimmt denn auch in ihrer Predigt eine mehr oder weniger wichtige Stelle ein, und der paläftinenfisch gebildete Apostel zerreißt ebensowenig als der hellenistisch gebildete das Band, welches seine ganze Heilsanschauung mit der der früheren Zeit verbindet.

2. Bei Untersuchung des alttestamentlichen Einflusses auf die Lehre des Herrn und seiner Apostel nach seinem ganzen Umfange genügt es nicht, einige Eigenthümlichkeiten (z. B. den Zusammenhang der Opfertheorie mit der evangelischen Versöhnungslehre) zu beachten,

sondern man muß zu den Haupt- und Grundbegriffen auff
in beiden Theilen der Schrift stets in den Vordergrund
Begriffe z. B. von Leben und Tod, von Sünde und
Licht und Finsterniß, Berufung und Erwählung, Kindscha
theil, Gerechtigkeit und Wahrheit, welche wir ebensowo
synoptischen, als bei dem johanneischen Christus, ebensowohl
und Jakobus, als bei Paulus und Johannes finden, habe
meinschaftlichen Grund und Boden in dem A. T. In b
sind sie ohne Zweifel mehr entwickelt, durchgebildet und o
als zuvor; aber um den ursprünglichen Sinn zu verstehen,
immer wieder auf die vorchristliche Zeit zurückgehen. Selbst
(s. z. B. Joh. 19, 24. 35—37) ist der alten Prophetie n
entwachsen, als Petrus; und Paulus, für welchen doch alles
geworden, weist mit deutlicher Vorliebe darauf hin, daß Abral
David eigentlich auf keine andere Weise gerechtfertigt word
als die Gläubigen des neuen Bundes. Besonders der Brief
Hebräer ist ein durchgängiger Beweis, daß das Christenth
Verwirklichung der höchsten Erwartungen des Hebraismus und
mus ist, und man wird sich gewiß nicht von der Apokalypse tr
ohne bemerkt zu haben, wie das Ende der Schrift gleich wie im
zu ihrem Anfangspunkte zurückkehrt.

4. Kein Nachweis der Uebereinstimmung zwischen dem A.
N. T. hat Werth, welcher nicht von der unbedingten Anerken
ihrer Verschiedenheit ausgeht. Das „concordabit Scriptura" ist
denkbar, so lange nicht dem: „distingue tempora" volle Ger
geschah. Auf der andern Seite ist jedoch jede Betrachtung einsei
welche nur für die Verschiedenheit Augen hat, ohne unter
hinter derselben die höhere Einheit zu entdecken. „Nicht der
halt, sondern die Form; nicht die Bestimmtheit, sondern die Klarh
der Erwartungen, das ist's, worin die prophetischen und apostolisch
Heilszeugnisse sich von einander unterscheiden. Die ganze Theolog
des N. T. ist im tiefsten Grund ihres Wesens eine rein israelitische.

5. Eine Uebereinstimmung, wie wir sie vor Augen habe
zwischen so verschiedenen durch Jahrhunderte von einander getrennte
Menschen und Schriften erscheint unerklärlich, man muß denn an
nehmen, daß der Grundgedanke, dessen Ankündigung das A. und dessen
Erfüllung das N. T. ist, die Frucht einer besondern göttlichen Heils-

offenbarung sei, die von ihren Dolmetschern allmählig so enthüllt wurde, daß spätere Offenbarungen den früheren nicht widersprachen, sondern sie vielmehr erklärten und ergänzten. Die innere Einheit der Schrift ist der größte Beweis dafür, daß wir es hier noch mit etwas anderm zu thun haben, als mit sporadischen Ueberbleibseln der jüdischen und christlichen Litteratur. Ein Ganzes wie dies wurde nicht durch menschliche Ueberlegung oder Untersuchung gemacht, sondern ist unter höherer Leitung nach und nach geworden. Und das ganze nun vollendete Gebäude der Theologie des N. T. verdient an sich und im Zusammenhang mit der des A. T. die Aufschrift: „Der aber alles gebaut hat, das ist Gott“. Die nähere Bestimmung und Anwendung dieses Satzes gehört indessen nicht mehr zu dem rein historischen Gebiet, dessen Grenze hier erreicht ist.

Vergl. unsre Christol. I. bl. 37 u. verv. II. bl. 480—485.

Punkte zur Erwägung: Vergleichung der verschiedenen Art und Weise, auf welche die Schriften des A. T. von den Schriftstellern des N. gebraucht und erklärt werden. — Geschichte der Uebertreibung und Verkennung der höhern Einheit des A. und N. T. durch die christliche Theologie. — Apologetisches Moment des historischen Resultats. — Die Theologie der neutestamentlichen Schriften in ihrer Bedeutung und ihrem Werth vor jeder andern.

Druckfehler-Berichtigungen.

Seite 18 Zeile 6 von unten lies: Ritsch statt Ritsch.

„ 21 „ 9 „ oben „ choses statt schoses.

„ 31 „ 9 „ unten „ metaphysischen statt metaphisischen.

„ 39 „ 3 „ „ „ enchevêtrées statt inchevêtrées.

Urtheile über Rudolf Stier's Reden des Herrn Jesu.

„Ich kann es nur dringend wünschen, daß dies Werk unter Studirenden und Predigern die weiteste Verbreitung finde. Die Erstern besitzen darin das für ihre Bedürfnisse brauchbarste exegetische Handbuch zu den Evangelien, welches die gegenwärtige Literatur darbietet. Die Letztern aber finden hier eine bei weitem bessere Förderung für ihre homiletischen Darbietungen an die Gemeinde, als ihnen irgend welche Magazine gewähren können.

(Ende Dec. 1866.)   **Dr. Steinmeyer,** Professor in Berlin.“

Aus Zeitschriften:

1. Aus dem **Theologischen Literaturblatt zur Allgemeinen Kirchenzeitung** (1866 Nr. 27): „Stier geht sehr gründlich zu Wege. Aber seine Gründlichkeit besteht nicht darin, daß er sich mit Nebendingen aufhält, er geht ohne Umschweife auf das Ziel los. Ihm galt es vor Allem darum, gläubiges Verständniß der Schrift zu fördern. Er hat's jedoch bei alledem keineswegs an gelehrten Zugaben fehlen lassen; aber diese sind doch nur Mittel zum Zweck; sie kommen nur da vor, wo sie zur Gewinnung des Verständnisses unvermeidlich sind; besonders wenn es gilt, die Auffassung Stier's Anderen gegenüber zu begründen, oder die von ihm berichtigte Bibelübersetzung zu vertreten, oder, um auf alttestamentliche Stellen, die er vielfach, wie nöthig, zum Verständniß zuzieht, im Grundtext zu verweisen u. s. f. Er sucht in der einfachsten Weise überall (besonders aber in den Hauptsachen) die Harmonie der Evangelien nachzuweisen. — Wie von einem gläubigen Exegeten wie Stier erwartet werden kann, daß er sich den hochmüthigen Exegeten nicht gleichstellt, die, statt sich vor der Wahrheit und der Herrlichkeit des Wortes Gottes zu beugen, ihrer Wissenschaft und ihrem Menschengeist Weihrauch streuen: so hat Stier seinen Christensinn auch dadurch bewährt, daß er, wo er in den Geist der Schrift nicht einzudringen vermag, sich keinen Augenblick bedenkt (wie z. B. S. 321 über das Besessensein), Mangel an Verständniß demüthig zu bekennen. — Welch ein Schatz des Wissens und des Schriftverständnisses tritt Einem auf jeder Seite dieses Buches entgegen! Wie fordert da jeder Satz zu weiterem Nachdenken und zum tieferen Eindringen auf in das Wort Gottes, das Geist und Leben ist! Ja, Stier ist ein Exeget, der Einen nicht abschreckt, sondern Lust und Liebe zu wecken versteht, zu forschen in der Schrift.“ U. s. w.

2. Aus **Hauck's Theologischem Jahresbericht.** (1866. S. 387.): „Dieses mit einer auch separat erschienenen Charakteristik des sel. Verfassers von **Dr. Nitzsch** eingeleitete Hauptwerk Stier's, das bereits von der Kritik als tief eingehend, auf positive Entwicklung des im Schriftwort beschlossenen Geistes gerichtet und praktisch gewürdigt worden ist, bietet in dieser Auflage ein zweifaches Neues: zunächst vom Verfasser selbst herrührende Nachbesserungen im Texte, dann aber die handschriftlichen Randbemerkungen des Verf., meist Citate und Beziehungen aus und auf theologische, seit 1851 bis 1862 erschienene Schriften, welche Aufzeichnungen als Noten unter dem Text gedruckt sind.“ U. s. w.

3. Aus dem **Theologischen Literaturblatt zur Allgemeinen Kirchenzeitung** (1855): „Was diesen Verfasser als Exegeten vorweg auszeichnet, ist, daß in seinen Commentaren das Wort Gottes doch einmal ordentlich zu Recht und Geltung kommt. Stier weiß mit seltenen Gaben der Auslegung den tiefen Sinn und Reichthum dieses Wortes vor dem Leser auszubreiten und in's rechte Licht zu stellen.

Welch eine Fülle der Gedanken findet man da! sowohl was die Erklärung der einzelnen Verse, als auch den Zusammenhang ganzer Abschnitte betrifft; und besonders auch neben der wissenschaftlichen Exegese praktische und erbauliche Gedanken, die unmittelbar im Leben und Amte verwerthet werden können; auch tritt in dem Werk eine sehr feine psychologische Beobachtungsgabe hervor." U. s. w.

4. Aus dem **Bruns'** und **Häfner'schen** „**Neuen Repertorium**": „Unter den Reden Jesu begreift der Verfasser nicht blos die längern Lehrvorträge, sondern auch jedes einzeln gesprochene Wort, und über diese Reden gibt er dann nicht blos aphoristische Andeutungen, sondern eine vollständige, in sich zusammenhängende, in Zusammenhang, Inhalt und praktische Bedeutung des Textes tief eingehende Exegese. Auch die abweichenden Erklärungen anderer Theologen sind an den passenden Stellen zusammengebracht und vom Standpunkte des Verfassers beurtheilt oder widerlegt. Sein Hauptziel aber bleibt eine positive Entwickelung des in dem Worte der Schrift beschlossen liegenden Geistes." U. s. w.

5. Aus dem Reuter'schen „**Repertorium für theologische Literatur**" (1847): „Wer Stier den schönen Auslegerruhm, durch Christi Geist seine Sprache zu kennen und zu verstehen, streitig machen wollte, der würde ihm schweres Unrecht thun. So gelingt es ihm auch hier in den meisten Fällen, nicht nur die unergründlichen Tiefen der einzelnen Begriffe und Sprüche in den Reden des Herrn aufzudecken, sondern auch den sichern Fortgang und organischen Zusammenhang dieser Reden, die unvergleichliche psychologische und psychagogische Weisheit des Herrn in Behandlung der verschiedenen Personen und Charaktere, mit denen er zu thun hat, an's Licht zu stellen. Wollten wir alles namhaft machen, was uns als besonders treffend und geistreich entgegengetreten ist, wir würden gar kein Ende finden." U. s. w.

6. Aus einer spätern, mit „**München mener**" unterzeichneten Recension in derselben Zeitschrift: „Wir empfehlen diese „Reden Jesu" dringendst allen praktischen Theologen, sowohl denen, die sich auf das h. Amt vorbereiten, als auch denen, die bereits in demselben stehen. Stier ist ganz der Mann, uns einzuführen in die Schätze der Weisheit und Erkenntniß, welche in Christo und seinem Wort verborgen liegen. Und seine Exegese weiß das wissenschaftliche und erbauliche Element zu einer so schönen Einheit zu verschmelzen, daß der praktische Geistliche hier einen reichen Stoff empfängt, oft einen solchen, der auf seinem eigenthümlichen Gebiet einen beinahe unmittelbaren Gebrauch leidet." U. s. w.

7. Aus der „**Zeitschrift für die unirte evangelische Kirche**" (1852): „Das Buch ist im vollsten Sinne des Worts praktisch, eine Vertiefung in das Leben, Wirken, Reden des Herrn. Man mag, welcher Schule man will, angehören, den verschiedensten kritischen Prinzipien huldigen 2c., — mit dem praktischen Stier, der Neues, Einfach-Tiefes aus den Schachten hervorbringt, wird man gern und freudig zusammengehen. Für den Homileten bietet das Buch einen reichen Schatz" 2c.

8. Die **Rudelbach'sche** „**Zeitschrift für lutherische Theologie**" that den Ausspruch: daß das Wort Gottes richtig auszulegen, Niemand besser, ja Niemand so gut verstehe als Stier.

9. Eine Recension in dem zu **Philadelphia** in Amerika erscheinenden „**Sendboten des Evangeliums**" (Band III. Nr. 1.) beginnt mit den Worten: „Für die Wichtigkeit und reiche Fülle dieses Werkes spricht schon der hohe Ruf des Verfassers, den er bei der ganzen gläubigen Welt als Erster Bibel-Theologe sich erworben hat." —

Wir Unterzeichnete erklären uns mit der in vorstehenden Recensions-Auszügen dem Stier'schen Werke „Die Reden Jesu" gespendeten Anerkennung im Wesentlichen durchaus einverstanden.

Ball, Consistorialrath in Coblenz.

Bruno Brückner, Dr. und Professor der Theologie in Leipzig.

Eberts, Dr. und Generalsuperintendent in Coblenz.

Fabri, Dr. und Missionsinspector in Barmen.

Heß, Dr. und Professor der Theologie in Göttingen.

v. d. Golß, Lic. und Professor der Theologie in Basel.

Grau, Professor der Theologie in Königsberg.

v. Harleß, Dr. und Oberconsistorialpräsident in München.

Hoffmann, Dr., Generalsuperintendent 2c. in Berlin.

v. Hofmann, Dr. und Professor der Theologie in Erlangen.

Jaspis, Dr. und Generalsuperintendent in Stettin.

Kapff, Prälat Dr. und Oberconsistorialrath in Stuttgart.

J. Köstlin, Dr., Consistorialrath und Professor in Breslau.

Liebner, Dr. und Oberhofprediger in Dresden.

Luthardt, Dr. und Professor der Theologie in Leipzig.

Meßner, Dr. und Professor der Theologie in Berlin.

Oehler, Dr. und Professor der Theologie in Tübingen.

C. J. Riggenbach, Dr. und Professor der Theologie in Basel.

Schulß, Dr. und Professor der Theologie in Breslau.

Steinmeyer, Dr. und Professor der Theologie in Berlin.

Wiesmann, Dr. und Generalsuperintendent in Münster.

A. Wuttke, Dr. und Professor der Theologie in Halle.

v. Zezschwiß, Dr. und Professor der Theologie in Erlangen.